高等院校经济与管理核心课经典系列教材
GAODENG YUANXIAO
JINGJI YU GUANLI HEXINKE
JINGDIAN XILIE JIAOCAI

企业劳动关系管理

QIYE LAODONG GUANXI GUANLI

◎唐　镛/主　编
◎史珍珍/副主编

首都经济贸易大学出版社
Capital University of Economics and Business Press
·北　京·

出版总序

(2009年版)

经济领域竞争的实质,是人才的竞争;而人才的培养,有赖于教育,尤其是培养高素质专业人才的高等教育。目前直至今后相当长的一个时期内,我们还缺乏一大批理念先进,勇于创新,善于管理,精通业务,既熟悉现代市场经济运行规则,又精通专业知识,适应国内经济发展和国际竞争需要的高级经济类、管理类专业人才。

教育是当代科技生产力发展的基础,是科学技术转化为现实生产力的条件,是培养高素质专门人才和劳动者的根本途径,也是实现管理思想、管理模式、管理手段现代化的重要因素。

人才的培养离不开教材,教材是体现教学内容的知识载体,是进行教学的基本工具,更是培养人才的重要保证。

教材质量直接关系到教育质量,教育质量又直接关系到人才的培养质量。因而,教材质量与人才培养质量密切相关。

正是由于教材质量在实施科教兴国的发展战略中具有十分重要的作用,我们在策划与组织编写本套教材的过程中倾注了大量的心血、人力和物力。

我们希望奉献给广大教师、学生、读者的是一套经得起专家论证和实践检验的经济与管理类各专业核心课精品系列教材。

在策划和编写本套教材的过程中,我们始终贯彻精品战略的指导思想,使之具有如下特点:

第一,以全面推进素质教育为着眼点,以教育部《普通高等教育教材建设与改革的意见》为指导,面向现代化,面向未来,面向经济全球化,充分考虑学科体系和知识体系的完备性、系统性和科学性,同时兼顾教材的实用性和可读性,以适应教学和教材改革的需要,适应国内外经济发展的需要,适应培养高素质、创新型、复合型专业人才的需要,并力求教材具有体系新、内容新、资料新、方法新的特点。

第二,在广泛调查研究的基础上,通过多所国内著名高等院校一批有着丰富教学经验的专家教授论证和推荐,优化选题,优选编者。参加本套教材论证和编写的专家教授分别来自北京大学、清华大学、中国人民大学、中国政法大学、对外经济贸易大学、复旦大学、上海交通大学、首都经济贸易大学、东北财经大学、西南财经大学、中南财经政法大学、上海财经大学、天津财经大学、武汉大学、南开大学、天津商学院、南京大学、华中科技大学、北京科技大学、厦门大学、北京工商大学、四川大学、中央财经大学等多所国内著名高等院校。

第三，在选择教材内容以及确定知识体系和编写体例时，注意素质教育和创新能力、实践能力的综合培养，为学生在基础理论、专业知识、业务能力以及综合素质的协调发展方面创造条件。在确定选题时，一方面考虑了当前经济与管理类各相关学科发展和实践的迫切需求，一方面又贯彻了教育部关于专业核心课的设置及素质教育的要求；除传统课程外，在充分学习和借鉴国外经典教材的基础上，编选了部分带有前沿性、创新性的专业教材，以利于中外高等教育在课程设置方面的接轨。

第四，考虑到培养复合型人才的实际需要，本套教材突破了原有的较为狭隘的专业界限和学科界限，在经济学和管理学两大一级学科的统领下，广纳多个分支学科的基础课、专业基础课、专业主干课教材。这些分支学科和专业包括工商管理、经济学、金融学、人力资源管理、物流学、广告学、会计学、市场营销、电子商务、国际经济与贸易、旅游管理、行政管理、信用管理等。从纵向上看，各学科、各专业的教材自成体系，完整配套；从横向上看，各学科、各专业的教材体系又是开放式的，相互交叉，学科与专业之间没有明确的界限，以便于各院校、各专业根据自身的培养目标设置课程，交叉选用。

本套教材自身也是开放式的。我们将根据学科发展的需要、教学改革的需要、专业设置和课程调整的需要、中国经济建设的需要，不断加以补充和完善。

本套教材不仅是一大批专家教授多年科研成果和教学实践的总结，同时在编写体例上也有所突破和创新，希望它的出版能够对我国经管专业高级专业人才的培养有所帮助。

出版者

出版总序

(2001年版)

中国加入世界贸易组织不仅标志着我国成为当今全球最大、最具代表性的国际经济组织的成员,而且标志着我国在融入经济全球化、参与国际经济竞争方面又迈出了决定性的一步,使我国的改革开放和经济发展自此步入了一个崭新的阶段。

入世是一把双刃剑,机遇与挑战并存。

我们已经看到和将要看到的是,经济领域中的竞争会日趋激烈。

经济领域竞争的实质,是人才的竞争;而人才的培养,有赖于教育,尤其是培养高素质专业人才的高等教育。与严酷的现实相比,我们还缺乏一大批既熟悉现代市场经济运行规律和世贸组织规则,又精通专业知识,适应国际竞争需要的高级管理人才和专业人才。

教育是当代科技生产力发展的基础,是科学技术转化为现实生产力的条件,是培养高素质人才和劳动者的根本途径,也是实现管理思想、管理模式、管理手段现代化的重要因素。

《中共中央国务院关于深化教育改革全面推进素质教育的决定》指出:"当今世界,科学技术突飞猛进,知识经济已见端倪,国际竞争日趋激烈。教育在综合国力的形成中处于基础地位,国力的强弱越来越取决于劳动者的素质,取决于各类人才的质量和数量,这对于培养和造就我国21世纪的一代新人提出了更加迫切的要求。"

中共中央和国务院的决定为高等教育的改革与发展确定了基本目标和方向。

教材是体现教学内容的知识载体,是进行教学的基本工具,更是培养人才的重要保证。

教材质量直接关系到教育质量,教育质量又直接关系到人才质量。因而,教材质量与人才质量密切相关。

正是由于教材质量在实施科教兴国的发展战略中具有十分重要的作用,我们在策划与组织编写这套教材的过程中倾注了大量的人力、物力和财力。

我们希望奉献给广大教师、学生、读者的是一套经得起专家论证和实践检验的经济与管理专业系列精品教材。

在策划和编写本套教材的过程中,我们贯彻了精品战略的指导思想,使之具有如下特点：

第一，以全面推进素质教育为着眼点，以教育部《普通高等教育教材建设与改革的意见》为指导，面向现代化，面向未来，面向经济全球一体化，充分考虑学科体系的完备性、系统性和科学性，以适应教学和教材改革的需要，满足培养高素质、创造型、复合型人才的需要，并力求教材在内容质量方面具有体系新、内容新、资料新、方法新的特点。

第二，在广泛调查研究的基础上，通过多所高等院校一批有着丰富教学经验的专家教授论证和推荐，优化选题，优选编者。参加本套教材论证和编写的专家教授分别来自北京大学、清华大学、中国人民大学、中国政法大学、对外经济贸易大学、首都经济贸易大学、东北财经大学、西南财经大学、中南财经政法大学、上海财经大学、武汉大学、北京工商大学、南开大学、天津财经大学、天津商学院、南京大学、华中科技大学、北京科技大学、厦门大学、复旦大学、四川大学、中央财经大学等二十余所国内著名或知名高等院校。

第三，在选择教材内容以及确定知识体系和编写体例时，注意素质教育和创新能力、实践能力的综合培养，为学生在基础理论、专业知识、业务能力以及综合素质的协调发展方面创造条件。在确定选题时，一方面根据教育部的指导性意见收入了各相关学科的专业主干课教材，以利于学生掌握各学科及各专业的基础理论、基本知识；另一方面又在充分学习和借鉴国外经典教材的基础上，编选了部分带有前沿性、创新性的专业教材，以利于中外高等教育在课程设置方面的接轨。

第四，考虑到培养复合型人才的实际需要，本套丛书突破了原有的较为狭隘的专业界限和学科界限，在经济学和管理学两大一级学科的统领下，广纳多个分支学科的基础课、专业基础课、专业主干课教材。这些分支学科和专业包括工商管理、金融学、人力资源管理、物流学、广告学、会计学、市场营销、电子商务、国际经济与贸易等。从纵向上看，各学科、各专业的教材自成体系，完整配套；从横向上看，各学科、各专业的教材体系又是开放式的，相互交叉，学科与专业之间没有明确的界限，以便于各院校、各专业根据自身的培养目标设置课程，交叉选用。

本套丛书自身也是开放式的。我们将根据学科发展的需要、教学改革的需要、专业设置和课程调整的需要，不断加以补充和完善。

本套教材不仅是一大批专家教授多年科研成果的总结和教学实践的总结，而且在编写体例上也有所突破和创新，希望它的问世能够对我国经济与管理人才的培养有所帮助。

出版者

目 录

第一章

劳动关系管理概述

本章介绍了劳动关系的历史、范畴和基本理论，梳理了产业关系、人力资源管理和劳动关系管理的演进历程，介绍了企业劳动关系管理的冰山模型，在模型的内在逻辑指导下对典型案例企业的劳动关系管理现状进行了深度解读和研判。

通过本章的学习，我们一方面要明确企业的合情、合理、合法用工才是企业节约人工成本、改善组织绩效的最优选择；另一方面，我们还要明确只有从学术建设、解决实际问题和道德规范三个层面去把握劳动关系，才能深刻理解劳资双方的相互依存和相互尊重才是劳动关系管理的核心价值观，从而深刻理解为什么实现员工与组织的共同发展才是劳动关系管理的终极目标。

【引导案例】

"最低工资制"与劳资矛盾的矛盾[①]

1933 年 7 月 12 日，最低工资制（一小时 40 美分）在美国建立。作为保障劳动者基本生存条件的"最低工资制"，是劳资矛盾调和的结果，是国家干预市场的重要产物，一度被视为现代社会经济的重要"缓冲器"和文明标志，但是一直被主张自由市场经济的人士所反对和质疑。

"蓝鹰"震动美国

早在 1918 年，哥伦比亚特区就通过了"最低工资法"。后特区儿童医院向最高法

① 资料来源：江涌."最低工资制"缓解劳资矛盾[N].中国经营报，2003－7－4.

院上诉，认为这项法律侵犯了雇主的签约自由权，最高法院最终以5比3的表决结果宣布该法违宪。1929年，美国经济出现"大萧条"。一时间，财政金融一片混乱，工人罢工风起云涌，农民抗议此起彼伏，胡佛政府手忙脚乱，一筹莫展。1932年7月11日，民主党候选人富兰克林·罗斯福以绝对优势击败共和党候选人胡佛当选美国第32届总统。1933年3月4日，罗斯福宣誓就职，旋即着手新政，主要目标有三：救济、复兴和改革。从是年3月9日到6月16日，罗斯福向国会提交了15篇咨文，引导并敦促议员们通过了15项重要法案。1933年6月20日，国家复兴管理局成立。在复兴局主导下，制定了《公平竞争法》。该法明确规定：工人有权组织工会，选派代表与雇主谈判、签订集体合同；禁止雇佣童工；雇主必须遵守最高工时和最低工资限额，产业工人每周工时为35小时，脑力劳动者为40小时，产业工人最低工资每小时为40美分。1933年7月12日，最低工资制（一小时40美分）在全美正式实施。愿意接受这项临时协定（暂定实施6个月）的雇主将领到一个象征爱国的"蓝鹰"标志，绝大多数企业在各种压力下加入了"蓝鹰"运动。政府还出台了社会安全和社会保障法，为失业者和残疾者提供保障，同时对大公司征收超额累进税，以缩小财富分配差距，维持社会稳定。

由于新政近乎是全方位突出国家对社会生活的介入，震撼了美国自由市场经济之基础。从1935年1月7日起1年多时间内，最高法院以授权不当等理由作出了一系列关于新政立法的裁决，宣布违宪或无效的新政立法包括《全国工业复兴法》、《铁路职工退休法》、《手工业妇女最低工资法》等十几种，而最高法院自创立后到新政前的140年间，所宣布废止的法令不过60种。另外，各级联邦法院也有100多位法官发出1 600多个指令，以禁止实施新政立法。

对最低工资制的批判

最低工资制不是由劳动力市场供需决定，而且对于诸多非熟练工人，最低工资水平超了过其生产率。因此，最低工资的设立，会产生一系列消极后果：扭曲市场机制，令劳工市场无法有效配置人力资源；增加失业，特别是令非技术劳工，例如，妇女、青年等难以就业；降低企业经营的灵活性，导致中小型企业经营更加困难；为了减少工资在成本中所占的比例，企业可能以其他商业形式取代劳工，例如，增设自助柜台、减少服务人员、加速企业制造工序集中化及机械化等，从而使失业率上升。

最低工资制是世界上最典型的法定福利。这种硬性规定的后果是增加低薪工人的失业。雇主给雇员的全部报酬包括货币工资、劳动保障、医疗费、有薪假期、工作环境、职业培训等，最低工资规定的只是货币工资。用法律来硬性规定货币工资，雇主则会在长期内调整其他报酬，使全部报酬回落到本来的水平，使法律失效。

最低工资制还成为削弱竞争对手竞争力的重要手段。美国北部的工资高于南部，北部工会极力呼吁提高南部的工资。这并非北部工会更富有同情心,而是南部劳动力密集,一旦提高法定最低工资,成本就会大增,从而削弱南部的竞争力。美国政府向发展中国家尤其是东亚国家施加包括"最低工资"在内的全面提高工人待遇的压力,是基于同样的"醉翁之意"。

"保障工资"能否真正舒缓危机?由此引发的争论持续到今天都没有停歇,但不可否认的是它对弱势群体的关注,对人本身的再认识一直都被认为是照亮人类历史发展长河的文明之光。

第一节 劳动关系概述

劳动关系起源于工业革命。工业革命通过自由的劳动力市场和具有数千工人的大规模工业组织创造出现代雇佣关系。当社会努力应对巨大的社会和经济变化的时候,劳动问题出现了。低工资、长时间的劳动、单调及危险的工作和辱骂性的监督导致员工的高流失率、暴力示威并威胁社会的稳定。从学术上看,劳动关系理论起源于19世纪,韦伯夫妇(Sidney Webb and Beatrice Webb)的《产业民主》(1897)成为劳动关系领域早期的重要学术著作,这时的劳动关系理论既反对古典经济学中将劳动力看成一般商品和完全竞争市场的假设,也反对激进学派中关于劳动力与资本间矛盾不可调和的假设。从组织建设层面上看,劳动关系研究则是由康芒斯(John R. Commons)开始的,其标志是他于1920年在威斯康星大学创建了第一个产业关系学术项目。此项目早期的资金支持来自于洛克菲勒(John D. Rockefeller),他开始并支持积极的劳资关系的原因在于洛克菲勒家族拥有的位于科罗拉多州的煤矿发生了暴力罢工。在英国,另一位实业家伯顿(Montague Burton)在1930年捐赠了在利兹大学、卡迪夫大学和剑桥大学的劳动关系教席,同时随着牛津学派的逐渐形成,劳动关系课程体系于20世纪50年代逐步形成。

劳动关系包括三个范畴,即学术建设、解决实际问题和道德规范。在学术建设方面,劳动关系作为社会科学的分支,尝试通过严谨的且高质的研究去理解雇佣关系。在学术上,劳动关系与其他学科相交叉,如劳动经济学、人力资源管理、法学和产业社会学等。在解决实际问题方面,劳动关系尝试通过宏观的制度与政策设计和微观的管理实践来使雇佣关系运行得更加良好。劳动关系具有强烈的问题导向,定位于能够解决实际问题,这就要求其拒绝古典经济学对劳动问题自由放任的解决方法和激进主义阶级斗争的方案。正是这种定位极大程度上影响了美国的新政立法,具体例子就是美国的《国家劳动关系法》(National Labor Relations Act)和《公平劳动标准法》(Fair Labor Standards Act)。在道德规范方面,劳动关系对于员工和雇佣关系有较强的规范原则,特别是反对劳动力的商品化,强调员工的属性和人权,强调劳资双方的依存关系,强调劳资双方的相互尊重,强调劳动关系管理的终极目标是实现员工与组织的共同发展。

相对于主流经济理论,劳动关系理论假设劳动市场并非是完全竞争市场,因此雇主通常比雇员具有更多的要价能力。相对于人力资源管理和组织行为学,劳动关系理论假设雇主和雇员之间有着固有的利益冲突,因此这种冲突被认为是雇佣关系正常的一部分。劳动关系学者的研究范围很广,从车间的范式和权力结构,到工作场所的员工申诉机制,到企业层面、地区层面、国家层面的集体谈判,到各种层级的公共政策和法律规范,以至于资本主义的多样化(如社团主义)、社会民主和新自由主义等。

根据劳动关系学者对工作场所关系的理解和分析的不同,我们可以描述出劳动关系领域三种主要的理论观点或者框架。这三种观点一般被称为一元论观点、多元论观点和激进主义观点。每个观点都提供了一个关于工作场所关系的特定视角,并可以用来解释工作场所的冲突、工会的角色和工作规则的变化等问题。

一、一元论观点

在一元主义的观点中,组织被认为是完整和谐的整体,是“一个幸福的家庭”,其中管理者和其他成员有共同的目的,强调互相合作。此外,一元主义倾向于家长式的管理方法,即要求所有员工忠诚,对忠诚的强调和应用成为管理实践的主导模式。因此,一元论者认为,工会是非必要的东西,因为工人和组织间的忠诚具有相互的排他性,产业并不具有两面性。一元论还认为,冲突是煽动者、人际摩擦和沟通失败的非理性结果,具有破坏性。

二、多元论观点

在多元论观点中,组织被视为一个由多个具有各自利益的子群组成,每个子群都有自己合法的忠实拥护者,有自己的目标体系和领导者。在多元论的视角下,管理者和工会是两个主要的子群。

因此,管理者的角色更多倾向于劝说和协调,较少地倾向于强制和控制。工会被视为职工的合法代表,劳资冲突是通过集体谈判来解决的,而且冲突不一定必然就是坏的事情,如果能够有效地进行冲突管理,实际上可以把劳资冲突引导成为一种积极的力量,从而促进组织的变革和组织制度的更加合理。

三、激进主义观点

激进主义的视角着眼于资本主义社会的本质,即资本与劳动的利益有着根本的区别。激进主义认为，权利和财富的不平等是根植于资本主义经济体系的，因此劳资冲突是不可避免的，而工会则是工人对他们被资本剥削的自然反应。激进主义的观点有时候也被归入"冲突模式"理论，主要是因为多元化的观点也倾向于把冲突认为是工作场所内生或者固有的。激进主义的理论并不仅限于马克思主义的范畴，但激进主义的理论经常被等同于马克思主义理论。

当劳动市场不是完全竞争市场时，以及当雇佣关系包含利益的冲突时，那么则不能依赖于市场或者管理者来满足工人的利益或者在极端条件下来阻止对工人的剥削。因此，劳动关系学者和从业人员支持通过制度上的干预来改善雇佣关系的运行和保护工人权利。但是，劳动关系的两大阵营对于制度干预的本质却有着不同的看法。多元主义者认为，雇佣关系是利益共享和利益冲突的集合（利益是与雇佣关系相关的利益），从而多元主义者支持在工作场所的申诉程序、员工对话机制（如工作委员会、工会）、集体谈判和劳动管理合作。在政策领域，多元主义者提倡最低工资制度、职业健康、劳动安全标准、国际劳工标准、其他的劳动雇佣法和公共政策。这些制度的干预带来经济效率、雇员平等、雇员申诉机制；相反地，激进主义认为，在社会经济政治体系中，资本家的利益和雇佣工人的利益之间是不可调和的对立；从这个角度看，平衡的雇佣关系对于雇员的利益损害太大，从而需要深层次的结构性改革来改变资本主义中雇佣关系的固有的尖锐对立。因此，激进的工会常会得到支持。

由于诸多原因，国外当代的劳动关系正处于危机之中。在学术界，其传统地位一方面受到占主导地位的主流经济学和组织行为学的威胁，另一方面受到后现代主义的冲击。在对政策制定的影响力方面，鼓吹自由放任的新自由主义学者盖过了主张制度干预的劳动关系学者。在实践中，工会也越来越少，去工会化现象越来越严重，仍保持传统劳动关系特征的企业越来越少。在劳动关系的学术研究领域，项目数目也大幅度萎缩，学者们离开这一领域转投其他领域，大多数都去从事人力资源管理和组织行为学领域的研究。然而既往有关劳动关系的经验教训仍然至关重要，当代劳动关系的重要性比以往任何时期都更大。当前劳动关系面临的巨大挑战是如何重新建立与学术研究、政策制定和管理实践之间更为广泛的联系。

我国的情况正好相反，从现实的社会需求来看，伴随着市场化改革的进行，受经济结构调整及经济全球化的影响，我国的劳动关系呈现出日益多样化和复杂化的特点，比如，当前出现的"民工荒"、"富士康跳楼事件"、"本田罢工"、"涨工资潮"等热点问题就是这种劳动关系的具体化和典型化。所以，不论从发展社会主义市场经济与建立现代企业制度方面考虑，还是从应对全球化进程中的国际竞争力方面考虑，在我国大力开展战略性劳动关系管理、推动劳动关系的学术研究怎么强调都不过分。

第二节　劳动关系与劳动关系管理

现代意义上的劳动关系、人力资源管理等相关概念产生于1910～1920年期间的北美地区，主要是美国。最初，无论是学者还是商界人士使用的概念都比较繁杂，主要有雇佣管理、劳动管理、人事管理、劳动关系（Labor Relations）、产业关系（Industrial Relations）、产业关系管理、雇佣关系（Employment Relations）等。人力资源管理的说法在这时尚未出现，康芒斯在1919年讨论国家劳动投入的时候曾经使用了人力资源这一用法，但此时的人力资源还不具备现代人力资源的含义。

20世纪20年代，劳动关系和人力资源管理相关领域的概念慢慢发生了变化，产业关系概念开始得到广泛的运用，人们对其内涵的理解也逐渐达成了共识，此时的产业关系概念囊括了与工作生活相关的所有领域。随后，劳动关系和人事管理两个概念作为产业关系的组成部分被逐渐采纳。其中劳动关系主要是从员工的视角考虑产业关系中出现的问题，其重点关注的是员工的目标和需求，并希望通过集体谈判来谋求工人与雇主力量的平衡。人事管理则是从雇主的角度考虑企业管理，其关注的重点是员工的招聘、晋升和流转等。这种现象一直持续到20世纪60年代。

20世纪60年代之后，出现了两个明显的变化。第一个变化就是人力资源和人力资源管理概念的兴起及其对人事管理概念的逐步替代。人力资源管理与人事管理这两个概念的主要区别在于：首先，人事管理将企业员工看成是一种成本，而人力资源管理把劳动者看成是一种资产。其次，人事管理是被动地、消极地去适应变化了的环境，是一种事后的管理。而人力资源管理则是积极地、主动地去管理企业，是一种前瞻性管理，尤其是在战略人力资源管理的理念和思想出现以后。人力资源管理实践在中小企业的成功更促使了人力资源管理概念对人事管理的替代，20世纪90年代之后，无论是在商界还是学术界，人力资源管理的理念和思想已经完全突破并取代了人事管理概念的内涵和外延。

20世纪60年代之后的另一个显著变化是人们对产业关系理解的变化，之前的产业关系被认为是包含了与工作相关的所有方面的内容，但是现在产业关系的内涵和外延正在不断萎缩。很多佩戴着“产业关系”标签的研究专家认为，集体谈判才是产业关系的核心内容，他们逐步将其研究的重点转向了工会、集体谈判和劳工政策等，而缺乏对非工会企业和微观层面企业制度的研究。在库肯和卡茨合著的《集体谈判与产业关系》一书中，除了开篇几句话提到了产业关系之外，其余的篇幅都是在讲述与集体谈判相关的话题。这些现象使得在一般的理解中,产业关系的概念越来越接近于劳动关系的范畴。而人力资源管理实践和理论的盛行更使得人力资源管理有逐渐从产业关系中脱离出来,成为与产业关系并驾齐驱的一个学科的趋势。从库肯的《人力资源管理和产业关系》一文来看,他已经把人力资源管理和产业关系看成两个相互独立又相互联系的学科来进行研究了。话虽如此,但仍有一些产业关系的学者们坚守着产业关系研究的阵地,他们的研究范围不仅包含了集体谈判及劳动政策等传统劳动关系的范畴,还触及了与工作相关的其他各个领域。

其实,劳动关系管理和人力资源管理有着很多相通的地方,自从雇佣现象产生以来,劳动关系管理和人力资源管理对工作场所问题的研究就都包含了雇主、员工和社会这三种视角,只是其侧重点不同。劳动关系管理是以上三种解决途径的一个总和,客观中立是劳动关系管理的价值出发点,而人力资源管理则主要从雇主角度出发寻找解决方案,维护企业利益是其价值出发点。考夫曼(2001)认为,劳动关系管理与人力资源管理有以下不同:①人力资源管理强调由雇主解决劳动问题;劳动关系管理强调由劳资双方来解决。②人力资源管理主要采用内在的视角看待雇佣问题;劳动关系管理主要采用外部的视角。③人力资源管理的主要目标是组织的效益/效率;劳动关系管理的目标是把组织效益/效率与员工福利结合起来。④人力资源管理采用的是工具性的方法来提高雇员的利益;劳动关系管理则把雇员利益视为一个更为重要的独立的目标。⑤人力资源管理集中在雇主和雇员之间建立一个利益共同体;劳动关系管理主要考虑利益冲突问题的解决。⑥人力资源管理把管理人员的权力看作是实现组织效率/效益所必需的;劳动关系管理则假定管理人员的权力是需要审查和制衡的。⑦人力资源管理假设冲突不是不可避免的,并可以通过管理实践减少冲突;劳动关系管理认为冲突是不可避免的,并需要第三方的干预。⑧人力资源管理视管理人员为积极管理成果的主要贡献者,工会和政府只是偶尔需要,而且经常会对管理造成限制;劳动关系管理视管理人员为管理成果的主要贡献者,但是只有在强大的工会和政府立法的辅助下才起作用。

鉴于对产业关系概念认识的普遍变化,20 世纪末 21 世纪初,有研究者提出用新的雇佣关系来替代原来的产业关系的概念,试图将全部与劳动问题相关的研究领域包含在内。目前雇佣关系的概念在美国有了一定的支持者,但还没有成为主流。产业关系的概念是否能够重建? 人力资源管理能否异军突起? 未来产业关系、人力资源管理的概念到底向何处发展,还需要时间给出答案。

因为习惯差异以及不同的历史背景,国内外文献中对劳动关系的相关表述存在一定差别,国外使用的劳动关系概念有其特定的含义,与国内所使用的劳动关系概念并不完全等同。国内学者认为,劳动关系是劳动者与劳动力使用者以及相关组织为实现劳动过程所构成的一种社会关系;劳动关系管理则包含了从微观的企业劳动关系管理直至宏观层面的国家劳动关系管理等内容,国内的劳动关系概念实质上与英文文献中对应的产业关系概念非常一致。

目前国内学界比较一致的观点是劳动关系管理包括宏观和微观两个方面。劳动关系管理在宏观层面上强调经济全球化与新技术革命对劳动力市场与劳动关系的影响,劳工标准与经济绩效的关系,劳资冲突、合作与对资本市场、产品市场的交互作用。在微观层面上,劳动关系管理强调劳动力市场的微观基础研究,特别是企业劳动关系管理对组织绩效的影响、企业劳动关系管理的合法性以及劳动关系管理的经济学基础。

第三节　劳动关系管理冰山模型

近几年发生的一系列天灾、人祸无一不考验着企业的社会责任,企业社会责任也因此受到社会各界的极大关注。基于利益相关者的企业社会责任理论是目前该领域的主流理论,它强调企业要对股东、员工及其他相关者承担责任。然而始终困扰大家的一个现实问题就是,企业如何把握承担这些责任的比例,虽然著名的"4－3－2－1"卡罗尔结构提供了一种较好的方案,认为经济责任和法律责任是企业应承担的社会责任底线,但是在此基础之上,如果企业连员工的基本利益都不能保证,那么企业最终是不可能持续发展的。

在企业社会责任的各种阐释中,无一例外地都将企业的经济责任放在了首位,同时也将员工的利益,诸如员工的工资报酬、劳动时间、社会保障、职业安全等纳入其分析框架并将它们作为重要内容涵盖其中。在卡罗尔提出的"企业社会责任金字塔"(The Pyramid of CSR)模型中,第一层次的经济责任所占权重为4;第二层次的法律责任为3;第三层次的伦理责任(Ethical)为2;第四层次的慈善/自愿责任(Philanthropic)为1;这就是企业社会责任理论中著名的4－3－2－1卡罗尔结构。依据卡罗尔的这一划分,第一和第二层次的企业社会责任被看作是企业赖以生存的社会责任底线,也可以说是企业最基本的社会责任。卡罗尔的企业社会责任金字塔模型告诉我们:一个没有盈利的企业最终是不可能存活下去的,一个不遵守社会法律的企业最终是无法立足的,一个不能保证员工基本利益的企业最终是不可能发展壮大的。可见,企业社会责任其实质就是企业可持续发展的伦理学基础,它应该包括两个方面:一是在组织内部,企业要为投资者创造利润,为员工提供安全劳动环境和合理的薪酬福利待遇,实现企业和员工的共同发展;二是在组织外部,企业要向社会提供物质产品和服务,依法纳税,不得侵害消费者的合法权益,主动承担对自然环境和其他社会利益相关者的义务。

正是基于以上分析,我们提出企业劳动关系管理的“冰山模型”,该模型包括了劳动关系管理中的“合法”、“合情”、“合理”三个层面的内容(图1-1)。模型中的“合法”主要是指企业劳动关系管理要遵守现行的以《劳动法》和《劳动合同法》为代表的各种劳动法律法规,尽管企业担负社会责任的内容、方式以及所指向的对象不尽相同,但企业首先必须要合法地获取利润,自觉承担起对企业员工的责任,特别是对员工工资报酬的责任和义务。一方面,它要能够让员工获得与其贡献相匹配的经济收入,从而保障员工自身的生存与发展,维护员工的正当权益;另一方面,企业也要能够让员工体面地、有尊严地继续从事生产活动,从根本上改善劳动关系,实现劳动关系的和谐发展。这是企业劳动关系管理“冰山模型”浮在海面部分的主要内容。模型中的“合情”主要是指企业的劳动关系管理实践要以人为本,把员工视为企业的利益相关者,进行动态的人性化管理,其目的是确保企业用工过程的平滑性和可预见性,实现劳动关系的健康和谐,化解劳动争议,避免劳动冲突。企业只有通过劳动关系管理的最优实践,把企业劳动关系的政策、实践、方法和手段等构成一种控制系统,并将该系统纳入组织的发展战略,才能最终实现企业和员工的共同发展。“合情”层面的小部分内容也可以归入“冰山模型”浮在海面上的部分。冰山模型中最深层的“合理”部分主要是指企业通过科学的劳动关系管理,提高企业的经济运行效率,获取竞争优势,实现企业的可持续发展。“合情”层面的大部分内容与这里的“合理”部分共同构成冰山模型的水下部分,而企业作为理性人冷静的“合理”动机才是企业一切社会行为的天然本能。

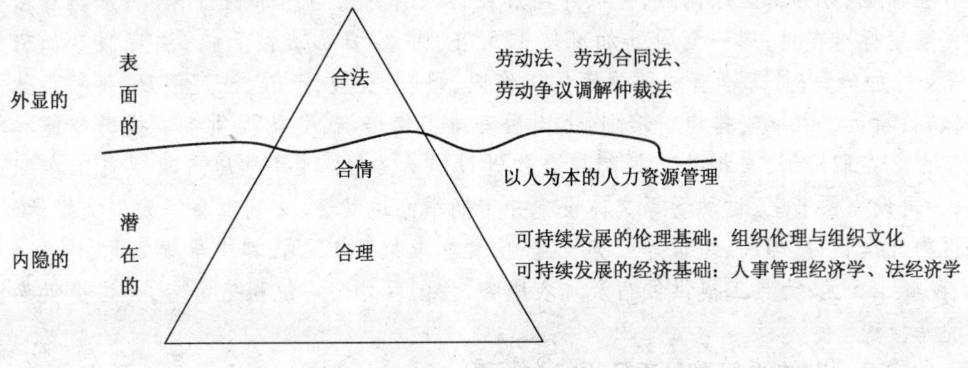

图1-1 战略劳动关系管理的冰山模型

在经济全球化和我国经济结构大变化的新形势下,我们的企业需要从战略的高度思考企业的劳动关系管理和承担社会责任的问题。企业劳动关系管理的“冰山模型”

告诉我们作为法律范畴的企业,要坚持底线原则,努力去做一个遵纪守法的企业公民;作为道德范畴的企业,要坚持人性化的管理原则,努力优化企业的劳动关系管理实践;作为经济范畴的企业,要按照效益比较、理性决策的原则,努力追求股东价值的最大化。“合法”、“合情”、“合理”用工既是企业节约人工成本,改善组织绩效,提升雇主形象的最优选择,也是企业开发组织人力资源,促进员工全面发展的最优选择。可见,企业通过实施战略层面的劳动关系管理,实现劳动关系与组织目标的纵向契合与横向匹配,可以获取竞争优势,改善组织绩效,最终实现企业与员工的共同发展。

案例分析

利用劳动关系管理冰山模型　深度解读富士康

一、民间网友团关于富士康公司劳动关系管理现状的5月报告

2010年5月18日至23日,富士康民间网友观察团向约50名富士康员工包括普通员工和基层管理人员进行调查,开展实地工作体验,并获得了部分内部资料,独立发布了第一阶段观察报告。该报告包括两个部分的内容:

(一)富士康得到员工认可的部分

这部分内容包括:与每一位员工签订劳动合同;能够准时支付工资报酬;为员工购买社会保险、劳务工医疗保险,并额外增加团体人身保险与附加医疗保险;加班费依劳动法规定标准支付,周一至周五加班按1.5倍、周六/日加班按2倍、法定假日加班按3倍支付加班费;员工享有法律规定的工伤假、婚假、丧假、产假、法定假日、带薪年休假等假期;新员工入职安排岗前培训,上岗后安排上岗培训,免费提供各类提升技能和管理能力之在职培训,与相关高等院校合作开设有大专、本科等学历班次供员工在职进修;公司设有图书室、运动场等文体设施并定期举办运动会、文艺晚会等大型文娱活动;园区内开设银行、邮局、超市等服务设施;伙食标准每天12元,其中早餐2元、中餐4.5元、晚餐5.5元;为员工提供住宿及洗衣服务,住园区外公司统租宿舍者,公司提供大巴车免费接送。

(二)富士康存在问题和不足的部分

这部分内容包括:2007年底成立的工会基本没有为员工维权的功能,其日常工作重点是帮员工买火车票等,员工有困难不会向工会反映和求助;员工反映每月加班60至100小时,严重违反《劳动合同法》的规定;公司对法定工作时间执行的是政府规定

的最低工资标准,为提高收入,员工不得不在显失公平的情况下"自愿加班";公司平时并没有建立起系统和有效的沟通渠道,员工之间也缺乏信任感;公司内部的保安部(内称环安课)有保安千名以上,大部分没有保安证件,在执勤中经常打骂员工;半军事化的管理方法导致底层员工对管理层有较大怨恨心态;公司内部等级制度森严,管理人员可以随意罚扣员工绩效奖金等。

二、利用冰山模型对富士康公司劳动关系管理现状的深度解读和研判

这份根据5月报告的直观描述,按照劳动关系管理冰山模型的分析框架,我们可以画出图1-2所示的研判富士康公司劳动关系的树状图。图中,合法赋值1,不合法赋值0;合情为1,不合情为0;合理为1,不合理为0。由此我们可以得到企业劳动关系管理的评价光谱,光谱的一端是合情、合理、合法的企业劳动关系管理(1,1,1),光谱的另一端是不合情、不合理、不合法的企业劳动关系管理(0,0,0)。绝大多数企业的劳动关系管理都介于(0,0,0)和(1,1,1)之间,按照我们的模型,富士康的劳动关系管理居于(0,0,1)的位置。

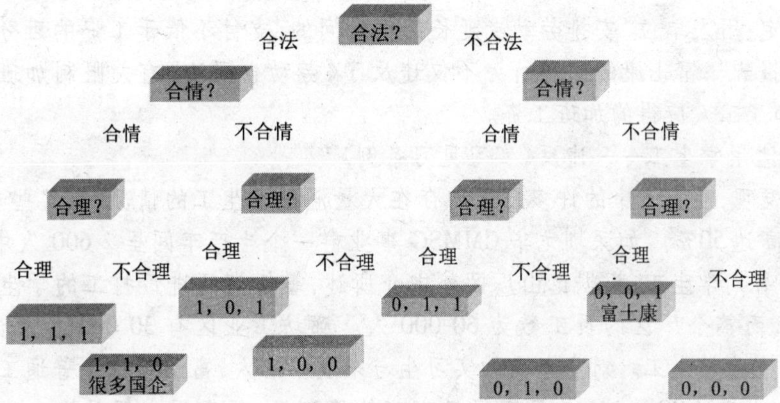

图1-2 冰山模型对富士康劳动关系管理的深度解读

三、《"两岸三地"高校富士康调研总报告》对冰山模型研判结果的再证明

2010年10月8日,60多位来自北京大学、清华大学、广州大学、香港理工大学、香港中文大学、台湾大学等20所高校的师生采用问卷与访谈相结合的方法,对富士康公司位于深圳、南京、昆山、杭州、天津、廊坊、太原、上海、武汉9市的12个厂区员工进行了调查。他们以专题讨论的形式发布了《"两岸三地"高校富士康调研总报告》。

《"两岸三地"高校富士康调研总报告》称:"富士康历来以'自觉守法'的形象出现

在公众面前，然而通过调查我们发现，富士康实际上存在一系列违法违规行为。”报告说，仅就调查结果来看，富士康已经严重违反了《中华人民共和国劳动合同法》、《中华人民共和国职业病防治法》、《工伤保险条例》、《广东省高等学校学生实习见习条例》等法律法规。

（一）强制加班、超时加班——违反《劳动合同法》

根据《劳动合同法》第四十一条规定，工厂每月加班时长累计不得超过36小时。然而，富士康工人的每月加班时间在发生“跳楼事件”之前超过100小时，“跳楼事件”后还保持在80小时以上，大大超过《劳动合同法》规定的最高限。名义上的“自愿”加班，实际是在每个月初要求工人签署自愿加班协议，可见是变相强制性加班。如果工人不签署，整个月都丧失加班机会，并且会受到种种惩罚。

（二）克扣加班费——违反《劳动合同法》

在跳楼事件之后，富士康严格规定每月加班时间按80小时计算工资，超出80小时的部分，不支付加班工资。有工人反映，在每天10小时工作时间内未完成生产定额的情况下，管理者会强迫整条生产线的工人义务加班。根据《劳动合同法》第四十四条第一款的规定：用人单位“安排劳动者延长工作时间的，支付不低于工资的百分之一百五十的工资报酬”，富士康的此种行为不仅违反了《劳动合同法》有关限制加班时间的规定，更克扣了工人应得的加班工资。

（三）滥用学生工——违反《实习见习条例》

调查发现，在富士康的许多厂区均存在大量滥用学生工的情况，在某些车间，学生工使用率高达50%。如深圳龙华CMMSG事业群一个生产车间里2 600人中有700～1 000人为暑期学生工；根据昆山厂区外中介所述，暑假期间进厂打工的学生实习工为10 000人，而整个厂区的员工数为60 000人。廊坊工业区有30 000多名员工，其中5 000名以上为学生工。对于年少的实习生与未成年工人，富士康也像普通工人一样对待，每月加班超过80小时，并且实行日夜班轮换制度，每三周或每月换一次班。根据《广东省高等学校学生实习见习条例》第二十二条第五款规定：“学生周实习时间不得超过四十小时”，富士康这种强迫学生进行高强度加班的行为，已经严重地违反了条例规定。

（四）漠视职业安全隐患——违反《劳动合同法》、《职业病防治法》

《劳动合同法》第五十四条规定：“对从事有职业危害作业的劳动者应当定期进行健康检查。”《职业病防治法》第三十二条规定：“对从事接触职业病危害的作业的劳动者，用人单位应当按照国务院卫生行政部门的规定组织上岗前、在岗期间和离岗时的职业健康检查。”然而，据一名在富士康工作长达16年的工人反映，他从事电镀工作，长期接触铅、镍、氰化物、氨气等有毒有害物质,但在他工作期间,并未依规定进行定期职业健康检查,仅作过两次职业预防普检,且未作血液重金属项目检测。富士康这种漠视职工身体健康和生命安全的行为,严重违反了法律规定。

(五)"私了"工伤事故——违反《工伤保险条例》

在工伤处理方面,生产车间里的三级管理人员联合隐瞒工伤情况,并且强迫与工伤工人"私了",导致工人赔偿不足,无法得到工伤保险条例的保护。在医院探访中,多名工伤工人反映管理人员不允许他们进行工伤鉴定,他们需要垫付医药费,有的甚至因为无力垫付而导致伤情恶化,更不要说获得法定的工伤赔偿了。

【关键术语】

劳动关系(Labor Relations)　　劳动关系管理(Labor Relations Management)

【本章小结】

劳动关系起源于工业革命,包括三个范畴,即学术建设、解决实际问题和道德规范。劳动关系三种主要的理论观点一般被称为一元论观点、多元论观点和激进主义观点。每个观点都提供了一个关于工作场所关系的特定视角,并可以用来解释工作场所的冲突、工会的角色和工作规则的变化等问题。

国内学者认为,劳动关系是劳动者与劳动力使用者以及相关组织为实现劳动过程所构成的一种社会关系;劳动关系管理则包含了从微观的企业劳动关系管理直至宏观层面的国家劳动关系管理等内容,国内的劳动关系概念实质上与英文文献中对应的产业关系概念非常一致。目前国内学界比较一致的观点是劳动关系管理包括宏观和微观两个方面。劳动关系管理在宏观层面上强调经济全球化与新技术革命对劳动力市场与劳动关系的影响,劳工标准与经济绩效的关系,劳资冲突、合作与对资本市场、产品市场的交互作用。在微观层面上,劳动关系管理强调劳动力市场的微观基础研究,特别是企业劳动关系管理对组织绩效的影响、企业劳动关系管理的合法性以及劳动关系管理的经济学基础。

企业劳动关系管理的"冰山模型"包括了劳动关系管理中的"合法"、"合情"、"合理"三个层面的内容。模型中的"合法"主要是指企业劳动关系管理要遵守现行的以《劳动法》和《劳动合同法》为代表的各种劳动法律法规,尽管企业担负社会责任的内容、方式以及所指向的对象不尽相同,但企业首先必须要合法地获取利润,自觉承担起对企业员工的责任,特别是对员工工资报酬的责任和义务。这是企业劳动关系管理"冰山模型"浮在海面部分的主要内容。模型中的"合情"主要是指企业的劳动关系管理实践要以人为本，把员工视为企业的利益相关者，进行动态的人性化管理，其目的是确保企业用工过程的平滑性和可预见性，实现劳动关系的健康和谐，化解劳动争议，避免劳动冲突。“合情”层面的小部分内容也可以归入“冰山模型”浮在海面上的部分。冰山模型中最深层的“合理”部分主要是指企业通过科学的劳动关系管理，提高企业的经济运行效率，获取竞争优势，实现企业的可持续发展。“合情”层面的大部分内容与这里的“合理”部分共同构成冰山模型的水下部分，而企业作为理性人冷静的“合理”动机才是企业一切社会行为的天然本能。

【复习思考题】

1. 简述劳动关系的三种主要观点：一元论、多元论和激进主义。
2. 劳动关系管理与人力资源管理的区别和联系是什么？
3. 试述企业劳动关系管理冰山模型的内在逻辑关系。

【参考文献】

[1] 唐鑛. 战略劳动关系管理理论与实务[M]. 北京：中国人事出版社，2010.
[2] 维基百科 Industry Relations 条目.
[3] 江涌. “最低工资制”缓解劳资矛盾[N]. 中国经营报，2003－07－14.

第二章

企业规章制度

组织制度或者说是企业规章制度是企业运行管理的重要工具。企业合法制定的规章制度具有法律约束力,能够约束全体员工的行为,为促进企业的发展提供制度保障。从这个意义上来说,制定和完善规章制度是企业管理的重要工作。在开展这项工作之前,企业首先要了解规章制度的内涵和外延;其次,要掌握规章制度所涵盖的内容,在具体编写这些内容时始终坚持细化、量化的原则,以保证规章制度的可操作性;最后,理解并掌握制定规章制度的法律要件,包括制定主体合法、内容合法和程序合法,满足这些条件即满足了依法制定规章制度的要求,规章制度才具有约束力,才能真正起到规范企业管理、促进企业发展的作用。

【引导案例】

景轩酒店:靠制度实现自我管理①

一项制度出台,国人首先想到的是“好”与“坏”,然后再谈执行不执行。科学合理的管理制度设计就是要遵循自激励、自约束、自协同的原则。

四年前的8月到9月,是深圳景轩酒店这一国内首家五星级酒店犹如荡秋千般先堕入黑暗,然后又戏剧性地重回光明的一段日子。8月份,景轩酒店法人代表毫无征兆地变更。9月21日,几名部门经理突然发现总经理以及多个部门经理、出纳不再到酒店上班。公司高管卷款“跑路”,拖欠员工工资和押金300多万元、水电煤气费和供应

① 资料来源:“景轩酒店:靠制度实现自我管理”,中国人力资源开发网,2010年8月14日21:15下载,相关文字作了适当删减和处理。

商货款400多万元,而账上的流动资金,只剩下两毛五分钱。其间甚至出现入职才3个月的总经理司机跳出来自称是酒店新法人代表的闹剧。

在这样的乱象中,景轩酒店的员工开始自救,397名员工中有165人自愿留守。到10月1日,酒店不仅没有因此倒闭而且恢复营业。在自救过程中,他们没有拖欠一分钱税款和水、电、气等费用。11月8日,57万元当月工资如期发放到半年没有领到工资的员工手中。

这中间发生了什么?政府部门的指导和支持固然不可不提,但在那个危难关头,多名从驻港部队退伍转业的员工的挺身而出,起到了挽狂澜于既倒的关键作用。以这些人为主的部门经理紧急磋商达成共识:齐心合力让酒店重新经营,靠自己的努力补回自己的血汗钱。当年的战士也纷纷套用老称呼:连长不走,我们都留下!他们连夜起草了一份情况说明商函,所有愿意留守的员工在上面签名并按上指印。这封签名信为他们赢得政府、银行和供货商们的理解与信任。

我们看到自救时,军人的荣光重新被唤起,非常态的管理反而激发出了能量。管理层瘫痪的时候,员工没有作鸟兽散,而是重新集结起来,相互打气、全力协作,自己约束自己,自己管理自己。通过自动执行的制度代替所谓的执行力之后,人是可以实现自我管理的。人与制度,制度与人,是永恒的话题,两者之间会产生什么样微妙的化学反应,是我们制定科学合理制度时所必须考虑的。

企业的组织制度与企业产权制度、微观企业管理制度和宏观企业管理制度一起构成现代企业制度,并且国家也提倡企业建立适应市场经济体制要求的企业相关制度①。这四项制度中,企业组织制度是最重要的内容,对企业正常运行、未来发展有重要的作用。

组织制度是企业制度的重要组成部分,它是企业的基本规范,狭义上讲,组织制度等同于企业规章制度。《劳动法》规定了合法制定的规章制度具有法律效力,可以作为法庭审理劳动争议的依据。因此企业合法制定的规章制度可以理解为国家法律法规在企业的细化、延伸,是企业保持良好运营、管理和发展的重要工具。《劳动合同法》第四条对企业规章制度进行了更为全面的约束,对规章制度的合法化制定提出了更加明确的要求。在法律法规的约束下,要使规章制度发挥作用,企业在制定过程中遵循一定的原则十分必要,包括了解规章制度的内涵和外延,弄清楚其中所要包含的内容,结合这

① 党的十四届三中全会通过的《中共中央关于建立社会主义市场经济体制若干问题的决定》明确提出了建立现代企业制度的问题。

些内容的特点以及实际应用中的要求，在具体撰写时应体现细化、量化的原则，等等。总之，符合制定主体合法、内容合法、程序合法的三大法律要件所制定出来的规章制度才具有约束力，企业据此进行管理才能实现合法、合情、合理用工的目的。

第一节 企业规章制度概述

一、企业规章制度是狭义上的组织制度

企业制度是企业要求员工应当遵守的办事规程、规则和行为准则等关系企业运营的内容。广义上讲，企业制度包含企业运行过程的所有内容，这些内容可以分为三种：企业的产权制度、治理制度和组织制度；也可以分为四种：产权制度、财会制度、组织制度和管理制度。无论何种分类，组织制度都是重要的组成部分。企业组织制度是企业的基本规范，对全体员工的行为进行约束。狭义上讲，企业组织制度就是指企业的规章制度。

实践中，企业规章制度常常被称为"厂纪厂规"。理论上，国内外的相关机构和学者对企业规章制度的定义存在一定的差异。例如，国际劳工组织（International Labor Organization，ILO）特别委员会在1959年的一份报告中将之定义为：企业界对工作规则、企业规程、服务规则、就业规范和职场纪律的统称，供企业的全体从业人员或大部分从业人员适用，专对或主要对就业中从业人员的行动有关的各种规定。这一定义主要是从内容、适用对象方面对规章制度进行界定。与此不同的是，国内的学者认为，企业的规章制度并非只随从企业的意愿，而是要受到相关法律法规、政策的约束，即规章制度是指企业根据国家有关法律、法规及政策，结合本企业的实际情况，制定的关于统一设定工资、工作时间、劳动条件等内容，并只限于在本单位内部实施，实现对劳动过程进行管理的行为规则和章程，以期提升管理的效率。约束规章制度的法律法规中最重要的便是劳动方面的法律、法规以及相关政策等。劳动法律方面的从业人员将企业规章制度定义为企业根据国家有关法律、法规和政策，结合本企业生产经营实际，制定并认可的由企业行政权力保证实施的组织生产劳动和进行劳动管理的规则和章程。在这一定义之下，企业规章制度也被称为企业内部劳动规则，或者习惯上称为员工劳动手册。综合上述不同领域专家、学者对企业规章制度的定义，本章将其总结为：企业依法制定并在本企业内部实施的组织劳动和进行劳动管理的规则。

企业规章制度是企业实施经营管理自主权的体现。合法制定、制定主体特定、具有约束力、适用范围有限等都是规章制度的特点，这些特点决定了其具有约束员工行为、

规范劳动、提高效率的作用。

• 合法制定。企业制定规章制度必须合法,包括三个方面:制定主体合法、内容合法和程序的合法。

• 制定主体特定。企业或者其他性质的用人单位是规章制度的制定主体,制定规章制度是其权利也是义务,是其经营自主权、用工自主权与劳动者劳动规章制定的参与权相结合的产物。

• 具有约束力。企业制定规章制度的目的是规范劳动过程中的行为,因此凡是劳动过程之外的事项均不在其规范范围之内,并且规章制度对企业和劳动者双方都具有约束作用。

• 适用范围有限。制定、修改规章制度是企业的自主行为,属于其内部事务范畴,区别于政府强行推行的劳动立法。相应地,作为企业内部管理的一种重要工具,规章制度只限在本企业范围内适用,对外部企业无约束力。

二、规章制度与企业战略、文化的关系

企业战略描述了企业的发展蓝图,是企业行动的方向标,同样它对企业制定规章制度也可起到引导作用。企业实现战略目标的过程中,规章制度和企业文化都发挥着重要作用,学者们认为,企业规章制度和企业文化之间并非有些企业所认识的"此消彼长"、"势不两立"的关系,二者都是企业管理、经营、发展所必须具备的,只是作用不同。从管理员工角度看,规章制度主要是抑制人性恶的一面,企业文化则主要是引导人性善的一面①;从企业运营角度看,规章制度保障企业经营管理活动规范、稳定、高效、持续;企业文化则是企业发展腾飞的基础。可以说,规章制度和企业文化是企业发展飞跃的左右翅膀,缺一不可。

(一)企业战略引领规章制度的制定方向

企业战略描述了企业的发展目标,是企业行动的向导,引领企业规章制度的制定方向。首先,企业战略为制定规章制度确立了核心思想。企业战略是随着企业所处的发展阶段的不同而变化的,相应的规章制度就需要予以配合。例如,当企业处于起步阶段时,企业所面临的风险比较大,保持稳定增长是此阶段的战略目标,相应地,企业规章制度中关于办事流程的规定就要明确简化办事流程、减少繁琐性。其次,企业实现战略目标的方式、方法划定了规章制度所要涵盖的大致内容。企业通过良好的员工管理方式、有效的激励机制可以激发员工的工作热情、创造力并使其保持较高的生产率水平,为实

① 陆明.一对隐形的翅膀——刍议企业规章制度与企业文化[J].中外企业文化,2009(7):58.

现企业战略而努力。要保证这些措施良好运行,取得积极的效果,就需要企业的规章制度予以支持,比如,规章制度中员工关系管理制度部分应当规定促进员工关系和谐的内容,薪酬体系设计明确对员工在岗位上的创新予以奖励,等。

(二)企业管理中的硬制度和软文化

企业规章制度是组织劳动和进行劳动管理的规则,包括业务规则、绩效考核、奖惩制度和劳动纪律等内容。依法制定的规章制度具有法律效力,能够约束企业全体员工的行为,也就是说规章制度具有强制性。相比之下企业文化的强制性更弱,柔性更强,它是在一定社会历史条件下,企业在其长期经营中创造、总结出来的具有本企业特点的精神财富,是企业共同的价值观,具有历史沉淀性。企业文化没有强制性,更需要员工自觉履行,而不像规章制度由企业行政力保证其实施。如果将企业看成是社会的缩影,那么规章制度好比是社会治理中的法律,企业文化好比是社会治理中的道德约束体系,前者遵循“规章治企”,后者遵循“道德治企”,共同促进企业的发展。

(三)规章制度和企业文化相互促进

企业制定规章制度虽然先后会经过提案、讨论、修改、确定等程序,又经过多轮的讨论修改,但是企业也很难保证它的完全周密性,规章制度不可能覆盖企业管理运行的每个细节。另一方面,虽然规章制度通过规范劳动、约束员工行为可以实现提高劳动生产率的目的,但是在充分调动员工的能动性、积极性、主动性方面则表现欠佳。规章制度的这些弱项正是企业文化的强项。企业文化通过共同的价值观作用于员工的意识,以此来引导员工的行为,使其在自主意识的引导下发挥自觉性、主动性和创造力。

规章制度和企业文化在促进企业发展的过程中相互促进,共同完善。良好的企业文化能够促进规章制度的建设和实施,不良的企业文化则会妨碍规章制度的建设和实施。反过来规章制度也会影响企业文化的建设,有效的规章制度能够促使好的企业文化的形成,无效的规章制度则会导致形成坏的企业文化。例如,规章制度得到员工衷心的拥护,以规章制度为基础,员工就容易形成共同的价值观,进而形成的企业文化也会得到员工的认可,增加凝聚力;企业文化倡导员工遵纪守法,那么企业规章制度实行起来也会减少很多障碍。

第二节 企业规章制度的设计

国家及地方的劳动法律法规是从宏观层面来规范和约束劳动用工行为,对企业内部的具体管理概括性、抽象性更强,针对性较弱。因此,作为规范企业内部生产经营秩序的规则,企业规章制度对劳动用工、管理过程所起的作用更具体、更具指导性。企业规章制度与劳动合同、集体合同以及劳动条件基准一起构成了劳动法协调劳动关系的重要工具,都是确定劳动关系当事人双方权利和义务的重要依据。

一、规章制度的作用

从不同机构、学者对企业规章制度的定义不难看出,在法律法规的约束下,规章制度属于企业依法享有经营管理自主权的范畴,从这种意义上讲,它对于企业内部的管理、运营来说十分重要,理应受到企业的重视。

总体上看,协调企业和劳动者双方的关系是企业规章制度的核心,也是最终目的,这也决定了企业规章制度作为企业内部劳动控制的一种有效手段和重要途径,在协调劳动关系上发挥着举足轻重的作用。企业规章制度中的员工行为规范,引导员工的行为去实现组织目标,体现了它的引导作用;褒奖优秀员工行为的办法及惩罚违纪员工行为的措施,对员工进行激励和鞭策,体现了它的激励约束作用;有关劳动争议处理的条款可以作为解决争议时的重要参考依据,则体现了它作为劳动争议仲裁判断依据的作用。

(一)方针引导作用

企业规章制度中包含的劳动行为规范和管理规则,通过向员工传达应该做什么、不应该做什么、应该如何做等来引导员工的行为沿着企业希望的方向发展;规章制度引导员工行为的另一个途径是通过衡量、评价劳动者行为的合法性、违法性与合理性、非合理性等来实现。这是站在企业一方来看待规章制度的引导作用。站在劳动者角度,劳动者通过规章制度可以了解到在本企业中自己拥有的权利及如何利用这些权利、肩负的义务及如何去履行这些义务。

(二)激励约束作用

企业规章制度所包含的员工劳动、生产安全、日常纪律、奖惩制度以及一些与员工岗位相联系的纪律,可以统称为企业劳动纪律,这是规章制度的核心部分。据此规定,企业表彰良好行为,处罚违纪行为,借此向员工传达企业提倡什么、反对什么。这样的制度安排通过规范员工的行为,一方面能够调动员工的积极性,另一方面可以减少违纪行为的发生,提高生产效率。

(三)判断依据作用

规章制度的判断依据作用主要体现在解除劳动合同的缘由判断、解决劳动争议的裁定过程中。首先,它是解除合同的重要依据之一。《劳动合同法》第三十九条规定的用人单位可以解除劳动合同的情形之一便是劳动者严重违反用人单位的规章制度[①]。这里我们暂且不讨论法律对劳动者违反规章制度程度的约定，单就此规定来看，便可知规章制度是企业内部管理的重要工具。其次，它是劳动争议处理中的重要依据之一。例如，《最高人民法院关于审理劳动争议案件适用法律若干问题的解释》第十九条规定，用人单位根据《劳动法》第四条的规定，通过民主程序制定的规章制度，不违反国家法律、行政法规及政策规定，并已向劳动者公示的，可以作为人民法院审理劳动争议案件的依据。

二、企业制定规章制度是其法定义务

劳动过程中，劳动者处于从属地位，其权利和义务的实现受到企业的支配，制定规章制度不仅可以确保劳动者的权利和义务明确、具体，而且可以增强企业劳动管理的规范性，减少随意性。另一方面，在企业内部，任何一位劳动者的权利、义务都或多或少地与其他劳动者的权利、义务存在着关联性，这导致在实现这些权利、义务的过程中难免发生冲突。制定规章制度有利于化解不同劳动者之间因实现各自权利义务所产生的矛盾，有利于营造全体劳动者充分实现各自权利义务的良好秩序。鉴于以上原因，我国法律法规将企业制定规章制度列为其法定义务，例如，《劳动法》第四条规定，用人单位应当依法建立和完善规章制度，保障劳动者享有劳动权利和履行劳动义务，这一精神也体现在《劳动合同法》第四条第一款的规定中。

企业履行制定规章制度的义务，一方面实现了其对劳动者的权利，即企业的经营权和用工自主权中必然含有规章制度制定权；另一方面履行了其对国家的义务，即企业必须以制定规章制度作为其行使经营权和用人权的一种主要方式。实践中，如果该义务未被严格履行，则会导致企业在实际的劳动组织、管理中缺乏可依据的明确制度。如果企业未能制定规章制度，其依据《劳动合同法》第三十九条第一款第(二)项的规定为由解除劳动合同的操作则无从实现。

企业履行制定规章制度的义务要保证其合法性，要依法制定和完善规章制度，否则将导致规章制度无法律约束力。《劳动合同法》就此项要求赋予了劳动者和相关部门的监督权力：首先，劳动者可以以规章制度违反法律、法规的规定，损害其权益为由，随

① 《劳动合同法》第三十九条：劳动者有下列情形之一的，用人单位可以解除劳动合同：(一)在试用期间被证明不符合录用条件的；(二)严重违反用人单位的规章制度的；(三)严重失职，营私舞弊，给用人单位造成重大损害的；(四)劳动者同时与其他用人单位建立劳动关系，对完成本单位的工作任务造成严重影响，或者经用人单位提出，拒不改正的；(五)因本法第二十六条第一款第一项规定的情形致使劳动合同无效的；(六)被依法追究刑事责任的。

时解除劳动合同(第三十八条);其次,企业制定的直接涉及劳动者切身利益的规章制度违反法律、法规规定,由劳动行政部门给予警告,责令改正,给劳动者造成损害的,企业应当承担赔偿责任(第七十九条)。

三、规章制度的内容

作为企业内部管理的重要工具,规章制度的内容涉及企业内部管理的方方面面,它告诉员工企业提倡什么、反对什么、鼓励什么、禁止什么等,以此达到规范员工行为,实现企业发展的目的。规章制度涉及员工关系、薪酬待遇、绩效考核等人力资源管理制度,与劳动者切身利益密切相关,是企业员工关系管理的重要工具,因此设计规章制度要遵循一定的原则,并且在具体编写规章制度的过程中要注意措辞和表达方式,内容尽量细化,增强可操作性。

(一)设计规章制度应遵守合法、民主、公正原则

企业制定规章制度的过程要兼具合法性、民主性、真实性和效能性,在具体操作中企业应当遵循合法原则、民主原则以及公正原则。

1. 合法原则

企业规章制度可以被视为国家及地方的劳动法律法规的延伸,因此,合法原则是企业制定规章制度时首先要遵守的。从广义上讲,规章制度不能与集体合同、劳动合同相矛盾,也可以划归为合法原则的要求。在遵守合法原则的前提下,还应保证制定的规章制度公平、反映实际情况,这样的规章制度对实际管理才更有针对性。

(1)规章制度内容不能违法。比如,规章制度规定女职工在本企业工作三年以后才能怀孕生子,这就侵犯了女职工的生育权,违反了法律的规定,侵犯了劳动者合法权益。劳动者不仅可以不遵守,而且有权随时解除劳动合同,并要求企业支付经济补偿金。规章制度不得违反法律法规的规定,并不意味着简单地照抄、照搬法律条款,而是要联系企业的具体情况将法律规定具体化、细化,使其具有可操作性。

(2)规章制度不能与集体合同、劳动合同相冲突。企业规章制度与劳动合同、集体合同以及劳动条件基准一起构成了劳动法协调劳动关系的重要工具,这些都是确定劳动关系当事人双方权利和义务的重要依据。这三者之间的关系决定了规章制度的内容不能与劳动合同、集体合同的内容相冲突,但是三者之间存在一定的差别,清楚这些差异有利于设计正确合法的规章制度:第一,劳动规章制度的制定是企业的单方法律行为,制定程序中虽然有员工参与的环节,但还是由单位行政部门最后决定和公布,员工并非制定主体;而劳动合同和集体合同的订立,都是劳动关系当事人或其团体双方的法律行为。第二,劳动规章制度所规定的是全体职工的共同权利和义务,劳动合同所规定

的只是单个职工的权利与义务。第三,劳动规章制度与集体合同在内容上虽然有交叉,但又各有所侧重。前者侧重于规定组织和管理劳动过程中职工和企业行政双方的职责,即劳动行为规则和用工行为规则;后者则侧重于规定在本单位范围内的最低劳动标准。规章制度与集体合同的联系主要表现在规章制度规定的劳动者的利益不得低于集体合同规定的标准。第四,劳动规章制度与劳动纪律并非同一概念,劳动纪律只是劳动规章制度内容中的一个组成部分,与技术操作规程、劳动安全卫生规程和其他各项制度相并列。

(3)规章制度的制定要公平合理。企业制定规章制度要注意做到公平合理、符合实际情况。比如,规章制度规定职工迟到一次就立即解除劳动合同,这就是显失公平的内容。由此引发劳动争议时,企业将处于不利地位。每个企业的情况千差万别,在同一企业内,各个工种和岗位也各有特点,企业在制定规章制度时,必须综合考虑,根据本企业的实际情况和存在的问题制定出相应的内部管理制度。

2. 民主原则

民主原则反映在制定企业规章制度上就是要发动群众积极参与,听取群众意见,保证员工在企业劳动管理中实现参与管理的权利,这也是企业劳动关系管理的措施之一。

(1)综合劳动者的利益反映于制度中。企业规章制度要从企业全体劳动者的利益出发,反映全体劳动者的意愿。规章制度的目的是规范劳动者行为,只有符合全体劳动者的利益,才能激发和调动他们的积极性。鉴于此企业要反复调研,广泛听取劳动者的意见,集思广益,综合分析,将全体劳动者的意愿反映出来。

(2)公布规章制度以告知全体劳动者。企业规章制度要本着公开的精神,使全体劳动者都知道规章制度,这是民主原则的重要体现,是实现民主的有效方式和途径。只有劳动者知晓,规章制度才能真正起到监督、规范劳动者行为,保障劳动者合法权益的作用。公开的内容包括规章制度内容的公开、方式和程序的公开。公布是公开的正式程序和方式,在规章制度经过一定的会议讨论通过后,必须采取公示的方式向全体劳动者正式公布。

(3)制定和执行规章制度受到民主监督。企业规章制度的实施是企业领导者行政权力的运用,它和其他权力一样要接受民主监督。企业如果不把制定和执行规章制度置于群众民主监督下,它的形成和实施就缺少了群众基础,对后期的执行也不利。群众的监督主要体现在职工有权对规章制度实施过程中企业管理者的行为提出批评、建议和意见,有权进行检举。

3. 公正原则

企业制定规章制度属于企业内部管理工作,是企业经营自主权的体现。在这个过程中，企业要遵守公正原则，结合企业的实际情况，制定规章制度的内容；正确处理员工与企业之间的关系，涉及奖惩内容时，要做到合情、合理、合法。

企业规章制度是法律法规在企业内部的细化和延伸，但是制定规章制度并非照搬照抄法律条款，也不要抄袭别的企业规章制度的内容，而是要以法律为衡量标准，以企业生产经营以及管理的实际情况为基础进行制定，如此制定出的规章制度才能真正起到规范管理的作用。

企业与劳动者之间建立劳动关系之后，双方在权责上具有从属关系，企业使用劳动者，安排其生产劳动，劳动者完成生产任务，遵守企业的规章制度。这种权利义务的分配并不意味着企业在制定规章制度时就能为所欲为，应当从维持企业正常管理角度和不侵犯劳动者合法权益角度出发，制定规章制度的内容，否则制定出来的规章制度不仅不能规范管理，企业还可能受到法律的制裁。

除上述原则外，企业制定规章制度还要参照上级单位的制度、方针政策和企业自身其他制度的内容，考虑其中的协调性、一致性和匹配性，保证规章制度实施的有效性。

（二）以人力资源制度为主的规章制度的内容

一般来说，企业规章制度包括企业内部的部门设置、各部门的主要职责和工作内容、内部管理流程等。规章制度中的一些内容是与企业自身及其所在行业的性质、特点有关的，例如，业务范围、行业规范等。另外一些内容是各个企业都要涉及的方面，例如，行政事务管理，这包括办公流程、文件管理、会议管理、后勤事务管理等；再如，劳动关系管理制度，包括最初的职位空缺管理（或者称为人员编制管理），人员招聘、录用、配置、培训管理，薪酬福利体系，绩效考核办法等；还有企业的财务制度，通常包括预算制度、资金使用计划、报销制度等。可以看出，企业人力资源方面的规定是企业管理的重要依据，尤其对企业劳动关系管理有非常重要的作用。人力资源制度应该至少包括以下内容：劳动合同管理制度、薪酬福利制度、绩效考核制度、考勤休假制度、奖惩制度、培训开发制度以及职业发展制度。

1. 劳动合同管理制度

劳动合同管理制度涵盖劳动关系的建立、维护、终止等各个环节，以此来规范企业劳动合同管理，避免在签订劳动合同、履行合同、解除或终止合同等操作中发生劳动争议。上述这些内容与《劳动法》，尤其是《劳动合同法》密切相关，例如，《最高人民法院关于审理劳动争议案件适用法律若干问题的解释》规定：企业可以将合法制定的规章制度作为人民法院审理劳动争议案件的依据。为了使规章制度发挥这方面的作用，企业在制定劳动合同管理制度时，要参考相关法条，既要减少这方面的劳动争议，又要降低企业在劳动争议案件中败诉的概率。

2. 薪酬福利制度

薪酬福利制度包括企业薪酬福利的多方面内容，是人力资源制度中最为重要的组成部分之一。首先，薪酬福利制度要符合法律法规的要求。薪酬福利与员工切身利益密切相关，是劳动法律法规规范的重点。企业在设计薪酬福利制度时，要参照相关的条款，确保内容不违法，例如，《北京市工资支付规定》第六条规定，用人单位制定本单位的工资支付制度应当主要规定下列事项：工资支付项目、标准和形式；工资支付的周期和日期；工资扣除事项。其次，薪酬福利制度要指明企业设计薪酬福利体系的原则，例如，战略导向性、外部竞争性、内部公平性、经济性、激励性等。再次，薪酬福利制度要包括企业薪酬福利所有项目，例如，基本薪酬、可变薪酬和间接薪酬（福利和服务）三大部分。最后，薪酬制度应当指明企业薪酬的支付方式，一般支付方式有：基于职位的支付方式、基于绩效的支付方式和基于能力的支付方式三种。

3. 绩效考核制度

绩效考核对企业管理的重要性毋庸置疑，这也决定了绩效考核制度在规章制度上占据重要地位。然而，每个考核周期之初企业制定的绩效目标不同使得具体的考核指标会有所差异，这决定了规章制度中关于绩效考核制度的规定无法细化到考核的每一个细小环节，而且规章制度的强制性、严肃性又导致其不能随意改动。因此，规章制度可以不规定具体的考核内容，只作原则性的规定，如绩效考核的周期、频率，考核形式以及考核结果的处理方式等。例如，某企业的绩效考核分多个层次进行，企业层面的绩效考核是对企业所有人员进行，每年进行两次，时间分别定在7月的第一周以及12月的最后一周；企业对销售人员的考核按季度进行，时间是每季度末，等等。具体的考核指标、方式等内容还是要根据当期的考核方案确定。规章制度中的绩效考核制度只是向员工传达企业对绩效考核的态度、重视程度，有助于员工在绩效考核前做好准备。

4. 考勤休假制度

“本企业只执行年休假而不执行探亲假”的规定

李女士于2006年起在北京的一家IT公司担任程序设计员，至今单身。父母远在海南老家，作为家中的独女，李女士一直为没有很好地赡养父母而愧疚，但是由于距离原因，利用双休日回老家看望父母几乎不可能。某年李女士打算休一下探亲假，想想自己已经工作三四年了，也算是公司的老员工，觉得申请探亲假应该比较容易，而且自己还没有休过探亲假。但是她未能如愿，公司没有批准她的申请，原由是公司的规章制度中规定："本企业只执行年休假而不执行探亲假"。李女士认为，公司的规章制度没有约束力，而且公司这样做是违法的。

首先，探亲是指职工与配偶或者亲人分居两地，又不能在公休假日与配偶或者父母团聚，职工去探望异地的配偶或者父母的假期，在这个假期中职工享有保留工作岗位和工资的权利。然而，目前我国的法律法规中只在《国务院关于职工探亲待遇的规定》对探亲假作出了较为详细的规定：第二条规定了职工可以休探亲假的情形①，第三条规定了职工探亲假的类别、频率及长度②，第五条和第六条分别规定了职工休探亲假期间的工资待遇和路费报销事由③。另一方面，《外商投资企业劳动管理规定》、《私营企业劳动管理暂行规定》、《中华人民共和国中外合资经营企业法》等针对某些性质企业适用的法律法规并未明确规定员工享受探亲假，因此，出现在企业规章制度中的"本企业只执行年休假而不执行探亲假"的条款合法与否，要视其企业的性质来定。

在企业中，员工考勤休假情况一般是影响员工工资、奖金水平的重要因素之一。规章制度中的考勤休假制度包括考勤办法、考勤频率、节假日休假规定、请假审批程序、迟到早退旷工的界定和处理等内容及其具体操作。

节假日休假和请假制度又可以分为法定节假日和不可预见性假期两部分。法定节假日包括三类：第一类是全体公民放假的节日，包括：新年元旦、春节、劳动节、国庆节、清明节、端午节和中秋节。第二类是部分公民放假的节日及纪念日，包括：妇女节、青年节、儿童节、中国人民解放军建军节。第三类是少数民族习惯的节日，具体节日由各少数民族聚居地区的地方人民政府，按照各该民族习惯，规定放假日期。此外，婚假、丧假、带薪年休假等都是法律规定的员工应当休息的假期。企业规章制度对这些假期的

---

① 《国务院关于职工探亲待遇的规定》第二条：凡在国家机关、人民团体和全民所有制企业、事业单位工作满一年的固定职工，与配偶不住在一起，又不能在公休假日团聚的，可以享受本规定探望配偶的待遇；与父亲、母亲都不住在一起，又不能在公休假日团聚的，可以享受本规定探望父母的待遇。但是，职工与父亲或与母亲一方能够在公休假日团聚的，不能享受本规定探望父母的待遇。

② 《国务院关于职工探亲待遇的规定》第三条：（1）职工探望配偶的，每年给予一方探亲假一次，假期为三十天。（2）未婚职工探望父母，原则上每年给假一次，假期为二十天。如果因为工作需要，本单位当年不能给予假期，或者职工自愿两年探亲一次，可以两年给假一次，假期为四十五天。（3）已婚职工探望父母的，每四年给假一次，假期为二十天。

③ 《国务院关于职工探亲待遇的规定》第五条：职工在规定的探亲假期和路程假期内，按照本人的标准工资发给工资。第六条：职工探望配偶和未婚职工探望父母的往返路费，由所在单位负担。已婚职工探望父母的往返路费，在本人月标准工资30%以内的，由本人自理，超过部分由所在单位负担。

规定要严格遵守法律法规。这里需要注意的是,“带薪年休假制度”制定不当多是引起企业与员工之间矛盾的因素之一。企业设计此项制度时可以参照2008年9月18日人力资源和社会保障部公布的《企业职工带薪年休假实施办法》的相关规定,其中第三条规定:“职工连续工作满12个月以上的,享受带薪年休假”,这里强调的是“连续工作”,如果规章制度中规定“在本单位连续工作满一年以上的才可享受带薪年休假”,则是与法律法规精神相违背的。第十条还规定了用人单位经职工同意不安排年休假或者安排职工休假天数少于应休年休假天数的,应当在本年度内对职工应休未休年休假天数,按照其日工资收入的300%支付未休年休假工资报酬,其中包含用人单位支付职工正常工作期间的工资收入。但是如果是职工因本人原因且书面提出不休年休假的,用人单位可以只支付其正常工作期间的工资收入。与此类似,如果企业所在行业的特点决定员工无法享受节假日休假权,那么企业应当在规章制度中明确支付加班工资的标准及支付方式等内容。

不可预见性休假包括事假、病假、医疗期、停工留薪期、公务假、差旅假、探亲假、女工休假等法律规定可以休息的假期。对于此类假期,企业应当在规章制度中规定这些假期的申请方式、审批程序以及对应的薪酬福利的扣减标准等内容。

5. 奖惩制度

奖惩制度建立在绩效考核制度之上,根据绩效考核的结果采取或奖或惩的处理方式。“奖”是针对绩效考核良好的员工给予褒奖,“惩”是针对违反规章制度,给企业带来损失的员工给予处罚。奖惩制度一般要包括奖惩的情形、形式、标准、具体的操作流程等。奖励制度的核心是精神奖励与物质奖励并行;惩罚制度的核心是教育改进为主,处罚为辅,并且不能侵犯员工的合法权益。目前法律法规关于企业惩罚员工的约束机制并不健全。2008年1月15日《企业职工奖惩条例》废止,这标志着法律法规全面停止了对惩戒措施的规定,企业如何制定和完善内部的劳动纪律和惩戒制度是一个非常迫切的问题。如果将《劳动合同法》第四条的规定作为企业制定内部的劳动纪律和惩戒制度的法律依据的话,可以视企业合法制定的规章制度中的奖惩制度为企业内部奖惩的主要依据。这一点在《劳动法》中有所体现,其第二十五条作了原则性的规定:劳动者严重违反劳动纪律或用人单位规章制度的,严重失职、营私舞弊,对用人单位利益造成重大损害的,用人单位可以解除劳动合同。为了增强可操作性,企业在具体制定内容时应注意惩罚制度中措辞的准确性,保证明确不产生歧义,否则因规定不明确而导致处理不当很可能引发劳动争议。

6. 培训开发制度

企业的竞争最终归结为员工素质与能力的竞争,通过培训开发提高员工能力也就提高了企业的竞争力。正因如此,培训开发成为劳动关系管理的重要模块之一,也被冠以"职业管理"的称号。培训,是指通过训练、指导、授课等方式,向新的员工或者已雇佣员工提供工作所必需的知识、技能等,扩充其知识存量、提高其工作能力、改善其工作态度,以便更好地完成工作任务;开发,是指根据员工现有的能力和表现出来的潜能,采取一定的方式,将其潜在的才能挖掘出来,使之充分发挥。

《劳动合同法》第二十二条第一、二款规定,用人单位为劳动者提供专项培训费用,对其进行专业技术培训的,可以与劳动者订立协议,约定服务期。劳动者违反服务期约定的,应当按照约定向用人单位支付违约金,当然法律对违约金的数额有所限制。从这个意义上来看,企业在规章制度中设定培训开发的相关制度不失为是留住人才(尤其是核心人才)的一种方式。虽然《劳动合同法》未对专项培训进行界定,但《劳动合同法实施条例》从专项培训费用的内涵和外延上进行了补充,有一定的参考性。另外,企业在制定规章制度时,在合法、合理的原则下可以通过民主程序,在规章制度中对专业技术培训的定义和培训费用数额作出明确规定,以满足本企业劳动用工管理的需要。

7.职业发展制度

当企业发展与员工成长实现同步时,便达到了企业与员工双赢的局面,这将会对员工产生极大的激励,职业发展制度则为实现员工激励提供了保障,它也顺理成章地成为企业规章制度中的又一项重要内容。职业发展制度可以包括多个具体的发展轨迹,例如,技术人员晋升通道、管理人员晋升通道、销售人员晋升通道等。如此细分的职业发展轨迹,不仅有利于员工结合自己的岗位性质选择合适的发展轨迹,也有利于员工发展其兴趣、潜能,走上自己希望的轨迹。职业发展制度通过明确员工想要达到某一职位所应具备的资格、条件,使员工在实现其职业理想的过程中,始终清楚自己的努力方向。这样一来,员工在追逐职业理想过程中就会对工作投入更大的热情,保持更高的生产率,从而也就可以为企业的发展作出更多的贡献。

四、规章制度撰写规范性

有劳动关系方面的学者通过调查发现,国内企业规章制度的起草普遍缺乏规范性[①]。这表现在:规章制度文本中使用生僻字词、语句不通或者存在歧义、措辞含糊、对一些重要条款界定不明确,导致规章制度难以理解,或者是缺乏操作性。结果是规章制度被"束之高阁",当成了摆设,也就失去了企业制定规章制度的真正意义。所以,起草

① 程延园,武俊.依法建立和规范企业规章制度[J].中国人力资源开发,2008(4):88.

规章制度时要注意以下几点：

（一）写作严肃

规章制度文本的风格应该定位为严肃、庄严，语气上体现其权威性与强制性。企业在起草规章制度时，要谨遵这一原则，以此来审视用词和语句。

（二）意思表达明确

规章制度的每一项条款都应保证表述明确，如使用白话文、用词准确、意思明白、不产生歧义，便于员工正确理解，有利于指导、规范其行为。表述条款时，还要做到前后一致，避免出现前后矛盾、语言漏洞。规章制度内容上应全面、具体，在具体的文字表述中应严谨、规范，这才能保证规章制度的周密性、严肃性。

（三）语句严谨规范

1. 用词规范

用于撰写规章制度的字词、语句必须是正式的、规范的、白话文的书面语，不要使用方言、文言文，不使用生词、冷僻词，不造生词和生句。规范使用简称也是用词规范的要求之一，规章制度需要使用的简称应该通过注释或者前文说明等方式标注全称，便于理解、区别。例如，规章制度中应该出现的是"劳动关系管理"，不要出现"LRM（Labor Relations Management）"。在使用本行业的专业术语时，也要使用规范的形式。对于一些把握不准的词语、定义等，不要轻易使用，以免造成歧义。

2. 使用强制性字词

为了体现规章制度的权威性，要选用具有强制性意味的字词，例如，能使用"必须"、"应当"、"禁止"等词语与条款，就不要用"可以"、"最好"、"尽量"等带有模棱两可性的词语表述。

3. 标准具体化、量化

《劳动合同法》第三十九条规定，劳动者严重违反劳动纪律或用人单位规章制度的，严重失职、营私舞弊，对用人单位利益造成重大损害的，用人单位可以解除劳动合同。那么如何界定"严重违反劳动纪律和用人单位规章制度"，什么情况下构成"严重失职"、对企业造成什么样的损害才能算得上是"对用人单位造成重大损害"，国家没有对这些问题进行统一规定，具体界定属于企业自主权的范围。企业可以根据自身生产和经营性质制定规章制度，来规定严重违反规章制度的情形，以补充、细化和量化法律法规在这一方面的空白。细化是指在规章制度中全面列举出违反规章制度的种种行为，最后再用兜底性质的条款结束，例如，"本企业认定的其他违反规章制度的行为"。量化，是指在描述违反规章制度行为的违反程度时，使用客观的数字取代定性的描述，例如，"经常迟到"改为"每月累计迟到五次"，"给企业造成严重损失"改为"给企业造成经济损失达10 000元及以上”;类似地,企业可以通过设定“给企业造成经济损失达3 000元及以上、5 000元及以上、10 000元及以上”来界定一般、较重、严重违反规章制度行为。如此清楚的界定,有利于企业有针对性地采取不同的处罚手段,例如,对上述三种违反规章制度的行为分别给予口头警告、书面记过、解除劳动合同的处罚。经过细化、量化的规章制度不仅提供了明确的标准,更具操作性,也使得员工清楚地认识到违反规章制度的后果,以减少违反规章制度行为的发生。从实践来看,经合法程序通过并正常实行的符合上述要求的规章制度有利于在发生劳动争议时被采纳为法律裁定的重要依据。

第三节　企业规章制度的合法性

《劳动合同法》第一章第四条规定:“用人单位在制定、修改或者决定直接涉及劳动者切身利益的劳动报酬、工作时间、休息休假、劳动安全卫生、保险福利、职工培训、劳动纪律以及劳动定额管理等规章制度或者重大事项时,应当经职工代表大会或者全体职工讨论,提出方案和意见,与工会或者职工代表平等协商确定。在规章制度实施过程中,工会或者职工认为用人单位的规章制度不适当的,有权向用人单位提出,通过协商作出修改完善。直接涉及劳动者切身利益的规章制度应当公示,或者告知劳动者。”相比于《劳动法》,《劳动合同法》明确了规章制度的内涵和外延;通过规定民主程序的具体形式和要求强调了制定规章制度的民主程序。可以说在《劳动合同法》出台之后,法律法规对企业规章制度的合法性提出了更高的要求。

一、多部法律法规都对企业规章制度进行约束

对于企业规章制度,下面所列的多部法律法规对其进行了各种规定和约束:

《劳动合同法》第一章第四条;《劳动法》第八条:“劳动者依照法律规定,通过职工大会、职工代表大会或者其他形式,参与民主管理或者就保护劳动者合法权益与用人单位进行平等协商”;《工会法》第三十八条:“企业、事业单位研究经营管理和发展的重大问题应当听取工会的意见;召开讨论有关工资、福利、劳动安全卫生、社会保险等涉及职工切身利益的会议,必须有工会代表参加”;《公司法》第十八条第三款:“公司研究决定改制以及经营方面的重大问题、制定重要的规章制度时,应当听取公司工会的意见,并通过职工代表大会或者其他形式听取职工的意见和建议”;此外,《全民所有制工业企

业法》第五十二条[①]、《中外合资经营企业法实施条例》第九十八条[②]等，分别从制定规章制度的主体、内容、民主程序等角度对规章制度进行了约束。在这三个方面中，民主程序受到的约束更为严格：企业制定规章制度在程序上要合法，必须经过职工代表大会审议通过；没有职工代表大会的或职代会闭会期间，应征得工会的同意；没有工会的应当经过职工大会或者职工所推荐的代表讨论通过。之后，将新的规章制度进行公示或者告知员工。

合法性与合理性，规章制度该何去何从？

首先，规章制度是否合理，是相对的，不是绝对的。如果要求所有规章制度都要得到全体职工的同意，是不现实的。因此在此问题上也不可能采取“一个员工不同意就不通过”的方式，而是要与工会或者职工代表平等协商确定。其次，应该就规章制度的合法性、合理性分别予以考虑。规章制度的内容要合法，可以直接根据法律的规定来确定员工和企业双方的权利与义务；规章制度不合理的，可以充分发挥工会的作用，通过与企业集体协商的方式，对规章制度进行必要的修改和调整。最后，职工大会、职代表会以及工会都有审查企业规章制度的权利，如果认为其中存在不合法内容或者制定及修改程序上违法，有权依法要求仲裁或者人民法院判定其无效。

二、企业规章制度有效要件

企业作为生产经营的组织者和管理者，拥有对劳动者劳动力的管理权和支配权，制定规章制度是履行其管理权的具体方式之一。合法制定的规章制度具有法律效力，可以作为人民法院审理劳动争议案件的依据。在法理上，劳动规章制度的有效要件应当包括：制定主体合法、内容合法以及制定程序合法。

① 《全民所有制工业企业法》第五十二条：职工代表大会行使下列职权：(一)听取和审议厂长关于企业的经营方针、长远规划、年度计划、基本建设方案、重大技术改造方案、职工培训计划、留用资金分配和使用方案、承包和租赁经营责任制方案的报告，提出意见和建议。(二)审查同意或者否决企业的工资调整方案、奖金分配方案、劳动保护措施、奖惩办法以及其他重要的规章制度。(三)审议决定职工福利基金使用方案、职工住宅分配方案和其他有关职工生活福利的重大事项。(四)评议、监督企业各级行政领导干部，提出奖惩和任免的建议。(五)根据政府主管部门的决定选举厂长，报政府主管部门批准。

② 《中外合资经营企业法实施条例》第九十八条：合营企业董事会会议讨论合营企业的发展规划、生产经营活动等重大事项时，工会的代表有权列席会议，反映职工的意见和要求。在董事会会议研究决定有关职工奖惩、工资制度、生活福利、劳动保护和保险等问题时，工会的代表有权列席会议，董事会应听取工会的意见，取得工会的合作。

（一）制定主体合法

问:分公司、子公司可以作为主体来制定规章制度吗?

答:分公司是母公司管辖的分支机构,是指公司在其住所以外设立的以自己的名义从事活动的机构。《中华人民共和国公司法》第十四条规定:“分公司不具有法人资格,其民事责任由公司承担。”也就是说,分公司在法律上、经济上没有独立性,没有自己的名称、章程,没有自己的财产,并以母公司的资产对分公司的债务承担法律责任,可以视为母公司的附属机构。这里可以进一步将分公司划分为两类,一类分公司虽不具独立法律地位,没有法人资格,但是有营业执照,这类分公司具有一定的资产和经营能力,且根据最高人民法院《关于适用〈中华人民共和国民事诉讼法〉若干问题的处理意见》第四十条的规定:“法人依法设立并领取营业执照的分支机构,可以作为民事诉讼主体。”这类分公司有制定劳动规章制度的权利。而另一类分公司未依法取得营业执照或登记证书,实际上相当于企业内部的一个部门,这类分公司无权制定规章制度,须经过总公司授权。

子公司是指一定比例以上的股份被另一公司持有或通过协议方式受到另一公司实际控制的公司。虽然子公司在经济上受母公司的支配与控制,但在法律上,子公司仍是具有法人地位的独立企业,这种独立性表现在:拥有独立的名称和公司章程;具有独立的组织机构;拥有独立的财产,能够自负盈亏,独立核算;以自己的名义进行各类民事经济活动;独立承担公司行为所带来的一切后果与责任。从这一角度来说,作为具有独立法人资格的子公司,有权依据本公司的实际情况依法制定规章制度。

“规章制度的制定主体必须合法”主要是指企业规章制度制定主体必须具备符合法律规定的主体资格。这其中包含两层意思,一是本企业的规章制度只能由本企业自己制定,而不能由另外的主体来制定;二是规章制度只能由企业行政部门制定,但并非行政部门中的任何一个管理机构都有权制定规章制度。一般认为,应当是企业行政系统中处于最高层次、对于企业的各个组成部分和全体员工有权实行全面统一管理的机构。这样才能保证所制定的规章制度在本企业范围内具有统一性和权威性。除企业的最高行政机构外,其他行政部门的管理机构可参与规章制度的制定活动,但不具有规章制度的制定主体资格,不能以企业名义发布规章制度。经过授权,这些管理机构可以制定适用于本部门的涉及本部门员工切身利益的相关规则。这些规则首先不能与本企业的规章制度相冲突,其次在制定部门规则时也要遵循内容合法、程序合法的要求。

然而,《劳动法》和《劳动合同法》对规章制度的制定主体都没有作出十分明确的规定,这无疑是一种缺憾。企业规章制度往往牵涉到对劳动者的处罚权,与劳动者的切身利益相关,所以制定主体应当在立法中予以明确。因此在实践中,认定企业内某个管理机构是否有制定规章制度的权限,应当以企业章程的规定为依据。

(二)内容必须合法

问:企业规章制度中能否约定旷工即解除劳动合同的条款?

答:旷工属于劳动纪律范畴,员工违反规章制度的行为中包括旷工。员工有违反规章制度的行为时,企业应当及时进行教育,或根据规章制度进行处理。企业能否在规章制度中约定员工旷工就解除劳动合同的条款,这与旷工天数的多少有一定关系。

在2008年1月15日之前,企业还可以根据《企业职工奖惩条例》(国发〔1982〕59号)第十八条"职工无正当理由经常旷工,经批评教育无效,连续旷工时间超过十五天,或者一年以内累计旷工时间超过三十天,企业有权予以除名"约定解除合同的旷工次数。但是,目前《企业职工奖惩条例》已经废止,被《劳动合同法》所代替,因此,如果企业还要将该条例作为依据来行使旷工解除劳动合同的权利的话,就失去了法律依据。如果企业将旷工划归为"严重违反劳动纪律和用人单位规章制度"的范畴,依据《劳动合同法》第三十九条第二款的规定解除劳动合同,这就需要企业在规章制度中明确界定"严重违反劳动纪律和用人单位规章制度"的情形,这在上文已经进行详细的阐述,这里不再赘述。

由此可见,旷工的处理办法可以在规章制度中约定。由于如何界定"严重违反劳动纪律和用人单位规章制度",国家没有统一规定,具体界定属于单位自主权的范围?企业可以根据自身生产和经营性质制定规章制度,规定旷工的具体天数达到什么级别就属于严重违反规章制度?只要规章制度不违反相关法律的规定,并且经由民主程序通过、公示,具有法律效力,企业就可以依据相关的规章制度对不同程度的旷工行为进行处罚。但是,这个规定必须是在一个相对合理的范畴,不能过于严苛。

"规章制度的内容必须合法"是指企业制定的规章制度不仅不得违反法律、法规规定的劳动条件基准,而且不得违反集体合同的规定,规章制度中有关劳动者利益的规定不得低于法律、法规规定的劳动条件基准和集体合同的标准。具体而言,规章制度中有关劳动条件和劳动待遇的规定,不得低于法定最低劳动条件基准和集体合同约定最低标准;关于惩罚违纪员工的规定,必须贯彻教育为主、惩罚为辅的原则,不得侵犯员工的合法权益。如在规章制度中规定劳动者加班不支付加班工资,是不符合法律规定的,此规定无法律效力。在规章制度的实施过程中,工会或员工发现其中的内容不适当的,有要求修改的权利。

企业在制定惩罚制度的相关内容时,或多或少会遇到一些敏感条款的制定问题。

这些条款制定不当,不仅不能保证企业正常运转,反而会给企业带来劳动争议等不必要的麻烦。

1. 规章制度能否规定罚款事项无定论

在企业具体管理中,罚款作为一种惩罚措施有一定的积极作用,在某些情况下不失为一种行之有效的管理方式。但是,企业能否采取罚款的方式不在《劳动合同法》的约束范围之内,可以参照其他法律法规的规定,比如,《行政处罚法》就对处罚进行了较为详细的规范。只是它所规范的罚款是一方对另一方经济资源的单方剥夺,这一点明显区别于企业内部的罚款措施。鉴于此,很多学者和官员都认为罚款是一种公权力,非公权力机构不能进行罚款。因此,在目前的法律环境下,企业的罚款措施仍是一个有争议的问题,企业一定要慎重对待这一措施,尽量少用或不用处罚措施,采用其他替代方式,如用绩效工资、赔偿损失、减薪等方式,降低法律风险。

2. 规章制度避免使用"开除"、"除名"和"辞退"等词语

"开除"、"除名"和"辞退"等惩戒措施带有计划经济烙印和行政处罚的色彩,具有公权力性质。法律法规对这些惩戒措施的支撑也随着《企业职工奖惩条例》的废止而变弱,这使得开除、除名和辞退等惩戒措施失去了强有力的法律后盾。在现今的经济社会以及法律环境之下,企业在制定有关惩戒的规章制度时,应注意用词,尽量使用解除或终止劳动合同等中性语句,相关的处罚原因要合乎法律的要求。

3. 规章制度不能规定仅依据"末位淘汰"便解除合同

末位淘汰制度是指企业自己制定一个考核标准,对员工进行考核,通过排名把最后一名或者最后几名辞退的一种管理方法。然而如果企业单单依据末位淘汰制度来解除劳动合同,不符合《劳动合同法》的要求。

《劳动合同法》第四十条第二款规定了如果劳动者不能胜任工作,并且经过培训或者调整工作岗位,仍不能胜任工作的,企业提前30日以书面形式通知劳动者本人或者额外支付劳动者一个月的工资标准后,可以解除劳动合同。企业适用该条款首先要"不能胜任工作"。《劳动部关于〈中华人民共和国劳动法〉若干条文的说明》对此定义是:不能按要求完成劳动合同中约定的任务或者同工种、同岗位人员的工作量。用人单位不得故意提高定额标准或者忽然变换工作内容,使劳动者无法完成。其次,员工如果不具备从事某项工作的能力,不能完成某一岗位的工作任务时,企业要对其进行相关职业培训提高其职业技能;另外,企业还可以把其调换到其他岗位上看其是否能胜任。如果企业履行了这些义务之后,员工仍然不能胜任工作,说明员工不具备在该企业工作的职业能力,此时企业可以依据《劳动合同法》第十二条第二款的规定与其解除劳动合同。

总之,如果企业使用绩效考核的方法对员工进行考核,总有一些员工排在末位,但

企业不能仅仅因为这个理由就与该员工解除劳动合同，只有在员工经过职业培训或者经过岗位调整，仍然不能胜任工作的情况下，企业才可以与之解除合同。

（三）程序必须合法

问：如果企业规章制度经过员工同意，是否不经过民主程序就具有法律效力？

答：企业规章制度具备法律效力要满足一些条件：首先规章制度要依法制定，内容和形式都要合法，这是保证规章制度具有法律效力的前提。之后，规章制度在经过一定的会议通过后，经过公示公告程序，使全体员工知晓。公示关系到规章制度具有法律效力的起始时间，进行公布之后，规章制度开始具有法律效力。

企业制定的规章制度没有经过民主程序，将不具法律效力，对员工不具约束力。但是，它的部分条款可以作为劳动合同的附件，经员工本人签字，即可转化为劳动合同的条款。只要这些条款不违反法律的强行性规定，签字认可该合同的员工有履行合同的义务。员工违反合同的约定，不是违反了规章制度的规定，而是违反了履行劳动合同的义务，是一种违约行为，应承担违约责任。

"规章制度的程序必须合法"是指企业制定规章制度应当严格按照现行法律法规规定的各项程序进行，没有程序的保障很难实现实体公正与结果公正。制定规章制度的过程中，凡属于法定必要程序，都必须严格履行。根据《劳动合同法》第四条的规定可以归结出企业制定规章制度的程序一般是：讨论—提出方案和意见—平等协商—确定方案—公示。其中，"讨论"、"提出方案和意见"的主体是职工代表大会或者全体职工；"平等协商，确定方案"的主体是工会或者职工代表。这些规定主要体现出职工民主参与的原则，这是劳动法律法规所强调的制定规章制度的重要原则。法律法规提倡民主的原则主要是为了平衡企业作为制定规章制度的主体在制定规章制度中的力量，使企业能从整体利益出发制定的规章制度体现全部或者多数职工的意志或得到多数职工的认同，并成为所有员工必须遵守的行为准则，具有法律效力。制定规章制度的民主原则也是各个国家普遍提倡的，只是具体操作有所差异。

我国法律法规强调在制定规章制度的民主参与环节中，有职工代表大会的企业应当由职工代表大会讨论、修改、通过规章制度，没有建立职工代表大会的企业，由全体职工共同行使此项权利。在进行平等协商的过程中，企业和工会按照集体协商的规则平等协商，没有建立工会的企业可以由职工选出的代表与企业平等协商。最后制定出一个比较合理的、兼顾双方利益的规章制度。

1. 多部法律法规规定了制定规章制度的程序

我国在多部法律法规中就企业制定规章制度的合法程序进行了规定：《中华人民

共和国劳动合同法》第四条;《中华人民共和国劳动法》第四条、第八条;《中华人民共和国工会法》第三十八条;《中华人民共和国公司法》第十八条;《全民所有制工业企业职工代表大会条例》;《最高人民法院关于审理劳动争议案件适用法律若干问题的解释》第十九条;《最高人民法院关于审理劳动争议案件适用法律若干问题的解释(二)》第十六条等。这些法律法规都规定了企业在制定规章制度时,涉及有关劳动者切身利益的事项,例如,劳动报酬、工作时间、休息休假、劳动安全卫生、保险福利、职工培训、劳动纪律等,要经职工代表大会或者全体职工讨论,提出方案和意见,与工会或者职工代表平等协商确定。之后企业应当将规章制度进行公示。企业如果未能遵守法律法规规定的程序,会造成规章制度不具有法律效力,使得规章制度对于劳动者和企业没有约束力,不能真正起到保护双方合法权益的作用。

这里提到"直接涉及劳动者切身利益"的规章制度条款要经过民主程序,那么对于那些非"直接涉及劳动者切身利益"的规章制度条款是否无须经过民主程序,或者说这两种不同性质的规章制度在制定过程中法律要求的程序不同?首先,制定"直接涉及劳动者切身利益"的规章制度条款的合法程序,已经在法律法规中明确规定,即首先经过民主参与,之后向劳动者公示,这两道程序性质上属于法定的强制性程序,如果欠缺将直接导致这类劳动规章制度无效,不能约束劳动者。"直接涉及劳动者切身利益"的内容主要是关于劳动报酬、工作时间、休息休假、劳动安全卫生、保险福利、职工培训、劳动纪律以及劳动定额管理的规定。但是,上述法律规定以及《劳动合同法》第四条不能被反向解释,即制定、修改或者决定非"直接涉及劳动者切身利益"的劳动规章制度就不需要符合程序上的要求。因为它违背了保护劳动者合法权益的立法目的。对于非"直接涉及劳动者切身利益"的规章制度,立法只是不作强制性的要求,但绝非完全否定。正因为规章制度是企业和劳动者依法自律的手段,反映了企业和全体职工的共同意志,所以法律才认可其效力。既然在一定意义上是"共同意志"的体现,那么,规章制度的制定、修改或者决定过程就必须有职工的民主参与和向劳动者的公示,否则它的效力就是没有依据的。

2. 各种多规章制度的公示方式

公示或告知是制定规章制度的重要环节,也是保证规章制度发挥作用的最后一道程序。员工只有了解、掌握规章制度尤其是直接涉及其切身利益的规章制度,才能达到享有权利和履行义务的目的。未经公示的规章制度不具约束力。

企业将规章制度公示告知员工的方式有很多种:召开职工大会,在会上进行口头通告;应用信息技术,将规章制度放在内部网上,由员工浏览,可以通过编程设计来记录员工的浏览情况,例如,用工号来登录网站进行浏览,相关部门可以根据记录确定员工的浏览情况；在厂区公共区域将规章内容全文公告，并且将公告的现场以拍照、录像等方式记录备案；召开全体职工大会或者组织全体职工进行集中学习、培训；可以进行相应规章制度的考试，并保留相应的试卷；将员工对于企业规章制度的了解情况加入考核的项目中，这种考核举行期限可以每年固定，也可以每年随机选取时间进行，不时地检验员工学习、理解及掌握规章制度的情况，出现不了解、不理解等状况要及时对其进行培训；将规章制度发送到员工的个人邮箱中；委托工会公告，等等。上述这些公示公告方式可结合使用，针对不同岗位的工作性质，采取更便于任职者知晓规章制度的方式。

无论企业采取何种方式来完成规章制度公示告知程序，企业都应该保留好相关的资料，这一环节常常被企业所忽略。例如，以开会的形式告知，则要保留会议记录、人员签到表等；印发规章制度的手册，则要员工签字确认领取；通过网站告知，则要保留 IP 浏览地址等可以证明员工浏览过网站的信息；委托工会进行告知，最好保留书面的委托书，并且要求工会也保留相关资料，等等。这样可以最大限度地避免规章制度实施之后，员工违反制度规定以“未看到企业规章制度”为由不服企业的相关处理。此外，当企业和员工对劳动规章制度是否经过公示告知程序产生争议时，企业负有举证责任，证明自己已经履行了公示义务，否则将承担不利后果。因此，企业要加强证据意识，在将规章制度告知劳动者时应当注意保留相关证据，尤其是书面的相关资料。

3. 修订规章制度中的部分内容仍须遵守法定程序

根据《劳动合同法》第四条第二款的规定，企业修改直接涉及劳动者切身利益的规章制度或者重大事项时，应当经职工代表大会或者全体职工讨论，提出方案和意见，与工会或者职工代表平等协商确定。也就是说，企业修订规章制度与制定规章制度要履行的民主程序是相同的，即：讨论—提出方案和意见—平等协商—确定方案公示。修改程序中各个环节的主体与制定规章制度程序中的主体一致。

修订规章制度中的公示程序大多被企业一带而过，未认真履行，导致修改的部分不具法律约束力。按照法律的规定，企业修订规章制度后，也必须要履行公示告知的程序，使员工充分了解修订后的规章制度的内容。现实中，可能有的企业已经将规章制度制成员工手册，由员工签字领取。但在企业对规章制度的部分内容经过合法修订之后，如果重新印制成本太高，可能只对有变化的内容进行印刷并再请每位员工签字领取，这是公示告知新修订规章制度的一种方法。很显然，上述用于公布或告知新制定的规章制度的方式同样适用于企业对部分规章制度进行修订之后的公示程序，也要注意保留相关的书面材料。

企业如何成立工会?

《工会法》第十条规定了企业应当成立工会的条件[①],根据其中的规定,满足条件的企业都应当依法成立工会。成立工会的流程步骤如下:

● 以书面形式向上一级工会提出建立工会组织及工会筹备组成员的请示报告。报告应说明以下内容:①成立日期、性质、职工人数、地址、注册资本、流动资本、生产经营项目、党政领导人的配备、主管单位等;② 群众对于组建工会的意愿;③ 组建工会应征求党政领导对本单位组建工会的意见;④由3~5人组成工会筹备组,具体负责筹备期间的工作。

● 发展工会会员,建立工会小组。此过程首先需要职工提出申请,经审批后成为中国工会会员,此后可根据单位会员人数的多少,成立工会小组或车间、部门分会组织,民主选举工会小组长。

● 选举工会代表。工会代表要求在各车间(科室)班组工会小组中分别推选产生,产生的代表人数占会员的比例,由各单位根据自己的实际情况和有关规定,分别选择5%至25%,人数少的单位比例大些,人数多的单位比例少些。

此后,工会通过召开第一次大会的形式,通报工会相关的制度、规章等。工会的工作内容还包括建立女职工委员会或女工小组(由本级工会委员会审批),并同时建立劳动保护监督检查委员会;劳动争议调解委员会或小组等。

非公企业如何成立职工代表大会?

全民所有制企业和非公有制企业成立职工代表大会的程序有所不同。全民所有制企业建立职工代表大会,按照《全民所有制工业企业职工代表大会条例》等有关法律规定执行,这里不再赘述。

非公企业推行职代会制度的原则在《劳动法》第八条、《工会法》、《劳动合同法》中有所体现。例如,制定规章制度要求通过职工代表大会讨论这一民主管理形式是规章制度有效性的要求之一。成立职工代表大会一般会经过如下阶段:

---

① 《中华人民共和国工会法》第十条规定,企业、事业单位、机关有会员25人以上的,应当建立基层工会委员会;不足25人的,可以单独建立基层工会委员会,也可以由两个以上单位的会员联合建立基层工会委员会,也可以选举组织员一人,组织会员开展活动。女职工人数较多的,可以建立工会女职工委员会,在同级工会领导下开展工作;女职工人数较少的,可以在工会委员会中设女职工委员。企业职工较多的乡镇、城市街道,可以建立基层工会的联合会。县级以上地方建立地方各级总工会。同一行业或者性质相近的几个行业,可以根据需要建立全国的或者地方的产业工会。全国建立统一的中华全国总工会。

• 成立筹备小组。筹备组由企业党组织、行政、工会三方代表组成，成员3～5人。负责组织学习相关文件和业务知识，宣传职代会的性质、作用和任务，提出职代会的实施办法草案，并制订出具体方案。

• 征求上一级工会和本企业职工对筹备方案的意见，并完善实施办法和具体方案。

• 按规定选举职工代表大会代表。

• 正式召开大会。依照职代会实施办法履行程序，按议题听取汇报、组织审议、依法表决，形成决议。每届职代会的第一次会议要有上一级工会的负责人出席。

• 健全有关文书档案，指定专人保管好职代会的各种材料并整理归档。

宣传贯彻大会精神。职代会闭会后，工会委员会要迅速组织传达学习和宣传贯彻会议精神，对职代会决议的执行、落实情况进行监督检查。

（四）企业制定规章制度上常见问题解析

随着经济迅速发展，企业发生合并、分立以及国有企业改制的情况越来越多，这些情形中存在一个亟待解决的问题：制定规章制度的主题如何确定？

1. 经过合并或分立成立的新企业制定规章制度

企业合并和分立是两个相对立的概念，各自具有不同的特点，使得规章制度制定的方式也不同。企业合并是指两个或两个以上的企业依照法定的条件和程序，通过订立合并协议，共同组成一个企业的法律行为，可分为吸收合并和新设合并两种形式。

企业分立是指一个公司通过依法签订分立协议，不经过清算程序，分为两个或两个以上企业的法律行为。企业的合并、分立所产生的用人主体的变化，必然会给原有的规章制度运行带来影响。

合并或者分立之后的新企业的规章制度要视合并或分立的具体情形而定，无论是何种方式形成规章制度，最后都要经过民主程序才具备法律效力。企业吸收合并的，原并入企业的规章制度失效，合并企业的规章制度继续有效。但合并企业的规章制度吸收原并入企业的规章制度，要重新经过民主程序并经公示才能生效；企业新设合并的，原企业在合并过程中法人资格消灭，新组建企业办理设立登记手续取得法人资格后，原规章制度全部失效，新组建企业必须重新制定规章制度，经民主程序并经公示才能生效。企业派生分立的，原存续企业的规章制度继续有效，新组建企业必须重新制定规章制度，经民主程序并经公示才能生效；新设分立的，原企业的规章制度失效，新组建企业必须重新制定规章制度，经民主程序并经公示才能生效。

2. 国有企业经改制成为非国有企业，原规章制度的有效性问题

国有企业改制为非国有企业只是其投资人发生了变化，影响到的是企业非组织实体因素的变更，实质上就是原主体未消灭，只是相关因素发生变化，这不属于法律法规界定了企业变更的情形，例如，《劳动合同法》第三十三条规定了企业非组织实体因素变更：用人单位变更名称、法定代表人、主要负责人或者投资人等事项。这是一种列举与概括相结合的立法方式。就其所列举的名称变更、法定代表人或者主要代表人变更、投资人变更来看，基本属于单位设立时应登记的事项，可以将其通俗地概括为用人单位事项变更。

根据上述规定，企业非组织实体因素变更只是引起合同主体的人格特征发生一些变化，并不影响其作为用人单位的主体资格，也不影响其规章制度的效力。因此，国有企业改制为非国有企业后，其原有的规章制度继续有效。

三、企业规章制度适用问题

企业规章制度与劳动合同、集体合同以及法律、法规所规定的劳动条件基准共同构成确定劳动关系中权利和义务的根据。其中，从效力层次上看，劳动条件基准最高，集体合同次之，规章制度再次，劳动合同最低；在具体的关系处理上，较高层次文件可以补充较低层次文件，较低层次文件规定的劳动者利益不得低于较高层次文件规定的标准。换言之，劳动合同所规定的劳动条件和劳动待遇不得低于劳动规章制度规定的标准。

依法制定、修改的规章制度具有法律效力。企业规章制度的法律效力，是指规章制度公布后，制度的内容对其所调整的对象具有法律意义上的约束力，在本企业范围内对全体员工和企业行政各个部门都具有法律约束力。企业规章制度具有的特定约束性和强制性，通过企业中强制性的行政权力来约束职工的行为。这要表现为：第一，劳动规章制度必须在本企业范围内全面实施，劳动过程中的各种劳动行为和用工行为都必须受规章制度的约束，全体员工和企业的权利和义务都应当以规章制度为依据；第二，遵守规章制度是全体员工和企业的法定义务和约定义务，对模范遵守劳动纪律的员工应当予以奖励，对违反劳动纪律的员工应当予以惩处，对违反规章制度的企业应当追究法律责任；第三，员工与企业因执行劳动规章制度发生争议，应当依法定的劳动争议处理程序予以处理。

在实际应用中，依据规章制度实施惩罚是企业管理的重要工具，但也是较容易产生劳动争议的环节。此外，随着企业灵活用工方式的普及，劳务派遣的使用范围越来越广。由于劳务派遣中存在的特殊劳动关系，用人单位和用工单位各自的规章制度，哪个

适用于劳务派遣也是需要解决的问题。

（一）用人单位依据规章制度处罚员工的原则及程序

企业依据规章制度处理违规员工是企业管理的敏感环节，应当谨慎行事。当企业依据规章制度处罚违规员工时既要遵循一定的原则，也要依照一定的程序。例如，管理学中的热炉原则，它是由热炉效应引申而来的。热炉效应包含四层含义，分别对应不同的处罚原则：

1. 正常人看见一个燃烧旺盛的热炉子，不用拿手上前摸也知道炉子是烫手的，会把手烫伤，也就是说热炉有警示性，企业要让所有员工都明确知道只要违反规章制度就要受到相应的惩罚；

2. 当正常人拿手摸热炉子时，手会立即收回，这也可以被看成是手的条件反射，这反映出来的惩罚原则就是当员工有违规行为时，企业要迅速作出惩罚的决定，并且付诸实施，也就是说具有及时性；

3. 正常人每次拿手去摸热炉子都会被烫伤，无一例外，也就是说企业惩罚违纪员工要具有一致性，每次犯错都会被惩罚，不同的人犯同样的错误都要受到相应的惩罚；

4. 无论是什么人，不管他是什么身份、地位，只要他拿手去摸热炉子就一定会被烫伤，也就是说热炉子会“公平地”对待每只靠近的手，那么企业在惩罚违规员工时，也要遵循公平原则，无论是企业的高层管理者还是最基层的办事人员，只要其违反规章制度，就要受到相应的处罚。以上原则可以用表 2－1 简洁地表示出来。

表 2－1　热炉效应与热炉原则①

	热炉效应	热炉原则
警示性	当一个正常的人看见烧得通红的热炉子时，不用拿手去摸也知道是烫手的，会烫伤人	让单位中的每一个人都明确知道只要违反规章制度就要受到相应的惩罚
一致性	人直接拿手去碰热炉子时都会被烫伤，没有例外	每一次违反都会受到处罚
及时性	直接拿手去碰热炉子时，手马上会缩回来，因为手立刻就会被烫伤	一旦违反规章制度迅速作出惩罚的决定并且实行惩罚
公平性	无论什么身份的人，只要直接拿手去碰热炉子就一定会被烫伤	单位中的任何人，不管身份上的差异，只要违反规章制度就要受到惩罚

① 唐镳. 战略劳动关系管理的最优实践［M］. 北京：中国人事出版社，2010.

除热炉原则外,管理学中的渐进原则也是企业处罚员工时应尽量遵循的原则。该原则的行为学基础是,认为人的社会行为的不当或者过失一般总有量的积累过程,这决定了渐进原则的核心思想是尽量将问题解决在萌芽状态。具体实践中,它要求管理者做到未雨绸缪,在下属员工滑向违纪泥潭之初就通过沟通协调等方式使其停止违纪行为,防止情况恶化,或者对初犯者给予适当的批评教育,而不是在"酿成大祸"之后才下"猛药"。

企业惩罚违规员工所遵循的一般程序可以参照图 2-1,并在此基础之上进行调整,从而制定出适合本企业的惩罚程序,使惩罚员工有据可依、有序可循。

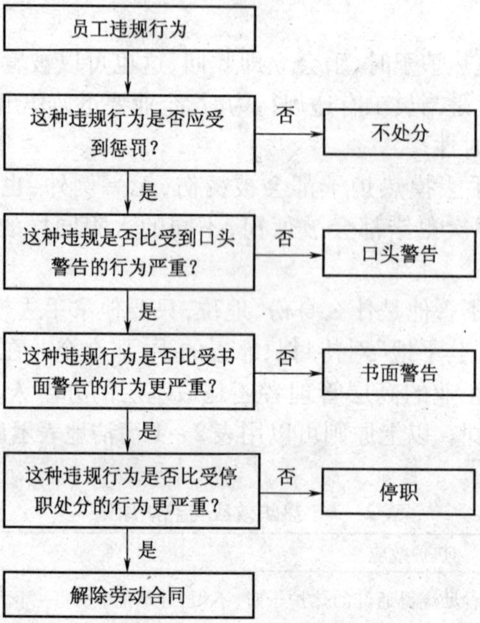

图 2-1　渐进的纪律处分程序[①]

总之,企业依据规章制度处罚违规员工时,首先要及时,员工会将自己的违规行为与惩罚引起的不适联系起来,从而促使其减少此类行为;其次做到对待所有的违规员工一视同仁,并且保证惩罚对事不对人;最后,处罚要尽量达到"惩前毖后"的效果,还要注意"罚"与"教"的结合,要受罚者切实认识到自己的错误及危害,帮助其端正态度、改正错误、树立继续前进的信心。

① R. 韦恩·蒙迪,罗伯特·M. 诺埃. 人力资源管理[M]. 8 版. 北京:经济科学出版社,2003.

（二）劳务派遣用工模式中用人单位和用工单位各自规章制度的适用问题

在一般劳动关系中，规章制度和劳动关系是同步的，企业规章制度只适用于与之有劳动关系的劳动者。这一特点并未体现在劳务派遣用工模式中。劳务派遣中的劳动关系与劳动过程相分离，这种特殊性主要表现在用工单位和被派遣劳动者之间没有一般意义上的劳动关系，只有用工管理关系。这使得规章制度与劳动关系的同步关系被打破，也使得劳动者面临用人单位和用工单位两个不同的企业规章制度时无所适从。根据《劳动合同法》第四条的规定，规章制度主要在于劳动过程的管理。劳务派遣中被派遣劳动者与用工单位的关系更密切，则应该遵守用工单位的规章制度。这一原则也体现在《劳动合同法》第六十条、第六十二条、第六十三条、第六十四条、第六十五条对被派遣劳动者与用工单位各自的权利与义务的规定中，这些规定间接指明了被派遣劳动者更加适用用工单位的相关规章制度。在这一原则指导下，法律法规未规定当用人单位与用工单位的规章制度由于存在差异而产生争议时的处理依据，这就造成了此类纠纷的处理往往需要仲裁员或者法官秉持维护劳动者合法权益的原则进行自由裁量。在自由裁量的原则下，不管是派遣服务机构还是用工单位，胜诉的可能性都不会太大。为避免企业在此类争议中败诉，建议用工单位在制定相关规章制度时首先查阅派遣服务机构制定的类似规章制度，避免矛盾；其次可以在与派遣服务机构的派遣协议中明确约定，派遣员工应同时遵守派遣服务机构和用工单位的规章制度，两个单位的规章制度有冲突时，以用工单位的规章制度为准。

【关键术语】

规章制度（Regulations）　　主体合法（Subject Legalization）

内容合法（Clause Legalization）　　程序合法（Program Legalization）

【本章小结】

组织制度在企业制度中具有重要地位。狭义上的组织制度即企业规章制度。企业规章制度是企业实施经营管理自主权的体现，能够起到约束员工行为、规范劳动、提高效率的作用。要保证规章制度真正发挥作用，就要坚持企业战略导向，并且与企业文化相配合，相互促进，形成硬制度和软文化，共同促进企业绩效、员工发展。

企业规章制度包含企业运行的多方面内容，其中与企业劳动关系管理最为密切的当属人力资源管理的相关内容，包括劳动合同管理制度、薪酬福利制度、绩效考核制度、考勤休假制度、奖惩制度、培训开发制度以及职业发展制度等。制定规章制度是企业的权利也是义务，制定过程中，企业要遵循合法、民主、公平原则，在制度制定过程中，应坚持严谨、量化的规则,增加规章制度的可操作性。

合法制定的规章制度才真正具有法律约束力。法律法规规定了规章制度的合法要件,即制定主体合法、内容合法、程序合法。依据这三大要件制定的规章制度能够约束员工行为、规范企业管理。企业在具体适用过程中,尤其是依据规章制度惩罚员工的违纪行为时,要依据一定的原则、程序,降低使用过程中劳动争议的发生率,实现劳动关系和谐化。

【复习思考题】

1. 谈一下规章制度和企业文化应如何共同促进企业的发展?

2. 简述规章制度应该包括哪些内容?

3. 阐述规章制度的合法要件。

【参考文献】

[1] 常凯. 劳动关系学[M]. 北京:中国劳动社会保障出版社,2005.

[2] 程延园,武俊. 依法建立和规范企业规章制度[J]. 中国人力资源开发,2008(4).

[3] 董宝华. 违纪员工处理技巧[J],中国劳动,2005(12).

[4] 陆明. 一对隐形的翅膀——刍议企业规章制度与企业文化[J]. 中外企业文化,2009(7).

第三章

招聘与雇佣

招聘与雇佣是企业劳动关系管理的起始环节。该环节面临两个挑战，一是企业如何在众多的应聘者中挑选出企业需要的优秀人才，二是企业如何保证自身的招聘与雇佣行为合法，规避法律风险。因此，通过本章的学习，读者首先要掌握招聘与雇佣的流程，理解流程中所包含的最优管理实践，了解流程中所隐藏的法律问题及相应的劳资争议与纠纷，掌握相关的法律法规以避免此类风险的发生，保证企业合理、合法地招聘到合适的人才。

【引导案例】

跨国公司员工招聘怪招①

通用电器：木板过河游戏。公司将应聘者分为两组，开展“木板过河”游戏比赛。每组有一个“病人”需要送到“河”对岸，要求应聘者用手中的木板搭成“桥”将“病人”送到河对岸，谁先送到“河”对岸则录用谁。此考题的目的就是观察两组应聘者是否有团队意识，如果应聘者都只想着自己过“河”，则不具备公司要求的素质，将不予录用。

美国电报电话：整理文件筐。甄选过程中，应聘者得到一个文件筐，其中的文件杂乱无章，应聘者要在10分钟内将文件归类，公司借此观察应聘者是否具有应变处理能力、是否分得清轻重缓急、是否条理分明，那些临危不乱、作风干练者自然能获高分。

日产公司：请吃饭。日产公司认为，那些吃饭迅速快捷的人，一方面说明其肠胃功

---

① 资料来源：“跨国公司员工招聘怪招”，HR369人力资源网，2010－12－9，15:25下载，相关文字作了适当删减和处理。

能好,身强力壮,另一方面他们往往干事风风火火,富有魄力,这正是公司所需要的。日产公司进行的"用餐速度"考试是招待应聘者一顿难以下咽的饭菜,一般主考官会"好心"叮嘱你慢慢吃,吃好后再到办公室接受面试,那些慢腾腾吃完饭者得到的都是离开通知单。

壳牌石油:开鸡尾酒会。壳牌公司组织应聘者参加一个鸡尾酒会,公司高级员工都来参加,酒会上公司员工与应聘者自由交谈,酒会后,由公司高级员工根据自己的观察和判断,推荐合适的应聘者参加下一轮面试。一般那些现场表现抢眼、气度不凡、有组织能力者会得到下一轮面试的机会。

松下电器:应聘者自我打分。松下公司要求应聘者据实给自己打分,那些给自己打70分以上者公司一般不予录用。该公司认为,自认为优秀的人员,或者眼高手低,不服管教;或者跳槽率高。因为公司要的是"适当"的人才,70分就已足够。

索尼公司:请吃饭拉家常。到了吃饭时间,面试官会像老朋友一样请应聘者到餐厅共进午餐,说说笑笑地聊些家长里短。对于应聘市场类岗位的应聘者,公司主要考察其在大众面前的表现力以及"抗压性";应聘较高岗位的应聘者,公司主要通过多角度的接触,建立起信任和感情,并从中获取更多信息,为准确地挑选出人才及今后的合作打下良好基础。

联合利华:盲人布阵游戏。面试时,公司将应聘者分成多组,每组分配一根长绳。所有的组员被黑布蒙上眼睛,要求组员在20分钟内将长绳拉成一个正方形,并且每个边上站上数量相等的人。这个游戏除了考验应聘者是否诚实(绝对不能偷看)外,还能很好地反映出一个人的团队合作精神、领导组织能力和其他一些特质。

第一节　招聘

企业的竞争归根结底是员工能力、素质的竞争,能否招聘到合适的员工关系企业兴衰。招聘与雇佣也是劳动关系管理一项重要的基础性工作,它对于企业合理劳动关系的形成、管理与开发具有至关重要的作用。与此同时,随着国家对劳动者权益保护的重视程度不断加大,招聘与雇佣也日益成为各类法律规制的重点,企业的招聘行为逐步得到规范和监督,因此如何合法地招聘到各类优秀人才成为企业劳动关系管理中的重点之一。

一、招募阶段

招募阶段,企业首先要确定招聘需求。在企业实践中,常常是各个部门将空缺职位信息上报人力资源部门，人力资源部门根据企业总体战略、年度人力资源规划，运用专业知识和技能对空缺职位进行分析，确认最终的招聘需求，并为用人部门设计出招聘及其他填补空缺职位的方法，如岗位轮换、借调等。接着，根据招聘需求，结合空缺岗位的岗位说明书及任职资格，人力资源部门制定具体的招聘计划，依照此计划确定招聘对象，根据不同招聘对象群体的特点选择合适的招募渠道，或网络招聘，或校园招聘等。无论使用何种渠道，撰写、发布招聘信息时，企业都要注意其中的用词：首先要合法，降低企业的法律风险，其次还要让求职者对企业、岗位有清楚、全面的了解，提高招聘的成功率。

（一）确认招聘需求

由于企业业务发展或员工正常离职调动产生职位空缺，由于出现了招聘需求。招聘首先是确定一个招聘周期（一般为一年）内的招聘需求，需要经过部门上报和人力资源部门确认两个步骤。当部门出现人手紧张时，就要向人力资源部门上报招聘需求，人力资源部门要结合企业的长期战略、短期目标，参照年度人力资源规划，运用人力资源管理的专业工具进行分析和判断，然后确认最终的人员需求。

如果部门确实存在人手不够的情况但经过分析此部门不需要增加新人员，那么人力资源部可以结合该部门的工作内容向其提供建议，采用其他形式来缓解短期人员紧张的情况，例如，工作再设计、人员调配和业务外包等。

> 人力资源规划（Human Resources Planning）根据组织的发展战略、内外环境的变化，对企业内部现有人力资源数量、能力等作出分析，对企业在人力资源方面的需求、供给情况进行预测，并据此增加或者减少相应的人力资源。人力资源规划保证了企业的人力资源储备能够应对未来发展环境的不确定性，有效地控制人工成本和数量，最优使用现有资源，对人力资源管理各个模块都有重要的指导作用，对招聘工作尤其重要。人力资源规划包括：①总体规划；②配备计划；③退休招聘计划；④使用计划；⑤培训开发计划；⑥职业规划；⑦绩效与薪酬福利计划；⑧劳动关系计划，等等。
>
> **解决临时性人员短缺的方式举例**
>
> 工作流程设计。有时候部门人手不够是工作流程过于繁琐或不合理的结果。繁琐和不合理的工作流程产生不必要或者重复工作的情况会随着业务的快速扩张和管理水平的落后而加重。因此对工作流程的重新设计，往往可以解决人手短缺的问题。

人员调配。如果部门的工作任务是阶段性或季节性的，企业可以通过部门之间的人员调配来解决招聘需求问题。通过部门之间的人际交流和业务交流补充人员需求的同时还有利于公司整体运作。同时，人员适当加班也可以暂时解决人手短缺的情况。

业务外包。核心业务的发展往往带来了非核心业务的膨胀，随之带来的是人员规模的扩大，这将会导致管理负担的加大以及人员行政化和官僚化。如果能把非核心业务进行适当外包，不仅可以整合核心人力资源，还有利于保持企业核心竞争力。

其次，确认招聘需求之后，负责招聘工作的人员或者小组，即所谓的招聘者，要系统地了解空缺岗位的工作内容及职责、工作标准、任职资格等信息。这些信息是企业发布招聘信息、筛选求职者的重要依据。工作内容及职责是员工应该做什么，工作标准是员工应达到什么程度，任职资格是工作本身对承担工作的人的知识或技能（教育水平、培训经历、工作经验等）和个人特性（才能、生理特征、人格品行、兴趣等）所提的要求。这些内容主要来源于空缺岗位的职位说明书，因此，工作分析体系完善与否会影响招聘的有效性。招聘者根据这些信息进行招聘工作，可以避免由于主观因素造成的不规范性导致招聘来的人员不能胜任工作，同时也从一定程度上杜绝了招聘中的舞弊行为，做到“因岗设人，因职择人”，从而大大提高工作效率。

最后，根据招聘需求、任职资格等信息制定招聘计划。招聘计划包括招聘时间安排、拟招聘岗位及其任职资格要求、招聘人数、招聘对象等。招聘时间安排包括发布招聘信息时间、收取简历期限、甄选时间等。招聘对象是拟招聘岗位所面向的求职者群体，如高校毕业生、社会人员，或者企业内部在岗员工、本单位离退休人员。其中，高校毕业生是劳动力市场的主力军，退休人员以及其他特殊人员是招聘中容易带来法律风险的人群，企业招聘此类人员时应注意遵守相应的法律，降低违法风险。

1. 高校毕业生

按照毕业生到企业工作的情形不同，国家将双方之间的关系分为三类：第一，勤工俭学。毕业生毕业前到企业实习，获取一定补助，依据1995年8月劳动部印发的《关于贯彻执行〈中华人民共和国劳动法〉若干问题的意见》的通知（劳部发〔1995〕309号）中第十二条[①]的规定，此时双方之间不属于劳动关系，而是勤工俭学性质的关系。第二，

---

① 《关于贯彻执行〈中华人民共和国劳动法〉若干问题的意见》第十二条规定：“在校生利用业余时间勤工助学，不视为就业，未建立劳动关系，可以不签订劳动合同。”

短期见习[1]。毕业生毕业离校但未就业，根据国家相关政策，其可以与特定的见习单位建立短期的见习协议，此协议并不代表双方已建立劳动关系，企业无需按照同工同酬原则支付工资，而是为其提供基本的生活补助费，如果见习期间或期满后该毕业生被见习企业录用，见习时间可作为工龄计算。第三，劳动关系。毕业生毕业后到企业入职工作，签订劳动合同，此时双方正式建立劳动关系。

2. 退休人员

退休人员是根据国家有关规定因年老（达到法定退休年龄[2]）或因工、因病致残而完全（或部分）丧失劳动能力而退出工作岗位的人员。这些人员已不具备劳动者的主体资格，不属于劳动法意义上的劳动者，故其无法再与企业建立劳动关系。企业招聘退休人员有两个明显的优势：第一，退休人员一般在企业工作年限长，经验丰富，拥有企业所需要的才能，可为企业保持竞争力作出过贡献；第二，企业雇佣这类人员，无需为其缴纳社会保险，可降低直接人工成本，而且退休人员无需接受岗位培训也节约了培训成本。因此，在不影响退休人员身体健康的前提下，企业通常希望这部分人员重回岗位继续为企业发展作贡献。此时双方之间所形成的并非劳动关系，而是劳务关系，签订劳务合同即可。双方因劳务合同发生的争议亦不属于劳动争议，应为劳务纠纷，属于《民法通则》和《合同法》等民事法律的调整范围。劳务合同也可称为聘用协议，所应明确的内容可以参照劳动部《关于实行劳动合同制度若干问题的通知》（劳部发〔1996〕354号）第十三条的规定，在合同中明确工作内容、报酬、医疗、劳动保护待遇等权利、义务。至于社会保障、住房公积金等内容，企业可以补贴也可以不补贴，企业视情况自由决定。

3. 其他特殊人员

特殊人员包括双重劳动关系人员、港澳台人员和外国人，企业在招聘这类人员时需要格外注意法律的规定，以免带来法律风险。此外，童工和无证人员是法律严禁企业招聘的人群，也需要企业加以注意。

（1）双重劳动关系人员。劳动关系具有高度人身隶属性，劳动者的工资、档案、人事等关系均具有唯一性，一般情况下不存在双重劳动关系的情况。但由于我国的国情，

---

① 毕业生见习制度是国家为解决当前大学生面临“就业难”的问题而作出的一项政策决定，旨在提升高校毕业生就业能力，尽快实现就业。主要包括2009年4月2日，共青团中央联合人力资源和社会保障部、教育部等多家部委联合印发的《“三年百万”高校毕业生就业见习计划》的通知（人社部发〔2009〕38号），该计划决定自2009年至2011年，用3年时间组织100万离校未就业高校毕业生参加就业见习。

② 男年满60周岁，女年满50周岁，连续工龄满10年；从事井下、高空、高温、特别繁重体力劳动或者其他有害身体健康的工作，男年满55周岁、女年满45周岁，连续工龄满10年的；男年满50周岁、女年满45周岁，连续工龄10年，由医院证明，并经劳动鉴定委员会确认，完全丧失劳动能力的；因工致残，由医院证明，并经劳动鉴定委员会确认，完全丧失劳动能力的。

劳动制度经历着从劳动行政关系向劳动合同关系的过渡,复杂多样的劳动关系现状,催生了双重劳动关系。直至《劳动合同法》出台,才以法律形式将这一特殊的劳动关系予以确认。拥有双重劳动关系的劳动者,其与两个用人单位同时建立劳动关系,同时隶属两个用人单位,被两个用人单位所管理。

法律法规承认双重劳动关系的法律地位。2010 年 9 月 13 日,最高人民法院印发的《关于审理劳动争议案件适用法律若干问题的解释(三)》(法释〔2010〕12 号)中第八条[①]规定将双重劳动关系从非全日制,已拓宽至停薪留职、未达到法定退休年龄的内退人员、下岗待岗人员,以及企业经营性停产放长假人员。这些人员与新用人单位建立用工关系的,应被确认劳动关系。也就是说,上述类型的人员可以具有双重劳动关系,其与新用人单位建立的第二劳动关系,应当受到劳动法律的保护。这部分人员由于已与用人单位建立了劳动关系和社会保险关系,新用人单位若招用此类劳动者,除工伤保险外,可无需再为其缴纳其他社会保险,这对用人单位来说,也是一种降低用工成本的方式。但如果招用了已建立劳动关系的劳动者,并非司法解释(三)中提到的特定类型人员的,后建立劳动关系的用人单位必然会面临一定的法律和经济风险。《劳动合同法》第三十九条第四项和《劳动法》第九十九条[②]的规定即表明了此观点。从此意义上来看,法律法规对双重劳动关系的法律地位的承认是有限且严格的。这要求用人单位在招用人员时,必须全面调查其工作背景,应特别要求其提供与上一用人单位解除或终止劳动合同的证明,以确定其与上一用人单位不存在劳动关系,此次雇佣不形成双重劳动关系。

(2) 港澳台人员。这里所指的港澳台人员,是指依法应聘受雇于内地企业,从事一定社会劳动,获得报酬或经营收入的港澳台人员,并不包括经国家外国专家局聘用的港澳台专家,港澳台在内地设立的商务办事机构的法定代表及在内地开办的外资企业中具有法人资格的投资者。《就业服务与就业管理规定》第二十二条[③]规定,我国劳动行政部门对企业招用港澳台人员,实行申报备案制度,《台湾和香港、澳门居民在内地就业管理规定》(劳部发〔1994〕102 号)则对该申报备案程序进行了较全面的规定,若企

① 《关于审理劳动争议案件适用法律若干问题的解释(三)》第八条:企业停薪留职人员、未达到法定退休年龄的内退人员、下岗待岗人员以及企业经营性停产放长假人员,因与新的用人单位发生用工争议,依法向人民法院提起诉讼的,人民法院应当按劳动关系处理。

② 《劳动合同法》第三十九条第四项:劳动者同时与其他用人单位建立劳动关系,对完成本单位工作任务造成严重影响,或者经用人单位提出,拒不改正的,用人单位可以解除劳动合同。《劳动法》第九十九条:用人单位招用尚未解除劳动合同的劳动者,对原用人单位造成经济损失的,该用人单位应当依法承担连带赔偿责任。

③ 《就业服务与就业管理规定》第二十二条:用人单位招用台港澳人员后,应当按有关规定到当地劳动保障行政部门备案,并为其办理《台港澳人员就业证》。

业招用港澳台人员,应当按照上述规定,履行申报备案程序,并为招用的港澳台人员办理《台港澳人员就业证》,保证合法用工。

(3) 外国人。这里所说的外国人,是指在中国境内依法从事社会劳动并获得相应劳动报酬,但没有取得定居权的外国人。《外国人在中国就业管理规定》(劳部发〔1996〕29号)、《就业服务与就业管理规定》第二十三条[①]规定了企业招用外国人的门槛比招用港澳台人员更为严格:首先,该外国人所从事的岗位应当是具有特殊需要的、国内暂缺的,且不违反国家规定的;其次,企业须为该外国人申请就业许可证,经主管部门批准并取得《外国人就业许可证书》后,方可录用。对违反规定未办理许可证,擅自聘用外国人的企业,公安机关可依据《外国人入境出境管理办法实施细则》,终止其聘用行为同时可处以5 000~50 000元的罚款,并责令其承担遣送私自雇用的外国人的全部费用。

另外,童工和无证人员是法律明令禁止企业招聘雇用的人员。童工是不满足我国的法定最低就业年龄即16周岁的未成年人。《劳动法》、《未成年人保护法》、《禁止使用童工规定》、《就业服务与就业管理规定》均明确作出了禁止企业招用童工的规定[②]。若企业违反法律规定招用童工,将会受到劳动保障行政部门的严厉处罚。无证人员可以概括为无合法身份证件的人员。《就业服务与就业管理规定》第十五条第五项规定了企业不得招用无证人员。该规定第六十七条对违反上述行为的企业作出了行政处罚规定:由劳动保障行政部门责令改正,并可处以1 000元以下的罚款。这也赋予了企业一项权利,即企业在招聘人员时,若对方不能提供有效身份证件,如公民身份证、户口簿,企业可以拒绝录用。

(二)选择招募渠道

人员招募的渠道,或称为发布招聘信息的渠道,有内部招募和外部招募两种。这两

---

① 《就业服务与就业管理规定》第二十三条:用人单位招用外国人,应当在外国人入境前,按有关规定到当地劳动保障行政部门为其申请就业许可,经批准并获得《中华人民共和国外国人就业许可证书》后方可招用。用人单位招用外国人的岗位必须是有特殊技能要求、国内暂无适当人选的岗位,并且不违反国家有关规定。

② 《劳动法》第十五条:禁止用人单位招用未满16周岁的未成年人。文艺、体育和特种工艺单位招用未满16周岁的未成年人,应当依照国家有关规定,履行审批手续,并保障其接受义务教育的权利。《禁止使用童工规定》第六条:用人单位使用童工的,由劳动保障行政部门按照每使用一名童工每月处5 000元罚款的标准给予处罚;在使用有毒物品的作业场所使用童工的,按照《使用有毒物品作业场所劳动保护条例》规定的罚款幅度,或者按照每使用一名童工每月处5 000元罚款的标准,从重处罚。劳动保障行政部门并应当责令用人单位限期将童工送回原居住地交其父母或者其他监护人,所需交通和食宿费用全部由用人单位承担。《未成年人保护法》第二十八条:任何组织和个人依照国家有关规定招收已满16周岁未满18周岁的未成年人的,应当在工种、劳动时间、劳动强度和保护措施等方面执行国家有关规定,不得安排其从事过重、有毒、有害的劳动或者危险作业。

种方式都能比较有效地完成招聘计划，尤其是企业招聘中高层管理人员时，这两种都是行之有效的途径。但是这两种方式的侧重点稍有不同，企业要根据想要实现的目标决定使用哪种方式。一般说来，企业如果追求内部相对稳定的环境，采取从企业内部提拔的方式更为合适；企业如果希望新任职的中高层管理者引入新的风格、新的竞争时，可以选择从外部招聘合适的人员。例如，通用电气公司数十年来一直从内部选拔 CEO，日本企业的管理特色之一就是内部提拔，而 IBM、HP 等公司的 CEO 则更多的是外部“空降”。在具体操作中，企业可以将这两种方式结合起来使用。研究表明，内部与外部招募的结合会产生最佳的结果。具体的结合力度取决于企业战略、空缺岗位类别以及企业在劳动力市场上的相对位置等因素。

企业选择招聘渠道要遵守法律的相关规定。《就业服务与就业管理规定》第十条规定了合法的招聘渠道，包括：委托公共就业服务机构或职业中介机构；参加职业招聘洽谈会；委托报纸、广播、电视、互联网站等大众传播媒介发布招聘信息；利用本企业场所、企业网站等自有途径发布招聘信息以及其他合法途径。这些招聘渠道大多属于外部招聘，内部招聘主要包括内部提升、自荐、领导推荐、调动、工作轮换和返聘等方式。

1. 员工推荐

员工推荐是常见的招募方式，也是很有效的一种招募方式。当员工推荐候选人时，他们对企业的要求和候选人的条件都有一定了解，会先在自己心目中进行一次筛选。被推荐者也可以通过推荐者对企业的基本情况、企业文化等有一个基本了解，增加招募有效性。俄亥俄州立大学的一项研究显示了员工推荐的有效性：经由员工介绍雇用的员工比通过其他方式雇用的员工离职率低 25%。

2. 广告招募

广告招募是最常见、最普遍的一种招募方式，通过广播、报纸、电视和行业出版物等媒介向公众传递企业的人员需求信息。借助广告进行招募，企业必须要考虑两个关键问题：一是广告媒体的选择，二是如何设计广告。企业在选择广告媒体时，要考虑媒体本身承载信息、传播信息的能力；好的招聘广告能吸引大量的求职者，同时招募广告也是一次宣传企业形象的机会，有利于企业树立公共形象，对外宣传企业文化，使求职者产生对企业的认同感。

3. 人才招聘会

人才招聘会是一种比较传统的招募方式，也是目前国内企业采用比较多的一种方式。但是人才招聘会的有效性相对比较低，因此选择合适的招聘会非常重要。选择招聘会之前企业要做到“知己知彼”，首先要明确本企业需要招募的是什么类型的人才，然后了解某次招聘会的档次、规模,主办单位的实力,此次招聘会的宣传力度,等等。这样才能保证企业所选择的招聘会与企业自身特点、所要招聘人才的特征相符,增加招聘的有效性。

4. 猎头机构

猎头机构主要是为企业寻找高级管理人才和专业技术人才提供服务的机构。他们掌握业界高级人才的资料,对企业的名称等信息保密,可以保证企业一开始就接触到高素质的求职者,增加招聘有效性,同时也节约了这些高层管理人员搜寻工作的时间成本。这些优质的服务通常也意味着较高的成本,猎头机构的服务费用不菲,一般是职位年薪的30%~40%。且无论招聘成功与否,费用都由客户企业支付。但由于高水平的管理人员和技术人员稀缺,许多跨国公司愿意支付高费用通过猎头机构来寻找高级人才。

5. 校园招募

在大学校园进行招募已经成为我国企业常用的招募方式之一。大学校园是高素质人员相对比较集中的地方,企业能够在其中找到相当数量的具有较高素质的合格申请者,而且,校园为企业和毕业生搭建了一个直接对话的平台,双方可以直接沟通,提高匹配度。此外,校园招募也是宣传企业形象的一种非常便利的途径,这也是企业倾向选择校园招募的原因之一。从某种程度上讲,校园招募是企业获得潜在管理人员以及专业技术人员的一条主要途径。年轻的大学毕业生朝气蓬勃、富有工作热情,可塑性强,在企业实践中,许多有发展潜力的人才最初就是企业到大学中直接招募来的。但是,校园招募也有明显不足,优秀的毕业生往往都有多种应聘选择,往往同一个毕业生收到多个录用通知,若最终没有选择本企业就给企业造成了一定的损失;毕业生刚踏入社会,缺乏实际的工作经历,工作上眼高手低,容易对职位产生不切实际的期望;由学校到社会的身份转换需要一个较长的磨合期,需要大量的培训,这会增加企业的培训成本,而他们一旦积累了一定经验又容易跳槽,工作稳定性较差,也会给企业带来负面影响。

6. 网络招募

网络招募是随互联网兴起而发展起来的一种新兴的招募方式。网络招募已经成为大企业普遍使用的一种渠道,而越来越多的求职者也喜欢到网上去搜寻工作机会。企业可以通过自己的网站发布招聘信息,也可以选择由专业的网络招聘网站或中介机构代为发布招聘信息。

(三)发布招聘信息

依法发布招聘信息是指企业发布的招聘信息应真实可靠,并符合法律规定,否则企业不仅会面临处罚[①]，还会导致劳动合同无效，且劳动者可以要求企业支付经济补偿金[②]。《就业服务与就业管理规定》第十一条第二款规定了招聘简章应当包括用人单位基本情况、招用人数、工作内容、招录条件、劳动报酬、福利待遇和社会保险等内容，以及法律、法规规定的其他内容。企业在招聘信息中体现上述这些内容也是履行告知义务的行为，是法律对企业提出的要求之一。

另外，招聘信息不得包含歧视性内容，否则也属于违法行为(《就业服务与就业管理规定》第二十条)。招聘歧视或称为就业歧视，主要包括性别歧视、民族歧视和身体残障歧视、传染病歧视以及城乡户籍歧视等。这些都是《劳动法》、《就业促进法》等法律所明令禁止的内容[③]。第一，性别歧视。我国在消灭性别歧视，促进男女就业平等、保障女职工权益方面，出台了一系列的法律法规，包括《劳动法》第十三条、《妇女权益保障法》、《就业促进法》第二十三条、《女职工劳动保护规定》、《就业服务与就业管理规定》，等等。第二，民族歧视和身体残障歧视。禁止对这些特殊人员歧视的法律法规主要有《就业促进法》第二十八条、第二十九条；《残疾人保障法》第三十八条、第四十条[④]。第三，传染病歧视。近几年，乙肝病原携带者成为招聘歧视的受害者，为了保护他们的合法权益，国家通过法律法规进一步明确了这些人员以及其他传染病病原携带者相应的合法权益并予以保护。相关规定主要体现在《就业促进法》第三十条；《就业服务与

① 《就业服务与就业管理规定》第六十七条：用人单位违反第十四条第一项规定的，由劳动保障行政部门责令改正，并可处以1 000元以下的罚款。

② 《劳动合同法》第二十六条：以欺诈的手段使对方在违背真实意思的情况下订立劳动合同的，劳动合同无效或部分无效。第三十八条：用人单位有下列情形之一的，劳动者可以解除劳动合同：……（五）因本法第二十六条第一款规定的情形致使劳动合同无效的。第四十六条：有下列情形之一的，用人单位应当向劳动者支付经济补偿：（一）劳动者依照本法第三十八条规定解除劳动合同的。

③ 《劳动法》第十二条：劳动者就业，不因民族、种族、性别、宗教信仰不同而受歧视。《就业促进法》第三条：劳动者依法享有平等就业和自主择业的权利。第二十六条：用人单位招用人员……应当向劳动者提供平等的就业机会和公平的就业条件，不得实施就业歧视。第六十二条：违反本法规定，实施就业歧视的，劳动者可以向人民法院提起诉讼。

④ 《就业促进法》第二十八条：各民族劳动者享有平等的劳动权利。用人单位招用人员，应当依法对少数民族劳动者给予适当照顾。第二十九条：国家保障残疾人的劳动权利。各级人民政府应当对残疾人就业统筹规划，为残疾人创造就业条件。用人单位招用人员，不得歧视残疾人。《残疾人保障法》第三十八条：在职工的招用、转正、晋级、职称评定、劳动报酬、生活福利、休息休假、社会保险等方面，不得歧视残疾人。第四十条：任何单位和个人不得以暴力、威胁或者非法限制人身自由的手段强迫残疾人劳动。

就业管理规定》第十九条第二款、第六十八条[①]。第四，城乡户籍歧视。《就业促进法》首次将城乡户籍歧视纳入了法律禁止的就业歧视条款中，企业不得再以劳动者的城乡户籍差异作为招用人员的门槛[②]。然而，户籍歧视是中国劳动力市场上长期存在的现象，需要多渠道共同努力，多方面制度安排，共同解决此项难题。

（四）接受求职申请

求职者看到企业发布的招聘信息之后，会按照其中规定的方式，提交自己的简历。合适的招募渠道、有吸引力的招聘广告将会吸引到大量求职者投递简历，因此企业收集的简历数量在一定程度上可以衡量招募渠道的有效性、招聘信息的吸引力。求职者的简历各式各样，包含的信息庞杂，在提供充足背景资料之时，也对招聘工作提出了挑战。为了减少工作量，提高求职者信息的针对性，越来越多的企业在收取简历的同时，会让求职者填写一份企业制定的针对拟招聘职位的工作内容、任职资格要求的《求职申请表》，或者其他类似表格。这种表格能很好地体现求职者素质能力中与职位匹配的信息，提高招聘效率，还可以将不同的求职者进行横向比较，便于作出选择。

随着信息化技术的应用，有的企业还将原来纸质版的申请表格制成电子版，即求职者通过企业网络填写相关信息，不仅解决了纸质表格的存档难题，也提高了对求职者情况分类、排序和搜索的便利性。

无论是提供个人简历，还是填写企业设计的申请表，求职者都应当如实提供自身与工作相关的信息，这可以理解为履行告知义务。如果求职者故意虚构事实，提供虚假信息，或向企业隐瞒真相，未如实告知，也将承担法律责任。

二、甄选阶段

企业停止收取简历意味着招募阶段结束，将要进入甄选环节。在此环节中，企业要运用多种人力资源管理专业工具对求职者进行甄选鉴别，寻找到能力、素质与空缺岗位的要求相匹配的求职者。由于求职者数量较多，为了保证甄选的效率，企业可以首先依

① 《就业促进法》第三十条：用人单位招用人员，不得以是传染病病原携带者为由拒绝录用。但是，经医学鉴定传染病病原携带者在治愈前或者排除传染嫌疑前，不得从事法律、行政法规和国务院卫生行政部门规定禁止从事的易使传染病扩散的工作。《就业服务与就业管理规定》第十九条第二款：用人单位招用人员，除国家法律、行政法规和国务院卫生行政部门规定禁止乙肝病原携带者从事的工作外，不得强行将乙肝病毒血清学指标作为体检标准。第六十八条：用人单位违反本规定第十九条第二款规定，在国家法律、行政法规和国务院卫生行政部门规定禁止乙肝病原携带者从事的工作岗位以外招用人员时，将乙肝病毒血清学指标作为体检标准的，由劳动保障行政部门责令改正，并可处以1 000元以下的罚款；对当事人造成损害的，应当承担赔偿责任。

② 《就业促进法》第三十一条：农村劳动者进城就业享有与城镇劳动者平等的劳动权利，不得对农村劳动者进城就业设置歧视性限制。

据一定的标准对求职者的简历或者登记表进行初步的筛选,通过筛选的求职者进入到之后具体的甄选环节,运用心理测试、面试、评价中心等工具最终完成甄选工作。这些工具可以单独使用,也可以综合运用,以达到准确鉴别人才的目的。

(一)初步筛选

初步筛选所面临的求职者数量多、规模大,筛选方法应尽量满足操作简便、成本低廉的要求,简历筛选(登记表筛选)、笔试均可以作为初步筛选的工具。

1. 简历筛选

招聘人员通过对简历进行筛选,将那些明显不符合岗位要求的人员过滤掉,保证参加后续甄选阶段人员的质量。为了增加筛选简历的有效性,制定筛选标准十分必要。首先,制定标准的主体应多元化。负责招聘工作的人员和用人部门的主管或者空缺岗位的上级都应当参与制定筛选标准。其次,各主体发挥各自优势。人力资源部的招聘人员要发挥人力资源部门熟悉企业整体人才标准和制度的优势,用人部门发挥熟悉空缺岗位素质要求的优势,共同对求职者的经验、能力和素质进行判断。最后,标准适当。筛选简历的标准涵盖的内容要适当,既不能过于单一也不可太过宽泛,在保证筛选效果的前提下,尽量减少工作量。企业通过要求求职者填写统一的登记表,可以降低筛选工作的复杂性。

2. 笔试

笔试是考核求职者学识水平的重要工具。这种方法可以有效地测量求职者的基本知识、专业知识、管理知识、综合分析能力和文字表达能力等。笔试具有省时、成本低、效率高、信度高和效度高的特点,成为使用频率非常高的一种人才选拔方法,尤其是在大规模的员工招聘中,笔试可以一下子把员工的基本资质了解清楚。因此笔试往往作为初步筛选的方法之一,作为面试之前的第一道关口。笔试之后,招聘人员可以根据笔试成绩按照企业招聘的需求将求职者划分出等级,便于下一步招聘工作的开展。但是对于工作态度、品德修养以及其他一些隐性能力的测试,笔试的效果就有限了,还需要进一步进行鉴别。

(二)多角度鉴别

随着心理学、管理学等学科在招聘领域的应用,甄选工具得到了极大的丰富和发展,其科学性和有效性也相应有所提高。具体的方法包括心理测验、评价中心、面试等,这些也是企业甄选求职者常用的方法。

1. 心理测验

心理测验(Mental Test)是根据一定的法则和心理学原理,使用一定的操作程序将人的认知、行为、情感的心理活动予以量化,了解求职者的情绪、行为模式和人格特点,来预测和测量他的工作绩效。心理测验包括多种具体的方式,在甄选领域应用最多的当属认知能力测验、个性测验和心理运动能力测验。

(1)认知能力测验。认知能力测验是对人的智力能力的测试。它可以衡量求职者的推理能力、记忆力、口头表达能力和数字能力等,帮助判断求职者的知识面和他完成工作的能力或潜能。认知能力测验包括智力测验和特殊认知能力测验。智力测验指一般智力能力测验,测量求职者的综合能力,如常识、记忆、表达流畅性和数字能力等;特殊认知能力测验是对具体智力能力的测验,这些具体智力能力包括归纳和演绎推理、语言理解、数学能力,能够反映求职者工作的能力倾向。

(2)个性测验。个性测验(Personality Test)也称人格测验,用以测量个体行为独特性和倾向性等特征。最常用的方法有自陈量表法(问卷测试法)和投射技术。自陈量表法由许多涉及个人心理特征的问题组成,这些问题进一步分为多维度分量表以反映不同人格特征。常用的人格问卷有艾森克人格问卷(EPQ)、明尼苏达多项人格测验(MMPI)、卡特尔16因素人格测验(16PF)(表3-1)、大五人格理论以及NEO人格调查表等。投射技术包括罗夏克墨迹测验、逆境对话测验、语句完成测验等。

表3-1 16PF包含的人格特质维度

(A)乐群性	(F)活泼性	(L)怀疑性	(Q1)变革性
(B)敏锐性	(G)规范性	(M)想象性	(Q2)独立性
(C)稳定性	(H)交际性	(N)隐秘性	(Q3)自律性
(E)影响性	(I)情感性	(O)自虑性	(Q4)紧张性

(3)心理运动能力测验。心理运动能力测验主要是用于测评一个人运动反映的速度、灵活性、协调性和其他身体动作方面的特征,例如,手指灵活度、手的灵活度、手腕的运动速度、手臂的运动速度等。这种测验大多数是借用仪器操作进行测验,主要应用于工业和军事领域的人员选拔中。心理运动能力测验通常是为某些特殊工种专门编制的,测验要部分或全部地再现工作本身所需要的运动。

2. 评价中心

评价中心(Assessment Center)是一种包含多种测评方法和技术的综合测评系统。一般而言,它针对特定的岗位来设计、实施相应的测评方法与技术。实施过程中,招聘人员是主试或主考官,求职者是被试或应试者。主试在了解岗位工作内容与任职资格要求的基础上,创设一系列与工作高度相关的模拟情景,然后将被试纳入到该情景中,要求其完成该情景下多种典型的管理工作,如主持会议、处理公文、商务谈判、处理突发事件等。在被试按照情景角色要求处理或解决问题的过程中,主试按照各种方法或技术的要求,观察被试在各种模拟情境压力下的行为表现,分析被试的心理活动,测量和评价被试的能力、性格等素质特征。比较经典的情景模拟技术包括无领导小组讨论、公文筐测验、管理游戏、小组问题解决、演讲辩论和案例分析等。

(1)无领导小组讨论。无领导小组讨论(Leaderless Group Discussion,LGD),是将数名被试分成小组,要求他们就某一问题开展不指定角色的自由讨论,主试通过倾听和观察被试在讨论中的言语、行为,对他们作出评价的一种测评形式。所谓“无领导”就是说一组被试在情境中地位平等,没有设置小组领导者角色。无领导小组讨论的目的主要是考察求职者的组织协调能力、领导能力、人际交往能力与技巧、想象能力、对资料的利用能力、辩论说服能力以及非语言的沟通能力等,同时也可以考察求职者的自信心、进取心、责任感、灵活性以及团队精神等个性方面的特点及风格。为了使该方式充分发挥作用,主试首先需要准确界定测评的内容,确立统一、具体并且可操作的评定标准;适当控制小组的人数,一般以3~5人为宜;营造洁静、明亮、轻松而不失测评气氛的环境,例如,圆桌会议便是一种不错的方式,被评价者围坐在一起不会明显感觉到自己处于被观察被评价的地位。

(2)公文筐测验。公文筐测验被认为是评价中心中应用最广且最为有效的一种测评形式。测验一般在假定情景下实施。该情景模拟一个企业所发生的实际业务、管理环境,提供给被试的信息包括财务报表、人事备忘录、市场信息、政府的法令公文、客户关系表等十几份甚至更多的材料,这些材料通常是放在公文筐中,公文筐测验因此而得名。测验要求被试以管理者的身份,模拟真实工作情景中的想法和行为习惯,在规定条件下(通常是较紧迫、困难的条件,如时间与信息有限、独立无援、初履新职等),对各类公文材料进行处理,形成公文处理报告。处理完毕后,一般还要求被试填写行为理由问卷,说明处理的理由、原则或依据。主试对上述问卷的内容不清楚或者想深入了解被试时,还可以与之进行深入面谈了解更多的信息。通过观察被试在规定条件下处理公文过程中的行为表现以及分析被试处理文件的理由,评估其计划、组织、授权、决策和问题解决能力等多方面的管理潜质。

公文筐测验的优点在于适合对管理人员、行政人员进行评价;操作简便,具有灵活性,可以根据需要设计问题;公文筐测试的成绩与实际工作表现有很大的相关性,对被试的未来工作绩效有很好的预测性;每个被试在平等的条件和机会下接受测试,保证了甄选过程的公平、客观性;多维度评价个体特征,掌握的信息更为全面。公文筐测试的缺点在于费时较长,一般需2~3小时;编制公文筐的成本比较高;评分带有一定的主观性;测试中被试是单独完成,很难测验他的团队合作精神和人际交往能力。

(3)演讲。演讲是求职者按照给定的材料组织并表达自己观点和理由的过程。一般情况下,求职者拿到演讲题目后稍作准备,然后进行大约5~10分钟的正式演讲,演讲完毕后主考官还会针对演讲内容进行提问。这种方法着重考察求职者思维的敏捷性、系统性、条理性、创造性、说服能力以及自信心等。这种方法操作简单，成本较低，但由于仅通过演讲反映出的个人特质具有一定局限性，往往要和其他甄选方式结合使用。

演讲的程序

第一步：对应试者进行身份确认。这一步主要是为了排除冒名顶替的可能性，此过程要求求职者携带相应的证件、照片等。

第二步：考官宣布规则。这一部分是各类考试所不可缺少的，内容也大体类似，一般都是介绍一下纪律和规定。

第三步：考官向应试者宣布演讲题目。这一个程序不是必需的，因为更多的情况是让应试者自己准备演讲的内容，不会对演讲作过多的干涉。即使招聘方对演讲的题目作出了规定，而应试者在演讲的时候也会根据岗位所需要的内容演讲，不会过多地受题目的限制。

第四步：主考官宣读指导语。指导语本质上就是演讲会的主持词，包括宣布演讲开始，介绍与会领导和来宾，介绍主要议程，请领导同志讲话。

第五步：应试者按给定的时间准备。准备的时间会因为岗位的不同而不同，大约在15~30分钟。

第六步：应试者演讲。在每位应试者演讲之前，担任主持的主考官会有一个邀请词，并提出良好的祝愿，尤其是在第一位演讲者之前，主持人会说的多一些，第一位上台演讲的应试者上台后应该对主持人的良好祝愿表示感谢。

第七步：评委提问。这个过程中，评委会对演讲过程中他认为表达不清楚的问题深入的提问，或者提些和演讲内容相关的问题。

第八步：考官讨论，独立评分，考官统计评分结果并存档。

(4)角色扮演。角色扮演是一种主要用以测评被试人际关系处理能力的情景模拟活动。在这种活动中，主试设置一系列尖锐的人际矛盾与人际冲突，要求被试扮演某一角色并进入角色情景，处理各种问题和矛盾。主试通过观察和记录被试在不同人员角色的情景中表现出来的行为，从角色适应性和角色表现力方面进行评价。角色适应性是判断被试是否能迅速地判断形势并进入角色情景，按照角色规范及要求采取相应的行为；角色表现力是观察被试在角色扮演过程中所表现出来的行为风格、人际交往技巧、突发事件的应变能力、思维的敏捷性等。

3. 面试

面试(Interview)是最常见的甄选工具之一。招聘人员也就是面试官,与求职者直接见面,并通过对话、提问等方式,结合求职者所表现出来的非语言特征,例如,仪表、行为举止、面部表情等,对求职者的智力和性格作出判断。面试的方式存在多样性,包括结构化面试和非结构化面试、情景面试和以行为为基础的面试、压力面试,等等。具体操作中,招聘人员可以结合不同面试方式的特点综合使用。

(1)结构化面试和非结构化面试。结构化面试(Direct Interview)是在面试前,主考官准备好各种针对拟招聘职位的问题和提问的顺序,严格按照设计好的程序对每个求职者进行相同内容的面试。与此相对,非结构化面试(Non-direct Interview)没有事前准备好的问题,而是由主考官在面试进行中随机提问。相比之下非结构化面试中面试官会通过提出探索性、无限制的问题鼓励求职者多谈,挖掘更多的信息。因此,结构化面试降低了非结构化面试带来的不一致性和主观性,增加了面试的可靠性和准确性。但是,非结构化面试的随意性给予求职者很大的自由,更容易使之将自己的态度、情感等隐性信息暴露出来,利于主考官判断。企业多是将这两种面试综合使用,尤其是将非结构化面试作为其他甄选方式的前奏或是补充,发挥"补漏"的作用。

(2)情景面试与以行为为基础的面试。情景面试(Situational Interview)是结构化面试的一种特殊形式,它的面试题目主要由一系列假设的情景构成,通过评价求职者在这些情景下的反应情况,对求职者进行评价。以行为为基础的面试(Behavior-based Interview)是先给出一种既定的情况,要求求职者举出特定的例子来说明在他们过去的工作经历中是如何处理此类问题的。例如,"没有关于员工纪律的规则和方针时,你是如何处理的?""你为什么会选择那种方法?""你的上级是如何反应的?""事情最后是如何解决的?"这种面试避免了对求职者个性作出评价,避免了假设的和自我评价的问题,并可以根据求职者的行为形成问题,有效性较高,缺点是问题答案可能不尽公正和客观。

情景面试举例

- 一个员工连续三天迟到,你怎么办?
- 当我询问一位下属工作进展如何时,他总是回答说没问题;而事实上他却总把工作搞得一团糟,对这种员工该怎么办?

> ➢ 你的一个关系不错的下属最近工作质量明显下降，作为上司你非常难堪，你该怎么办？
>
> ➢ 假如你是酒店某部门经理，如果你的下属向你提了一个有关业务的建议，经过仔细研究后你认为该建议并不合适，你会怎样答复这位下属？
>
> ➢ 假如你是酒店的总经理助理，如果酒店发生紧急意外事件，例如火灾，你将最先做什么？在扑灭火灾的过程中你将会扮演一个什么样的角色？

(3)压力面试。压力面试(Stress Interview)是在面试中，主考官通过有意提出一系列生硬的、不礼貌的问题故意使面试人感到不舒服而制造紧张气氛，以此考察求职者承受压力的能力。通常主考官会针对某一件事提出一系列的问题，并从中寻找求职者回答问题时的破绽，一旦发现破绽就抓住不放，“打破沙锅问到底”，希望借此使求职者失去镇定，以确定求职者的承压能力、应变能力和人际关系能力。使用压力面试对空缺岗位性质和主考官有一定的要求，首先拟招聘的岗位需要任职者具有比较大的抗压、承压能力；其次主考官必须具备控制面试局面的技能，将面试中的情景压力控制得恰到好处。

除此之外，还有系列式面试(Serialized Interview)和小组面试(Panel Interview)等。这些也是企业招聘中运用较多的方式。提高面试有效性除了可以综合运用这些面试方式之外，主考官还要尽量要求求职者描述经历过的工作情形，了解在这种情形下求职者所要达到的目标，为了达到这一目标，求职者采取了哪些行为以及最终的实际结果如何等。

第二节 雇佣

经过甄选环节的鉴别，符合岗位要求的求职者被选出，在经过背景调查、体检等环节之后，依据企业的录用条件作出是否录用的决定。之后，企业要将录用决定通知被录用的求职者，此时企业需要注意，将没有被录用的消息告诉未被录取的求职者也是企业履行告知义务的内容。拟录用者确定无异议后，企业可以和拟录用者签订劳动合同，约定试用期，开始进入彼此了解、考察的过程。经过一定时间的试用期，考核合格，录用者正式成为岗位的任职人员。到此招聘和雇佣工作基本完成，在雇佣的过程中，法律对双方劳动关系建立行为进行了约束，需要企业和录用者共同遵守。

一、雇佣前准备

雇前准备是为企业作出录用决策提供最后的参考信息，主要是核实求职者提供信息的真实性，将工作相关的信息(一般是负面信息)告知求职者。实践中有的企业也将这些环节作为甄选的工具之一，目的和内容无差异，只是所在的环节有区别。还有的企业会组织拟录用求职者进行体检，以保证不会因健康问题影响工作，但企业不能单以携带乙肝病原为理由拒绝录用求职者。

(一)背景调查

背景调查是为了证实个人履历中的细节，如教育背景、身份证明、各种证书、犯罪记录、信用情况、先前的工作表现、离职的原因等的真实性，为录用决策提供参考。背景调查中包括一项具体的内容，即推荐信确认。尤其是该求职者是通过内部员工或其他人员推荐的方式进入招聘环节的情形，更需要对推荐信进行核实。由于推荐人都希望被推荐人获得工作机会，或者希望尽快摆脱被推荐人，因此宁愿给其一个好的评价。一般举荐信都充斥着溢美之词，所以无论是通过电话还是书面方式进行举荐信核实，都必须适当地提出一些问题，并对回答作出认真的分析和判断，来确定推荐信的真伪，降低风险。

另外，对于岗位职责较高的岗位求职者开展背景调查更为重要。企业高层管理人员掌握着关乎企业生存与发展的重要信息，企业招聘此类人员时应当更加注意对其进行背景调查，降低用人风险。同样地，企业招聘核心人员也需要注意背景调查。而对于那些岗位次要、不掌握或者不接触企业核心技术、机密的岗位求职人员，不一定必须进行背景调查，可视成本和客观条件而定。

(二)告知义务

企业和求职者都肩负法律要求的告知义务。企业的告知义务对应的是求职者的知情权利。法律规定了企业在录用求职者、订立劳动合同前，应履行如实告知义务，即企业不需求职者询问而必须主动地告知真实情况，包括工作内容、工作条件、工作地点、职业危害、安全生产状况、劳动报酬等。除此以外，求职者若希望了解企业的其他情况，如福利、培训、规章制度、劳动纪律等，也可使用知情权，向企业询问自己关心的问题。对求职者的疑问，企业应当如实告知，但涉及企业商业秘密等需要对求职者保密的内容除外，履行告知义务可以降低企业可能面临的法律风险。相应地，求职者的告知义务对应的是企业的知情权。企业询问求职者与工作相关的信息时，求职者必须如实说明。法律对企业可询问的内容进行了界定，企业只能询问求职者与劳动合同直接相关的基本情况(《劳动合同法》第八条)，主要包括健康状况、知识技能和工作经历等。与劳动合同非直接相关的基本情况，如涉及个人隐私问题，求职者可以不履行告知义务。

企业或者求职者任何一方未能履行如实告知的义务都将承担相应的法律责任。企业故意虚构事实，提供虚假信息，或向求职者隐瞒真相，未如实告知，将导致劳动合同的无效①。虽然劳动合同被确认为无效，求职者已在企业付出的劳动，企业已无法返回，企业应按约定支付劳动报酬②。劳动报酬没有约定的，企业实际支付的劳动报酬符合法律、法规和国家规定的，该劳动报酬数额有效；企业实际支付的劳动报酬不符合法律、法规或国家规定，或者企业未支付劳动报酬的，劳动报酬的数额可参照单位相同或者相近岗位的劳动报酬确定。若企业一方因故意虚构事实，提供虚假信息，或向求职者隐瞒真相，未如实告知，提供虚假信息等欺诈手段，求职者由此提出辞职的，还可以要求企业支付经济补偿金③。

二、录用决策及法律问题

企业按照在招聘计划中设定的雇用标准，作出是否录用某一求职者的决定。如果决定录用，那么应该尽快通知该求职者。需要注意的是，对于那些没有被录用的求职者，从降低法律风险角度讲，企业同样需要履行告知义务。通知被录用的求职者在规定的时间到企业签订劳动合同，此过程需要注意的法律风险包括禁止扣押证件、禁止要求提供担保或者收取财物、禁止约定违约金、建立入职人员名册等。

（一）确定薪酬

经过对求职者在招聘过程中的表现进行评价和讨论，劳动关系管理部门可以从专业角度向用人部门提出建议，用人部门的负责人将作出最后的录用决定。作出录用决定前还会有一个非常重要的程序，就是与拟录用者确定工资水平，这一过程一般是由劳动关系管理部门的人员来完成。依据企业的薪酬体系，结合拟录用者的能力、期望进行确定，并告之企业的薪酬体系，增进相互的了解。对于那些人才比较紧缺的岗位，拟录

① 《劳动合同法》第二十六条：下列劳动合同无效或者部分无效：（一）以欺诈手段使对方在违背真实意思的情况下订立或者变更劳动合同的……。

② 《劳动合同法》第二十八条：劳动合同被确认无效，劳动者已付出劳动的，用人单位应当向劳动者支付劳动报酬。劳动报酬的数额，参照本单位相同或者相近岗位劳动者的劳动报酬确定。

③ 《劳动合同法》第四十六条：有下列情形之一的，用人单位应当向劳动者支付经济补偿：（一）劳动者依照本法第三十八条规定解除劳动合同的；（二）用人单位依照本法第三十六条规定向劳动者提出解除劳动合同并与劳动者协商一致解除劳动合同的；（三）用人单位依照本法第四十条规定解除劳动合同的；（四）用人单位依照本法第四十一条第一款规定解除劳动合同的；（五）除用人单位维持或者提高劳动合同约定条件续订劳动合同，劳动者不同意续订的情形外，依照本法第四十四条第一项规定终止固定期限劳动合同的；（六）依照本法第四十四条第四项、第五项规定终止劳动合同的；（七）法律、行政法规规定的其他情形。

用者的薪酬期望往往会超出企业的薪酬标准，这种情况需要企业更高一层的管理者进行决策。

（二）法律风险预防

1. 禁止扣押证件

《劳动合同法》第九条和《就业服务与就业管理规定》第十四条第二款都禁止企业招用劳动者时扣押其居民身份证和其他证件的行为[①]。扣押劳动者的居民身份证，是指企业将劳动者的居民身份证扣留在本企业的行为。企业违反规定，扣押劳动者身份证的，可依据《劳动合同法》第八十四条第一款的规定，由劳动行政部门责令限期退还劳动者本人，也可根据《居民身份证法》第十六条的规定，由公安机关给予警告，并处200元以下罚款。

劳动者居民身份证以外的其他证件，是指能够证明劳动者身份、经历、能力等的文件，如毕业证、学位证、技能等级证书等。根据《劳动合同法》的规定，企业违反规定，扣押劳动者其他证件的，由劳动行政部门责令限期退还劳动者本人。

2. 禁止要求提供担保、收取财物

无论是要求提供担保还是收取财物，在一定程度上都是限制了劳动者择业自由的权利。《劳动合同法》和《就业服务与就业管理规定》规定了企业在招用劳动者时，禁止要求劳动者提供担保，向其收取财物[②]。为了保护劳动者的自由择业权和劳动力市场的活力，《劳动合同法》第八十四条第二款对企业的上述违法行为作了明确的处罚规定："用人单位违反本法规定，以担保或者其他名义向劳动者收取财物的，由劳动行政部门责令限期退还劳动者本人，并以每人500元以上2 000以下的标准处以罚款；给劳动者造成损害的，应当承担赔偿责任。"

3. 禁止约定违约金

企业在招用人员及劳动关系存续期，《劳动合同法》第二十五条规定企业不得与劳动者约定由劳动者承担违约金的条款[③]。但是，为了体现法律保护劳动关系双方权利、义务的宗旨，《劳动合同法》第二十二条和第二十三条规定了企业可以与劳动者约定由

---

① 《劳动合同法》第九条：用人单位招用劳动者，不得扣押劳动者的居民身份证和其他证件。《就业服务与就业管理规定》第十四条第二款：扣押被录用人员的居民身份证和其他证件。

② 《劳动合同法》第九条：用人单位招用劳动者……不得要求劳动者提供担保或者以其他名义向劳动者收取财物。《就业服务与就业管理规定》第十四条第三款：用人单位招用人员不得有下列行为：……以担保或者其他名义向劳动者收取财物。

③ 《劳动合同法》第二十五条：除本法第二十二条和第二十三条规定的情形外，用人单位不得与劳动者约定由劳动者承担违约金。

劳动者承担违约金的情形[①]。劳动者违反服务期约定和违反竞业限制约定的,应当按约定承担违约金。劳动者违反服务期约定允许承担违约金,是因为企业在法定义务之外为劳动者提供了特别的待遇,即企业在国家规定的培训费用之外提供专项的培训费用,为劳动者提供专业技术培训,使劳动者从中受益。相应地,劳动者也应当接受额外的限制,并承担违反服务期约定的违约金。劳动者违反竞业限制约定应承担违约金,是因为劳动者违反竞业限制的约定,将给企业造成重大损失,同时,劳动者接受竞业限制时,企业也支付了竞业限制经济补偿。所以允许企业与劳动者约定违约金,是属于法律的特别规定,是为了保护双方特殊的权利义务,维护双方特定的合法权益而规定的,并不违反禁止约定违约金的原则规定。

4. 建立入职人员名册

《劳动合同法》第七条明确了劳动者被企业雇佣,企业应当履行对入职人员建立职工名册的义务[②]。相对于《劳动法》,这是法律对企业规定的一项新义务。《劳动合同法实施条例》第八条对企业建立的职工名册进行了更为明确的规定,规范了其中包含的内容:劳动者的姓名、性别、公民身份号码、户籍地址及现住址、联系方式、用工形式、用工起始时间和劳动合同期限等。这是从劳动用工管理需要和劳动行政部门监督需要考虑,明确了职工名册必须具备的基本内容,但职工名册并不仅限于这些内容,企业在此基础上,可以根据自身管理需要增加其他有关内容。法律规定了企业违反《劳动合同法》有关建立职工名册规定的法律责任,即由劳动行政部门责令限期改正;逾期不改正的,由劳动行政部门处 2 000 元以上 2 万元以下的罚款。

这里需要提醒劳动者注意的是,企业的职工名册是判断事实劳动关系的重要依据之一。也就是说,如果企业在法律规定的时间内未与劳动者签订劳动合同,但是企业的入职人员名册中有该劳动者的姓名,那么就认定企业与该劳动者之间形成事实劳动关系,劳动者的权益受法律的保护。

---

① 《劳动合同法》第二十二条:用人单位为劳动者提供专项培训费用,对其进行专业技术培训的,可以与该劳动者订立协议,约定服务期。劳动者违反服务期约定的,应当按照约定向用人单位支付违约金。违约金的数额不得超过用人单位提供的培训费用。用人单位要求劳动者支付的违约金不得超过服务期尚未履行部分所应分摊的培训费用。用人单位与劳动者约定服务期的,不影响按照正常的工资调整机制提高劳动者在服务期期间的劳动报酬。第二十三条:用人单位与劳动者可以在劳动合同中约定保守用人单位的商业秘密和与知识产权相关的保密事项。对负有保密义务的劳动者,用人单位可以在劳动合同或者保密协议中与劳动者约定竞业限制条款,并约定在解除或者终止劳动合同后,在竞业限制期限内按月给予劳动者经济补偿。劳动者违反竞业限制约定的,应当按照约定向用人单位支付违约金。

② 《劳动合同法》第七条:用人单位自用工之日起即与劳动者建立劳动关系。用人单位应当建立职工名册备查。

（三）签订劳动合同

符合岗位需求的求职者被企业雇佣，企业应当及时与之签订劳动合同，确定双方的权利和义务。如果在确定劳动关系之时未能签订，《劳动合同法》给予企业一个月的宽限期，超过这一时限，仍然不订立书面劳动合同的，该法第十四条第三款、第八十二条规定了企业应当承担的法律责任①，《劳动合同法实施条例》第六条、第七条对上述法律责任进行了更为详细的解释②，便于企业理解、操作。

劳动合同的内容包括《劳动合同法》第十八条规定的法定必备条款和约定条款③。在约定条款中，有的属于法定可必备条款，即法律规定劳动合同可以具备的条款，这些内容由于非常重要而不应被忽视，但又不宜作为法定必备条款，于是在立法中予以特别提示，指明劳动合同中可以作出专项约定。此类条款通常包括试用期、培训、保守秘密、补充保险、福利待遇等条款。企业决定录用求职者之初，与其约定试用期非常重要，约定的内容一般包括试用期的期限、试用期期间的工资福利水平，以及其他相关事项。

三、履行试用期

试用期是企业与新员工在劳动合同中约定的相互考察的时间。企业可以通过实际工作状况进一步考察该员工是否符合录用条件，员工也可以考察企业的劳动条件、文化以及工作内容是否符合自己的要求。从劳动合同角度看，试用期不是必备条款，劳动合同是否约定试用期，由双方当事人根据情况协商而定。

（一）试用期的法律性质

试用期在法律性质上与劳动政策中规定的学徒期、实习期的性质均不相同，在实践

---

① 《劳动合同法》第十四条：……（三）连续订立二次固定期限劳动合同，且劳动者没有本法第三十九条和第四十条第一项、第二项规定的情形，续订劳动合同的。用人单位自用工之日起满一年不与劳动者订立书面劳动合同的，视为用人单位与劳动者已订立无固定期限劳动合同。第八十二条：用人单位自用工之日起超过一个月不满一年未与劳动者订立书面劳动合同的，应当向劳动者每月支付二倍的工资。

② 《劳动合同法实施条例》第六条 用人单位自用工之日起超过一个月不满一年未与劳动者订立书面劳动合同的，应当依照《劳动合同法》第八十二条的规定向劳动者每月支付两倍的工资，并与劳动者补订书面劳动合同；劳动者不与用人单位订立书面劳动合同的，用人单位应当书面通知劳动者终止劳动关系，并依照劳动合同法第四十七条的规定支付经济补偿。前款规定的用人单位向劳动者每月支付两倍工资的起算时间为用工之日起满一个月的次日，截止时间为补订书面劳动合同的前一日。

③ 《劳动合同法》第十七条：劳动合同应当具备以下条款：（一）用人单位的名称、住所和法定代表人或者主要负责人；（二）劳动者的姓名、住址和居民身份证或者其他有效身份证件号码；（三）劳动合同期限；（四）工作内容和工作地点；（五）工作时间和休息休假；（六）劳动报酬；（七）社会保险；（八）劳动保护、劳动条件和职业危害防护；（九）法律、法规规定应当纳入劳动合同的其他事项。劳动合同除前款规定的必备条款外，用人单位与劳动者可以约定试用期、培训、保守秘密、补充保险和福利待遇等其他事项。

中学徒期和实习期均无法取代试用期的作用。

学徒制度是对担任某些岗位的新入职员工进行熟悉业务、提高技能方面的培训制度或培训方式。学徒期是学徒制度中的一种期限。实习制度是国家对技工学校、中等专业学校、职业高中等学员实行的一种培训教育制度。一般是由学校与对口的企事业单位签订实习协议,由单位为学员提供实习场所和设备条件。此处的实习协议不是劳动合同而是一种民事合同。实习期是实习制度中的一种期限。

学徒期、实习期与试用期分属于三种不同的制度,其适用对象、目的、作用与内容均不相同,最大的区别在于,试用期中的员工与企业之间是劳动关系,受到劳动法律的保护,这是试用期所具有的法律属性。

(二)试用期的生效要件

试用期应当同时具备以下要件才能被认定为合法有效,具有法律效力。首先,建立劳动关系的企业和劳动者必须已经订立书面劳动合同。如果双方当事人建立劳动关系没有通过订立书面劳动合同的形式进行,那么试用期不成立。这是因为法律要求试用期要在劳动合同中约定,而不能在劳动合同之外约定。其次,双方订立的书面劳动合同必须合法有效。有试用期的书面劳动合同如果依法被劳动争议仲裁机构或人民法院确认为全部无效,那么该合同不能作为确定双方劳动权利义务的依据,这将会导致劳动合同中的试用期条款也是无效的。再者,试用期应由企业和劳动者双方共同约定。如果书面劳动合同中双方没有约定试用期,那么任何一方当事人单方规定的试用期并不能当然成为劳动合同的试用期。实践中,很多企业错误地认为,既然已经在招聘简章、招聘广告、招聘文件或在面试、培训等过程中告知劳动者试用期的制度,或者企业规章制度已经统一规定试用期,就没有必要在劳动合同中重复约定,上述这些情形下的试用期不具备法律约束力。最后,试用期的长短和次数必须符合《劳动合同法》的规定。也就是说,试用期是以建立劳动关系为前提,以订立合法的书面劳动合同为基础,试用期的长短、次数和工资等内容约定合法是试用期合法生效的必要条件。

三方协议不能作为试用期的约定依据

三方协议是学生在其毕业前找到受聘单位,与单位签订的协议,以确定毕业后的工作。三方协议是《全国普通高等学校毕业生就业协议书》的简称,它是明确毕业生、用人单位、学校三方在毕业生就业工作中的权利和义务的书面表现形式,是解决应届毕业生户籍、档案、保险、公积金等一系列相关问题的证明文件。协议在学生毕业后到用人单位报到、用人单位正式接收毕业生后自行终止。由此可知,三方协议实质是由学生、用人单位和学校三方共同签订的合同,学生并不具备劳动关系的主体资格,该协议的签订目的不是约定劳动生产过程中的权利义务。因此,三方协议并非劳动合同,不能完全作为确定劳动关系、约定试用期的依据。毕业生一旦与用人单位签订劳动合同,三方协议的效力随之丧失。劳动合同与三方协议附件内容有矛盾的,应以劳动合同为准。

(三)试用期的法律规定

为了规范实践中试用期的使用情况,《劳动合同法》第十九条和第二十条进行了较为全面的规定,包括约定试用期的次数、试用期持续时间、试用期工资水平等①。

试用期约定一次是指同一家企业与同一位劳动者只能约定一次试用期。具体可分为几种情形:第一,试用期内解除劳动合同,企业再雇佣该劳动者。不管是企业解除合同还是劳动者解除合同,企业再次招用该劳动者时,不得再约定试用期。第二,试用期结束不能再约定试用期。试用期结束后,不管是在劳动合同期限内,还是劳动合同续订期间,企业不得再与该劳动者约定试用期。第三,试用期后解除劳动合同,企业再雇佣该劳动者。试用期结束后双方解除劳动合同,企业又雇用该劳动者,则企业不得再约定试用期。劳动合同续订或劳动合同终止一段时间后,企业再次雇用该劳动者,企业不能再次与该劳动者约定试用期。法律作此项规定是考虑到试用期作为双方相互考察了解的时期,试用一次即可了解,无需再次试用。然而现实中部分企业利用劳动合同变更、续订和再次雇用的机会,多次与劳动者约定试用期,侵害了劳动者的合法权益。如果因此发生劳动争议,企业面临败诉的可能性比较大。

试用期的长短与劳动合同期限相联系。首先,合同期限是试用期存在的前提。企业和劳动者只能在劳动合同中约定试用期,试用期本身包含在劳动合同期限之内。劳动合同仅约定试用期,是指劳动合同没有约定合同期限,而仅仅约定了试用期,成为所谓的“试用期劳动合同”,该试用期劳动合同中的试用期不成立,该试用期期限为劳动合同期限。在此期限内,企业或者劳动者,均不能按照试用期的相关规定解除劳动合同,企业不能支付试用期工资标准而是支付全额工资。其次,合同期限长短是计算试用

① 《劳动合同法》第十九条:劳动合同期限三个月以上不满一年的,试用期不得超过一个月;劳动合同期限一年以上不满三年的,试用期不得超过二个月;三年以上固定期限和无固定期限的劳动合同,试用期不得超过六个月。同一用人单位与同一劳动者只能约定一次试用期。以完成一定工作任务为期限的劳动合同或者劳动合同期限不满三个月的,不得约定试用期。试用期包含在劳动合同期限内。劳动合同仅约定试用期的,试用期不成立,该期限为劳动合同期限。第二十条:劳动者在试用期的工资不得低于本单位相同岗位最低档工资或者劳动合同约定工资的百分之八十,并不得低于用人单位所在地的最低工资标准。

期时间的基础。法律针对不同的劳动合同期限分别设置了试用期的最长时间,即劳动合同期限3个月以上不满1年的,试用期不得超过1个月;劳动合同期限1年以上(包括1年)不满3年的,试用期不得超过2个月;3年以上(包括3年)固定期限和无固定期限的劳动合同,试用期不得超过6个月。但是如果企业与劳动者签订的是以完成一定工作任务为期限的劳动合同或者劳动合同期限不满三个月的合同,双方不能约定试用期。法律将试用期期限与劳动合同期限联系起来是为了解决实践中的试用期滥用问题,而且易于操作,保护双方的合法权益。

针对实践中部分企业利用试用期故意压低工资待遇侵害劳动者合法权益的现象,《劳动合同法》对试用期的工资水平作了明确的规定,为了减少对法律理解的偏差,《劳动合同法实施条例》第十五条又对此条款作了进一步的解释①。总之,企业与劳动者约定其试用期工资时要注意:首先是不能低于当地最低工资标准,其次不能低于同岗位最低档工资或者劳动合同约定工资的80%。其中,"劳动合同约定工资"是指该劳动者与用人单位订立的劳动合同中约定的劳动者试用期满后的工资。双方约定的试用期工资高于试用期期满后的工资,或与该工资相等的,法律并不阻挠或干涉。

(四)试用期的解除规定

试用期是企业和劳动者双方相互考察了解的阶段,法律允许在一定条件下双方在试用期期间解除劳动合同,但是要求企业提出解除合同要履行告知劳动者原因的义务②。法律规定的情形主要包括:①在试用期间被证明不符合录用条件的;②严重违反企业的规章制度的;③严重失职,营私舞弊,给企业造成重大损害的;④劳动者同时与其他用人单位建立劳动关系,对完成本企业的工作任务造成严重影响,或者经企业提出,拒不改正的;⑤以欺诈、胁迫的手段或者乘人之危,使对方在违背真实意思的情况下订立或者变更劳动合同致使劳动合同无效的;⑥被依法追究刑事责任的;⑦劳动者患病或者非因工负伤,在规定的医疗期满后不能从事原工作,也不能从事由企业另行安排的工作的;⑧劳动者不能胜任工作,经过培训或者调整工作岗位,仍不能胜任工作的。规定这些可以解除劳动合同的情形,大大降低了试用期期间解除合同的随意性,有利于保护双方的合法权益。

试用期将近结束时,企业应当对该员工进行考核,为决定其是否正式进入企业提供参考。考核的内容包括:专业能力、沟通能力、协调能力等基本能力;企业文化适应性、认可度;工作态度、积极性、责任感等隐性指标。企业还可以根据岗位的任职资格制定

---

① 《劳动合同法实施条例》第十五条:劳动者在试用期的工资不得低于本单位相同岗位最低档工资的80%或者不得低于劳动合同约定工资的80%,并不得低于用人单位所在地的最低工资标准。

② 《劳动合同法实施条例》第二十一条:在试用期中,除劳动者有本法第三十九条和第四十条第一款、第二款规定的情形外,用人单位不得解除劳动合同。用人单位在试用期解除劳动合同的,应当向劳动者说明理由。

有针对性的考核内容。考核情况通常是由该任职者的上级主管进行评价。

四、正式入职

通过试用期的考察,真正符合企业以及岗位要求的求职者正式进入企业工作。此阶段入职者的任务是向企业提供个人资料,包括身份证及学历证明(毕业证书、学位证书等);婚姻状况证明(结婚证);计划生育证明(独生子女证或流动人口计划生育证明)原件;免冠彩色近照若干张;与原单位解除劳动关系的证明文件;就业证;个人社会保险缴纳情况等。企业需要做的工作是为新员工建立个人档案、组织入职培训。

新员工正式上岗前,企业一般会开展入职培训,旨在使其了解企业文化、规章制度、基本知识、基本技能、办事流程等以及其他保证其正常开展工作所必需的知识,这有利于其尽快融入企业的工作氛围,施展能力,取得工作绩效。其中,规章制度的培训需要得到企业和员工两方面的重视。一方面规章制度涉及企业的管理方式、流程以及奖励、惩罚措施,员工知晓这些内容有利于企业管理;另一方面,规章制度涉及的薪酬福利、休息休假等关乎员工切身利益的内容,员工更需要明确、清楚。

第三节　招募评估

从发布招聘信息接受求职者的申请,到采用不同的甄选工具进行鉴别,再到录用上岗试用,员工最后正式入职,招募和雇佣的工作基本完成。完善的招募流程还应当包括招募效果评估过程,总结本次招募的经验,对招募流程及方式进行改进,提高日后招募的有效性。

一、评估必要性

企业通过特定的方式进行招聘,那么对这些方式的有效性进行评估就十分必要,比较哪种方式招募到的员工工作绩效更优、哪种方式的成本更经济,等等。招募方式所具有的特点一般与员工入职后的表现存在一定的联系,例如,如果将招募划分为正式招募和非正式招募,相比之下,经非正式招募(比如,内部员工推荐)进入企业的员工表现更为优异,这是因为内部员工了解企业的文化、制度等特点,他会根据这些特点有选择地推荐候选人,而且,他对候选人的了解一般也比较深,这些都会使得候选者与岗位的匹配度维持在较高的水平,从候选者角度看,在招募之前,候选者已经对企业有了较为深入的了解,在入职之前他有充分的时间做好心理准备,这就使得其入职之后的工作满意度一般比较高,这些因素都会使他创造较高的工作绩效。

企业的招募工作是随着业务发展、扩张而进行的，一般每年都会进行，也就是说具有很强的连续性。从这个角度来看，企业希望每年的招募工作都有所提高，那么招募效果评估即可满足此方面的要求。通过评估以往的招募活动（一般是刚结束的招募期内的工作），总结其中的经验、找出不足，包括招募渠道的选择、招募广告的撰写、甄选工具的选择等方面，为下一次的招募工作提出意见和建议。

二、评估流程

招募评估的流程包括以下步骤：第一步，确定评估小组。招募效果评估一般由劳动关系管理部门来完成，在不影响具体工作的前提下用人部门予以配合即可。第二步，确定要评估的岗位。为了保证评估的效率，企业可以选择关键岗位作为评估对象，关键岗位招募的有效性对企业发展的影响力更加突出。第三步，确定评估指标。一般是从招募结果、招募成本、招募渠道及方法、新员工质量等几个方面来设计评估内容，表3-2列举出部分评估指标。第四步，实施评估。按照评估指标对目标岗位进行评估。第五步，形成评估报告。依据评估结果整理成评估报告，为下一次招募提供信息。

表3-2 招募评估的指标体系举例

名 称	释 义	说 明
录用比	（录用人数/应聘人数）×100%	该值越小，相对来说，录用者的素质越高，反之，则可能录用者的素质较低；更低的录用比意味着吸引到更多数量的候选者*
应聘比	（应聘人数/计划招聘人数）×100%	该值越大，说明招聘信息发布的效果越好，同时，也说明应聘人员的素质可能较高
录用成功比	（录用成功人数/录用人数）×100%	该值越大，说明录用人员的质量越高，组织用于招聘的时间、精力与金钱获得了较为理想的回报；反之，说明录用人员的质量越低，组织在招聘过程中所消耗的人力、物力、财力很多都被浪费掉了
聘用合格比	（聘用人员胜任工作人数/实际聘用人数）×100%	聘用合格比是反映当前招聘有效性的绝对指标，其大小反映了聘用的正确程度
基础比	（原有人员胜任工作人数/原有总人数）×100%	反映以前招聘有效性的绝对指标
聘用合格比和基础比之差	聘用合格比-基础比	反映当前招聘的有效性是否高于以前招聘有效性的平均水平，可以反映招聘的有效性是否在逐步提高

注：一般认为，低的录用比率与财务状况呈正相关关系，更低的录用比率意味着吸引到更大数量的候选者。

企业在核算招募成本时,不仅仅要关注可直接测量出的成本,还要包括隐形的间接成本。也就是说,狭义上讲,招募成本只包括招聘人员的劳务费及差旅费、直接业务费用(例如,广告制作费、代理费等)、间接管理费(如行政管理费、临时场地及设施使用费等);广义上讲,招募成本包括从招募到雇佣整个过程中各个环节所发生的费用,包括招募、选拔、录用、安置以及适应性培训成本。选拔成本包括甄选工具使用的相关资料费和人员费用,人员的劳务费可以通过小时工资率和参与工作的小时数来核算;录用成本包括录取手续费、调动补偿费、搬迁费和旅途补助费等相关费用,这些费用一般都是直接费用,如果是企业内部员工调动则不会发生录用成本;安置成本包括为新员工提供的安家费、办公用品的费用以及损失的人工费用,也是通过核算小时数和小时工资率来确定;适应性培训成本是新员工入职培训过程所发生的资料费、讲师费、人工费等,这里所指的讲师费是企业从外部聘请讲师为新员工授课的费用,人工费包括企业内部员工为新员工授课的工时损失费和组织、协调培训的人员工时损失费,这些同样是根据小时数和小时工资率来核算。确定招募成本有利于企业在未来的招募活动中找到缩减成本的途径,提高招募效率。

【关键术语】

招募与甄选(Recruitment and Selection)　　雇佣(Employment)

劳动合同(Labor Contract)　　试用期(Probation)

招募雇佣评估(Recruitment Evaluation)

【本章小结】

招聘与雇佣是企业劳动关系管理的第一步,它的成功与否在一定程度上决定了劳动关系管理工作的难易。招聘包括招募和甄选两个环节。从企业劳动关系管理最优实践角度来看,招募阶段包括确认招聘需求、选择招募渠道、发布招聘信息、接受求职者申请等流程。甄选阶段包括采用简历筛选、笔试方法进行初步筛选和运用心理测验、评价中心等工具鉴别人才。雇佣过程包括雇佣前准备,主要是对拟录用人员进行背景调查和企业履行告知义务。之后,企业便可作出录用决策,与拟录用者确定薪酬水平、签订劳动合同、约定试用期。试用期通过考核后,方可正式入职。

招募、甄选以及雇佣过程是企业与劳动者建立劳动关系的关键环节,是劳动法律约束的重点。因此,企业应当着重注意,包括不得歧视劳动者、履行告知义务、不得扣押劳动者证件、不得收取财物、合法签订劳动合同、合法约定试用期等。当然,劳动者也需要遵守法律的规定,主要是履行告知义务。

一个招聘和雇佣周期结束后，企业可以对招募环节进行评估。主要是从成本收益角度进行评估，具体的评估指标可以依据招募流程设计。最终目的是，提高招募效率，为企业发展储备优秀人才。

【复习思考题】

1. 请阐释关于雇佣高校毕业生方面的法律内容。
2. 请评述相关法律对于约定试用期的规定。
3. 请列举最佳管理实践下的雇佣与招聘程序。
4. 请比较评价中心技术与面试技术的各自特点。

【参考文献】

[1]唐镛.战略劳动关系管理理论与实务[M].北京:中国人事出版社,2010.
[2]付麟,闻效仪.人力资源管理概论[M].北京:中国劳动社会保障出版社,2009.
[3]吴志明.员工招聘与选拔实务手册[M].北京:机械工业出版社,2002.
[4]范战江.劳动争议处理概论[M].北京:中国劳动出版社,1995.
[5]唐镛,张汝峰.全国公开选拔党政领导干部演讲与答辩面试指导[M].北京:中国人事出版社,2006.

第四章

职业生涯管理

职业生涯管理对员工和企业都具有重要意义。实施科学的职业生涯管理，能够实现企业和员工双赢的目标。通过本章的学习，应该掌握职业生涯管理的含义和意义以及实施职业生涯管理应当遵循的原则，了解有关职业生涯管理的相关理论；熟悉员工职业生涯规划的基本步骤和企业职业生涯管理应该做好的工作；了解有关教育、工作和闲暇选择的经济学分析原理；理解设定专项培训费用和服务期的法律依据，理解员工转岗或转换职业以及退休等环节中发生劳动争议时进行处理的法律依据。

【引导案例】

与金蝶共舞的李光学①

在中国乃至整个亚太地区的企业。管理软件服务领域，金蝶无疑都是一个值得仰视的名字。从1996年率先发布中国第一套基于微软视窗（Windows）的财务软件，到1999年成功实现向企业资源计划（ERP）的战略转移；从2001年在香港顺利上市，成为国内第一家登陆国际资本市场的独立软件厂商，再到如今明确提出要跻身世界企业应用软件十强的宏伟目标。

李光学，1991年毕业于中国海洋大学电子学与信息系统专业，1995年加入金蝶集团，2003年取得美国南哥伦比亚大学工商管理硕士学位。曾先后担任集团研发副总

---

① 资料来源："李光学：与金蝶共舞"，智通人才网，2010年10月1日16:20下载，相关文字作了适当删减和处理。

裁、华南大区总经理、信息与质量副总裁等要职。现任金蝶国际软件集团有限公司副总裁兼首席人力资源官(CHO),国内知名的人力资源(HR)实战派专家。

职业生涯转型的第一记“妙招”

1995 年以前,李光学在一家大型国有企业做电脑部经理,月薪 4 000 元;在 1995 年,这无疑是一个令人心动的数字。但学计算机出身的李光学却并不知足,他始终怀着一个梦想,就是“进入一家真正的软件公司”。1995 年夏天,一次偶然的机会,李光学了解到地处深圳的金蝶软件公司有招聘需求。虽然在当时,这还是一家名不见经传的小企业,但是作为一家软件公司,她却是货真价实!刹那间,潜藏在李光学内心许久的那份激情和渴望,便被完全点燃。他找到金蝶的创始人徐少春,向其表达了加盟的愿望。徐不但爽快地答应了他的请求,同时还出于对他专业水平的信任,特别批准了他仅需一个月试用期的“特权”(当时公司通用的试用期是三个月)。唯一的问题在于,按照金蝶当时的薪酬架构,他入职后的起步月薪仅有 1 500 元!

时至今日,坐在地处深圳高新技术产业园区中这间宽敞明亮的办公室里,当李光学再度重温自己当初加盟金蝶的心路历程时,却已当仁不让地把这次抉择视为自己职业生涯的第一转折点。

职业生涯转型的第二记“妙招”

2002 年,当时已经在金蝶服务数年,并曾先后涉足过集团研发、服务和营销核心领域的李光学,开始对自己的职业生涯感到了一丝迷茫。面对外界众多的机会与诱惑,面对自己已经有些“审美疲劳”的营销管理岗位,他一方面深切地意识到,自己必须要找到一个全新的职业生涯“兴奋点”,才能迅速集聚起继续前行的动力;但另一方面,对于需要通过怎样的方式达到这一目的,他又缺乏一个清晰的目标和方向。

关键时刻,李光学去向集团董事会主席徐少春问计。徐说,你的个性平易近人,而且亲和力与感召力也比较强,为什么不考虑一下做人力资源呢?再者,你在集团的很多部门都有过工作经历,这岂不又正是你从事人力资源管理工作的一大优势?李光学当即报读了美国南哥伦比亚大学的工商管理硕士(MBA)班,并在一年之后顺利拿到了学位。李光学就此正式迈上了他的人力资源管理之路。2003 年初,当他再度重返金蝶的时候,那个对人力资源管理只是一知半解的李光学就淡出了大家的视线,取而代之的,是一个有着崭新职业风貌和深厚专业素养的优秀人力资源经理人。

与金蝶共舞,实现个人与企业的共同发展

金蝶倡导一种以“激情管理”为精神内核的企业文化,即“通过建立一种以激发知识工作者潜能为主要特征的管理模式,给知识工作者注入激情,使知识工作者更富有创造力和灵感，并为知识工作者提供足够能力和平台，获得企业效益的最大化”。李光学经历了与金蝶集团之间十余年来的相濡以沫，对金蝶的文化已产生强烈的认同，因此非常乐于通过自己的努力，帮助金蝶实现管理的升级；其次，跨入人力资源行业几年来，李光学发现自己不但对这一行业产生了浓厚的兴趣，并且也从中收获了不少的成就感。尤其让李光学感到兴奋的是，实践证明，优秀的人力资源管理，的确能够“将企业的战略转变成可执行的语言”。

李光学评价自己其实是个“急性子”——任何工作，都会习惯性地提前完成。“这一点非常重要，否则，你的工作过程，就注定将毫无‘享受’可言。”而谈及个人对于幸福的理解，李光学的回答只有八个字：享受工作，享受生活。他还不无感慨地说：“很多人对幸福的理解都过于偏执了。事实上，对于幸福，你根本就无需等待，因为她其实一直都在你的身边。”

第一节　职业生涯管理原理

一、职业生涯管理的含义和意义

（一）职业生涯管理的含义

职业生涯管理，是指企业和员工对职业生涯进行设计、规划、执行、评估和反馈的一个综合性过程。通过企业和员工的共同努力和协作，使每个员工的生涯目标与企业发展目标一致，使员工的发展与企业的发展相结合。因此，职业生涯管理包含两重含义：一是个人为自己的职业生涯发展而实施的管理，称为员工职业生涯管理；二是企业针对个人和企业发展需要所实施的职业生涯管理，称为企业的组织职业生涯管理。员工职业生涯管理与组织职业生涯管理的和谐发展是职业生涯管理有效的关键。

职业生涯管理一般包括职业生涯规划、职业生涯发展和职业生涯管理三个层面的内容。职业生涯规划主要是确定员工个人的发展目标和发展道路，这种发展目标和发展道路不仅是员工个人的需要，也是企业的需要。职业生涯发展就是职业生涯规划的实施，是通过企业和员工的共同努力，实现员工个人目标或理想。职业生涯管理是企业帮助员工制定职业生涯规划和进行职业生涯发展的一系列活动。

（二）职业生涯管理的意义

职业生涯管理对员工和企业都具有重要的意义。

1. 职业生涯管理对员工的意义

（1）有利于员工成长和职业能力的提高，提高其竞争力。职业生涯管理不仅可以使员工了解自身的长处和短处，养成对环境和工作目标进行分析的习惯，还可以通过合理规划、安排时间和精力开展学习和培训,提高职业技能,以胜任本职工作。这些活动的开展都有利于增强员工对职业环境的把握能力和对职业困境的控制能力。而且,员工通过职业生涯管理,可以在企业中获取各种有价值的知识与技能,从而提高自身的竞争力。

(2)有利于获得公平的就业和发展机会,为发挥潜能奠定基础。职业生涯管理考虑了不同员工的特点,并据此设计不同的职业发展途径,以利于不同类型员工在职业生活中扬长避短。在职业生涯管理中,对员工年龄、学历、性别的差异,不是采取歧视的态度,而是根据这些差异,帮助员工确定不同的职业发展方向。这就为员工提供了更为公平的就业和发展机会,为发挥员工的潜能奠定了基础。

(3)有利于协调和统筹员工职业与生活的关系,实现工作与生活平衡。有效的职业生涯管理意识能够帮助员工综合地考虑职业与个人追求、家庭生活等目标的平衡,避免陷入顾此失彼、左右为难的窘境;同时,员工可以从更高的角度看待职业中的各种问题和选择,将相互矛盾的实践结合在一起,使之联系起来,共同服务于职业目标,使职业生活更加充实和富有成效。

2. 职业生涯管理对企业的意义

(1)有利于充分、合理、有效地利用企业内部人力资源。人力资源配置的标准就是合适的人在合适的时间处于合适的位置。职业生涯管理有助于企业全面了解员工的能力素质和职业兴趣,可以随时根据企业战略的需要进行有针对性的选拔、使用和培养,充分、合理、有效地利用企业内部人力资源。

(2)有利于促使员工的发展目标与企业发展目标相统一。职业生涯管理可以帮助企业深入了解员工的性格、特长、兴趣、愿望和价值观等,以便使人力资源部门合理地安排工作,实现人尽其才、才尽其用;也可以帮助员工个人了解和掌握企业的有关信息,如企业的发展战略、经营理念、职位空缺等,进而协调员工个人职业理想与企业现实需要之间的矛盾,使员工个人发展目标与组织目标得到统一,进而形成企业发展的巨大推动力。

(3)有利于企业的长期发展。根据马斯洛的需求层次理论,个人需要的最高层次是自我实现和自我发展的需要。在一些企业里,员工低层次的需要已基本或部分得到满足,他们更关注个人的未来发展。职业生涯管理在制定符合员工特点的职业发展规划的同时,还为其职业发展方向提供必要的指导,可以使员工超越对财富和地位的追求,进而追求更高层次的自我价值,因而能起到更好的激励作用。这样有利于企业留住高质量的优秀人才,促进企业的长期发展。

二、职业生涯管理的原则

为了实现企业和员工双赢的目标,实施科学的职业生涯管理还必须遵循一定的原则。

（一）互动性原则

职业生涯管理是由企业和员工共同完成的，是企业和员工协调匹配的过程。对员工而言，要根据自身的性格、兴趣和能力等规划自己期望的职业生涯；对企业而言，要按照发展战略和可能提供的机会为员工设计职业生涯。在这个过程中，双方应换位思考，经常沟通，做到和谐互动、利益一致、稳步发展。

（二）统筹性原则

统筹性原则把职业生涯规划与实施看成是一个系统工程，纳入企业的发展战略，包括横向和纵向统筹两个方面。从横向维度来看，企业及管理者、员工都要参与，各自发挥自己的作用；从纵向维度来看，员工的职业生涯管理应贯穿员工职业发展的全过程和企业发展的全过程，避免成为企业管理的权宜之计。

（三）公平性原则

职业生涯管理是全员性的管理，企业在提供教育培训与选拔任用等发展计划时，应该给员工均等的机会，公开、公平、公正地开展职业生涯管理活动。

（四）动态性原则

职业生涯管理应该根据企业发展战略、组织结构的变化以及员工在职业发展不同阶段的需求进行相应的调整。

（五）时间性原则

对职业生涯管理中的每一个时间都应该标记两个时间点，即开始执行行动方案的时间和目标实现的时间。职业生涯规划和职业生涯发展应该在这个期限内完成。没有明确时间规定的职业生涯管理将失去意义。

（六）创新性原则

职业生涯管理应该提倡制定具有挑战性的目标，要让员工发现、发挥和发展自己的潜能，以获得创造性的成果。

三、职业生涯管理理论

（一）职业选择理论

职业选择理论的实质在于劳动者与职业的相互适应。劳动者找到适宜的职业岗位，其才能与积极性才能得以更好的发挥。最为典型的是帕森斯的特质因素理论、霍兰德的职业兴趣理论和施恩的职业锚理论。

1909 年，美国波士顿大学教授帕森斯（Frank Parsons）在其《选择一个职业》一书中明确提出了人与职业相匹配是职业选择的关键,并提出“特质因素理论”。所谓“特质”是指个人的人格特征,包括能力倾向、兴趣、价值观和人格等,这些都可以通过心理测量工具来加以评价。所谓“因素”是指在工作上要取得成功所必须具备的条件或资格,这可以通过对工作的分析来了解。帕森斯提出了职业选择的三大要素或步骤:第一步,评价求职者的生理和心理特点(特性)。第二步,分析各种职业对任职者的要求,并向求职者提供有关的职业信息。第三步,人职匹配。指导人员在了解求职者的特性和职业的各项指标的基础上,帮助求职者进行比较分析,选择一种适合其个人特点又有可能得到,并能在职业上取得成功的职业。

霍兰德(John L. Holland)于1959年提出了职业兴趣理论。他认为,人格类型、兴趣与职业密切相关,兴趣是人们活动的巨大动力,凡是具有职业兴趣的职业,都可以提高任职者的积极性,促使他们积极地、愉快地从事该职业。职业兴趣与人格之间存在很高的相关性。霍兰德将人格类型(职业倾向)分为六种:社会型、企业型、常规型、实际型、研究型和艺术型,这六种职业倾向类型的关系如图4-1所示。霍兰德的职业倾向理论认为,多数人可以被纳入六种类型中的一种,但人们具有广泛的适应能力,其职业倾向在某种程度上与另外两种类型相近,并且能适应另外两种类型的工作。而且,每一类型都有一种相互排斥的类型,如果一个人在与其人格类型相互排斥的职业环境中工作,个人将不会感到快乐,也无法胜任工作。

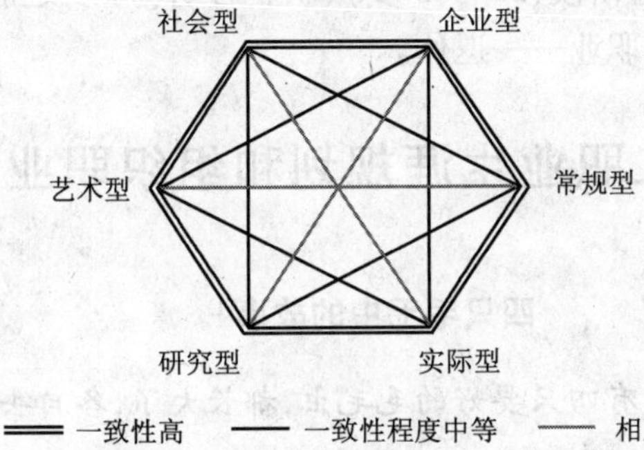

图4-1 霍兰德的职业倾向类型

美国麻省理工学院斯隆管理学院施恩(Edgar H. Schein)教授经过对44名MBA毕业生长达12年的职业生涯研究,于1978年提出职业锚理论。所谓职业锚,是人们选择和发展自己的职业时所围绕的中心,是个人进入早期工作情境后,由习得的实际工作经验所决定,与在经验中自省的动机、需要、价值观、才干相符合,达到自我满足和补偿的一种稳定的职业定位。施恩教授认为,职业锚是个人同工作环境互动的产物,在实际工作中是不断调整的。他提出的职业锚理论包括五种类型:自主型职业锚、创业型职业锚、管理型职业锚、技术职能型职业锚和安全型职业锚。不同职业锚类型的人倾向于选择不同的职业。

(二)职业生涯发展理论

现代职业生涯发展理论诞生并盛行于美国,主要是将人的职业发展阶段按照若干个独具特点的阶段进行划分。包括萨柏的职业发展理论、格林豪斯的职业发展理论和施恩的职业发展理论。

萨柏(Donald E. Super)以美国白人作为自己的研究对象,把人的职业生涯划分为五个主要阶段,成长阶段(0~14岁)、探索阶段(15~24岁)、确立阶段(25~44岁)、维持阶段(45~64岁)和衰退阶段(65岁以上)。

美国心理学博士格林豪斯(Greenhouse)的研究侧重于不同年龄段职业生涯所面临的主要任务,并以此为依据将职业生涯划分为五个阶段:职业准备阶段(0~18岁)、进入职业阶段(18~25岁)、职业生涯初期(25~40岁)、职业生涯中期(40~55岁)和职业生涯后期(55岁直至退休)。

美国著名的职业生涯管理学家施恩立足于人生不同年龄段面临的问题和职业工作主要任务,将职业生涯分为9个阶段:成长、幻想、探索阶段(0~21岁)、进入工作领域(16~25岁)、基础培训(16~25岁)、早期职业的正式成员资格(17~30岁)、职业中期(25岁以上)、职业中期危险阶段(35~45岁)、职业后期(40岁之后)、衰退和离职阶段(40岁之后到退休)和离开职业——退休。

第二节　员工职业生涯规划和组织职业生涯管理

四只毛毛虫的故事①

毛毛虫都喜欢吃苹果,有四只要好的毛毛虫,都长大了,各自去森林里找苹果吃。

第一只毛毛虫

第一只毛毛虫跋山涉水,终于来到一株苹果树下。它根本就不知道这是一棵苹果树,也不知道树上长满了红红的可口的苹果。当它看到其他的毛毛虫往上爬时,稀里糊涂地就跟着往上爬。没有目的,不知终点,更不知自己到底想要哪一种苹果,也没想过

① 资料来源:谢永川,袁国.大学生职业生涯规划[M].北京:北京理工大学出版社,2010.相关文字作了适当删减和处理。

怎么样去摘取苹果。它最后的结局呢？也许找到了一个大苹果，幸福地生活着；也可能在树叶中迷了路，过着悲惨的生活。不过可以确定的是，大部分的虫都是这样活着的，没想过什么是生命的意义，为什么而活着。

第二只毛毛虫

第二只毛毛虫也爬到了苹果树下。它知道这是一棵苹果树，也确定它的“虫”生目标就是找到一个大苹果。问题是它并不知道大苹果会长在什么地方？但它猜想：大苹果应该长在大枝叶上吧！于是它就慢慢地往上爬，遇到分支的时候，就选择较粗的树枝继续爬。于是它就按这个标准一直往上爬，最后终于找到了一颗大苹果，这只毛毛虫刚想扑上去大吃一顿，但放眼一看，它发现这个苹果是全树上最小的一个，上面还有许多更大的苹果。更令它泄气的是，要是它上一次选择另外一个分枝，就能得到一个大得多的苹果。

第三只毛毛虫

第三只毛毛虫也到了一株苹果树下。这只毛毛虫知道自己想要的就是大苹果，并且研制了一副望远镜。还没有开始爬时就先利用望远镜搜寻了一番，找到了一个很大的苹果。同时，它发现当从下往上找路时，会遇到很多分支，有各种不同的爬法；但若从上往下找路时，却只有一种爬法。它很细心地从苹果的位置，由上往下反推至目前所处的位置，记下这条确定的路径。于是，它开始往上爬了，当遇到分支时，一点也不慌张，因为它知道该往那条路走，而不必跟着一大堆虫去挤。最后，这只毛毛虫应该有一个很好的结局，因为它已经有了自己的计划。但是真实的情况往往是，因为毛毛虫的爬行相当缓慢，当它抵达时，苹果不是被别的虫捷足先登，就是已经熟透而烂掉了。

第四只毛毛虫

第四只毛毛虫可不是一只普通的虫，做事有自己的规划。它知道自己要什么苹果，也知道苹果将怎么长大。因此当它带着望远镜观察苹果时，它的目标并不是一个大苹果，而是一朵含苞待放的苹果花。它计算着自己的行程，估计当它到达的时候，这朵花正好长成一个成熟的大苹果，它就能得到自己满意的苹果。结果它如愿以偿，得到了一个又大又甜的苹果，从此过着幸福快乐的日子。

第一只毛毛虫毫无目标，一生盲目，没有自己的规划，不知道自己想要什么，遗憾的是，大部分毛毛虫都像第一只毛毛虫那样活着。第二只毛毛虫虽然知道自己想要什么，但是它不知道该怎么去得到苹果，在习惯思维的指导下，它作出了一些看似正确却使它渐渐远离大苹果的选择。第三只毛毛虫有非常清晰的规划，也总是能作出正确的选择，但是，它的目标过于远大，而自己的行动过于缓慢，成功对它来说，已经是明日黄花。第四只毛毛虫，它不仅知道自己想要什么，也知道如何去得到想要的苹果，以及得到苹果应该具备什么条件，然后制定清晰实际的计划，在望远镜的指引下，一步一步实现自己的理想。

其实我们的人生就像毛毛虫，而苹果就是我们的人生目标——职业成功，爬树的过程就是我们职业生涯的道路。有什么样的职业生涯规划就有什么样的人生。越早规划人生，就能越早成功。

一、员工职业生涯规划

员工职业生涯规划主要是在企业的支持和帮助下，通过员工充分认识自己、客观分析环境、正确选择职业、科学树立目标，并运用适当的方法、采取有效的措施，应对职业生涯发展过程中的变数，以获得事业的成功。这个过程通常包括自我评估、环境分析、职业定位、目标确定、策略实施、评估与校正六个步骤。

（一）自我评估

自我评估是员工对自身作出全面的分析，包括：健康状况、人格特征和知识技能等；目前从事工作的基本状况；家庭生活的基本情况，以便了解自己的优势和不足，进而对自己形成一个客观、全面的认识和定位。

（二）环境分析

环境分析是员工对自己的人脉条件、企业环境、行业条件、地区条件、社会环境等诸多因素进行分析，以确定环境对自己的要求，环境对个人发展的有利条件和不利条件，自己是否能够适应环境，以及怎样来调整自己以适应环境的需要。短期的规划比较注重企业环境的分析，长期的规划要更多地注重社会环境的分析。

通过自我评估和环境分析，实际上是对自己作了一个 SWOT 分析，即对自身的优势（Strength）和劣势（Weakness），周围环境对自身发展的有利条件和不利条件，可能带来的发展机会（Opportunity）及产生的威胁（Threat）进行清晰的把握，为职业定位和职业生涯目标的确定奠定基础。

（三）职业定位

职业定位就是根据自我评估和环境分析的结果，为自身潜能和主客观条件谋求最佳匹配，确定自身的职业目标。员工可以充分利用职业发展理论和职业选择理论来指导自己的职业定位。如，根据霍兰德的职业兴趣理论，员工所追求或从事的职业应该与霍兰德的职业六角形模型中的一个顶点重合，否则，就应该选择与之相邻的两个顶点分别代表的职业类型中的一种。

（四）目标确定

结局不同的哈佛毕业生[①]

1970 年，美国哈佛大学对当年毕业的天之骄子进行了一次关于人生目标的调查，结果发现，27% 的人没有目标；60% 的人目标模糊；10% 的人有清晰但比较短期的目标；只有 3% 的人有清晰而长远的目标。

25 年后，哈佛大学再次对这批学生进行了跟踪调查，结果 3% 的人，25 年间他们朝着一个既定的方向不懈努力，现在几乎都成为社会各界的成功人士；10% 的人，他们的短期目标不断实现，成为各个行业的专业人士，大都生活在社会的中上层；60% 的人，他们安稳地生活与工作，但都没什么特别突出的成绩，他们几乎都生活在社会的中下层。而剩下 27% 的人，他们的生活没有目标，过得很不如意，并且常常抱怨他人、抱怨社会、抱怨这个“不肯给他们机会”的世界。

职业生涯目标的确定包括人生目标、长期目标、中期目标与短期目标的确定。人生目标一般是个人终生为之奋斗的长远目标，长期目标一般为 5～10 年；中期目标一般为 3～5 年；短期目标一般为 1～2 年。员工设立职业生涯目标时首先要根据个人的主客观条件和所处的企业、社会环境制定自己的人生目标和长期目标，然后再把人生目标和长期目标进行分解，确定相应的中期目标和短期目标。

（五）策略实施

在确定了职业生涯目标后，就要制定相应的行动方案来实现它们，即把目标转化成具体的方案和措施。这一过程中比较重要的行动方案有工作中的表现及业绩，参加企业各类人力资源开发与培训、参加业余课程学习、构建人际关系网以及为平衡职业目标和其他目标而付出努力，等等。

（六）评估与校正

在职业生涯发展阶段，环境的变化和一些不确定因素，会使现实与原来制定的职业生涯目标与规划有所偏差，这时需要对职业生涯目标与规划进行评估和作出适当的调整，以更好地符合自身发展和企业发展的需要。职业生涯规划的评估与反馈过程是员工对自己不断认识的过程，也是对企业不断认识的过程，是使职业生涯规划更加有效的保证。

---

① 资料来源：“哈佛精英的人生轨迹”，罗湖人才市场，2010 年 10 月 5 日 13:50 下载，相关文字作了适当删减和处理。

二、组织职业生涯管理

万科对80后的职业生涯管理①

面对一些80后员工的种种不足:“工作态度两极化”、“跳槽率高”、“缺乏吃苦精神”、“眼高手低”、“团队能力差”,很多管理者手足无措。

在万科新动力课程培训中,一个80后员工在听完集团总裁郁亮谈他的个人成长经历后问道:“我想问一下郁亮,你现在开的是什么车?”“我现在开的是保时捷。”当听到这个答案时,也许大多数人会想着:通过自己的努力奋斗,有一天也能开上这样的车。但那个员工却提出了一个让郁亮与人力资源部的同事都感到错愕的问题:“那课后我们能不能坐你的车感受一下,在集团总部的广场兜几个圈?”郁亮当即答应了这个略显出格的请求。会后,郁亮在与万科的管理层们沟通时提到:“今后你的下属,你的客户,甚至你的合作伙伴中,像这样的80后会越来越多。你可以选择回避,也可以选择反感,你还可以选择有意识、有准备地去适应他们或者是更积极地去引导他们。”

通用资质模型引导80后发展方向

2000年后,万科将校园招聘的新鲜血液称为“新动力”,他们几乎都是80后。进入万科的新员工做的第一件事就是接受总部为期一个月的系统培训。新动力培训的目的就是帮助80后们逐步向社会人、职业人转变,让他们知道,要想成为万科优秀的职业经理人,需要哪些职业技能。培训结束后,每个人都会指定一个“入职引导人”,拿到一张卡片,上面印着万科人通用资质模型的各项要求,它不仅是定性的描述,还有行为的具体要求和指标。据介绍,在“新动力”的招聘中,所有结构化的笔试、面试题目,都是基于这样的资质要求去设计的。而这样的资质模型在培训、考核评价中也都会用上。

80后渴望被重视、被尊重,更喜欢从事挑战性的工作,这也是万科管理层所考虑的。“给予员工充分的信任与授权,你会发现,他们的创意会让你瞠目结舌”。负责“新动力”培训的万科集团人力资源总经理杨彦与80后员工有着频繁的接触。实际上很多一线公司都非常大胆地启用一些80后,在他们就职几个月时间内会把一些大的项目交给新人。而为激发他们的积极性,万科还建立了创新联盟,该联盟由无边界的跨部门小组,不同专业不同岗位组成,每年要提出一些创新提案。经过评估,这些创新提案一旦被采纳变成现实的生产方式或者管理模式时,可以得到高额的奖励。通过这种方式,万

① 资料来源:陈纯丽.经理们拿什么留住“80后”?[N].中国经营报,2007-7-16.相关文字作了适当删减和处理。

科也尝到不少甜头。创新联盟曾研究出一种涂料的配置方法,既达到节能的指标,还为公司节省了680万元的成本。了解80后的需求,为他们创造机会,这是万科对80后管理的起点。

"大雁行动":提供持续成长的空间

对于大多数的80后而言,当一个平台无法满足他们不断成长的需求时,往往会义无反顾地选择跳槽。针对这一特点,万科有自己的一套应对方法:帮助员工进行职业生涯规划,进行系统培养。

根据业绩、测评结果,新员工中表现出色、业绩优秀的人,可以进入"大雁行动"的培训计划,作为后备梯队人群来储备。这群人被称为"大雁"。如果能力达到要求又有岗位空缺的话,公司就会从"大雁"中挑选合适的人培养为新经理,对他们进行一个星期培训后上岗。培训内容与团队的沟通技巧、团队的领导等相关,帮助他们进行角色转变。在新经理工作两三年后,万科会将他们集中在总部再一次培训,培养成资深经理,培训时间变为一年,内容也更为丰富。伴随这样的职业生涯规划,在不同的阶段接受相应的训练与指导,让员工觉得"不是被掏空,而是不断地给自己充电",从而提升自己的价值。万科培训已经成为内部管理的关键组成部分,也成为员工持续成长的动力。

提供工作轮换机会

在一个岗位工作两年之后,如果本人愿意申请到另外一家子公司或者另一个岗位去工作,只要下家愿意要,上家就要无条件放人。在万科的培养方式中,交流轮岗是一种常用的手段。通过岗位轮换尝试一些新的工作,和不同的上司一起工作,和不同的伙伴一起工作,这样带来的收获也会更多。在万科,员工在不同地区、不同专业之间轮岗学习,有短期的双向交流,也有长期派遣的岗位轮换。

企业的组织职业生涯管理是秉承"以人为本"的理念,规划员工在企业工作期间的职业发展轨迹,通过各种管理手段帮助员工达成职业发展目标,实现员工与企业共生共赢的一种管理手段。在这个过程中,员工本人受益的同时,企业获得了更大的发展。组织职业生涯管理包括两方面的工作:第一,帮助员工制定并实施职业生涯规划;第二,做好职业生涯管理的基础性管理工作,如进行职业发展阶段管理、职业发展通道设计与管理等。

(一)职业素质测评和职业指导

职业素质测评是指通过一系列科学、有效的手段和方法对影响员工绩效的个人特征进行测量和评定的过程。测评的内容主要包括:①一般能力测评。用来测量员工的智力水平的高低考察其常识、算术、理解、词汇解释、译码、图画补缺、图片排列、字句重组、增补数学序列、对比、类推、完成句子、立体图形分析和平面几何图形分析等。②特殊能力测评。用来测定员工在某些方面所特有的能力,考察其文字能力、口头表达能力、数学能力、空间判断能力、管理能力和领导能力等。③人格测评。测量员工的行为方式和思维特点,考察其性格倾向、心理健康状况、学习成长能力、创新能力、行为模式和矛盾冲突处理等。④气质测评。是对表现为心理特征的神经过程特征的鉴定,以确定员工的气质类型:胆汁质、多血质、黏液质或抑郁质。⑤职业性向测评。测验员工个性类型与职业类型的匹配情况。

职业素质测评可以作为个人选择职业的依据,而企业对员工进行职业素质测评的目的在于:第一,帮助企业在招聘过程中选拔到满足企业需要的人才;第二,全面了解员工的基本情况,将他们安排到合适的岗位,并有针对性地对其进行培训。

基于职业素质测评的结果进行职业指导是组织职业生涯管理的一项重要工作。职业指导首先要做的就是帮助员工正确认识、评估自己的智力、能力、气质和兴趣等,了解适合自己的工作的特点;其次,向员工介绍企业的职位空缺信息,增进员工对这些职位信息的了解;最后,帮助员工实现职业匹配。

(二)职业发展阶段管理

1. 进入企业阶段

管理员工的职业生涯是一个长期动态的过程,从应聘者进入企业就应该开始。此时,企业应该做好招募、甄选和匹配工作,根据企业发展的目标和现状,向应聘者提供准确的职业和发展信息,使他们能够准确地了解组织。同时,企业也需要尽可能全面地了解应聘者,包括他们的身体素质、个性特征、受教育程度、工作经历和能力倾向等,以便为空缺岗位配备合适的人选,并为新员工未来的职业发展奠定良好的基础。

2. 职业生涯早期

新员工进入企业,往往需要经历预期、磨合和适应等社会化阶段,实现对自我和环境的认知,从而明确职业定位。因此,企业应该通过以下管理工作,帮助员工确定自己的职业发展目标:第一,对新员工进行有计划的岗前培训,并实行有效的上岗引导机制,这将有助于新员工顺利完成社会化过程,传承企业文化,增加归属感和认同感;第二,分配给新员工第一项工作,并定期评估新员工的工作状况,及时进行初期绩效反馈,使他们了解自己的工作成效;第三,协助员工做好职业规划,确认他们应在哪些方面开展职业开发活动。

职业高原现象

企业中常出现这样的现象:员工刚进入组织时,工作热情高涨,业绩逐渐攀升,从而晋升到某一层次的职位。但其职业生涯就此发生停滞,员工无法再沿着管理或技术路径上升,这种现象就称为"职业高原"现象。一旦组织中有较多员工达到职业高原状态,企业的创新能力将会降低,大量优秀人才将流失,企业发展受到严重阻碍。对于员工个人而言,职业高原会使得个人职业发展相对停滞。

一般情况下,在员工职业生涯中期最有可能出现职业高原现象。在职业生涯中期的初始阶段,职业发展轨迹呈现逐步上升的趋势,员工的职业能力不断得到提高,各方面都趋于成熟;到了某个特定点,曲线上升速度开始变慢,最后趋于平缓,形成高原,经过这个阶段后,职业轨迹就会呈现下降趋势。当员工的职业轨迹出现平缓曲线时,就意味着员工已经遇到职业高原现象。事实上,职业高原现象的出现在一定程度上是必然的。从组织的角度讲,一个企业的管理职位相当有限;从员工的角度来说,进入职业生涯中期后,既受到自身成就重估和家庭任务加重两方面的压力,同时还面临年轻员工的挑战。

职业高原给员工和企业都带来一定的消极影响,企业要实现自身发展目标,就必须加强对职业高原的管理,帮助员工度过心理危机时期。针对职业高原期的员工,企业应该根据他们不同的状况和需求"对症下药",采取不同方案进行培训。对于要求改变工作性质的员工,应该实施转岗培训,使其掌握新岗位工作技能;对于知识技能老化,但仍有进取心的员工,应该实施定期培训以更新知识,帮助其提高工作效率。

3. 职业生涯中期

职业生涯发展中期是一个时间周期长,富于变化,既可能获得职业生涯成功,又有可能出现职业生涯危机的一个很宽阔的职业生涯阶段。在职业生涯中期,一方面,员工往往创造力最强、工作卓有成效,一般都是作为企业的骨干在发挥作用;另一方面,人到中年之后,不仅要想方设法在专业领域保持领先地位,还要承受激烈的竞争所带来的压力,以及承担家庭生活的负担。面对这一复杂的人生阶段,企业应该开展以下管理工作:第一,继续开发员工的人力资本,让他们具备迅速获取新知识和新技能的能力以及胜任新工作的能力,持续保持职业发展力;第二,如果员工已经不适宜于在原岗位上发展,可以为他们转换职业或改变工作岗位,寻求新的发展目标和新的职业生涯发展道路;第三,训练中年员工去扮演老师、辅导员或教练的角色,帮助、指导和支持年轻员工;第四,维护员工的心理健康,提高其工作绩效,达到改善企业管理的目标。

4. 职业生涯晚期

到职业生涯晚期，员工的退休问题必然提上议事日程。大量事实表明，退休会对员工产生很大冲击，对企业的工作也会产生影响。企业有责任帮助员工认识并接受这一客观事实，并帮助每一个即将退休的员工制订具体的退休计划。退休计划要涉及退休员工的健康和安全、住房、时间管理，以及理财计划等一系列问题。良好的退休计划，可以使雇员尽快顺利地适应退休生活，维持正常的退休秩序，最终达到稳定企业现有员工的情绪，保持企业员工年龄结构的正常“新陈代谢”，提供更多工作和晋升机会的目的。

（三）职业发展通道设计与管理

企业建立科学合理的职业发展通道，对于调动员工的积极性、主动性和创造性，提升他们对企业的忠诚感，从而进一步促进企业的发展具有重要的意义。

设计职业发展通道首先要根据企业的性质、发展方向和组织结构，并结合职位分析的结果，确定企业中的职类、职等和职级。职类一般可以分为管理类、生产类、技术类、营销类和行政类等。在此基础上，员工的职业发展通道可以分为：

1. 横向职业通道和纵向职业通道

横向职业通道是指员工在同一职级或职等的不同职类之间的变动，主要涉及员工的转岗问题，横向职业通道的发展有助于员工培养全面的能力，提高工作兴趣，找准职业生涯定位。纵向职业通道是指员工在同一个职类中的不同职级或不同职等之间的变动，一般为上升通道，即实现员工的晋升目标。

2. 单一职业通道、双重职业通道和多重职业通道

单一职业通道只提供一条晋升通道，所有的员工只有通过这一条阶梯向上发展，它只适用于性质比较简单的企业。双重职业通道是指同时提供两条平等或平行的晋升通道，如管理生涯通道和专业技术通道，两条职业发展通道上的发展机会相似，员工可以自由选择符合自己职业兴趣和能力的通道以得到发展，进而保证企业既能拥有高技能的专业技术人员，又能拥有具有高技能的管理者。多重职业通道提供三条或三条以上平等或平行的晋升通道，为员工提供更多的发展机会，既满足了员工实现多种职业发展目标的需要，也使得企业在遇到外部环境变化时，能够顺利实现人员转岗安排，增加企业的适应性。

（四）完善职业培训体系

结合员工职业发展目标和企业发展需要，为员工制定相应的职业培训体系，能够帮助员工尽快地掌握履行岗位职责所需的知识和技能，让员工目标与企业目标达成一致。针对员工职业生涯发展的不同阶段可能遇到的问题展开培训，尤其是当员工在职业生涯发展过程中遇到困惑或障碍，需要转岗或转换职业时，对他们进行新的培训，缩小他

们与职业目标之间的距离。另外，依据员工的职业发展通道，开展有层次的、循序渐进的培训，制定出由初级、中级到高级的培训体系，并将培训结果的认证与薪酬增长、职位晋升等联系在一起，可以极大地提升员工对职业的满意度，同时促进企业目标的实现。

第三节　职业生涯管理的合法性问题

职业生涯管理是贯穿劳动者整个职业生涯的漫长过程，在这一过程中可能存在诸多的劳动法律问题，尤其是在企业为员工提供职业培训，劳动者转岗或转换职业，以及退休等环节中最有可能产生劳动争议。处理好这些问题，不仅有利于劳动者的职业生涯发展，而且有利于企业的长远发展。

一、职业培训

企业为员工提供职业培训时，主要涉及的法律问题包括专项培训费用和服务期的规定及其可能引发的劳动争议问题。在劳动法律法规中，专项培训费用和服务期总是相互交织在一起，企业为员工提供专业技术培训的机会，并支付专项培训费用，使得员工的技能和素质大大提高，市场竞争力得到提升。这时，设定服务期，既约束了一些在劳动力市场上占据优势地位的劳动者的跳槽行为，也鼓励和保护了企业对员工培训的积极性。如果员工违反了服务期的规定将向企业支付违约金。

《劳动合同法实施条例》界定了专项培训费的内涵和外延：专项培训费用包括用人单位为了对劳动者进行专业技术培训而支付的有凭证的培训费用、培训期间的差旅费用以及因培训产生的用于该劳动者的其他直接费用（脱产培训支付的工资，应当算作专项培训费用）。从内涵上看，专项培训费用是用人单位为了对劳动者进行专业技术培训而支付的费用，上岗前关于安全生产、操作流程等培训不在此列；从外延上看，用人单位为劳动者支付的专项培训费用既包括直接费用（如培训费），也包括间接费用（如培训期间的差旅费等）。

《劳动合同法》第二十二条规定了企业提供专项培训费可以与员工约定服务期的权利①。企业为员工提供专项培训费用，可以与该员工订立协议，约定服务期。员工违

① 《劳动合同法》第二十二条：用人单位为劳动者提供专项培训费用，对其进行专业技术培训的，可以与该劳动者订立协议，约定服务期。劳动者违反服务期约定的，应当按照约定向用人单位支付违约金。违约金的数额不得超过用人单位提供的培训费用。用人单位要求劳动者支付的违约金不得超过服务期尚未履行部分所应分摊的培训费用。用人单位与劳动者约定服务期的，不影响按照正常的工资调整机制提高劳动者在服务期期间的劳动报酬。

反服务期约定的,应当按照约定向企业支付违约金。同时,《劳动合同法实施条例》第二十六条作了进一步规定,企业与员工约定了服务期,由于企业的原因,员工与企业解除劳动合同,不属于违反服务期的约定,企业不得要求员工支付违约金。而由于员工一方的原因,企业与员工解除约定服务期的劳动合同的,员工应当按照劳动合同的约定向企业支付违约金。并且,违约金的数额不得超过企业提供的培训费用,同时,企业要求员工支付的违约金不得超过服务期尚未履行部分所应分摊的培训费用。

不同情况下试用期期间解除劳动合同的培训费赔偿[①]

案例1:2001年10月,A企业招聘大李做技术员,与他签订了5年期的劳动合同,并约定了6个月的试用期。同年12月,企业为了提高产品的生产质量,决定派大李等人去日本接受为期3个月的技术培训。出国之前,企业与大李签订了一份《培训协议》,约定大李在培训结束之后,必须为企业服务5年。如果在此期限内辞职,须向企业赔偿培训费用。培训费用总共10万元,实际工作时间每满一年递减20%。2002年2月,大李完成培训回到厂里。不久,另外一家企业通过猎头公司找上门来,表示愿意出高薪聘请他。大李要辞职,企业要求赔偿培训费,被大李一口拒绝。企业提请劳动争议仲裁,但是未获支持。

案例2:一家跨国企业录用了5位大学生,2008年3月1日签订协议,试用期3个月,2008年3月26日正式上班。4月1日公司由于发展需要,决定送新来的5位大学生出国培训,签订的协议内注明由于单位提供专项技术培训,5位大学生必须在此单位服务满10年,否则要支付违约金10万元,培训费用共花了50万元。第二天5位大学生就踏上了培训的征途,2008年4月26日,大学生成功完成培训回国。由于工作出色,另外一家单位以高薪向他们抛出了橄榄枝,5月初,5位大学生跳槽,单位每人要求支付10万元,获得劳动仲裁支持。

案例1发生在《劳动合同法》实施之前。《劳动法》赋予了劳动者预告解除劳动合同的权利,规定劳动者在试用期内可以随时通知用人单位解除劳动合同,过了试用期,在合同期内只要提前30天书面通知用人单位,即可解除劳动合同。但是,这种权利也会使部分具有竞争优势的劳动者随意解除劳动关系,造成用人单位基于劳动合同期限所期待的正当利益无法实现,尤其是单位提供专项培训的核心劳动者,如果随意辞职,

① 资料来源:"劳动合同违约金之服务期和试用期",京东人才网,2010年10月12日20:31下载,相关文字作了适当删减和处理。

会给用人单位的工作带来消极影响。

当时法律法规中还未有服务期及其违约金的规定。1995 年 10 月 10 日《劳动部办公厅关于试用期内解除劳动合同处理依据问题的复函》指出:"用人单位出资对职工进行各类技术培训,职工提出与单位解除劳动关系的,如果在试用期内,则用人单位不得要求劳动者支付该项培训费用。如果试用期满,在合同期内,则用人单位可以要求劳动者支付该项培训费用。"案例 1 中大李尽管享受了出国培训待遇,但是他是在试用期内辞职的,所以不需赔偿培训费。

案例 2 发生在《劳动合同法》实施之后。该法明确规定:"劳动者违反服务期约定的,应当按照约定向用人单位支付违约金。"当服务期与试用期二者重合的时候,应当优先适用试用期解除劳动合同的规定。案例 2 中 5 人在培训回国后依然处在试用期内,根据《劳动合同法》的规定,只要提前 3 天通知企业,就可解除劳动合同。但是解除劳动合同,并不意味着违反服务期协议的赔偿责任可以自然免除。就像过了试用期,在合同期内,劳动者也可提前 30 天书面提出辞职,但是并不能免除违反服务期协议的赔偿责任。

二、转岗或转换职业

在员工的职业生涯道路上,很可能遇到由于不适应现在的工作岗位,需要转岗或转换职业,以寻找新的职业发展方向的问题。同时,由于企业在发展过程中遇到种种客观问题,也需要对员工的岗位进行调整。无论从员工自身的角度,还是从企业的角度,进行员工岗位调整时,都有可能遇到一些复杂的、难以协调的问题,由此产生大量的劳动争议。

企业在调整员工岗位时,主要涉及的法律问题是劳动合同的变更。劳动合同的变更,是指劳动合同生效以后,未履行完毕之前,劳动关系双方当事人就已订立的劳动合同的部分条款达成修改、补充或者废止的法律行为。劳动合同的变更是对原合同内容的修改或者补充,而不是签订新的合同。经双方协商同意依法变更后的劳动合同继续有效,对双方当事人都有约束力。

(一)劳动合同变更的原则:共同协商

会计变为销售员,企业单方变更劳动合同是否有效?①

李某大学会计专业毕业后到一家外资企业工作,工作岗位一直是会计,劳动合同书

① 资料来源:"变更劳动合同应双方协商",中顾法律网,2010 年 10 月 12 日 22:02 下载,相关文字作了适当删减和处理。

上也是这么约定的,收入为2 800元左右。但是,不久前企业销售科的一名员工离职了,于是企业提出,要将李某的岗位变更为销售员,报酬也变更为基本工资1 000元,绩效工资随销售业绩浮动。李某表示不同意,认为自己不适合干销售工作,并且认为调动岗位要协商一致。但不管他同意不同意,单位发出通知书,宣布他的岗位调整为销售员。李某到劳动仲裁委员会申诉,要求公司继续履行劳动合同。

按照《劳动合同法》第三十五条[①]的规定,企业与员工协商一致,可以变更劳动合同约定的内容。但是,应当采用书面形式,并且变更后的劳动合同文本由双方各执一份。

所谓协商一致,是指当事人双方在充分表达自己真实意愿的基础上,经平等协商,取得一致性意见。这就要求订立劳动合同的双方当事人法律地位平等,合同的订立和变更完全出于当事人自愿,任何一方不得将自己的意愿强加于对方,也不允许第三者非法干预。因此,本案中企业在没有与李某协商的情况下,单方面变更劳动合同内容的行为是无效的。双方应仍旧按照原劳动合同的约定履行。

企业与员工共同协商是劳动合同变更的基本原则,无论在什么情况下,如果需要变更劳动合同,首先必须要经过双方协商。如果双方无法达成一致意见,则有可能会引起劳动争议。

（二）劳动合同变更的原因

1. 劳动者原因变更

部分情况下,由于员工个人的原因,如患病、无法胜任工作等,需要变更劳动合同,企业可以依法对其进行调岗调薪。

《劳动法》第二十六条第一款和《劳动合同法》第四十条第一款规定,劳动者患病或者非因工负伤,在规定的医疗期满后不能从事原工作,也不能从事由用人单位另行安排的工作的,用人单位提前30日以书面形式通知劳动者本人或者额外支付劳动者一个月工资后,可以解除劳动合同。

《劳动法》第二十六条第二款和《劳动合同法》第四十条第二款规定,劳动者不能胜任工作,经过培训或者调整工作岗位,仍不能胜任工作的,用人单位也可以采用同样的方式与劳动者解除劳动合同。

在解除劳动合同之前,实施劳动合同内容变更,即调岗调薪。如果调岗调薪达到了目的,员工基本能够适应调整后的岗位工作,劳动合同则不得解除;如果调岗调薪之后,

---

① 《劳动合同法》第三十五条:用人单位与劳动者协商一致,可以变更劳动合同约定的内容。变更劳动合同,应当采用书面形式,变更后的劳动合同文本由用人单位和劳动者各执一份。

员工还是不能从事另行安排的工作，企业则可以解除劳动合同。

因伤病变更劳动合同内容是《劳动合同法》所采取的用于保护劳动者因体能等因素导致不能从事原工作的一种救济措施；因胜任能力变更劳动合同内容是《劳动合同法》所采取的用于保护劳动者因能力、知识、技能等因素不能胜任岗位工作的一种救济措施。

2. 客观原因变更

《劳动法》第二十六条第三款和《劳动合同法》第四十条第三款规定，订立劳动合同时所依据的客观情况发生重大变化，致使原劳动合同无法履行，经用人单位与劳动者协商，未能就变更劳动合同内容达成协议的，用人单位可以解除劳动合同。

如果双方同意履行调岗调薪后的劳动合同，调岗调薪达到了目的，劳动合同则不得解除；如果双方不能就调岗调薪达成一致意见，用人单位则可以解除劳动合同。因此可以说，因客观情况变更劳动合同内容是《劳动合同法》所采取的用于保护因客观情况发生重大变化导致原劳动合同无法继续履行的劳动者的一种救济措施。

三、退休

退休是职业生涯晚期必然要经历的过程。退休所涉及的劳动法律问题主要是退休年龄的认定以及达到退休年龄时解除劳动合同，企业是否需要支付经济补偿金的问题等。处理好这些问题，可以减少员工退休期间的劳动争议。

（一）退休年龄

公司不能强迫李女士提前退休①

李女士系全国重点大学本科毕业，最高学历为工商管理硕士（MBA），并有经济师职称。20 世纪 90 年代初就以干部商调的方式进入一家著名的证券公司工作，至今已有十几年。2008 年李女士和公司续签无固定期限劳动合同，被聘为审计师。可签订合同后没有几个月，公司要求李女士办理退休手续。

李女士很疑惑，自己刚刚 50 周岁，自己的人事档案也为干部履历，并一直在公司里做管理和技术工作，公司为什么会提前要求她办退休？李女士找公司人事部门沟通，被告知公司是根据公司内部的退休管理规定来执行的。但李女士认为，该规定是公司内部的制度，法律规定女干部、从事管理和技术工作的女职工应当满 55 周岁退休，公司的

① 资料来源："公司不能强迫李女士提前退休"，110 法律咨询网，2010 年 10 月 10 日 8:25 下载，相关文字作了适当删减和处理。

规定不应该跟国家法律法规相违背。可协商沟通没能解决问题，几天后公司突然再次发出通知，强行停止了李女士的一切工作，要求其办理退休手续。李女士见几次与公司沟通都没有结果。无奈之下申请了劳动争议仲裁，要求恢复并继续履行劳动关系。本案从仲裁打到法院，现法院一审已审结，判决支持了李女士的诉请。

近年来，女职工被迫提前退休引发的劳动争议案件已屡见不鲜。本案是一个典型的关于女职工退休年龄引发的争议，对于这类争议，劳动者最直接最有利的救济方式就是申请劳动仲裁要求恢复劳动关系，继续履行合同。

退休年龄涉及每个员工的法定劳动权益，同时还涉及社会保险费用的收支。本案例中，企业根据其内部规定确认员工退休年龄，违背了法律规定。

《国务院关于工人退休、退职的暂行办法》和《国务院关于安置老弱病残干部的暂行办法》规定，男年满60周岁，女干部年满55周岁，女工人年满50周岁，连续工龄满10年的；从事井下、高空、高温、特别繁重体力劳动或者其他有害身体健康的工作，男年满55周岁、女年满45周岁，连续工龄满10年的，应该退休。同时还规定，男年满50周岁、女年满45周岁，连续工龄满10年，由医院证明，并经劳动鉴定委员会确认，完全丧失劳动能力的；因工致残，由医院证明，并经劳动鉴定委员会确认，完全丧失劳动能力的，也应该退休（不受退休年龄的限制）。以上两款暂行办法规定，对于不具备退休条件，经过医院证明完全丧失工作能力的工人和干部，应当退职。

《国家公务员法》规定，公务员达到国家规定的退休年龄或者完全丧失工作能力的，应当退休。公务员工作年限满30年的；距国家规定的退休年龄不足5年，且工作年限满20年的；符合国家规定的可以提前退休的其他情形的，可以提前退休。

各行业还有一些特殊工种提前退休的相关政策文件，如，原煤炭工业部《关于煤炭工业企业提前退休工种范围的通知》（〔85〕煤劳生字第109号），原城乡建设环境保护部《关于颁发试行建筑业提前退休工种的通知》（〔86〕城劳字第611号）等。

值得注意的是，对于女性来说，干部和工人的退休年龄是不一样的。而干部和工人的界定是在计划经济体制下的人事管理制度，现在这种身份管理已经在逐渐淡化。一些地区规定"从事管理和技术岗位工作的女性满55周岁"[①]可以退休。但是我国目前法律层面尚未对管理和技术岗位作出明确的界定，这也成为在认定员工退休年龄时出现纠纷的原因之一。因此，由政府劳动和社会保障部门推动用人单位的职位分类管理，能够为退休年龄的认定提供依据。另外，在法律规定的基础上，将退休年龄的认定纳入

① 见《上海市社会保险局关于审核本市企业职工办理退休退职手续若干问题的规定》。

企业的集体协商也是一种有效的做法。

（二）到达退休年龄终止合同

到达退休年龄终止合同有经济补偿金吗？[①]

李某（女）于2006年11月1日入职广州市某服装公司做生产工。双方签订一份劳动合同，合同期限至2009年10月31日。2009年10月31日，李某刚好达到50周岁，公司发出通知与其终止劳动关系，李某认为按照《劳动合同法》的规定，劳动合同到期终止，公司应当向其支付经济补偿金。公司则认为李某达到退休年龄，无需向其支付经济补偿金。双方争执不下，李某遂申请劳动仲裁，要求公司支付终止劳动关系的经济补偿金。

《劳动合同法》第四十六条规定，在劳动合同终止情形下用人单位仍需支付经济补偿金，并没有明确规定达到法定退休年龄应当支付经济补偿金。《劳动合同法实施条例》第二十一条规定："劳动者达到退休年龄，劳动合同终止"，该条例同样未规定用人单位承担支付经济补偿金义务。因此，因劳动者达到退休年龄而劳动合同终止，用人单位不应当再负担支付经济补偿金的额外责任。本案例中，李某已达法定的退休年龄，公司无需向其支付经济补偿金。

【关键术语】

职业生涯规划（Career Planning）　职业生涯发展（Career Development）
职业生涯管理（Career Management）　个人职业生涯管理（Individual Career Management）
组织职业生涯管理（Organizational Career Management）
劳动合同（Labor Contract）

【本章小结】

职业生涯管理，是指组织和员工共同努力和协作，使每个员工的职业生涯目标与组织发展目标一致，使员工的发展与组织的发展相吻合的一个综合性管理过程。本章首先介绍了职业生涯管理的含义、意义和实施职业生涯管理的原则，并对经典的职业选择理论和职业发展理论进行了概述。

① 资料来源："到达退休年龄终止合同有经济补偿金吗？"劳动合同法网，2010年10月10日9:25下载，相关文字作了适当删减和处理。

职业生涯管理包含员工职业生涯管理和企业的组织职业生涯管理，二者的和谐发展是职业生涯管理有效的关键。员工职业生涯规划通常包括自我评估、环境分析、职业定位、职业生涯目标的确定、策略实施、评估与校正六个步骤。组织职业生涯管理包括两方面的工作：第一，帮助员工制定并实施职业生涯规划，如进行职业素质测评和职业指导，对员工开展培训等；第二，做好职业生涯管理的基础性管理工作，如进行职业发展阶段管理、职业发展通道设计与管理等。在员工职业生涯发展的过程中，教育、工作和闲暇相互交织，如何进行合理的安排关乎他们的职业生涯是否能够获得成功。本章从经济学的角度探讨有关教育、工作和闲暇选择的相关问题。

职业生涯管理过程可能遇到的诸多劳动法律问题是本章的重点内容之一，这些问题当中最主要的是企业为员工提供职业培训时涉及的专项培训费用和员工服务期，劳动者转岗或转换职业，以及退休等环节中产生的劳动争议，本章依据劳动法律、法规的相关条文和规定，并结合案例对这些问题进行了分析和说明。

【复习思考题】

1. 简述职业生涯管理的含义、意义和原则。

2. 简述职业生涯管理理论的主要内容。

3. 员工职业生涯规划的步骤有哪些？

4. 组织应当如何针对员工职业生涯发展的不同阶段展开管理工作？

5. 组织应当如何设计职业发展通道？

6. 简述职业生涯管理过程中在专项培训费用和服务期、转岗或转换职业以及退休方面可能涉及的劳动法律问题。

【参考文献】

[1] 方振邦，徐东华. 战略性人力资源管理[M]. 北京：中国人民大学出版社，2010.

[2] 林枚，李隽，曹晓丽. 职业生涯开发与管理[M]. 北京：清华大学出版社，2010.

[3] 罗伯特·C. 里尔登，珍妮特·G. 伦兹，小詹姆斯·P. 桑普森，加里·W. 彼得森. 职业生涯发展与规划[M]. 北京：中国人民大学出版社，2010.

[4] 吴国存. 企业职业管理与雇员发展[M]. 北京：经济管理出版社，1999.

[5] 谢永川，袁国. 大学生职业生涯规划[M]. 北京：北京理工大学出版社，2010.

[6] 阎彩琴. 组织如何应对职业生涯管理中的四大挑战？[J]. 新资本，2008(4).

[7] 曾湘泉. 劳动经济学[M]. 上海：复旦大学出版社，2003.

[8] 周文霞. 职业生涯管理[M]. 北京：中国人民大学出版社，2007.

第五章

培训与技能开发

员工的培训与技能开发不仅与企业的经济效益相关,也与员工个人发展密不可分,也是实现和谐劳动关系的重要方面。在培训与技能开发的制度建设过程中,工会及政府的作用不可忽视。通过本章的学习,读者要理解培训在企业战略中的定位,对企业劳动关系的重要影响;重点掌握基于绩效提升的培训体系设计流程;理解员工技能开发对企业和员工实现双赢的促进作用;掌握技能开发计划的设计流程,最终实现劳动关系和谐化,进而实现企业与员工的双赢。

【引导案例】

英国教育系统和“国家职业证书”(National Vocational Qualification)①

英国进入后工业化时期出现了技能短缺、熟练工缺乏等问题,政府也因此推出了一系列的政策试图顺利渡过这一阶段,其中最主要的就是高等教育和职业教育的改革。英国在1979年有超过40%的经济人口没有任何资格证书,到2000年这个数字下降到15%。一方面这是在成年工人中普及职业教育培训的结果,另一方面更主要的是因为强制义务教育(16岁)在强制期后的延续以及高等教育急剧扩张的结果。

职业能力标准是与教育其他方面的改革同时进行的,主要是提高“做”而非“知”的能力,比如,实验性学习、解决问题导向学习、国家课程、普通中等教育证书等。这些政

---

① Torrington D, Hall L, Taylor S. Human Resource Management [M]. 6th edition. London: Prentice Hall, 2005: 373 - 374.

策大大增加了学习过程的灵活性,使得对职业生涯的追求也不再是社会精英通过教育或专业机构才能获得的特权。标准的设定为大多数的工作人口提供了更加容易的机会,他们可以在教育机构很小的投入下实现学习目标。“国家职业证书”项目的成功遵循了以下原则:

- 开放性。即不应该有限制参与培训的条款,所有人都可以在没有前置证书的情况下参加国家职业培训。
- 关注人能做什么,而不是学习过程本身。
- 在整个国家范围内统一标准。课程在不同地方都是一样的,证书的发放掌握在发证机关而不是培训机构手里。
- 职业技能评判标准不是论文或案例分析,而是在工作环境中实际演示,或按照某种特殊要求完成工作。
- 灵活性和模块化。人们必须能够随意在不同培训中选择,所以他们不会被固定在某个机构内,或达到必要的出勤率。他们应该可以根据个人和工作需求,停止和开始课程。
- 承认先前经验和学习经历。人们先前的学习也应该被承认,不管是在家里或以前的经验,只要能够达到表现的标准,就应该被承认。
- 通过培训供应者和学员的学习合同,双方的关系得以确立。前者会按照后者的要求提供辅助和支持,以鼓励学员实现承诺。
- 通过组合原则实现评估的灵活化。个人只要累计日常工作中展现能力的证据,并提交给发证部门进行评估,就可以被认为满足了部分证书标准。
- 持续发展原则。只有最初级的证书是不够的,人们必须不断更新和提高技能,否则就可能导致证书被注销。
- 证书标准由实践者和专业组织组成的领导机构决定。这样就保证了技能水平的决定掌握在实际控制工作场所而不是控制教室的人手里。
- 在评估中,书面考试被认为不是最合适的方法。而应该由合格的评估员根据设定的标准,检测学员是否能表现出技能标准的要求。

从中可以看出,英国在进入后工业化时期后,由于人工成本的提高,越来越多的企业移资国外,此背景下英国还能在国际市场上保持竞争力,靠的就是其长期以来的培训和技术积累。教育系统的改革,在改变工人知识和能力结构的同时,也为企业的发展提供了足够的技术基础。

市场的扩张、社会的发展、经济的进步,使得企业开始在全球舞台上展开竞争。为了取得竞争优势和胜利,企业不仅要进行产业升级,提高自身的业务能力;另一方面,储备高技能员工也是企业发展不可或缺的,企业的培训与技能开发体系一定程度上可以满足人才储备的需求。员工个人对于培训和技能开发的热情及要求也是促进社会进步的主要动力。因此,企业劳动关系中的培训与技能开发在促进企业发展,构建和谐劳动关系方面发挥着重要作用,可以说,培训和技能开发已经在企业的发展战略中占有一席之地。

第一节　企业劳动关系中的培训

进入21世纪后,应用信息技术成为国家保持国际竞争力的途径之一,这使得企业所处的环境发生了显著的变化。新技术使得经济体之间的相互依赖性增强,经由国际资本和信息网络的联系,人才在全球范围内的流动成为现实。而培训也成为企业适应这些变化的有效方式之一。

一、培训的战略定位

企业的生存与发展需要不断的生产与更新管理方法,如全面质量管理、及时管理、业务流程再造等,这些改进不仅改变了企业的组织结构,使信息传递和生产过程加快,也对履行这些职能的员工提出了新的要求。例如,随着因特网的扩张和电子技术的普及,信息的产生和传播比以往更多更快,如何能从中找到有效的数据则成为首要问题。为了让员工能有效地对数据进行收集、综合、分类和总结,他们需要更多思考和分析的技能。培训与技能开发就是提高员工技能和知识,以适应环境变化的最重要手段。新员工需要培训,才能融入团队和整个组织,充分发挥潜能,实现工作绩效。在职员工的工作和任务也会随着企业的发展而同时改变,新的工作被推向员工的时候,他们需要新的指导以适应新的工作方式,这样才能保证取得优秀的绩效。从员工角度来看,他们也需要改善自己的技术、提升自信心以保持或提高现有的工作表现。当他们在企业内流动或晋升的时候,新的工作内容和范围都需要他们接受培训。

在更高的战略层次(如变革)中,为了增加成功的可能性,员工就成为企业不同于其他资源的独特资源。持续的培训是保证员工具备竞争优势的重要途径,在这个意义上讲,个人持续的学习和发展就成为企业和社会整体经济成功的重要战略基础。变革之后的新工作及方法不仅需要大量新的技能培训,更要求全新的思考方式。企业各层级的人员都需要跳出先前的工作思维和方式的局限,在缺乏经验和参考资料的条件下,随时应对变化或接受新的模式。这种情景下,员工需要具有“鸿鹄”的视野和“躬亲”的能力,需要分享学习经验、创造新的知识,这也是企业为保证组织成功的战略资源准备。

将培训纳入企业战略体系,意味着劳动关系管理要从“解决问题”向“战略伙伴”转变。劳动关系的管理并非仅仅在出现冲突或争议时才进行管理,而应该与人力资源管理紧密结合,与企业战略发展相适合。应通过培训提高员工的知识、技术、创新能力,使得员工发展与企业的利益在中长期趋向一致,减少冲突发生的可能,也增加员工对企业的认同和忠诚度。

二、培训:稳定劳动关系

我国的劳动关系发展异常迅速,新的问题和矛盾不断涌现,新的法律、政策、条例不断出台,这些都形成了一个动态的、快速变化的环境。在这样的环境里,企业的战略重点也会随之改变,培训政策也需要与之相适应。在具体设计培训政策的过程中,面对有限的企业资源,尤其是培训预算受限制的情况下,如何合理利用已有资源实现短期要求甚至是长期发展,是培训面临的一项难题。

(一)培训影响劳动关系的主要机制

培训对劳动关系的影响在一定程度上是通过培训使得员工适应新技术、设备和技能要求而实现的。例如,企业中那些不熟练或者是半熟练技术的员工的晋升机会相对较小,这些员工通过培训提高技能,提高自身生产率,增加工作满意度,减少劳动关系的矛盾;企业增加工作难度提高了对员工技能的要求,如果员工现有的技能无法满足企业的需求,被解雇的可能性即增加,而员工通过参加技能培训,满足了岗位对新技能的要求,就会稳定劳动关系。

劳动关系管理中,劳动者通过集体谈判争取自己的合法权益是重要的途径之一。因此,将培训列入集体谈判的议题中,有利于保护劳动者权益。然而,我国的集体谈判制度十分不健全,即使在发达国家,培训也不是集体谈判的核心内容。只有在某些情形之下,培训才成为集体谈判的议题。例如,当企业实行基于能力的薪酬体系,并且将工资集体协商机制引入到工资制定过程中时,员工的技术和能力将直接影响其薪酬水平,而培训是提高其技能最直接的方式,也就间接影响员工的薪酬水平。此时,培训在集体谈判议题中将占据一席之地。此外,国家、企业推行的某些制度也会将培训列入集体谈判的内容中,例如,英国盛行的“社会合作伙伴制”对学习和培训有着特殊的要求,与传统的集体谈判不同,这主要是一种合作解决健康安全等问题的方法,需要工会代表和管理者通过集体谈判,商定培训的相关事宜。作为员工利益的代表,工会通过合作伙伴制的方式保持其在集体谈判中对培训问题的影响。社会合作伙伴制的指导思想是工会和企业一方作为各自利益的代表,以合作和协商的方法解决劳动关系中的矛盾和冲突,求同存异,实现劳动关系的和谐稳定。在这一思想的指导下,工会代表员工与管理者就企业运营中出现的各类问题共同咨询、共同决议。企业的培训和技能开发一般是从企业的商业目的角度进行考虑的,作为管理过程的一部分,企业代表会根据其生产的需要,决定培训的频率、内容、形式和对象范围,而员工对技能的要求和实际技能的短缺则不是管理者考虑的主要内容。这时就需要工会代表其会员甚至所有员工发出表达培训的意愿,在谈判中进行争取。

在集体谈判的框架下,工会应该结合会员对新技术、多技能的需求,通过政策咨询和协商,积极推进员工参加培训权利的实现。我国全国总工会和地方工会在政治体系中的地位不容忽视,特别是工会主席往往担任同级政府内的重要职务,所以工会对推行与员工培训与技能开发相关的法律、政策可以起到促进作用。这种促进作用主要表现在:工会可以从企业内部提倡终身学习制、扩大员工参与培训的范围、提高员工基础技能等,对国家政策制定作出影响;另外,工会还可以成立基金,或者建议政府出资成立基金,作为员工培训的资金来源之一。此外,在企业内部工会也可以发挥作用,影响企业对培训的投资力度。例如,为了提高各级工会在培训和技能开发方面的创造力,工会组织应积极创新培训服务方式,丰富培训内容,并且尽力与企业合作,为想要参加学习的员工提供有利条件和必要的资助。在工会组织的培训中,工作场所培训应占据主要份额。结合员工在工作场所的具体表现,工会通过观察、询问、沟通、考核等方式,确定员工的技能短板,在工作场所进行专门的培训,具体培训方式可以包括现场演示、学徒制等。

(二)培训增加员工的可雇佣性

学习与发展的一个间接的重要结果就是提高员工的可雇佣性和就业能力。这对企业和员工个人都具有保险作用:个人如果拥有足够的可雇佣性,即便在一份工作结束后,也能较快找到其他的工作,也就是说,拥有较高就业能力的劳动者可以在最短时间内找到新工作,减少损失;对企业所拥有的员工的可雇佣性可以保证企业在变革或发展的时候,拥有能够实现战略目标的知识和技能储备,可雇佣性如今已成为企业人力资源管理的重点。可雇用性是对技能、知识、能力等人力资本投资的结果。对于员工个人来说,他们需要投入到持续的学习和发展中,提高自己工作能力和其他技能,以满足现在或将来的雇主的需求。对于企业来说,为了提高员工的敬业度和与工作的契合度,雇主也要不断保持和增加其员工的可雇佣性,为稳定劳动关系起到辅助作用。

(三)培训有利于和谐劳动关系

在职培训可以加强员工之间、员工与管理者之间的工作程序以外的接触,这既有利于员工之间,尤其是员工与管理者之间的相互理解和交流,也有助于形成双方在矛盾产生时先进行协商的习惯,这避免冲突和争议。

培训和学习的过程不仅是增加和提高员工技术和能力的过程,也是企业向员工推荐价值观和企业文化的过程。在培训和学习的过程中,通过给员工提供更多的选择和机会,从而实现企业和员工之间的相互尊重。因为培训需要整个企业全面参与,经理、主管、教师、培训员与普通员工一起,在培训中积极投入和配合,经常接触、交流、咨询/反馈,在实现个人学习目标的同时,也实现了企业对生产率和产出质量的追求。这有助于改善管理者与员工的关系,稳定企业的劳动关系。

三、培训的战略重点:员工自主学习能力的培养

VT 集团:整合学习——实现转型增长和变化的动力[①]

VT 集团的总部在英国,在全世界的员工超过1.3 万人,营业额大约10 亿英镑。VT 以造船业务而出名,尽管这一业务占其营业额的比例不足20%,但 VT 仍然是世界上最大的军舰制造商。

VT 公司的远景目标是成为国际上最大的为政府服务的集团,所以公司的人员政策也被整合入这个战略目标,这保证了公司为实现其战略目标拥有充足的人力资源。通过有效的培训和技能开发,促进了员工的敬业度,发展了集团内的指导文化。集团 CEO 肯定了学习对业务的重要性,特别是为适应不同运营中心而提供的各种场景的辅助培训。

有效的人事战略,特别是学习战略,对于企业是至关重要的。企业通过此战略辨认那些能够与企业共同发展的员工;保证向员工提供促进企业发展的技能。对于人力资源总监来说,首要问题是发展一种绩效文化以保持企业的战略增长。企业要想实现有效的运营、保持变化和增长过程、实现盈利和商业扩张,不仅要关注 VT 的"高绩效人才库"计划以留住人才帮助其职业发展,同时也应认识到学习对于表达价值、行为和绩效时的基础作用。

实现学习和企业战略整合的过程是这样开展的:集团人力资源总监与集团 CEO 和5 个分中心的管理总监紧密合作,将学习划为每个岗位的业务增加值并将此作为常规的工作评价的组成部分,这是集团实现学习远景目标的一部分。为此,集团制定了一份透明的预算过程,明确了对学习的投资能带来的价值增量。对学习的投资和整合主要包括:与高级管理者协商,评论商业进程,安排各种资源以保证学习能促进企业的发展,从管理者和顾客那里获得各种正式的、非正式的反馈,等等。

VT 集团不断更新衡量学习和培训的"关键绩效指标"(Key Performance Indicators),依照这些指标与行业内竞争对手的表现相比较,学习和培训的效果非常显著。比如,新的造船设施耗资7 000 万镑,其运行需要大量的培训,3 年后,生产率提高了30%,并不断获得大宗海外订单。

培训通常以技能为基础,自主学习或称之为技能自我开发,则是一个更为宽泛的概念,包括取得和使用来自正式和非正式的教育、培训的知识、技能。在当今经济全球化的

---

① http://www.cipd.co.uk/helpingpeoplelearn/_vgrwthVTgrp.html. 2010 年9 月28 日.

环境中,竞争日益加剧,这对企业培训和技能开发提出了新的要求,即学习、培训、自我开发相结合的战略方法。企业越来越认识到以自我开发代替培训的方法对组织绩效的支撑作用。战略学习的伙伴制模型(图 5－1)介绍了雇主、员工、员工的直线经理和培训讲师在员工通过自主学习提高技能的过程中扮演的角色,以及影响该过程效果的因素。

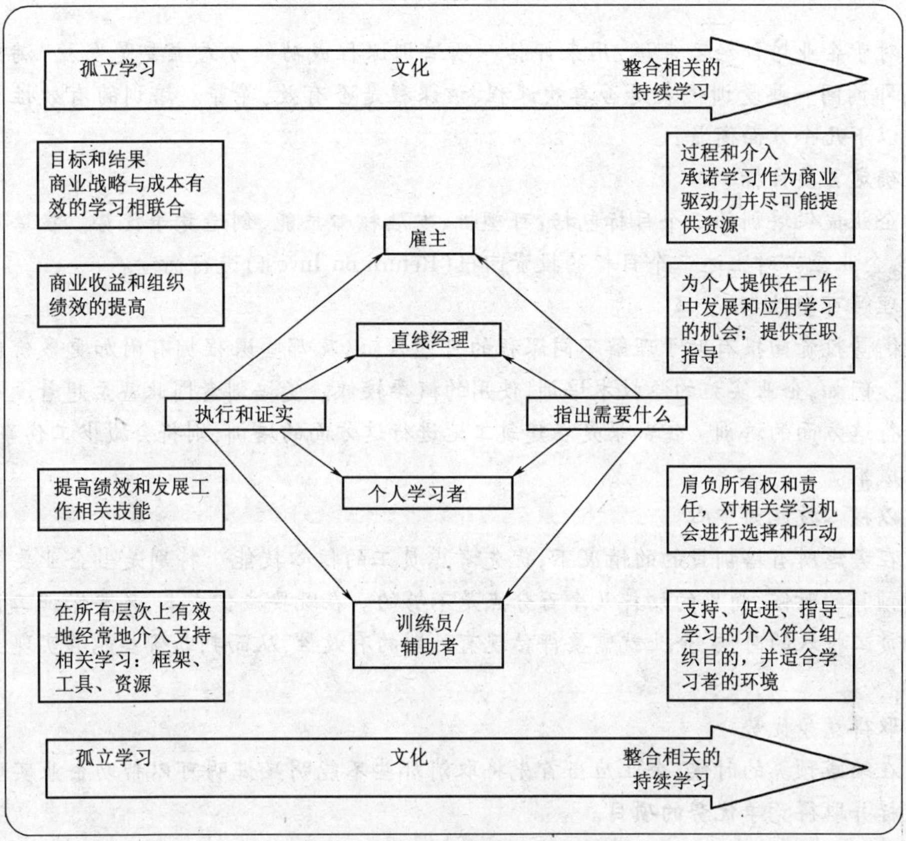

图 5－1　战略学习的伙伴制模型

从培训到自我开发的变化,体现了企业从单纯的技术中心,向注重个人和企业绩效方面的转变。企业对培训的考虑重点也发生了改变,一方面将企业内部的员工自我学习小组视为业务伙伴,为员工提供一系列的不同的学习形式和机会,从而使部门和企业都能受益。另一方面,这种改变使得企业越来越认识到人力资本对企业发展的重要性,对学习和培训的投资是增加和发展人力资本存量最基本的方法,也是促进员工个人和企业共同发展、实现劳动关系进步的重要组成部分。

第二节　基于绩效提升的培训体系

如何衡量培训?①

对于企业培训经理来说，用来评估一项培训课程成功的方式主要是发放“满意问卷”，即询问一些受训代表是否喜欢课程、该课程是否有效，等等。培训的有效性可以通过以下几个方面衡量：

确定首要目标

企业提供培训的三个目标包括：可塑性、发展核心技能、创造竞争优势。在培训结束后，企业应当对上述三个目标的投资回报(Return on Invest)进行衡量。

理解可塑性

衡量投资回报有助于理解不同课程的可塑性，以及哪些课程拥有附加更多价值的潜力。例如，企业实施的急救术培训，使用的概率较低。受培训者因此甚至想着没有必要进行这方面的培训。但如果是在建筑工地进行这方面的培训，则将会减少工伤事故，降低成本。

以核心技能为中心

在考虑所有培训目的的情况下，优先考虑员工的核心技能。特别是当企业要缩减培训预算的时候，简单的切掉几个百分点是不够的。在既要减少成本，又要保证工作质量和员工投入的时候，企业就需要评估现有计划的有效性，从而判断哪些能够实现上述目标。

取得竞争优势

在缩减预算的时候，企业应当首先将取消那些不能明显证明可以帮助企业实现长期目标并取得竞争优势的项目。

评估培训效果

通过定义重点方面，衡量各个培训项目在生产质量和员工投入上的不同效果，根据预先设定的指标，给每项打分，再根据占总分的比例推算出每单位投入的回报值。

比较不同项目

通过比较不同项目的每人单位投入回报，可以得出各培训项目的预算效果和重要性，从而帮助企业选择哪些培训具有优先权。

---

① Bird H. How to calculate the return on L&D[J]. People Management, 2010(6):31.

一、绩效影响因素分析

实现高绩效是每个企业所追求的目标,但是事实上真正能够实现此目标的企业数量不多。如果将企业绩效看成是海面上的一座冰山的话,企业所表现出来的绩效指标是浮在海面之上的冰山部分,而影响企业绩效的因素则隐藏在水面之下,企业要想从根本上提升绩效,就需要分析影响绩效的关键因素。这些因素大致可以归为两类:工作方面因素和员工素质能力方面因素。工作方面的问题可以通过工作再设计等措施改进,员工素质能力的问题通过培训来改进比较有效。因此,企业内部建立起基于提升绩效的培训体系十分必要。

培训体系主要包括培训需求分析、执行培训方案和培训效果评估三个环节。基于绩效提升的培训体系中,上述三个环节都是紧紧围绕着提升企业绩效展开。此外,企业如果能对内外部环境中影响培训体系的因素加以分析,将会起到事半功倍的效果。

培训需求分析主要是从企业、工作任务以及员工三个层面进行。对企业的分析是为了确定企业需要何种培训,主要通过评估企业外部环境、考察企业的长期目标与短期目标、经营计划,划定企业对知识和技术的需求;对工作任务的分析可以决定培训的具体内容,着重分析个人工作业绩的评价标准、要完成的任务以及成功完成任务所需要的知识、技术、行为和态度;对员工的分析有利于确定员工是否应该接受培训,关键是通过实际业绩评价,找出造成差距的原因(图 5－2)。

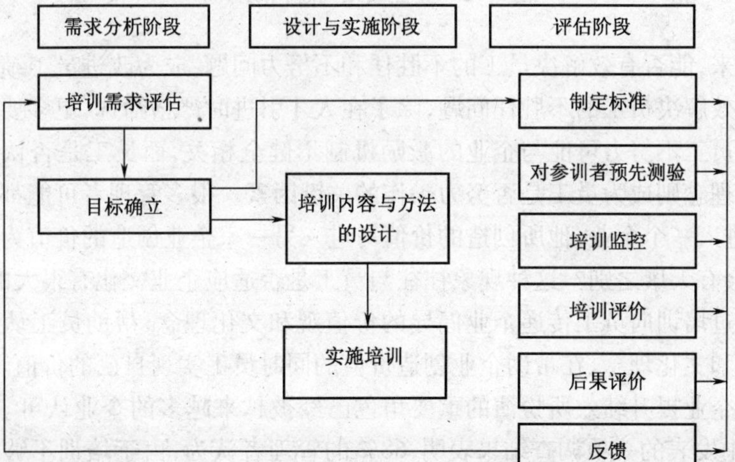

图 5－2　企业劳动关系中的培训流程图

影响企业绩效的因素可以分为工作体系问题和员工体系问题两大方面(图5－3)。工作体系包括经营管理机制问题和工作环境问题,这些因素相当于是绩效的硬件系统,对绩效的影响较大,但相对稳定,也相对容易进行调整。企业绩效问题的难点还在于员工体系中存在的问题,这些因素相当于绩效的软件系统,不管是员工不胜任还是员工不努力,都与每个员工个体相关,随时会存在于企业的每一个角落,如果没有良好的管理机制,这些低绩效的员工就会成为影响企业绩效的"酵母"并迅速扩散。

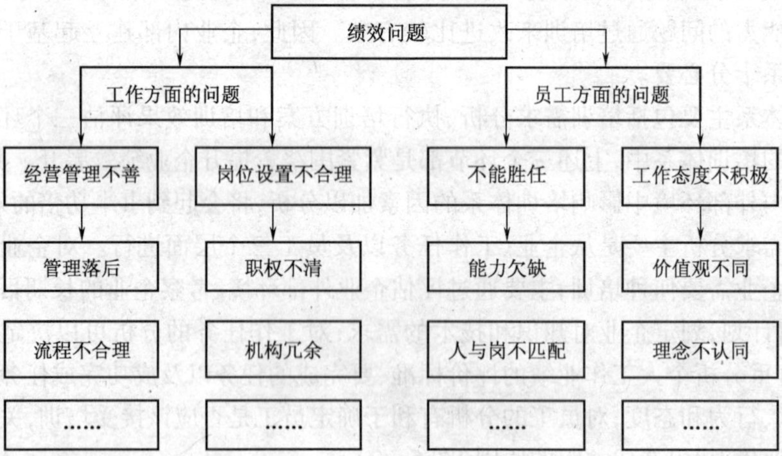

图5－3　企业绩效问题构成分析

由此看来,能否有效解决员工的不胜任和不努力问题,成为改进员工绩效的关键所在。要想有效解决员工的不胜任问题,除了在人才引进时严格筛选,更多要依靠企业的培训体系。员工不努力可能与企业的激励机制不健全相关,而员工是否认同企业的价值观和文化理念则成为员工是否努力工作的关键因素。很多管理者可能都在思考这个问题:员工进入一个企业,他所创造的价值与进入另一家企业创造的价值为什么会存在差异,甚至会有天壤之别?这种现象往往与员工是否适应企业文化有很大的关系,所以企业应该通过培训向员工传递企业倡导的价值观和文化理念,帮助员工认识和接受企业的价值观和文化理念,在帮助企业创造价值的同时员工实现自己的价值。

培训对企业提升绩效所扮演的重要角色已经被越来越多的企业认可。美国《管理新闻简报》中发表的一项调查结果表明:68%的管理者认为,由于培训不够而导致的低技能水平正在破坏企业的竞争力,53%的管理者认为,通过培训明显降低了企业的支出。

二、企业内外影响培训的因素分析

培训不仅仅只是劳动者个人或者群体的问题,更是涉及企业升级、市场发展、社会进步等多方面的问题。员工想要拥有高技能不仅需要企业给予技术性指导,也离不开政府、工会以及员工个人对技能提高所作出的努力。这需要企业制定培训体系时从多种角度出发考虑具体的方案。在这个过程中,不要忽略政府、工会所发挥的领导促进作用。

(一)宏观层面:国家教育系统的作用

国家对劳动关系和劳动力市场的影响在一定程度上是通过对劳动者技术和能力的培养而实现的。在欧美主要发达国家,培训政策被认为是发展国家社团主义的重要方面,即国家将政策制定和执行的责任转交给劳动者一方和企业一方各自有代表性的团体。这主要是考虑到单个雇主能以更低的价格从其他雇主那里雇佣到熟练工人,因此他们不会在培训上投入足够的精力。

1. 成人教育对培训的影响

对劳动者进行培训与技能开发影响最大的是国家成人教育系统及相关政策。成人教育一般是指有计划、有明确目的的培训机会,主要包括两种方式:一种是传统的教学方式,比如,全日制大学教育或夜大等;一种是有计划但是没有明确结构的教育方式。长期来看,国家仍然是成人教育的主要提供者,然而国家层面的成人教育对社会、经济、产业升级等快速变化所产生的技能需求变化,有时反应较为迟钝。这将会导致以个人需求为中心、以主动学习为导向的教育系统逐渐成为培训体系的主流。

2. 职业技术对培训的影响

作为社会管理者和国家政策制定者,政府不仅要重视全民教育系统的改善,更要注意劳动者技能和职业培训的改进,以保障劳动者接受教育和培训的权利。这不仅有利于实现我国产业的升级,也可以满足劳动力市场不断提高的对员工技能水平的要求。但是在市场经济建设进程中,政府倾向于建立以市场为基础、企业为导向的培训体系,政府在重视普通高等教育的同时,将职业和专业教育推给了市场。这一方面造成国家培养了过剩的高等学历劳动者,另一方面造成市场所急需的技能型劳动者严重缺乏的局面。

培训体系的多个方面需要政府有所作为。例如,制定专业技能的国家与地方标准,并提供充足的培训资源,包括机构、培训员、资金等,使得劳动者依照各级标准衡量自己的技术等级参加相应的培训内容。再如,政府在解决劳动者技能短缺的问题时,不应该只关注职业技能的发展,还要结合劳动者其他技能的提高,如英国劳工部在制定政策的时候,采用了一种“全面学习”系统,该系统考虑了多方面的因素:学习意识增强、培训的价格、培训提供者的灵活性、培训途径,等等。

（二）微观层面:企业对员工培训和发展的影响

企业一方在职业培训教育体系中发挥着重要作用。例如,工作场所培训的实施程度、对技能的需求、对员工个人学习的重视程度等。

1. 工作场所是培训的主要场所

对于大多数劳动者而言,工作场所是最方便的培训信息来源,理应成为培训的主要场所,传统的培训也证明了这一点。德国、丹麦等国家拥有完善的学徒系统,与单纯的学校教育相比,该系统为年轻人提供了高质量的替代性学习机会,是年轻劳动者的成功助推器。而英国正是由于缺乏这样以工作为核心的培训系统,使得大量年轻劳动者缺乏足够的技能。

2. 企业对技能要求的影响

企业在一定程度上能够决定劳动力市场的技能需求结构。很多发达国家的企业对新进入劳动力市场的劳动者的基础技能有较高的要求,使得劳动者要想进入劳动力市场就要以接受培训等方式提高技能水平。而如果企业降低对劳动者的技能要求,则会在市场上释放出信号,这样的信号会降低年轻人参加培训和学习的积极性。

3. 企业文化等方面的影响

随着建设学习型社会的进程不断加快,劳动者的自主学习日益成为个人技术和能力增长的主要动力,而企业的工作类型、自治程度、赋予员工的责任、对学习的认可和奖励等方面的措施,都在一定程度上影响着员工的学习态度。

目前,我国的核心竞争力仍然集中在低廉的劳动力价格上,那些低技术、劳动密集、出口导向型企业仍然数量庞大。虽然这些企业为劳动者提供了大量的工作岗位,但是在日益加剧的国际竞争环境和这种低价格、低成本策略的共同作用下,企业会倾向于压缩培训成本,降低技能需求水平,从而影响整个劳动力市场技能水平的长远发展。

（三）工会在培训中的作用

政府在制定与培训有关的法律、政策时,通常都会将工会的职责加以明确,这也是由工会的职责决定的。在企业中,工会的职责是维护劳动者的合法权益,因此,工会肩负表达员工意愿、协调双方意见、辅助推进培训体系建设的任务,这些都将对培训产生影响。然而,我国现阶段工会未能真正发挥其职责,在维护员工合法权益方面仍然任重道远。

1. 工会表达员工的培训意愿

在劳动力市场上,单个劳动者处于弱势地位,无法对市场和企业产生足够多的压力而促进变革,此时就需要工会代表员工表达他们对培训的意愿。劳动力市场对劳动者通用技能的要求不受某一企业特殊技能需求的影响,因此,作为员工的代表,工会有义务将通用技能的培训信息转告员工,并在有条件的情况下组织开展相关的培训,以保证员工的就业能力与市场需求相一致。①

2. 工会组织活动推动培训建设

工会可以通过开展各种辅助性活动来推动企业内部的培训建设,也可以通过监督来评价培训的实施情况。工会可以组织的活动有:在企业内部成立“学习中心”,满足员工对培训的需求,内容可以包括语言、计算机等基本技能培训,以及与工作相关的技能培训等;设立“学习代表”,负责与企业协商培训和发展的项目,向工会会员提供学习建议和指导,增加集体形式的学习机会;与专业学校或高等院校合作,成立以产业为中心的“学习链”,给员工提供了解和掌握产业内多项技能的机会;工会代表向企业一方和员工介绍国家各项相关政策和要求、各类职业证书、各种培训机会等;结合国家设立的职业技能考核机制,工会在企业内部据此标准对员工进行相应的评估。

3. 工会协调企业和员工的意见分歧

企业内部任何一项培训或教育方案的变更都会或多或少地对现有员工的技术和知识水平产生影响,员工可能会对新的方案产生抵触,此时需要工会进行协调,帮助新方案顺利执行。另外,工会还可以作为某些培训方案的直接提供者,比如,与工作场所相关的节能减排知识,与劳动权益相关的法律变化,与职业健康安全相关的职业病防治,社会其他培训和教育课程,等等。

三、基于绩效的培训需求分析

传统的培训需求分析是20世纪60年代麦吉和塞耶(McGehee&Thayer)等人提出的一种通过组织分析、任务分析和人员分析等手段系统地确定培训目标、培训内容及其相互关系的需求评估方法。这种评估涉及企业的方方面面,在内容上保证了完整性,也确保了培训的针对性和有效性,但是这也使得整个过程的工作量大,难度大,成本高,而且这种方法不利于充分揭示妨碍实现高绩效的问题所在。

基于绩效的培训需求分析方法,其基本原理在于企业中总是存在能满足经营目标的理想的绩效行为,也就是说,企业要实现经营目标,员工的绩效必须在工作中显现出来。因此,如果员工的现有技能水平与理想绩效行为之间存在差距,那么就可以判断企业内可能存在培训需求。

企业在分析培训需求时,首先是依据企业绩效目标准确地找出实现此目标所必须

① Streeck W. Skills and the Limits of Neoliberalism: the Enterprise of the Future as a Place of Learning. Work, Employment and Society. 1989,3(1):89-104.

达到的岗位绩效,这个过程可以看成是将企业的总体绩效目标分解至岗位绩效;接下来,企业要确定实现既定的岗位绩效需要任职者表现出哪些绩效行为,在此基础之上,通过科学的评估手段,包括素质模型等方式,分析员工现有的技能水平与绩效行为之间的差距;依据这些差距确定培训需求。例如,企业未来三年内的目标之一是为客户提供热情周到的服务,那么这一目标的一个分支,即受理客户投诉的接线员岗位要热情、专业地解答客户的问题,如果现有任职人员对新产品的性能掌握不透彻,那么对其进行产品方面的培训就十分必要。

四、基于绩效的内部培训方案

企业的培训通常包括一般培训和特殊培训,也可称为专项培训。员工经过一般培训获得的技能是一种通用技能,可以增加其就业能力,也就是可雇佣性;专项培训是企业提高员工所具有的本企业需要的技能的途径,能够提高员工在本企业的可雇佣性。企业根据内外环境、长短期战略、经营目标,依据工作分析、员工素质测评的结果,制定培训内容。这个过程中,企业需要明确法律赋予的权利和义务,避免法律风险。

(一)培训内容

培训内容包括技能、能力和文化。技能是为了成功迅速地完成任务而展现出来的能产生有效结果的行为能力,包括认知、语言、社会、人际、操作和执行等方面。能力是人们拥有的完成工作所需要的能够产生有效、良好表现的基本特征[①]。这是人们在理解工作行为的同时使用知识和技能的才能,是在职业范围内表现出符合雇佣预期表现水平的特质。能力可以是个人特点或特征,比如,个人认为能够控制未来和命运的特征,也可以是某种动机,是达到特定目标的动力和想法。文化是一个组织成员所形成的共同价值观和行为规范。在企业内,文化就是通过仪式、符号、行为方式所表现出来的价值观和信念,是在企业内所形成的共同认可、遵守的经营准则、作风、企业精神、道德规范、发展目标等的总和。

需要特别注意的是,能力一般包括正式的知识和工作窍门(或默性知识)。前者是能够正式记录、登记、表达出来的,对执行的详细过程的建议性知识;而后者是执行某种行为和动作的,没有正式表述的知识,是“知道怎么做”。正式的知识可以通过传统的培训方法提供给员工,可以使用文字、语言、视频等方法找到详细的记录。但是工作窍门多是通过经验而非指导所得,由于缺乏完整明确的表述而不具有广泛推广性,需要培训者与学习者之间更多的交流,需要员工之间的展示、分享和提炼。

① Boyatzis R E. The Competent Manager: A Model for Effective Performance. New York: Wiley, 1982: 21.

（二）培训的合法性问题

“竞业限制补偿金”在工资里发放无效①

李某于2008年1月入职某市A公司任市场部经理，公司与李某签订了一份《保密和竞业限制协议》，协议约定李某应当保守公司商业秘密，且劳动合同解除后的2年内不得到有竞争关系的单位任职，否则承担违约金10万元。根据李某的工资表，李某的月工资为基本工资1 500元、竞业限制补偿金500元、加班工资800元和绩效工资2 000元。2008年7月，李某与公司协商解除劳动合同，公司未再向其支付竞业限制补偿金。

2008年9月，李某入职了与A公司经营同类业务的B公司，A公司申请劳动仲裁，认为公司每月支付了竞业限制补偿金500元，李某应当承担竞业限制义务，要求李某支付违约金10万元，并在2年内不得到有竞争关系的单位任职。

劳动仲裁庭经审理认为，虽然A公司与李某签订了《保密和竞业限制协议》，而且在工资组成中包含每月500元的竞业限制补偿金。但是根据《劳动合同法》第二十三条规定，“对负有保密义务的劳动者，用人单位可以在劳动合同或者保密协议中与劳动者约定竞业限制条款，并约定在解除或者终止劳动合同后，在竞业限制期限内按月给予劳动者经济补偿。劳动者违反竞业限制约定的，应当按照约定向用人单位支付违约金”，那么，在李某离职前，包含在工资中的竞业限制补偿金，不具有法定的竞业限制补偿金的性质，应当被认定为工资。而A公司因未支付李某竞业限制补偿金，竞业限制条款无效。因此，李某无需支付违约金，不妨碍其到任何企业求职工作的权利。

企业为专项培训所支付的费用称为专项培训费，《劳动合同法》第二十二条等对专项培训费进行了约束，需要企业加以注意。首先，专项培训费包括企业为员工进行专业技术培训而支付的有凭证的培训费用、培训期间的差旅费、因培训产生的用于劳动者本人的其他直接费用（脱产培训支付的工资，应当算作专项培训费用）。其次，法律赋予了企业与员工约定服务期的权利，企业为员工提供专项培训费用，对其进行专业技术培训的，可以与之订立协议约定服务期，员工如果违反了服务期的约定需要支付违约金，但是法律并未明确规定违约金的具体数额，只是规定了不得超过用人单位提供的培训费用，不得超过服务期尚未履行所应分摊的培训费用，体现了法律保护双方权益的宗旨。最后，企业与员工就专项培训订立的专项协议是劳动合同的补充文件，具有同等法律效力。

① 资料来源：http://www.lawtime.cn/info/laodong/jingyexianzhi/2010120782341.html.相关文字作了适当删减与处理。

（三）选取适当的培训形式

传统的培训形式包括导师制、正式课程等，而非正式学习、行为学习法可以算是较为现代的培训形式。随着计算机信息技术的发展和广泛应用，以计算机为基础的培训在企业中的应用越来越广泛。企业在设计培训方案时可以综合使用这些方式。

1. 导师制

导师制，也称师徒制、"老带新"，是由企业内经验丰富的主管或直线经理作为导师，指导、鼓励、支持和帮助年轻的或没经验的员工提高技能水平的一种培训形式。这是培训管理者和专业人员比较有效的一种方法。一方面，员工以导师为榜样学习经验；另一方面，导师的指导鼓励、询问和倾听等行为，都会为员工的发展提供动力。因此，可以说新员工的第一个主管对其职业发展非常重要，因为他们的绩效标准、技能水平等主要是在第一个主管的教导下发展而来，如果员工被分配给了平庸的主管，那么他们就失去了这一宝贵的机会。

2. 正式课程

正式的教室课程可能是企业培训使用最多的方式之一。要使这种方式取得较好的效果，课程内容的设置十分关键。比如，设计课程时注重将课堂内容与实践行为相联系，注重个体的差异并帮助个体扬长避短等[①]。为提高课程培训的效果还可以让员工充分发挥能动性，增加参与程度，例如，让员工参与到其培训计划的制定过程，让他们自己评估自身的学习需求，形成学习目标，设计学习课程；通过制定培训合同等方式，帮助员工执行其培训计划；共同评价学习的价值和工作表现，并及时反馈。此外，营造一个相互尊重、合作、支持、开放的，有益于学习的课堂环境也有利于提高培训的有效性。

3. 非正式学习

以工作窍门为内容的培训采用正式课堂讲授形式可能不那么有效，因为这些窍门并没有形成系统的表述。这种知识的学习主要是通过观察、模仿，甚至是接近其他员工的途径，即从同事而非教员、主管那里，完成整体而非部分学习。这种情况下，就需要让接受培训以外的员工参与到培训中来，因为他们可以提供建议和反馈，支持和鼓励新员工，帮他们建立信心，甚至启发他们创新。

4. 行为学习法

行为学习法认为，技能和某些能力来自实际操作，所以将具有不同经验和能力的人组成团队，参与到工作任务的模拟情景中，通过真实的讨论、合作、决策，在解决问题的

① Sternberg R J. Beyond IQ: A Triarchic Theory of Human Intelligence. Cambridge: Cambridge University Press, 1985:338 - 341.

过程中提高和发展个人的工作能力。在这个过程中，首先提出问题或目标，学员一步步提出解决问题的方案，于是他们自己会发现需要知道什么、学习什么，而不是通过其他人来告知。这种方法在实际操作中有着广泛的适用性。

5. 以计算机为基础的培训

基于计算机的培训是指通过利用计算机制作的视频、音频材料，与员工产生互动关系，借以提高员工能力的方式。与课堂培训相比，计算机培训方式用于实践的成本较低，灵活性强，受训者可以根据自己的时间和节奏与课程互动，并且根据个人特点学习知识和技能，接受及时测试和反馈，但开发程序的费用会比较高。

以计算机为基础的培训方式中发展出一种电子学习(e-Learning)的培训方式(参见图5-4)。这种方式是在市场竞争加剧、工作任务增加、工作时间延长的情形下，员工参加传统的、固定期限的培训越来越难，而企业为了缩减成本、扩大培训范围，而发展起来的互动性培训形式。电子学习不仅可以突破传统的教室和教科书的限制，而且可以在实际工作中直接使用，对绩效产生积极且快速的影响。在这个平台上，不同文化更容易交流，特别是在那些较难将员工组织到一起的情形中更为适用。通过在线聊天、及时反馈、虚拟教室讨论、电子视频等方式，培训可以在一个更开放的环境中进行，对于那些害怕在众人面前发言的员工来说，电子学习的方式可以让他们更加畅所欲言。与传统培训方式相比，电子学习给培训注入了新的活力。这种学习系统能够根据企业情况和学习者的需要而很容易地根据实际需求，在适当时间、适当地点对适当的人进行培训，很容易地根据企业重要的商业要素或需求调整设计新的培训内容。

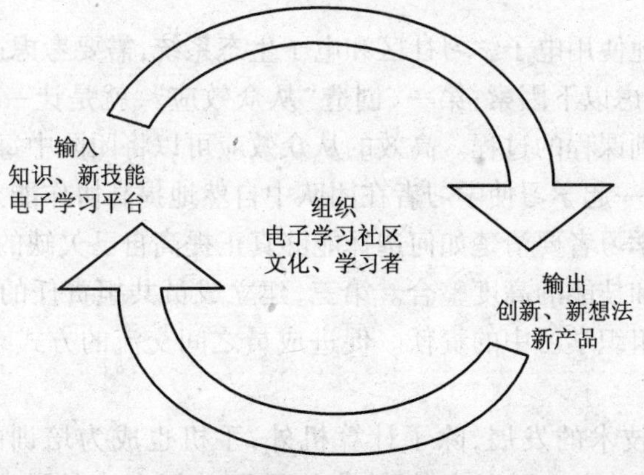

图5-4　电子学习的过程

资料来源：Webb T. Developing e-Learning Communities to Enhance Your Online Training Program[D]. COX e-Learning Consultants, 2010:4.

企业内部成立电子学习社区有利于推行电子学习这种培训方式。在将电子学习引入学习社区后,整个电子学习社区可以被看作是一个主动的生态系统,其组成包括:企业、社区中的学习者、学习管理系统。三者交互作用,经过仔细的计划,充分利用系统中所有的资源和其他组成部分,通过重新设计电子学习社区,选择适当的内容、频率与学员交流,能够最大化地利用培训技术,也能够实现企业资源利用的最大化。

电子学习生态系统虽然与传统培训方式相比有着灵活有效的优势,但并非适用于所有的企业,是否选择这种方式要综合考虑企业的文化、学习方式等特点。企业战略、组织变革和员工愿意参与的程度都会影响到电子学习的实际效果。在启用这一培训方式之前,需要回答下列问题:

- 在企业内部开放式讨论的环境是怎么样的?冲突被认为是消极的还是通向创新和增强竞争力的必经之路?
- 员工是否可以在参加在线培训时停止工作?他们是否能够中止当天工作来处理电子邮件?
- 员工是否能够为完成电子学习内容离开工作?或者是否为个人和团队提供更为精细的时间安排?
- 企业是否在培训中欢迎开放、诚实的反馈系统?是否将反馈用于重新构建培训系统、政策和方法?
- 企业是否鼓励员工对某些想法进行怀疑?

在企业内成功地使用电子学习社区和电子生态系统,需要考虑适用性和可行性,在设计过程中,需要考虑以下因素:第一,创造"从众效应",就是让一群学习者作为一个完整的团体参加培训课程的过程。高效的从众效应可以将团队中每个个人所拥有的资源整合在一起,通过一起学习使学习者在团队中自然地提高协作能力。第二,课程的选择与使用者相关。学习者要清楚如何选择能够真正提高自己欠缺的能力的课程。只有这样才能保证知识和技能的高度整合。第三,建立成员共担责任的机制。参与学习的每个成员都要承担组织学习中的责任。促进成员之间交流的方式有:电子发言、投票、测试、交谈等。

随着移动通信技术的发展,除了计算机外,手机也成为培训的新载体。通过短信、手机视频等方法,员工可以在休息或上下班时间自由地选择培训课程和培训内容。

五、基于绩效的培训效果评估

培训效果的评估是培训的最后一个环节,但由于员工技能水平的复杂性、培训效果的滞后性,想要客观、科学地衡量培训效果非常困难,因此,培训效果评估也是培训系统中最难实现的一个环节。目前,国内外运用得最为广泛的培训评估方法,是由柯克帕特里克在1959年提出的培训效果评估模型,他将培训效果分为四个递进的层次——反应、知识、行为和效果。

基于绩效的培训效果评估专注于最后一个层次,也是培训效果评估的关键所在。绩效评价法主要被用于评估受训者行为的改善和绩效的提高,该方法要求企业建立系统而完整的绩效考核体系。在这个体系中,要有受训者培训前的绩效记录。在培训结束三个月或半年后,对受训者再进行绩效考核时,对照以前的绩效记录,企业就可以明确地看出培训效果。企业有了这个评估结果又可以进一步优化培训管理体系,未实现绩效目标的员工要继续接受相关的培训,对实现绩效目标无效的培训课程将会被停止。

在基于绩效提升的培训管理体系下,培训不是一份额外的投入,企业不需要反复衡量培训是否值得;培训不是一种福利,绩效无法达到要求的员工应自觉加入培训以防止自己被企业所抛弃;培训不是学历和职业资格教育,不再成为员工跳槽时的一份嫁衣。当培训和绩效提升紧紧交融在一起,并且培训成为企业绩效改进的重要环节时,我们就不再为绩效难题而发愁,不再为培训迷思而困惑,而坚信企业的绩效是可以通过培训得到全面提升。

第三节 技能开发的管理实践

福特汽车公司信息技术(IT)专业人员的职业发展框架①

福特是一家世界知名的公司,业务主要包括汽车、财务和相关产业,在全球雇佣的员工总数超过30万人。有效的IT能力是公司的重要组成部分。2001年到2002年间,IT部门经历了大范围的重组,目的是通过标准化过程、专业竞争力、功能上的有效管理,实现更高的效率。其主要变化是重新构建了四个新的部门:信息技术设施、应用发展服务、过程和技术组,以及信息技术战略和组织发展。最后一个部门与人力资源部一

① http://www.cipd.co.uk/helpingpeoplelearn/_casestudies/_Teefrdmtrcmp.html.

起，提出并执行了一个以竞争力为基础的框架。这个计划为福特的IT人员清晰地描述了世界范围内的发展机会，以及一个领先的组织对专业技能的要求。

该"职业发展框架"的远景目标是这样的："我们将要提供：正确的IT资源在正确的时间和地点，以支持现在和将来业务的需求；一个IT文化，学习成为主要价值，并且融入每一个项目和运营中；IT人员，他们自己认同，同时也被顾客认为是值得骄傲的称职的专业人员；IT专家能够自己拥有自己的职业生涯发展。"IT领袖将对员工持续发展负责作为他们工作的重点。职业发展框架的基础是IT人员的22项竞争力。四个部门的工作按功能被分成17个种类。在每一个工作大类中，22项竞争力被分成核心能力和合格能力。前者是关键和相关的竞争力，后者是个人在过去工作中已经展示的能力，但是在当前工作中并不需要。员工可以在公司的网站上找到与这些竞争力相关的测评工具及文件。职业发展框架的运行模式为：个人应该知道满足他们角色需求的相关竞争力；应该根据这些竞争力进行一个自我测试；应该进行一个差距分析以认清不足；在经过经理同意后，参加相关的发展活动。在网站上能够找到一系列的学习机会，包括课程、参考、电子学习、建议措施等。

福特从先前的竞争力发展中得到了很多教训。在20世纪90年代提出的以自我评测为主的系统，在执行中出现了很多问题。比如，系统需要个人从网上下载并填报很多表格，从中发现哪些技能缺口可能让员工士气低落。而且，根据公司结构，解决方案都是从美国本土而来。所以有效地执行职业发展框架是一个长期的任务。重要的是，这个计划需要在全球范围内得到支持和传播。也要同时考虑到文化和实践的不同。

一、技能开发的意义和内涵

技能开发是通过学习和成长使技能变得更加多样化、精细化的过程，是促成个人形成新的行为和反应的过程，也是导致企业结构和功能变化的过程。技能开发的目的是提高和进步，是积极的变化。对于企业来说，技能开发包括员工的开发以及企业自身潜力的挖掘，这两方面是结合在一起的。企业的战略目标决定了企业对员工技能的要求，也决定了员工技能开发的方向，企业和员工的共同进步，奠定了劳动关系稳定的基础。

（一）技能开发对企业和员工的积极作用

员工的知识、技能、态度、创造性思维等特质为企业生存和发展提供了重要的保证。一些雇主认识到了员工技能开发的重要性和必要性，通过正式和非正式的方法鼓励员工开发自身技能。然而有些雇主将技能开发视为一种威胁，认为可雇佣性的增加会让员工在市场上更抢手，会被其他雇主抢走，使得企业对技能开发投入得不到回报，因而对员工技能开发持有负面态度。这些雇主对员工的不信任和吝啬，无助于培养员工的忠诚度与和谐劳动关系,也不利于企业的发展和社会的进步。

对员工来说,提高完成工作任务的能力有很多途径,如观察和试验、主管和同事的反馈及建议、模仿榜样以及其他非正式方式。然而,员工根据自己的实际需求,制定技能开发计划,通过一些具体的系统接受方式提高技能,这样员工的能力将得到全方位的改进,并实现有效的提高和进步。技能开发赋予员工在企业内部或者企业之间流动的能力;也会影响他的收入、他与雇主的关系、与同事的关系以及个人生活等多个方面。

(二)技能开发的两个阶段

一个人一生的成长过程可以看成是相互交叉的两个部分:个人生命发展和职业技能开发。这两个阶段有很多相似的地方:两者都是从实证主义的角度形成概念和理论;都更加关注客观事实而非主观经验;都更重视个人的内部因素,等等。通过这些相关因素,个人生命发展和职业技能开发可以有效地结合起来,企业在培训员工的时候,也要结合这两个方面进行考虑。

1. 生命发展

生命发展是指个人生活在生理、社会、经济、心理层面的交织作用下,随时间的全面发展。生命发展每一个阶段都建立在前一阶段之上,并有着自我扩张的机会或危机。危机的顺利解决,会实现个人更高层次的转化和对内在、外在世界的适应程度,以及面对下一阶段的能力。同时在生命发展中,还会经历稳定期和不稳定期。前者是指个人在一定时间段中,建立并丰富了个人工作、感情、社区交流等生活结构,而且达到相对平稳的程度。后者指个人在经过一段稳定期后,开始评价现有生活结构和重新探索可能的新机会的阶段,通常与人的年龄段相关。对生命发展阶段的理解,有助于企业在设计培训和学习内容时,更准确地把握员工的需求,从而使之与企业的期望更好地结合。

2. 职业技能开发

在与企业的相互作用下,员工的个人发展通过个人职业技能开发形式表现出来。个人的职业技能开发是内外部因素相互作用的结果,员工通过发挥主观能动性,利用企业的各种资源,提高自己的技能。

进入21世纪后,社会、经济发生的变化也对员工职业技能开发产生了影响。职业环境发生了变化,个人的机会、态度和志向也都随之而变。企业结构趋向扁平化和弹性化,员工与雇主的关系也在发生着改变,个人、雇主、政策制定者等社会组成部分需要应对这些变化。个人微观层面的因素都影响着员工个人技能开发的方向、内容及具体方式,有学者总结出企业内新的职业技能开发的三种形式——官僚式、专业式和企业家式。官僚式职业技能开发是一种有逻辑地提高的过程,也就是传统的从普通员工所具有的一般技能按管理层级逐步向上提升为综合能力的过程。专业式的职业技能开发并不只是在专业机构中才会发生,其发展由手艺和技能决定,并通过对有社会价值知识的占有和声誉体现职业地位。这一形式不像官僚式那样依赖组织的发展和外部奖励。企业家式的职业技能开发是通过新价值的产出和新组织能力的形成而体现的,以此获得的技能更加独立,对环境有一定的控制性。

随着构建学习型社会、学习型组织进程的不断推进,有学者认为传统的客观技能开发形式会逐渐消退,主观性职业技能开发形式渐渐显性化,并成为职业技能开发的框架在主观性技能开发的过程中,员工不断尝试和探索,为了体现自我的变化性、复杂性、多重性,需要接受频繁的岗位变动、职业变动,在企业内作选择的能力不断提高、分析信息的能力不断提高。因此,个人的职业技能开发与其主观的判断紧密联系,企业了解这两者的关系对设计有效的培训方案有着积极的促进作用。

对个人职业技能开发的讨论有助于我们了解个人需求与企业客观环境的关系,对于充分利用现有资源,推动个人和企业的共同发展不可或缺。一些观点认为职业技能开发只是一小部分人享有的福利,比如掌握新知识、新技术的员工,而那些规模庞大的制造类岗位员工、技能不熟练的员工则无从选择。然而社会的变化,经济、文化的发展,使得个人对职业技能有了新的追求,企业如果能够满足员工的需求,就能够提高员工对企业的认同感和忠诚度,员工与企业也就有了更多的共同利益。

二、员工技能开发计划

新的管理方式,如知识管理、学习型组织建设等,让员工认识到技能开发的重要性和好处。一些有预见的雇主已经认识到员工学习和可雇用性增长的必要,并鼓励员工投入到学习和自我开发过程中,具体的方式包括财务支持,成立学习中心,提供非企业必需但对个人有益的技能开发项目,等等。然而,企业中不同层次的员工所接受的技能开发内容有所差异。如企业中高级管理人员、技术人员、专业人员与基层员工的技能开发项目不同,他们比普通员工要掌握更多的技术和知识,因此他们的技能开发需求也会不同,对企业的重要程度也不同。由于他们掌握着企业运营的重要技术,所以在企业发展和变革的过程中,这些人员的技能和知识储备就更加重要。

企业为员工提供的技能开发计划要想取得预期的效果,不仅要鼓励员工发挥能动性,更重要的是要采取实际行动支持员工的选择,在具体设计技能开发计划时更要从五个方面进行考虑。①

① Maguire M, Horrocks B. Employee Development Programmes and Lifetime Learning[J]. Centre for Labour Market Studies, Working Paper No. 6, 1995: 12 - 18.

(一)技能开发原则

提供系统的员工技能开发计划对企业的价值就在于能够激励员工,并形成更好的工作关系;对员工个人的价值在于其对人生目标的追求和终身学习。如果企业决定实行员工技能开发政策,企业管理者首先要有长期承诺,保证企业内的学习文化氛围。这个过程工会理应参与,工会可以是推动者也可以是监督者。企业和员工秉持以下价值观有助于员工技能开发计划的执行:

- 坚信有教养、训练有素、健康、积极、高忠诚度的员工是实现企业持续提高生产率和产品质量的关键因素。
- 产量和质量高度依赖于员工的行为,不仅受到员工对工资和工作条件认可度的影响,更是工作满意度和享受工作的程度的结果。
- 企业要保证其竞争优势,需要通过一系列的持续的员工技能开发项目,提高员工技能,同时要鼓励员工参与到技能开发计划中来。
- 企业要增加工作弹性,就需要提高员工基本沟通能力与基本职业技能。但是,仅仅提供这方面的培训还不够,因为如果缺乏相应的激励机制,这些投入将收效甚微。
- 对员工的投资需要考虑个人的整体发展,企业需要形成一个参与文化,即企业从下到上的各个层级的人员要经常参加到技能开发项目中。
- 最成功的员工技能开发计划不仅会给员工所需要提高技能的项目,还会给他们想要提高能力的项目,这也会促进劳动关系和谐化。

(二)技能开发内容

员工对于技能的需求可以大致概括为四种,企业在设计技能开发的内容时着重考虑这些因素,可保证技能开发计划的针对性。

一是职业技能。首先,应让员工知晓其当前工作、企业内部岗位调换与晋升所要求的职业技能;其次,根据员工的职业规划与需求,向员工提供这些职业技能的培训信息与机会。

二是高等教育。员工如果有追求更高学历的需要,企业可以与政府、教育机构合作,在校内或者厂内提供相关学习课程。

三是兴趣拓展。员工有拓展自身兴趣的技能需求,企业可以在力所能及的情况下为员工提供培训信息与机会,增进员工与企业的感情,有利于促进企业劳动关系的和谐。

四是健康生活。员工的健康,不只是员工个人的事情,也是企业衡量人力资本的重要方面。帮助员工保持身心健康、追求身心健康的生活方式,是企业的责任。一般而言,企业可以向员工提供健身与娱乐设施与活动机会,如健身器材、组织体育比赛等;企业还应向员工提供心理咨询、财务建议、营养咨询等咨询服务,以保证员工的身心健康。

(三)技能开发设计步骤

这里以一年为期限列举企业制定年度技能开发计划的步骤,一般包括六个环节。需要注意的是,技能开发计划一旦开始,在完成计划的这一年中不能改变。

第一步:企业内部成立一个员工技能开发计划委员会,其成员组成要涵盖企业代表、工会代表、员工代表。该委员会负责整个技能开发计划开始的筹备工作、计划执行中的协调工作以及计划结束之后的收尾工作。

第二步:准备场所设备,包括办公室和办公地点、培训设备;设定办公系统和财务系统,包括个人记录、支付系统(给教师和学员开具发票等);雇佣或从其他部门临时调派人员负责管理和咨询工作。

第三步:宣传该计划,通过企业内部的报纸、杂志、网络、海报等媒介将企业即将举行的技能开发计划告知全体员工。告知的内容包括计划执行的时间、内容、申请条件及流程等细节。

第四步:设置课程,包括课程的内容、时间安排、授课老师等。课程设置好之后,除非遭遇到重大变故,否则不能改变课程的既定计划。课程开始之后,委员会要定期对课程的风格、课本质量、效果等方面进行评估,在评估基础上进行微调。

第五步:执行计划,为使员工参与到技能开发计划当中,委员会可以通过一些措施提高员工的积极性,鼓励员工发现问题并及时向委员会反映,以提高下一个技能开发计划的质量。

第六步:评估成果,这一步骤首先是回顾和评估员工通过技能开发计划取得的成绩,反馈给课程设计部门;其次是要评估该计划对劳动关系的影响。

(四)全面记录进程

利用一个全面记录系统来追踪每一个参与者,让他们认识到长短期目标的进展,并鼓励员工树立自信。记录的内容包括:

- 员工在课程中的成就。这是支持和鼓励员工保持动力的必要措施,特别是在技能开发的起始阶段。通过个人日志或电脑记录等方式,记载计划进程和已实现的成就。
- 员工参与度。员工技能开发计划需要整个企业的参与。企业管理者要调动员工参与的积极性;工会要提倡会员形成学习文化;员工的直线领导要为员工提供咨询、建议、指导,这些措施有助于解决企业内长期存在的问题,也有利于形成良好的劳动关系。
- 技能开发具体形式。企业所有员工都应该很容易地接触到技能开发计划中的各项课程。一般来说,在企业内举行的课程员工参与度更高,同时企业也应该采取一些具体的优惠措施(比如报销学费等)来鼓励员工积极参与企业外部的相关课程。

• 课程反馈信息。为了更好地理解课程信息,企业管理者、工会、员工直线领导应该鼓励员工经常从授课老师、教育顾问、个人经理那里获取咨询和指导。

(五)技能开发计划的成本

员工技能开发计划的成本包括课程认证费用、相关的资料费、场地借用费、设备及其维护费、交通费、讲师授课费等多方面的费用,实际成本会因实际情况的不同而有所变化。例如让大学教师或咨询机构的专业培训师到企业内提供课程的成本就比较高。因此,企业在设计技能开发计划时要多方面考虑。

三、技能开发形式

在确定了技能开发的内容之后,需要选择合适的方式实施计划,提高员工的技能。随着时代的发展,员工被动地接受培训的形式略显落后,企业应当结合实际因素,在企业内部形成主动学习的文化,并辅以鼓励员工自主学习的形式,实现技能开发的目标。这样不仅节约了企业的相关成本,发挥员工的能动性也保证了技能开发的质量。

(一)学习的理论及要素

行为主义认为学习是通过将特殊的刺激信号重复地与以往经验相结合,形成特定的反应的过程,此过程通过对学习者行为的不断强化,达到学习的目的。实现学习目的需要两种条件:传统条件和工作条件。前者是指引发学习者自动反应的条件,后者是在得到了期望的反应后,通过奖励等方法加以强化,增加行为发生概率的条件。只有在了解不同强化方法的本质和安排的情况下,才能选择适当的方式,包括正面的或负面的,奖励的或惩罚的,固定或变化的间隔、间断的或持续的强化,直到受训者达到组织预期的培训目的。行为主义的“刺激—反应”的方法只考虑结果的发生,而忽略了某种刺激与特定反应相关联的认知过程。

认知学习理论提供了一种更复杂的理解学习的工具,不是关注行为主义中“刺激—反应”的关系,而是关注“刺激—刺激”关系。学习者根据刺激的相互关系而增加对学习的期望,最后形成潜在的学习认知。所以,在观察和模仿他人的过程中,个人可以产生对学习的向往,并实施学习的行为。这种方法强调了学习者动机和个人需求的重要性,认为个人在一定程度上控制了学习的内容,并承认了反馈在学习过程中的地位。

另外一些理论认为学习是一个信息处理过程,在这个过程中包含着信息的信号在有限的交流渠道内传导,并有可能受到外界的干扰。在学习中,数据通过解释性的理解过程,被过滤、辨认、解码,成为可以被接受的信息,从而通过适当的反应采取行动。刺激的相关性、迅速选择适合的反应、高效率的表现、对系统作用的反馈，是实现有效学习的必要条件。这种观点建立在信息处理基础上，同时也强调了主观理解和经验的作用。

在学习理论的指导下，员工自我学习过程中合理的目标、良好的记忆、及时的反馈都有助于学习效果的提高。学习的目标首先需要员工与直线领导共同讨论来制定，而且应是员工通过努力可以达到的；其次，目标要清晰可辨，保证学习的过程有方向性；再者，该目标应是员工目前亟须实现的，或者是员工想要追求更高发展所必需的，这样员工才有学习的动力；最后，员工通过学习实现此目标时直线领导以及企业都要有正向的激励，即正面强化，这样才能保证员工有信心开展下一个技能开发项目。记忆力在学习过程中扮演重要角色，员工对记忆力的理解有助于发展有效的学习。记忆包括三种储存形式：感觉记忆、短期/基础记忆、长期/二级记忆。如果感觉记忆不能转化为短期记忆，就只是存在时间极短的感觉数据。如果不能特别注意或重复，短期记忆只能保存30秒左右的时间，而长期记忆则可以存在很多年。转化为长期记忆主要有两种方法：重复法和加密法。前者是通过不断重复信息直到成为长期记忆；后者将信息加密为适应记忆系统的格式。员工学习过程中企业需要提供适当的设施帮助其将短期记忆转为长期记忆，保证学习的质量。对学习的反馈包括内在反馈和外在反馈。内在反馈是学习者在学习环境中收到的可视的或动态的对刺激的反应，他们需要重视这些提示才能提高绩效。外在的反馈是外部资源对他们的表现发表意见的行为，还包括在行动前被告知的指导和注意事项。提供及时的反馈有利于员工保持较高的学习积极性、良好的学习状态，这些能促进学习效果的提升。

（二）从被动培训到主动学习

回顾并规划你的职业技能开发①

制定有效的技能开发计划，你需要了解两方面的信息：一是你是如何到达目前的位置、状态的；二是如何能够成为现在的你。

☞根据你自己的生活和职业，写一个简短的历史。你是怎么变成今天的你的？为什么？你有什么长处和缺点？

☞从了解你的人的角度再写一个你自己的故事，这些人可以是你的父母、配偶、好朋友、老板。这些人对你的人生和职业是否有不同的观点？将这些观点与上面你写下的历史比较，是否有你忽略的内容？

① Torrington D, Hall L, Taylor S. Human Resource Management[M]. 6th edition. London: Prentice Hall, 2005: 307.

☞你对自己现在的生活满意么？你想要有什么不同？为什么？对你的生活和职业有什么机会和威胁？这些值得么？会有什么影响？

☞这些变化还会影响谁？谁能帮助或阻止你的这些变化？你需要什么资源来影响他们？这些变化会有什么结果？

现在草拟一个行动计划，分出短、中、长期的行动。在今天开始第一步。告诉别人你的计划，争取他们对你动机的支持。在第一个月结束后以及每隔三个月后，回顾你的计划的进展情况，并决定是否需要进行调整。

社会的变革以及对技能需求的提高，使得理解和归类个人技能开发的方式也发生了变化。其中最明显的一种变化就是从培训到学习的转型，即从被动接受教育到主动完善和提高技术能力的转变。现在一般观点认为满足学习需求最好的方法是个人和企业形成伙伴制，在这种制度安排下，正式的培训课程仍然发挥作用，而其他非正式的方法，如在职学习、远程教育、电子学习等也显示了越来越显著的功效。同时，随着工作设计的改变，传统培训所强调的一些能力不再是技能开发的唯一重心，人际关系、自我管理、工作态度等开始成为技能开发的重点。

员工自主学习作为开发技能的形式不仅是信息在形式上的同化过程，而且是一个会影响到其他方面的过程。与义务教育不同，企业中所涉及的学习者主要是成年员工，他们有自我目标，希望被认可，想挖掘自身的潜力，不断改善自己，最终实现自我的全面发展。他们不仅会在对新知识有需求的时候自主学习，还会根据经验不断地评价学习的实际可用性。

【关键术语】

培训(Training)　　学习(Learning)　　技能开发(Skills Developing)

【本章小结】

培训与技能开发发生在个人生命中每个阶段，与工作绩效息息相关。但随着经济、社会、文化环境的改变，传统的固定培训逐渐被自主学习所替代。雇主发动和支持的学习，作为正式的技能开发计划或随机的行为，只占个人学习整体的一小部分。这种传统的培训方法正在被其他的方法所渗透，这些方法或加强或削弱或挑战了雇主提供的培训，比如在家庭或社会中的学习，从日常工作中通过观察主管或同事学习等。有效的培训和技能开发能促进员工个人和企业的共同发展，有助于构建和谐劳动关系。

【复习思考题】

1. 试述企业员工培训在劳动关系管理中的作用和意义。
2. 试述员工培训的战略意义以及对企业成功的重要性。
3. 论述电子学习的特点和方法,以及与传统培训方法的异同。
4. 试述员工职业技能开发对企业劳动关系的意义和作用。
5. 请依据自身情况设计一个自主学习计划。

【参考文献】

[1] Beardwell I, Holden L, Claydon T. Human Resource Management: A Contemporary Approach[M]. 4th edition. London: Prentice Hall, 2004.

[2] Edward P. Industrial Relations: Theory and Practice [M]. London: Blackwell, 2003.

[3] Torrington D, Hall L, Taylor S. Human Resource Management[M]. 6th edition. London: Prentice Hall, 2005.

[4] 唐鑛. 战略劳动关系管理理论与实务[M]. 北京:中国人事出版社, 2010.

第六章

沟通与协调

沟通与协调是员工与企业之间化解矛盾,促进和谐的重要途径。通过本章的学习,读者首先要理解沟通与协调的本质及其过程,了解沟通的基本原则、障碍因素,掌握沟通的一些基本技巧,以便于提高沟通的效率。其次,要理解并掌握一些具体的劳资沟通与协调的方法,并能够结合企业自身的特点制定具体的劳资沟通协调渠道。

【引导案例】

年中员工满意度调查的得与失[①]

3月份,Z公司对外公布了漂亮的2009年财报,营业收入逆市实现了上一财年的目标。但是种种数据表明,与竞争对手A公司仍存在不小的差距。A公司员工全面涨薪,年终奖也比往年有较大涨幅。而Z公司根据利润额给出的年终奖总额与往年持平,并且一直拖到4月底才发放年终奖。人力资源部通过各种途径了解到,员工对年终奖议论纷纷。但是,具体的意见是什么?人力资源总监Lucy心里有点没底。员工真实的反馈很难获取,但如果这个敏感问题操作不当,将会引发很多问题。想到这里,Lucy突然灵光一闪,是不是可以搞一次年中满意度调查呢?

第二天一早,Lucy就召集人力资源部开会,她提出在员工中作一个调查,以了解员工对企业和工作的满意程度,及不满意的原因。但大家对调查应涉及的内容存在分歧。一

---

① 资料来源:"年中员工满意度调查的得与失",中人网,2010-10-29,23:08下载,相关文字作了适当删减和处理。

部分人和 Lucy 一样,认为内容应包括企业运营、员工发展两个层面,涵盖企业各方面。而有一些人认为,应该将重点聚焦在员工关心的薪酬竞争力等目前亟待了解的问题上,更加有针对性。此外,人力资源部还面临很关键的一个问题——以何名义实施此项调查?这关系到企业的稳定。何况,每年年底都会有员工满意度调查,年中时突然来一次,难免会让员工有各种想法和猜测,需要向员工做好解释工作。好在大家对调查的形式意见统一,即采取匿名问卷的方式,并决定争取在年中考核之前,6 月中旬,避开月底比较忙的阶段,结果要在 6 月底的总结经营会前出炉。经过一天的会议,在大家的群策群力之下,大体的调查方案总算诞生了。Lucy 亲自拍板,统一了意见,紧锣密鼓地将任务分配了下去。

拿着人力资源管理部做了整整两天,修改了数次的问卷,Lucy 敲开了总经理 John 办公室的门。Lucy 对实施年中员工满意度调查的必要性进行了阐述,并拿出了实施方案及调查问卷,John 对整个方案没有提出异议,并表示将大力支持调查的实施。Lucy 获得了授权,马上回到部门,起草了一份《关于确立并实施年中员工发展调查工作的计划》,并通过 John 办公室下发。接下来的工作,在她看来已经比较明朗了。

第一节　劳资沟通与协调的再思考

一、劳资沟通与协调的本质

为了使劳资之间的沟通与协调更为顺畅而有效,我们有必要针对劳资间沟通与协调的本质进行重新思考。到底什么是"沟通"?如何才能让"沟通"发挥效力?实践经验表明,"沟通"是"为了组织所设定的目标,把信息、思想和情感在个人或群体之间传递,并达成共同协议的一种过程"。由此可知,要让劳资双方的沟通与协调更为有效,沟通应具备目标明确、达成结论、传递信息三大特征。

(一)要有明确的目标

沟通要有成效,有一个非常重要的前提就是必须要有明确的目标,如果没有目标,那就不能称之为沟通。比如,"老王,这次我请你来的目的是想要谈谈你最近经常迟到早退的问题",这句话有一个非常明确的目标就是要与老王谈谈最近经常迟到早退的问题。当劳资双方进行沟通时,首先应该说出你的目标,这是非常重要的。

(二)要达成共同的结论或协议

沟通结束之后,参与者应形成一个彼此承诺的结果或是协议,否则这次沟通属于无效的沟通。在实际工作中,我们经常会发现大家彼此在一起沟通,但并没有形成一个明确的协议或结果,就各自回到自己的工作岗位。由于大家对于沟通内容理解的不同,又没有达成协议或结论,最后导致工作的错误与效率的低落,给大家增添了不少的困扰。因此,劳资双方在沟通结束的时候,应该用诸如此类的话来作出总结:“非常感谢各位的参与,通过刚才的交流我们总共达成了三点共识,第一是……。”这是一个非常重要的沟通技巧。

(三)要表达信息、思想和情感

沟通不仅仅是信息的交流,还必须将彼此间的思想和情感传递出去。例如,“你几点钟起床?几点钟开会?几点钟下班?”这些信息是非常容易通过沟通取得的。反观思想和情感的传递则不太容易,在劳资沟通的过程当中,由于劳资间立场的不同,导致彼此思想和情感无法顺利地传递,最终造成劳资双方沟通的失败。

二、劳资沟通与协调的过程

传统沟通与协调的历程是由信息发送者通过特定的渠道、方式,将信息、思想和情感等的内容以可交换或是共同认可的表示方式编码,再经由渠道的传递到达信息接收者,信息接收者在获得信息、思想和情感等内容之后,便进行译码,转换成为其内在的信息。上述沟通历程若是运用在劳资间的沟通上,往往会因劳资双方在层级与位阶上的差异,导致劳资双方在信息传递上的误差与编码、译码上的错误,进而发生冲突。因此,我们在探讨劳资沟通与协调议题时,有必要对“沟通”的定义重新加以界定。

在重新定义“沟通”时,我们不能只将其视为一种讯息传递与接收的过程,还必须要“换位思考”,在劳资关系运作的过程当中,雇主与员工必须调整彼此的立场,站在平等的位置上,努力将自己置身于对方的立场上,了解对方的确切需求,从而在彼此间架起一座沟通的桥梁。这将有助于劳资双方更好地了解对方的观点和立场,进一步地找出解开劳资之间症结的方法。

三、劳资沟通与协调的基本原则

为了最大限度保证沟通的有效性,劳资之间必须遵循双向交流互动、思维行动一致、信息具体明确三大基本原则。

(一)双向交流互动原则

劳资间的沟通与协调应该是双向的、互动的、平等的交流过程,绝对不是单方面的“你说我听”或是“我说你听”。因此,劳资双方在面对彼此意见不一致的议题时,应当在平等互惠的原则之下作充分的、双向的意见交流。

(二)换位思考原则

劳资间在沟通与协调的过程当中出现意见分歧是很正常的,重要的是劳资双方如何设身处地的去理解对方,求同存异,最终在关键的问题上达成共识。因此,劳资之间应秉持换位思考的原则,不固执己见,摆脱“你死我活”的僵化思维,强调共同利益,缩小彼此间立场的差距,最终达成一致的结果。

(三)讯息具体明确原则

无论是雇主或是员工在进行沟通的同时,应互相提供具体明确而非模糊不清的信息。例如,“我们今天要讨论的是台风天是否带薪休假的问题”远比“我觉得公司的管理不够人性化”表达得更为清楚、确切,这里所谓的“最近”与“表现”都属于模糊不明确的字眼。

四、劳资沟通与协调的障碍因素

导致劳资双方沟通与协调障碍的最主要因素是劳资双方当事人不愿意表达出自己真实的感受,同时拒绝聆听别人的想法,并抱有防卫性心态。导致雇主和员工沟通与协调障碍的因素比较多,既有外部的环境因素,也有内部的心理因素。

(一)外在因素

导致劳资双方沟通与协调障碍的外在因素包括外界环境因素(如政治、经济与社会)的干扰、企业管理制度的不合理、企业内部缺乏沟通的渠道以及缺乏沟通机会和沟通时间,等等。

(二)内在因素

导致劳资双方沟通与协调障碍的内在因素包括劳资双方彼此间的不了解与不信任、劳资双方缺乏对方的准确信息、劳资双方中的某方或双方过度自信,以及表达的方式、性格情绪问题,等等。

五、成功的劳资沟通与协调的技巧

在沟通中所运用到的听、说、读、写等方式在整个沟通过程所占的时间比例存在较大差异。一般来说,沟通所花费的时间中,“听”占45%,“说”占30%,“读”占16%,“写”占9%。因此,为提高沟通效率,可以从听、说、读、写四个方面入手,使用沟通技巧。

(一)积极的倾听技巧

由上可知,“听”和“说”在沟通中占了极为重要的地位。当雇主与员工就某些存有异议的问题进行沟通的时候,双方除了用语言或非语言形式表达各自的观点之外,还需要用心去聆听对方的观点、意思,也就是说,倾听也是沟通中一项极为重要的技巧。倾听对方,同时也可以让对方倾听自己,增加沟通双方的互信基础,达到双向沟通的目的,有助于最终解决问题。具体而言,雇主和员工在进行沟通时,应注意自己的表达方式、用词、语气等,增加沟通的有效性。

1. 技巧一:要问开放式的问题

开放式的问题是指不能用“是”或“不是”来简单回答的问题。例如,“你是否满意公司的出勤规定?”就不是一个开放式的问题,而是一个封闭式的问题,回答者只需回答“是”或“不是”,提出问题的人无法获得更多的想要得到的信息。如果改成“你为什么不满意我们公司的出勤规定?”便成为开放式的问题,提问者所得到的信息也会相应增多。因此,劳资双方进行沟通协调的时候可以运用这个技巧,不断地通过提出开放式问题来收集对方的相关意见。

2. 技巧二:要重复对方的话

在沟通的过程当中,当对方表达的语句较长、不甚清晰或是在强调某一个重点的时候,倾听者可以重复对方语句中的内容,让对方能够确定你已经听懂或是已经掌握了他想要表达的观点的核心。例如,某位深圳民营企业的老板因业务急速扩展,想要调派公司内部的员工到北京去成立办事处,员工是这样回应的,“老板,因为家庭的原因,我暂时还不想被公司调派到北京去”,这里“不想被公司调派到北京去”就是员工回应的重点。这时你可以重复“你不想被公司调派到北京去吗?”这个语句,此时员工就会针对你重复的话语予以解释说明。劳资双方在沟通的过程中,可以利用重复对方的语句,来深入挖掘对方在语句背后所隐藏的意思。

3. 技巧三:要表达出自己的理解

沟通过程中,对方所发出的话语可能包含了相当多的内容,但究竟哪些才是对方真正想要表达的重点,哪些话语还存有疑问,倾听者应当适时地表达出自己对对方话语的理解,以获得表达者的同意或纠正,降低理解的偏差。雇主与员工进行沟通时,如果双方能将自己对对方所表达的观点的理解表达出来,不仅能简要梳理双方的思路,同时亦能确认双方对问题的理解,不致因误解而产生争执。

4. 技巧四:要适时保持沉默

当劳资双方谈论到一些比较严肃的话题,或是正遭遇冲突与矛盾的时候,通常需要适度地保持沉默,用些时间思考。这种做法虽然会造成双方不自在,但可以冷却彼此激动的情绪,整理双方混乱的思维,对最终达成一致是有所帮助的。但是,沉默要在适当的时候使用,而且沉默持续的时间不能太长、次数不能太频繁,当然也不能太短以致不足以思考,以免得到相反的效果。

(二)有效的表达技巧

沟通与协调的过程中,雇主与员工分别扮演着两种角色:倾听者和表达者。表达和倾听在沟通中同等重要,然而人们对表达的学习超过倾听。为了提高沟通中表达的准确性,避免词不达意,充分地掌握表达技巧十分必要,这就需要表达者在表达观点时遵循一些原则。

1. 原则一:对事不对人

所谓的"对事不对人",是指劳资双方面对有争议的问题,就事论事,不对当事人作主观评价或是不平等的对待。例如,老李经常上班迟到,于是经理便批评老李很懒,老李心想"难道常迟到就是懒吗?我平时早到的时候你也没有表扬过我啊"。但如果经理转换一种方式与老李沟通,就不会出现这样的结果:"老李,这是最近你第三次迟到了,上一次迟到是在上周五,能不能告诉我你是否有什么困难?"后者就是对事不对人的表达方式。这种表达方式使人更容易接受。

2. 原则二:表达出自己的感受

在劳资双方沟通与协调的过程当中,切勿一味地隐藏自己的感受,应将它如实地表达出来,这样才能打破双方之间的坚冰,建立双向沟通的基础,避免劳资双方之间的不必要的猜忌。

3. 原则三:多提建议,少作主观判断

有数据显示:当你提出建议的时候,对方认可的可能性有42%,反对的可能性占18%;但提出一个主观判断时,对方认可的可能性就下降到了25%,而反对的可能性则提高到39%。可见,多提一些建设性的意见比主观的判断更为有效。劳资双方应当在客观的立场上提出对双方均有利的建议,而非独自作主观的判断,要求对方去遵守,应给予劳资双方一定的决策空间。

4. 原则四:充分发挥语言的魅力

沟通与协调的过程中,双方都要充分地发挥语言的魅力。例如,把"你"和"你们"变成"我"和"我们",这样可以使沟通的双方变得更加贴近;把"应该"变成"可能";把"但是"变成"是";把"为什么"变成"是什么",等等。有时还需要雇主和员工发挥自己的幽默感,让对方感受到自己的亲和力,这都有助于沟通在一个轻松的氛围中进行。

5. 原则五:让对方理解自己的表达

为了让劳资双方均能理解彼此的意思,双方在沟通中首先应尽量"换位思考",使用对方能够理解的思维或语言与对方交流,少说一些对方听不懂的话。其次,谈话时言简意赅,不要过于啰唆,否则会使对方感到厌烦;让对方理解起来很费力,也会增加理解的偏差。最后,在发表自己的观点时要给对方提问的机会,并及时询问对方是否理解,对重点或难懂的内容应反复重复、详细说明。

(三)有效的回馈技巧

有效的劳资沟通与协调还有一项技巧,就是进行有效的回馈。一般而言,回馈的类型包括正面回馈、负面回馈和不回馈。雇主和员工在沟通时,应依照沟通的具体情形采取合适的回馈模式,一般来讲,不进行回馈的模式尽量不要使用。

1. 模式一:正面回馈

正面回馈就是表扬对方,当发现对方有良好表现的时候应及时认可。在劳资沟通的过程中,经常需要运用这种模式。正面回馈可以让劳资双方卸除彼此的心理防线,不易将问题和矛盾深化,有助于劳资冲突的顺利解决。

2. 模式二:负面回馈

负面回馈就是对某件事只是一味地批评。劳资间的沟通与协调,尽量不要采取这种模式,除非双方对于对方提出的解决方案或是问题的处理方法意见偏差极大,不可原谅。否则,经常进行负面的回馈会使劳资双方的对立形势更为严峻,导致更多的不满,劳资间的冲突将一触即发。

3. 模式三:不回馈

不回馈在劳资沟通与协调的过程中是绝对不应该出现的。劳资双方对于彼此所提出的方案或是问题的解决方法无论是好是坏,都得不到对方任何的回馈,这将会导致一方因为得不到回馈而放弃了原有的努力,而另一方则会变得更加为所欲为。

(四)有效化解异议的技巧

无论劳资双方采取何种沟通技巧,也难免会产生意见分歧。如何对待双方的意见分歧并最终达成共识,对劳资双方而言,都是一个不小的难题。为了化解劳资双方的异议,达到劳资共赢,劳资双方通常应做到以下几点:第一,找出彼此出现异议的原因与化解异议的突破点;第二,互相提供建设性的意见;第三,说明这样做的原因,并使对方理解;第四,识别并满足对方的利益,达到双赢或多赢。

如果沟通的双方当事人都能站在对方的立场为对方考虑,通过提出积极的建设性意见,说明各种原因,互相理解,最终是可以达成共识的。

第二节 劳资沟通与协调的渠道

追踪调查:本田工人罢工事件始末[①]

媒体报道的南海本田员工的工资清单:Ⅰ级工资=基本工资(675元)+职能工资(340元)+全勤补贴(100元)+生活补贴(65元)+住房补贴(250元)+交通补贴(80

① 资料来源:“追踪调查:本田工人罢工事件始末”,华讯财经网,2010-11-1,12:44下载,相关文字作了适当删减和处理。

元）=1 510 元，扣除养老保险 132 元、医疗保险 41 元、住房公积金 126 元，到手的工资为 1 211 元。

南海本田的员工不仅工资低，而且加薪缓慢。此外，中方与日方员工工资相差了 50 倍。

2010 年 4 月 8 日，佛山市出台了《关于调整佛山市企业职工最低工资标准的复函》，从 5 月 1 日起，最低工资标准调整为 920 元/月。据《广州日报》报道，员工反映南海本田提出将“从 330 元补贴中扣除 150 元，并将这 150 元算入底薪”。如此一来，底薪为 920 元/月，但员工们拿到手的收入丝毫没有变化，这引起了员工们的反对，5 月 17 日开始罢工。

5 月 24 日，南海本田通过广播答复将为每个员工提供 120 元至 155 元不等的伙食补贴，员工们对此不满，25 日当天仍然继续罢工。26 日劳资双方仍未达成协议，员工提出“把薪酬提升到 2 000 元至 2 500 元”的要求没能得到回应。截至 5 月 26 日，狮山镇政府、狮山劳动和社会保障所没给出任何说法，只是南海本田发布了一份《本田汽车零部件制造有限公司的劳工争议》，这是本田零部件公司就罢工风波的首次公开表态，此表态仅 153 字，没有任何实质意义。

一、劳资会议制度

在介绍劳资会议制度之前，这里简要回顾一下工业民主制度，有利于我们，理解劳资会议制度的内涵和本质，便于实践操作。工业民主制度始于 18 世纪，当时整个欧洲个人自由主义思潮盛行，劳动者强调个人生存与工作的自由；雇主则强调绝对的指挥经营权。但是到工业革命之后，随着工厂制度的兴起，人们必须到工厂中工作谋生，此时劳动者与雇主之间形成了对立，既降低了企业内的工作效率，又造成了一些社会问题。于是，如何使劳动者适度参与企业经营，规范劳动条件便成为当时人们所关注的焦点，工业民主制度就在这样的背景下发展壮大起来。而劳资会议制度就是劳动者参与企业经营的一个最典型的模式。

（一）员工参与事项及方式

在劳资会议制度下，劳资双方立于平等的地位上共同商讨有关企业发展与员工工作环境改善等议题，进而沟通劳资双方的意见，消除劳资纠纷，促进劳资之间的合作协调，共谋企业发展并改善员工生活。一般而言，员工参与企业经营的事项包括三类：第一类是人事事项，包括员工雇用、解雇、升迁与调职等内容；第二类是社会事项，包括医疗保健、安全卫生、福利制度和退休金规划与管理等内容；第三类是经济事项，包括技术层面的新生产方式与新设备的引进，以及业务层面（如营销、财务等方面）的事务。通过劳资会议的形式，员工参与到企业的人事事项和社会事项中，不仅能够改善员工自身的福利及劳动条件，对企业人力资源的有效运用也有帮助；员工参与到企业的经济事务中，使企业的生产力在劳资双方的共同努力下不断地提升以获得更大的利润。员工对这三类事项所能参与的程度并不均等，一般来说，社会事项的参与程度最高，人事事项次之，经济事项最低。

依据员工可以参与的人事事项、社会事项和经济事项的程度，具体的参与方式从参与程度上可划分为听取报告、参与审议、共同决定和自我管理。

1. 听取报告

一般而言，雇主应当履行向员工报告企业营运状况的义务，员工也享有听取报告的权利，此为员工参与企业决策的基础。通过劳资会议，员工能够听取与其权益有关的信息，并将之传达出去，可以形成一定程度的权利移转，对将来实施报告中的决议有一定的积极影响。

2. 参与讨论

员工获得信息之后，随之而来的是对相关问题的讨论。让员工参与到企业经营事项的讨论中，雇主和员工彼此交换意见，经常可以形成可行的建议，但此种建议对于决策者而言并无约束力，最终的决定权仍由企业管理者掌握。

3. 共同决定

共同决定必须在员工拥有充分的信息，且能参与讨论的情形下才会发生。当劳资双方的意见不一致时，通过诸如劳资会议等方式，以达到解决问题的目的，通常都会有良好的结果。即使所达成的决议并不是最佳的解决方案，但由于是由劳资双方讨论后共同决定的，执行时自然更为顺畅。

4. 自我管理

员工自我管理比共同决定更进一步，员工可以依据既定的目标，自我管理其劳动活动，可以说，这是参与程度较高的一种方式。

（二）劳资会议制度的功能与内容

企业实行劳资会议制度，有利于在企业内部雇主与员工之间形成劳资一体的共识。在此基础上，劳资双方以劳资会议作为沟通渠道对有争议的问题进行沟通协商，能够提高员工的满意度，进而降低离职率，企业因员工流失而带来的成本损失也将得到控制。员工工作满意度得到提高有利于其劳动生产率维持在较高水平，也可保证企业的利润率。和谐的劳资关系还有利于降低劳动争议的发生率。

根据员工参与企业管理的事项类别，劳资会议的议题也涵盖了人事事项、社会事项和经济事项。会议的具体形式可分为两部分,即报告和讨论,报告企业和员工一定时期内的状态、动向,使得双方代表适时把握企业和员工信息并将之传递到雇主和员工那里;讨论关于劳资关系、劳动条件、薪酬福利、生产效率方面的事项,就相关议题形成决议。会议的具体流程包括以下几个部分:第一,会议要报告上一次会议决议的执行状况、进度,下一步的执行计划、具体的执行操作等。第二,报告员工动态,包括离职率、员工活动、福利项目、出缺勤状况、工作环境改善等。第三,通报生产计划和业务发展状况,包括未来业务拓展计划及现阶段企业营运概况等。第四,其他需要报告的事项,这是为了增进双方代表对企业内部劳资关系、业务拓展等方面的了解,企业和员工代表认为有必要在会议上进行通报的事项。第五,讨论特殊事项,列入劳资会议讨论范围的议题仅限四个方面的内容:①关于协调劳资关系、促进劳资合作的事项,例如,员工在工作场所遭遇的困难、管理者遇到的生产管理上的阻碍;②关于劳动条件事项,例如:工时、工资的变动调整,休息时间的变动等;③关于福利筹划的事项,例如,育婴、托儿设备的建立,旅游、子女教育补助、员工住宅计划的推动等,还包括抚恤、员工灾害补偿的给付等;④关于提高工作效率的事项,例如,人员、物料、水电等的节约、提案的参与、安全卫生设备的维护及改善、质量的提升、工作流程的简化等。第六,对某些事项提供建议,除了上述事项,劳资会议可以另有建议事项,此过程并非一定要做成决议,代表们可就工作环境、生产问题及工作场所安全等方面提出建议,不但可增加员工参与感,亦可作为雇主决策时的参考。此建议事项并无性质或范围的限制。员工代表平时应多了解工作环境的实际状况,并搜集员工日常工作时所遭遇的各种问题以及有利于生产效率改善的建议,提供雇主参考。

讨论上述四类议题所遵循的原则、方法存在一定的差异,需要双方代表加以注意。首先,讨论有关劳资关系的议题时,双方代表要充分表达意见以增进彼此的沟通与了解,雇主代表面对此类议题时,应有开阔的胸襟及气度,闪避、推诿只会将问题累积,增加员工的不满;而员工代表应以理性论事的态度进行沟通与讨论,因为激烈的态度、攻击性的言辞,诚非解决问题之道。总而言之,唯有劳资双方心平气和、坦诚沟通,才能够真正解决问题,共谋劳资关系和谐发展。其次,讨论有关劳动条件及福利的议题时,讨论应建立在充足的信息及数据之上,多利用报告事项,使所有代表明了相关信息,确实了解问题,这样在讨论问题时,劳资双方才能据理力争,以理服人,使会议发挥其“磋商”的功能,达到良性互动的成效。最后,讨论有关工作效率的议题时,员工代表不应将其视为企业单方面的责任,而应视为共同创造利益的事项,积极主动地提供意见,上述讨论有关改善劳动条件、提高工资福利的议题也都有助于提高员工的劳动生产率。

（三）与会代表的产生及职责

劳资会议由雇主代表和员工代表共同召开。雇主代表也可称为资方代表，可以由企业直接指派，对于私有企业而言，雇主本人可以作为企业代表。员工代表也可称为劳方代表，它的产生有两种情形，一种是企业工会组织健全的，那么工会会员或由工会选举出的人员可作为员工代表；另一种情形则相反，企业没有工会组织或者工会组织不健全，那么员工代表可经由全体员工大会选举产生。由于双方代表对劳资会议的成功与否起到决定性作用，所以担任双方代表的人员要具备熟悉企业业务、经验丰富、热衷于劳资事务、沟通协调能力强等特质。在劳资会议中，双方代表应当本着协调合作的精神，努力取得企业发展、员工进步的双赢局面。

（四）劳资会议的召开与执行

劳资会议的召开涉及召开频率、主席人选、会前通知、会议记录、会议决议及执行等方面的内容。劳资会议涉及的议题大多是关乎员工切身利益的事项，因此每月召开一次较为合适，若有紧急的重要事项需会议讨论，那么经过代表过半数的请求可以召开临时会议。需要注意的是，召开劳资会议需要过半数的代表出席。

劳资会议的主席原则上由劳资会议双方代表轮流担任，以维持会议的公平、公正性，但必要时，亦可由劳资双方代表各推派一人，共同担任主席。会议主席的职责分布在会议召开之前和会议之中。召开会议之前，会议主席应发出开会通知，此外如有提案，会议筹备人员应在会议召开前，将提案送达会议代表手中，届时即按开会通知载明的时间及地点召开劳资会议。在会议进行时，劳资会议主席应维持公平的发言机会及理性的讨论气氛，不能受到自身代表身份的影响而有偏袒的情形，造成不公。对于偏激的言辞、情绪，主席更须秉持大公无私的态度，予以疏导、克制，切勿影响其他代表的情绪，形成讨论场面的僵持，致使会议停滞。

召开劳资会议须有会议记录。应明确记载会议届数、次数；会议时间、地点；出席、列席人员姓名；报告事项；讨论事项及决议；建议事项，等等。每次的会议记录应交由专人处理，由主席及记录人员分别签署，并将做好的会议记录交由出席代表过目、签名，以示负责。

会议的决议关键在于执行，双方代表应深切体察此点，积极主动参与各项决议案的执行及推动，竭尽所能协调各相关单位，使所决议的事项如期达成。决议具体执行过程中，劳资会议应当设立项目小组，处理有关议案或重要问题。为了提高执行的效率，在成立项目小组时，会议筹备组可以在会议代表中选定对决议内容了解的专业人员，会同企业内相关部门一起成立此小组，负责推动与执行决议的内容，并将执行或研究结果提报劳资会议。会议筹备组也可以将一些重要性低的决议分送工会及有关部门直接办理。若决议事项不能实施要提交下次会议复议,而已交由相关部门及项目小组执行的决议事项均应于下次会议时提出报告。

劳资会议制度的推展,就企业内劳资关系的互动来看,不失为劳资双方和平互动的桥梁,通过它的运作将公认的传统管理权威和结构作了相当程度的修正,进而能有效地掌握经济环境变化与企业经营发展的脉动。劳资双方的有效沟通可以将存有争议的事项在萌芽状态解决。不过制度的推行还需劳资双方的一致,劳资双方应本着协调合作的精神,共同促进制度的完整。

二、员工申诉制度

当前劳资之间发生的摩擦大都起因于劳资双方在理念与行为上沟通的不畅。雇主须对此有所重视,对于员工的不满应提供一个申诉的渠道,当员工遭受到不平等待遇或是发现企业内的不法行为时,可以提出申诉。企业内申诉渠道的建立,可减少劳资双方无谓的纷扰。

(一)员工申诉部门的设立

为解决劳资间因沟通不良导致的争议,企业有必要设立一个专门受理员工申诉的部门担任沟通的渠道来处理相关问题。这个部门可以是一个企业业务机构,也可以是一个特设部门。无论设立模式是什么,它必须是一个经常性存在的部门,而且为避免劳资双方各说各话,保证申诉部门的公平公正性,最好引进第三人,例如,劳资关系顾问等。此外,企业内部最终处理员工申诉的机构应是企业的最高决策层,其组成人员中还应有员工代表,以减少员工的疑虑。

(二)员工申诉的内容

员工对某些事项不满可以到申诉部门进行申诉,申诉的内容涵盖企业管理、企业决议以及关乎员工切身利益的各种事项,具体包括:关于集体协议、工作规则及企业内部规则的制定及内容;关于企业依内部有关规定,对员工的命令、禁止、许可、免除、认可、受理、通知、确认等各方面的意思表示;关于企业所提出的各项发展计划、生产计划、营销计划、业务计划等的构想与行动;关于资方依有关的内部规定而采取的劝告、诱导等非强制性的事实行为;关于企业给予员工的奖励、实施的惩罚等行为,等等。

(三)员工申诉结果的救济

对员工申诉结果的处理视两种情形而定,一种是申诉被认定是无理由的,那么雇主或申诉最终处理机构应该以书面形式详细说明理由,回复申诉人;另一种是申诉被认定是合理的,那么雇主应有所作为。如果因为企业一方违法而导致员工利益受损,企业应对员工进行赔偿。

因此,企业在设计员工申诉渠道及相关制度时,除了要设置应对申诉的部门以及该部门的权限外,对员工申诉结果的处理、救济也应加以注意,这将减少员工、工会与企业三方之间无谓的争执与猜疑,促进劳动关系的和谐。

员工申诉制度与申诉渠道功能的发挥虽然与企业一方的认可度相关,但如果对申诉部门的运作状况缺乏有效的监督,一定程度上也会导致申诉部门失效。员工申诉制度的机构设置、制度安排(包括救济制度、监督制度等)都会影响员工申诉的效果,因此,企业、工会以及员工三方都应努力采取措施完善申诉体系,使员工申诉发挥真正的作用。

三、员工提案制度

员工提案制度的设计主要是希望通过那些熟悉企业内部工作环境、工作流程的员工,就员工普遍认定的工作上的问题提出解决方案,此过程中企业会依据员工对该建议的贡献程度给予奖励。通过此项制度安排,企业充分授权予员工,员工在解决问题的过程中体现责任感。

(一)员工提案的目的

过去,企业经营的重点在于如何降低成本与如何做好有效的控制,而现今的一些企业已经将经营的重点逐渐转移到如何提升产品与服务的质量上,因为唯有质量不断提高,才能提升顾客整体的满意度。随之,员工提案的内容也由过去思考企业如何开源节流转变到以质量提升为重点。通过提案的形式,可以让员工发挥其创意来达到提高产品及服务质量的目的,同时改善工作环境,进而改进员工与企业及员工之间的关系,激励员工的工作积极性,最终实现企业的发展战略。企业实施提案制度的目的可以归纳为以下几个方面:①降低企业成本、减少浪费;②开发良好的工作方法、提升工作效率;③提升产品的可靠性与质量水准;④促进劳资之间意见交流;⑤提高员工对企业的忠诚度;⑥减少劳动意外事故的发生;⑦鼓励员工提出创新性的建议,以利公司的营运。

(二)员工提案流程的设计

员工提案制度的步骤包括提案、收件、受理或退件、审查、核定成果以及实施奖励。第一步,由企业内部的员工就某事项提案,提案应以文字形式提交,可以是纸质版的也可以是电子版的,其中要注明提案的主题、提案的缘起、实施办法、预期效益,并补充说明文件。提案提交渠道包括企业信箱或电子邮箱。第二步,受理或退件,将受理的提案以加密方式送至相关部门的主管或员工提案审查委员会,对提案的内容、合理性、可执行性、提案的价值与奖励程度提出意见;退件要依据一定的标准进行,包括未依提案要点规定的提案、主题不明、非属企业业务范围、已被指定改善、非建设性批评、重提二次以上未被采纳之类的提案、已受理的提案等。第三步，对提案进行审查，当提案满一定件数时，召集相关人员召开提案审查小组会议进行评审。第四步，讨论提案，制定处理意见及具体的执行计划。第五步，对提案员工实施奖励，根据提案的议题对企业改善经营状况的贡献度实施奖励。表6－1列举出了某企业针对员工提案设计的奖励计划，不同级别的奖项所对应的奖金数额存在一定差距，对鼓励员工积极认真进行提案有一定的激励性。

表6－1　某企业员工提案奖励范例

奖　别	评　分	提案人（或团体）奖金	备注
特优奖	90分以上	30 000元	有关积极配合且具有具体绩效的协办人员，得由提案审查小组委员酌予奖励，奖金为提案奖金的10%～20%
优等奖	80～89分	20 000元	
荣誉奖	70～79分	10 000元	
佳作奖	65～69分	5 000元	
入选奖	60～64分	1 000元	
参与奖	经提案审查小组通过受理的案件，颁发奖金100～1 000元不等的奖金		

（三）完善提案制度的条件

企业想要完善现有的员工提案制度，可以从畅通提案渠道、提高提案处理公开程度、加大提案体制的宣传、提高提案审查的公正性、改进奖励计划的激励性方面着手。第一，建立便利的提案渠道。随着信息化的发展，相当多的企业都已经将企业内部网站作为提案的重要渠道。但在一些中小企业中，生产一线的员工还必须使用传统的书面提案方式，无论何种渠道，较高的便利性将会提高员工提案的参与度。第二，提案处理结果应予公开。提案的结果应该公开，让企业内部的员工知道，此公开的过程还可以让其他的员工清楚地知道员工提案在进行，增进员工对提案制度的认同，激发员工提案的积极性。第三，有力的提案宣传活动。企业利用内部网站、张贴海报、发放员工提案手册等方式宣传提案制度，便于员工了解此项制度，使之愿意对与工作有关的事项进行思考，发挥创意，提高产品及服务质量。第四，公正的提案审查标准。提案制度成功与否与提案的审查是否有客观标准有很显著的相关性，提案审查的项目有明确的评分标准，最终的结果也以客观量化的方式呈现，这将使得审查结果能够更具说服力。第五，具有激励性的奖励制度。优厚的奖金设计对提案制度有实质性的鼓励作用，另外，企业各部门还可以采取年度评比的方式让全员一起参与提案活动。在执行提案决议方面，表现优秀的部门也应受到表扬，这有利于推动提案的落实，也能增加员工对提案的信心。

四、员工问卷调查

问卷调查是一种常用的工具。对企业来说,对顾客进行问卷调查可以了解他们的消费行为与满意程度;对内部员工进行问卷调查可以了解员工对主管、企业管理制度与企业本身的满意程度。如果劳资双方能正确、合适地使用问卷调查,那么它将成为劳资之间有效的沟通工具之一。

(一)员工问卷调查的基本内容

对员工进行问卷调查,除了要了解员工对企业的满意程度之外,还应该明了员工对企业的工作环境、企业的业务、企业的未来愿景等方面的看法。这些内容可以在对调查对象进行分类的基础上进行,员工分类可以依照员工的不同阶层、职级、资历或年龄等标准,这样能够真正了解各个阶层、职级、资历或年龄员工的想法,为改善企业的经营管理提供有价值的意见和建议。

员工问卷调查可以有效地弥补企业推动制度改革时客观资料的不足。问卷调查可以收集以下指标:职业生涯规划实行率、工作轮调情况、培训率、工作满意度、工资福利满意度、离职率、迟到率/旷工率、诉怨率、空职率和加班率等。

(二)员工问卷调查的类型

根据调查目的的不同,员工问卷调查可以分为企业效能调查问卷和员工满意度调查问卷。顾名思义,企业效能调查问卷的功能在于将员工满意度调查的结果转换成员工对于企业目标的回馈,也能衡量企业目标的达成程度。通过此问卷,一方面可以帮助员工了解企业的策略展开程度及其结果,另一方面可以提供改善作业流程的相关信息。员工满意度调查是员工对企业满意与否的表达渠道,员工意见可以被转化为企业改善管理的行动方向。首先,企业决策者可以了解员工的期望与看法。员工满意度的调查结果可以表明员工对企业哪一方面满意,哪一方面不满意,成为企业高层制定政策的参考信息之一。其次,员工充分表达自己的工作情绪及状态,可以使员工在心理上感受到企业的重视,进而对企业产生归属感,提升员工满意度。最后,了解大部分员工的想法,可以使企业在政策推行上,获得大多数员工的认同与支持,也使少数的持反对意见的员工愿意承认并接受事实。

(三)员工问卷调查的流程

有效地开展员工问卷调查工作需要从调查前的准备、实施调查以及调查结果处理几个方面入手。调查之前,首先,调查小组应与高层主管共同讨论确立调查的重点,取得高层主管的认同与支持,进而召开调查前的动员会,宣传此次调查的目的、方式等相关内容。其次是编制问卷。问卷的质量与调查目标的实现度有比较强的关联性。具体设计问卷之前，设计者可以先对欲调查的对象进行初步的访谈，了解不同员工对问卷调查的看法与期望，再进一步与高层主管沟通，达成共识；依据上述共识，设计调查问卷的内容、题目安排、问答方式等；接下来，将初步设计的问卷进行预调查，重点在于深入了解员工对于问卷的看法，最后进行修正定稿。设计好问卷之后便可以对调查对象实施问卷调查。调查结束后，将问卷回收，剔除未按要求填答的问卷，以提高问卷调查结果的准确度。之后，便是对有效问卷进行研究分析并形成分析报告。问卷调查的最后一步是依据分析报告制定相应的改善方案，这是保证将员工意见转化为实际的企业优化行动的关键步骤。在研究拟定对策以及执行对策时必须注意：①针对主要改进的议题，以头脑风暴的方式研拟对策，达成共识；②对策内容应包括：对议题简短的描述、具体行动方案、相关负责人、需要何种支持、时间表与完成日、行动完成的衡量标准与进度沟通计划等；③事后的持续追踪与改善，其中包括评估行动计划及进度、与员工进行改善成果的沟通，以及提出对下次问卷调查的建议。

五、集体协商制度

深圳工资集体协商条例二审“被妥协”①

2010年7月，全国总工会提出2012年将普及工资集体协商的目标。之后，广东省率先反应，推出集体协商路线图——“工资集体协商三年行动计划”，计划分别从完善工会主席和工会委员民主选举、推行工资协商制度等方面对政府、企业、工会和职工提出要求以求构建新型劳动关系。2010年8月9日公布了《广东省企业工资集体协商指引》。此前《深圳经济特区集体协商条例》以及《广东省企业民主管理条例》都先后进入立法程序。

正当广东雄心壮志，欲再度成为全国先行者时，占据广东外资半壁江山的香港中小企业率先出来反对。其后，日资企业也有所反应，希望该立法能重新考虑企业的承受能力。在压力之下，本该9月20日审议的《广东省企业民主管理条例》并没有列入讨论内容。但深圳方面的立法未受影响，9月26日，深圳市人大常委会第二次审议了《集体协商条例（草案）》。如无意外，该条例将在11月三审通过。

在港商看来，如果这一条例实施，企业短期内人工成本将增加70%。按深圳市2010年社会平均月工资超过3 900元来算，50%即为1 900多元。但今年深圳制定的

① 资料来源：“深圳工资集体协商条例二审‘被妥协’”，金融界，2010－11－1，12:57下载，相关文字作了适当删减和处理。

最低工资水平为1 100元左右。这样企业就要多负担这多出的800元。但现实是，市场都默认"最低工资即最高收入"，所以假如立法通过，这无疑是致命的。据了解，在港商的强烈"沟通"下，二审《条例》已经删除了相关内容。

在工业发展初期，劳动者根本不知道应该如何维护自身的权益，甚至有许多由劳动者提出的维护自身权益的主张都被视为非法。当时关乎劳动者自身劳动条件的规定均被认为是雇主的权力，与劳动者无关，劳动者成为被压榨的群体。由于主客观环境的压迫，劳动者终于认识到必须通过大家的团结，合力来改变这些不公平待遇。于是工会组织慢慢出现，劳动者开始凭借集体力量和雇主交涉，通过集体协商来保障其权益。

（一）何谓集体协商

集体协商（Collective Consulting）起源于中古时代的"城市特许令"及"基尔特特许令"。特别是后者，为了求得集体行动的特权向国王缴纳租税，取得国王颁给的特许令，作为集体行动的护身符，被称为最早形式的集体协商。现今的集体协商则是在19世纪有了工会组织之后才逐渐发展起来的。

集体协商是指一个或多个雇主或雇主团体与一个或多个劳动者团体间，为达成有关工作条件或雇佣条件协议的一种协商制度。集体协商的当事人包括企业一方和劳动者一方，企业方可以是单一的雇主也可以是雇主团体；但劳动者一方一定要是劳动者团体。也就是说，劳动者团体才是具有资格的当事人，单一的劳动者没有与雇主或雇主团体进行集体协商的资格。这里所指的劳动者团体，通常是指工会组织。协商之后形成经双方所签字认可的"集体协约"，即雇主或雇主团体与劳动者团体以规定劳动关系为目的所缔结的书面契约。因此，集体协商其实是劳资双方沟通的一种手段，签订集体协约才是劳资双方进行集体协商的最终目的。

（二）集体协商的步骤

从集体协商到缔结集体协约是一个费时又耗力的过程。在协商过程中，要考虑的因素很多，各因素也存在一定的变数。如何在理性的基础上，争取劳资双方最大的利益，双方可以按照以下步骤完成集体协商并缔结协约。

1. 确认协商需求

协商并不是漫无目的的，应先确认劳资双方对协商的需求，了解协商双方所欲达到的目的为何，并通知对方进行协商。

2. 选定协商代表

工会或雇主团体以其团体名义进行集体协商时，其协商代表的产生有以下四种方式：①依其团体章程的规定产生；②依其会员大会的决议产生；③依其会员代表大会的决议产生;④经通知其全体会员,并由过半数会员以书面委任产生。

在实际运作中,参与协商的代表能否胜任这项任务对集体协商的成功与否具有重要的影响。因此,双方的协商代表应对企业、员工的状态有正确的把握、对协商目标有充分的理解,且说服力、协调力、耐力都比较强。无论是企业一方的代表还是员工一方的代表,其人数都不宜过多,三至五人的规模最为合适。集体协商中,必要时可另聘请专业人员(如律师)协助谈判与缔约过程。

3. 草拟协约内容

草拟集体协约的内容之前,双方的协商代表应先广泛地征询其所属团体自身的需求,通常以问卷调查或是座谈会的方式获得。草拟集体协约完成之后,最好再召开一次座谈会,寻求协约内容的共识并作适度的修正。

4. 召开协商会议

谈判之前,劳资双方应先行诊断自身的谈判力量。诊断的内容包括劳资双方的相互依赖程度、劳资双方掌握信息的程度等,以便于劳资双方事先确定与协商相关的事项:拟订协商策略、可作出让步的极限、是否采用争议的形式以及此形式的运用时机、理清应坚持及可让步的条款、设定完成谈判的时限等。

初次协商会议由劳资双方事前讨论确定时间与地点,无须召集。第二次的协商会议,则可由劳资双方议定后轮流召集。会议主席由劳资双方共同推选决定,或是由劳资双方派人员轮流担任。会议主席应在协商之前确定作会议记录的人员。会议记录由劳资双方共同选定协商代表以外的人选担任。会议的议程应事先拟定,漫无秩序、毫无目标是协商的致命伤。会议进行中,主席应该严格控制议程。协商代表亦应自我克制,不要对会议议程以外的事项喋喋不休。另外,协商之中劳资双方应彼此尊重,忌作人身攻击。

会议召开前与会人员应当进行签到,会议结束的时候签到的人都应该在会议记录上签字确认。会议召开之初不宜有“外人”(也即第三方)介入,但在遭遇协商僵局或达到最后的缔约阶段时,让第三方适度地参加到协商中,往往能够加速僵局的破解,尽快完成双方的缔约。

协商进行中难免会出现劳资双方互不相让的局面,此时可以先休会,让劳资双方各自冷静一段时间,双方代表也可以利用这个时间重新检视自己的让步底线、评估对方采取争议手段的可能性。另外还可以结合会议的开展情况考虑是否邀请专业人员(如律师、会计师等)参与协商,协助打破僵局。如果劳资双方确已竭尽努力仍无法打破僵局,只有诉诸争议的手段,迫使对方屈服。

最后是缔结集体协约的阶段。通过集体协商,如果最后双方仅仅得到一个结论,以所谓的“君子协定”(Gentleman Agreement)来约束双方,那么此次的协商不能算是一场成功的集体协商。成功的协商是经由集体协商的手段,获得最后的结果,并签订集体协约。

总体来讲,劳资关系要想保持和谐,劳资双方应摆脱对立的思维,在换位思考的前提下平等互动,运用各种沟通与协调的渠道,化解彼此的冲突。如此,劳资之间必能构建一个双向互动的机制,这对劳资双方各自的发展以及社会的和谐和发展都有极大的帮助。

【关键术语】

沟通与协调(Communication and Coordination)　沟通渠道(Communication Channel)

劳资会议(Labor-employer Meeting)　员工申诉(Labor Appealing)

员工提案(Labor Bill)　员工问卷调查(Questionnaire about Labor)

集体协商(Collective Consulting)

【本章小结】

劳资之间有效的沟通与协商对于构建和谐劳动关系有积极的促进作用。劳资之间的有效沟通与协调要求双方站在平等的地位上,多替对方考虑,选择正确的渠道进行信息的传递。沟通与协调具有目标明确、达成结论、传递信息三大特征,坚持双向交流互动原则、思维行动一致原则、讯息具体明确原则,适当运用一定的倾听技巧、表达技巧、回馈技巧和化解异议的技巧等,能够保证沟通与协调的有效性。

劳资双方可选择的沟通与协调渠道包括劳资会议制度、员工申诉制度、员工提案制度、员工问卷调查、集体协商制度。这些渠道各具特色,操作流程不同,企业要根据自身特点、劳资关系特性等因素选择具体的沟通方式,最终实现企业发展、劳资和谐的双赢局面。

【复习思考题】

1. 除了本章所列举的沟通技巧,提高沟通效果还可以从哪些方面入手?

2. 分析比较本章介绍的劳资沟通渠道的异同。

3. 分析工会在各个沟通渠道中的职责、作用,为我国企业工会职责的改进提出建议。

【参考文献】

[1] 余世维. 有效沟通Ⅱ[M]. 北京:北京大学出版社,2009.

[2] 程延园. 劳动关系学[M]. 北京:中国劳动社会保障出版社,2005.

第七章

员工民主参与

员工民主参与是员工参与企业经营管理决策，并对企业经营管理决策产生影响的一项劳动关系制度。员工民主参与强调劳资双方享有平等的决策权，是一项保障与实现劳动者基本权利的制度。通过本章学习，了解员工民主参与管理的定义、特征、形式、制度基础以及度量标准。在此基础上，了解欧美国家员工民主参与的发展历史与具体实施方案，并重点了解美国、德国以及法国的民主参与形式。最后，本章介绍了中国的职工民主参与管理制度的发展历程与具体表现形式，重点把握职工代表大会制度、厂务公开制度以及职工董事、监事制度等相关内容。

【引导案例】

浙江某市创建村级职代会，小企业劳动纠纷大幅减少①

据浙江省某市总工会介绍，某市首个村级区域性职工代表大会——A镇振兴村职代会，自去年8月份建立以来，到目前，A镇总工会在镇内10个行政村已全面推行区域性职代会制度，使小作坊式企业劳动纠纷大幅减少。眼下，市总工会正在全市推行村级区域性职代会制度。实践证明，区域性职代会制度的推行，充分发挥了职工代表的作用，在企业与职工之间搭建了沟通平台，有效地促进了企业劳动关系的和谐稳定。

A镇制鞋业发达，很多企业是家庭作坊的模式。由于多数企业规模较小，难以单独

---

① 资料来源："浙江某市创建村级职代会，小企业劳动纠纷大幅减少"，《工人日报》，2010年6月14日。相关文字作了适当删减和处理。

建立职代会,去年8月,市总工会以该镇为试点,首先在振兴村建立了村级区域性职工代表大会制度。

职代会成立后,对村里制鞋业职工最低工资标准、工作时间、休息休假、奖惩办法、劳动安全卫生保护、女职工保护等进行了规范。同时,对企业履行集体合同、专项协议情况,劳动合同签订、履约情况,职工社会保险费缴纳情况,企业实行厂务公开民主管理和执行职代会决议的情况进行全程监督,切实维护职工权益。据统计,A镇到目前共签订区域(行业)性集体合同和区域性工资协议10份,村级职代会覆盖900多家企业的2万多名职工。

村级区域性职代会制度使劳动纠纷大为减少。往年每到年底制鞋业逐渐停工结算工资的时候,都是劳动纠纷高发时期,一般在11月、12月两个月的时间里,村里要处理各类劳动纠纷20余起,而去年这两个月只有5起。

第一节 员工民主参与概述

一、员工民主参与的含义

员工民主参与的概念最早源于19世纪末期的西方工业国家,是西方国家工业化大生产的产物。关于员工民主参与的研究最早可溯源到19世纪末韦伯夫妇(Sidney Webb & Beatrice Webb)倡导的产业民主(Industrial Democracy)理论。根据他们的划分,产业民主包括从产业基层民主到与其配合的政治宏观民主,即一方面员工通过劳资团体(如工会)参与国家社会及经济政策和规则的制定,此为宏观工业民主;另一方面,员工参与企业内部管理,此为微观工业民主。后来有关产业民主的理论与实践普遍放弃了韦伯夫妇设计的宏观界定,也就是放弃了宏观产业民主,而专注于微观工业民主。微观工业民主,又称企业员工民主参与,用以描述工业社会中出现的员工参与的现象。在英语文献中,员工民主参与经常使用的术语有:"Employee Participation","Employee Involvement","Management By Participation","Labors Participation"等。国内学者在研究时还经常使用"员工民主"、"员工参与"、"职工民主管理"和"经济参与制度"等术语。

员工民主参与的研究涉及管理学、社会学、经济学、政治学等多个学科领域,从理论分析到实证研究,所涉及的问题范围也相当广泛,包括民主参与的方式、员工民主参与与企业绩效的关系、影响员工参与效果的因素等。所以,关于员工民主参与的概念可以从多个角度进行界定与分析,学界至今仍没有一个公认和统一的界定。一般来说,针对员工民主参与有以下三种解释:

第一,强调员工民主参与是一种政治概念或哲学概念。在这种界定下,用"工人控制"或者"产业民主"表述更为贴切一些。这一概念强调改变组织内部的劳资力量对比,平衡劳资关系,其中心目标是员工可以在组织内实现自治,由员工选举出来的群体完成组织的管理功能。这种概念下的员工民主参与的实现,要求组织内部及整个社会进行重大的经济和权利关系的变革。

第二,员工民主参与是指员工对企业组织的管理施加影响的过程。在这种概念界定下,只要处于企业最基层的员工参与了企业的管理与领导,就意味着员工民主参与。这种参与的程度并没有固定的标准,既可以是员工个人的参与,也可以是以工会组织为代表的集体行为,它包括了劳动关系的各个层面。

第三,员工民主参与特指传统的共同经营程序的演化和发展。这种演化强调在现存的企业管理体制中增强雇员的影响。在这里,要把员工民主参与与其他共同经营程序相区别。员工民主参与强调员工对企业决策的影响,强调劳资双方享有平等的决策权。这种意义上的员工民主参与已经超越了传统意义上的集体谈判范畴,更关注员工在决策中的作用,要求资方与员工分享某些决策权。

学术界一般所理解的员工民主参与来源于 1967 年国际劳工组织"关于工会代表及员工参与企业决策专门会议"对员工参与所作出的具有权威性的解释,即员工民主参与是指劳动者"参与"企业经营的"意思决定"(决策),并对企业的决策"产生影响"而不是作为旁观者。也就是说,企业民主参与意味着员工通过某种机制或方式对企业的经营决策给予直接影响。

所以,对员工民主参与可以从广义和狭义两个层面进行界定。广义的员工民主参与主要是指所有员工参与企业内部任何事务的情形,强调员工参与的全员性、参与形式的多样性以及参与内容的广泛性与全面性,参与应该是生产主体对企业各项活动的全面介入,其内容有参与决策、参与管理、参与监督以及参与受益等。狭义的员工民主参与则主要是指员工通过一定的企业机构介入管理决策的制定和实施,通过与管理层的交互作用参与和影响管理行为的过程。

二、员工民主参与的特征

作为与民主社会和现代化大生产相关联的一种社会现象,员工民主参与具有以下几个特征:

(一)员工民主参与主要通过参与的形式体现出来

参与是员工民主参与最主要的特点。不管员工在组织的各项事务管理中介入程度有多深、范围有多广,终究不能替代传统意义上的行政管理。这主要是因为不管是政府组织还是企业组织,不管发达国家还是发展中国家的组织,现实中所采用的管理模式无一例外都是少数人管理多数人的模式①。但是,现代民主管理组织并不同于集权化管理组织,在集权化管理组织中,决策的制定主要体现某一个或某几个组织领导者的思想与意图,而在民主管理组织中,决策是在成员参与的情况下做出的,体现了民主管理与民主参与的精神。所以,现代民主组织的员工民主参与的首要特征体现在参与之上。

(二)员工民主参与的主体是普通员工

这里讲的普通员工是指在劳动关系中经常处于被管理、被领导者地位的劳动者,不包括企业主和高级管理者。区分普通员工和高级管理者的标准是:组织中那些可以无须他人参与、无须征求他人意见就可做出重大决策的成员就是高级管理者,同时他们却掌握着是否为其他成员提供参与机会与权力的主动权,甚至决定权;而那些被提供参与机会的成员则是普通员工。所以,这里所讲的民主参与,它的主体并不包括企业主和高级管理人员,而是特指普通员工。

(三)员工民主参与具有明确的合法性和高度的权威性

员工民主参与是受法律保护的民主活动。从各个国家的立法来看,许多国家都把员工民主参与看成是员工的一项基本权利,并且用一系列制度来保护员工的这项权利。所以,它不是指企业员工的个别参与,在更大范围上来说,它是一种制度,是一种和民主政治、文明社会联系在一起的工业社会制度。

(四)员工民主参与具有层次性和广泛性

员工民主参与主要是以参与管理和决策的形式体现出来。在所有的企业组织中,管理和决策自始至终贯穿于组织的全部活动过程中,因此,这为员工民主参与提供了广泛参与的基本条件。但是,管理和决策又是分层级的,层级化的组织结构使管理权力分布于各个层级之中,民主参与自然也就可以广泛分布于各层级之中。层级性体现了员工民主参与的深度,广泛性体现了员工民主参与的广度,它们是衡量员工民主参与程度和质量的两个重要指标。

(五)员工民主参与具有明显的时代特证

这一特点主要体现在两个方面:一是员工民主参与并不是与管理同步产生,而是社会生产力发展到一定阶段的产物。当民主体制成为世界大多数国家都认可的和公开追求的政治、经济和社会的共同价值时,它才成为工业领域内部遵循民主规则而建立起来的制度。国家和社会民主发达程度的差异,影响着员工民主参与的深度和广度。二是在不同国家、不同地区乃至一个国家的不同发展阶段,员工民主参与的内容、形式和效

① 刘元文.职工民主管理理论与实践[M].北京:中国劳动社会保障出版社,2007:8.

果都有很大的差异[1]。

三、员工民主参与的形式

员工民主参与的形式很多,可以依据以下三类因素进行区分。

第一,按照参与的程度和方法区分,可分为直接参与和间接参与。直接参与允许员工个人积极参与决策过程;间接参与则主要是通过员工代表站在员工的立场上与资方进行讨论与协商。

第二,按照参与的组织等级层次区分,企业组织有多少等级层次,则员工参与就有多少层次,从最低层次到董事会层级,都可包括进去。

第三,按照参与目标区分,可分为任务中心型和权力中心型。任务中心型强调工作结构和业绩;权力中心型则强调管理人员的权力和决策。

所以,考察员工民主参与的形式要从以上列出的三种因素着手:参与的程度、参与的层级及参与的目标。按照这种方法,就可对照两种不同的,但又是互相补充的战略:上行和下行参与战略进行区分[2]。

(一)直接参与形式

直接参与形式,也叫"下行参与"。直接参与属于个人参与,是指员工个人直接参与管理方面的决策,或者参加企业组织内部的一些管理机构,这些决策过去是由管理者做出的,管理机构也是由管理人员组成的。直接参与的形式总的说来只适用于较低层次的决策,例如,参与处理生产方面的一些紧急问题,组成自治性的工作团队,组成"质量管理圈",参加工作小组、车间或者部门的工作会议等。这种参与方式强调的是员工个人、工作小组以及当时的工作环境,因而既是直接参与形式,也是任务中心型的参与方式。这种方式之所以称之为"下行",是因为这种参与方式是资方出于某种目的而发展起来的,参与又是资方提供的,作为组织变革的一部分,资方把有限的权力和责任从管理人员转移到员工手中。这种方式希望直接激发员工个人的工作积极性,提高工作满意度,加强员工对组织目标、决策的认同,而这些目标和决策都是由资方早已确定的。

(二)间接参与形式

间接参与形式也叫"上行参与"。间接参与属于代表参与,是指员工通过代表参与决策。间接参与和直接参与不同,它是建立在员工集体利益基础之上的,比较典型的间

① 常凯.劳动关系学[M].北京:中国劳动社会保障出版社,2005:298.

② 杨体仁,李丽林.市场经济国家劳动关系——理论·制度·政策[M].北京:中国劳动社会保障出版社,2000:372-373.

接参与项目包括:由工会会员选举出来的代表参加管理方定期召开的会议;由全体或者部分员工选举的代表参加管理方定期召开的会议或者临时召开的会议;由员工选举的代表参加管理人员共同组成的各种工作委员会;由员工的代表参加公司的董事会、监事会等。工会会员的代表或者员工代表参加上述会议、工作委员会以及员工代表参与企业高层决策机构,都是要代表员工的利益参与有关事项的决策,而这些决策通常是属于较高层次的决策。通过间接参与方式,员工集体可以扩大对企业组织高层次决策的影响,所以也是权力中心型。这种方式之所以还称之为"上行"参与,是因为它企图通过把集体谈判的范围扩大到一个更广泛的决策中,扩大到组织的更高层次来保护员工的利益,强调的是把员工的影响扩大到企业决策和重大计划之中,而这些决策和重大计划过去往往属于管理人员的权力范围。

(三)分享制

除了上述的员工参与决策与管理之外,还要考虑员工参与财务的形式,即分享制①。这里只介绍两种财务参与形式,作为员工参与形式的补充。

第一,报酬分享制。这种制度要求企业以业绩为基础付给员工报酬,这一报酬是员工正常报酬的额外部分。企业的业绩以利润水平、附加值、生产销售水平来衡量。额外报酬一般一年分一次或两次支付,有可能每个员工获得相同的数额,也可能不同,这要依据员工的服务年限或正常的报酬水平的高低而定。实施这一计划的原因,一是认为员工有权分享企业利润、附加值等;二是它和津贴制度不同的是,它不是直接激励个体提高产量,而是通过促进员工群体与雇主合作以提高组织业绩。

第二,企业所有权分享制。企业所有权分享制是通过直接给员工个人或代表员工利益的组织一定数量股票的形式,使员工分享企业利润。有人认为这一计划加强了员工对企业的认同,因为员工已经成为企业的部分所有者,但是在这种分享制下,并不是员工希望成为持股人而持股,而是因为企业希望员工成为持股人而使员工持股。但许多员工在这种分享制中一旦得到了股票,马上就会售出。在这种情况下,如何能促进员工对企业的认同呢?当然,从企业的角度看,所有权分享制的优点是不用现金支付,而报酬分享制则要支付现金,它不影响企业当前经费或现金流量,只是相同的利润分享的股票所有人更多,这样每个持股人的利润就变少了。然而,由于财务分享制分享的只是金钱,而不是权力或权威,也不分享企业决策权,所以,这种分享制本身只是一种较低层次的产业民主形式。

---

① 杨体仁,李丽林.市场经济国家劳动关系——理论·制度·政策[M].北京:中国劳动社会保障出版社,2000:374-375.

四、员工民主参与的制度基础

从建立员工民主参与决策制度的基础来看,可以分为三类:国家法律的规定、劳资双方的集体合同和雇主单方面的决定。因此,在不同的国家,同样的员工参与制度存在着建立基础的差异,例如,法国的员工企业委员是建立在法律规定的基础之上的,丹麦的合作委员会是建立在国家级的集体合同的基础上的,英国的共同协商委员会则是建立在雇主单方面决定基础上的①。这些制度具有的共同特征是,它们包括了雇主和员工的代表,建立的目的都是为劳资双方提供一个可以共同决策某些事项的平台。如果把员工民主参与的制度与直接参与和间接参与的形式结合起来,我们可以把现实社会中的员工民主参与形式分成六种类型。

第一种形式是由国家法律支持的直接参与。现实中,有些国家的法律规定了员工直接参与,例如,德国政府以立法推行的"职业生活人性化项目";法国政府在1982年通过法律要求雇佣50人的企业要定期召开会议,员工在会议上可以就工作内容和工作组织发表意见,还可以就企业的工作条件提出改善的建议。另外,在很多欧洲国家,法律规定员工有权要求公司为他们提供事关其切身利益的信息。

第二种形式是由集体合同条款规定的直接参与。由国家级的集体合同确定直接参与的情况并不多见。丹麦在1969~1972年曾经进行过一个"合作实验",这个实验是由雇主协会与主要的工会组织签订一个协议,劳资双方同意在一个固定的时期选择一些企业进行实验,建立一个项目组或者具有部分自主权的工作小组。在企业一级的集体合同中,则经常出现员工直接参与的条款。例如,德国大众汽车公司的管理方在20世纪80年代初引进"质量圈管理"之后,德国金属行业工会与该公司管理方达成协议,赋予企业工作会议参与管理方有关质量圈运作方法的决策。

第三种形式是由雇主决定的直接参与。大部分直接参与项目都是建立在这一基础上的。但是,这种由雇主决定的直接参与项目多采取非正式的形式,主要是为了解决一些在生产经营方面出现的问题,因此,这些项目的稳定性较差。

第四种形式是由国家法律规定的间接参与。这种形式在欧洲比较普遍,欧盟一直试图通过指引令向所有成员国推广员工间接参与。例如,在1995年,比利时、德国、法国、希腊等八个欧盟成员国已立法规定在企业建立不同层次的工作会议制度或者联席会议制度,使员工可以通过选举的代表参与工作地的决策。

第五种形式是由集体合同规定的间接参与。这种形式多见于英国和爱尔兰等国。

① 李琪.产业关系概论[M].北京:中国劳动社会保障出版社,2008:228.

在这些国家,因为法律对间接参与并无强制性的规定,劳资双方只能通过集体谈判确定间接参与制度。在参与制度方面,一般是依照集体合同的规定,在工厂和公司一级建立由工会代表参与的决策机构,或者由工会代表参加有关职业安全卫生方面的专设机构。

第六种形式是由雇主决定的间接参与。例如,由雇主决定员工代表在公司董事会或者监事会中的席位,或者成立一个由管理方和员工代表共同组成的协商委员会。

五、员工民主参与的度量

作为企业劳资合作的理想形式,员工民主参与管理对企业的经营管理和业绩发展会产生重要的影响。也就是说,企业管理者在做出决策时,吸引员工和工会参加,考虑员工和工会方面的意见和立场,会让他们有更强烈的"主人翁"感,这样可以保证在实施决策过程和企业实际工作中令员工更有责任心。在实践中,员工民主参与管理的实施可以表现在两个层面上:宏观层面上,员工以集体形式参与,主要通过工会和员工代表与管理者进行企业管理上的合作;在微观层面上,员工的参与状况主要取决于管理者选用的管理方式以及政府法律、法规的要求等。这就是说,员工的参与状况在不同的企业和不同的国家会有很大的区别,衡量这些区别的尺度主要有以下几种[①]。

(一)参与过程的种类

参与过程的种类有几种度量标准:①员工的参与是被迫的还是自愿的。在政府规定和要求员工要与管理者共同决策和共同管理的情况下的参与往往就是被迫的。自愿的参与则在这样的情况下出现:管理者提出员工参与的要求,员工自愿接受这种要求。②员工的参与是正式的还是非正式的。正式的参与是指要建立管理者与员工共同管理的委员会;非正式的参与则是基于管理者与员工之间的合约和协定。员工参与的发展趋势是正式的参与。③员工的参与是直接的还是间接的。直接的参与是通过一个有许多员工参加的正式会议来进行共同决策;间接的参与是通过选举代表,由代表成立的理事会来共同决策。需要指出的是,以上三种度量标准并不是彼此独立的或不相关的,而是相互联系的。一般来说,非自愿的参与倾向于正式的和间接的,而自愿的参与倾向于非正式的和直接的。

(二)参与度的高低

员工参与度的变化范围可以从无参与到完全由员工控制不等。具体来说,可以分成几种情况。①无参与。尽管员工不参与共同管理,但管理者对于决策和管理的有关信息可以采取两种不同的态度。一种是完全不透露任何有关决策和管理的具体信息;

① 郭庆松.企业劳动关系管理[M].天津:南开大学出版社,2001:145.

另一种是管理者事先向员工提供关于决策和管理的详细信息。②不同程度的磋商。这又可以分成两种情况：第一种情况是在管理者做出决策之前，就有关问题向员工作出解释，并征求员工的意见，然后管理者独立地做出决策。第二种情况是，管理者不但向员工征求意见，而且在最终决策中充分反映员工的意见。③联合或共同决策。员工与管理者共同对有关问题进行分析，并共同做出决策或决定。一般来说，在共同决策的情况下，员工与管理者对最终决策的形成有同样大的影响力。④员工的完全控制。这是指员工班组中的某个人或某些人被赋予对有关他们自己的问题进行管理的权力，管理者在非例外的情况下不得干预。

(三)参与管理的内容

员工参与管理的内容也是衡量参与状况的重要指标。员工参与管理的内容可以分成以下三组：

- 工作层面的问题和工作条件：包括任务分配、工作方法、工作程序设计、工作目标、工作速度、工作时间、休息时间、设备的安置以及工作安全等。
- 决策层面的有关问题：主要有雇佣和解雇、培训和激励、工作纪律与工作评估、工资发放与意外事故补偿及其标准，等等。
- 企业层面或企业战略层面问题：包括管理者的雇佣与使用、利润分成与财务计划、产品发展与市场营销、资本投资与股票分红、产品选择、工厂选址和投资等。

必须指出的是，在大多数情况下，员工参与管理的内容主要涉及前两个层面的问题，只有极少数情况下，员工参与能够涉及企业整体层面甚至是企业主要战略问题。

(四)管理阶段的参与度

一般来说，一个全面的管理要经过这样一些主要的阶段：①发现问题，即通过各种途径发现问题的存在，而且这些问题是企业重要的问题，需要通过加强管理来加以解决。②搜集信息，也就是要了解所发现的问题的症结所在，并针对这种症结搜集相关信息。③寻找解决办法，即针对发现的问题，并依靠搜集的信息，寻找解决问题的各种办法。④评估解决办法，也就是说，针对不同的解决办法，鉴别其优缺点，评估其代价和效果。⑤选择解决办法，即在上述评估的基础上，选择最好的办法。⑥实施解决办法，也就是要将选择好的解决办法在企业管理实践中加以施加。

可以看出，员工在上述各个阶段的参与程度不同，其在总体上的参与状况是大不一样的。应该说，员工在有些阶段的参与是非常有效的，在有些阶段的参与则不一定有效。比如说，对于企业战略层面的问题，员工在搜集背景信息和解决办法的实施这两个阶段的参与就不一定有效；而对于工作层面和工作条件的问题，员工在这两个方面的参与则是十分奏效的。

（五）对参与问题的原始态度

企业管理的员工参与状况与管理者和员工双方对参与管理的原始态度也是密切相关的。如果双方是用一种合作的态度、公开交流的方式来加强企业的管理，寻找解决各种问题的办法，那么，员工参与的结果就是积极的，最终会有助于企业管理的有效开展，并且有助于各种问题的很快解决，从而实现真正的企业劳动关系的和谐；如果双方是用一种敌视的态度、封闭的或有保留的交流方式来开展企业管理方面的合作，寻找解决问题的办法，那么，员工参与的结果就是消极的，这样就很难促进企业管理的有效开展，也很难推动问题的有效解决，从而很难实现真正意义上的企业劳动关系的和谐。

第二节　国外员工民主参与

员工民主参与制度最早出现在英国，这与英国较早出现的工业革命与工会运动有关。19世纪末期，在英国的印刷业、造船业、机械制造业、建筑业等行业中就建立了集体谈判制度。之后，像工厂委员会等多种参与形式也逐渐发展起来。特别是第二次世界大战之后，员工民主参与在欧美大部分国家都通过立法形式开始制度化。其中最具影响的是德国的“共决制”，这一制度也成为西方国家员工民主参与发展历史上的一个里程碑。在德国的影响下，董事会和监事会等员工代表制成为欧洲大多数国家采用的员工民主参与方式。

第二次世界大战后，欧美发达国家之外的一些国家也建立了员工和工会参加管理的制度，而且形式多种多样。比如，阿尔及利亚采取了类似中国的职工代表大会制；叙利亚、玻利维亚等国家建立了员工代表参加企业行政领导机构的制度；新加坡、印度等国则采取了劳资协商咨询制度等。进入20世纪80年代以来，由于员工民主参与加大了参与财务管理和利润分成的力度，比如，员工持股计划的实施，员工参与的力度和深度都得到了加强。

一、国外员工民主参与的一般形式

国外员工民主参与已发展了100多年，出现过各种员工民主参与的形式与制度。概括起来说，主要有以下几种形式。

（一）集体谈判

集体谈判是西方国家劳动关系管理的核心制度之一，也是员工通过工会组织参与管理的一种有效手段。西方国家大都通过立法形式规定集体谈判的具体内容、机制和做法，并赋予工会作为员工代表与资方进行谈判的资格。在实际的谈判过程中，会有三个权利主体参与其中，即管理层、工会和政府。管理层代表雇主的利益；工会则代表员工的利益；政府在不同国家扮演着不同的角色，但不管政府是直接参与谈判还是间接参与谈判，政府扮演的一般都是“中间人”的角色，在劳资双方之间寻找平衡，作为一种补偿力量而发挥作用。

从员工与工会的角度来看，集体谈判对员工参与管理具有双重作用。一方面，工会与员工要想取得良好的谈判结果，离不开对企业生产经营和管理状况的深入了解，提出任何修正企业现行管理政策的要求都要有真凭实据，这就要求员工主动参与企业管理。另一方面，集体谈判也是签订集体合同的实际过程，确定劳资双方各自的权利与义务，也是在为员工自己制定行为准则。因为这牵扯到员工的切身利益，员工大都会为谈判的顺利进行出谋划策。

当前，集体谈判有两种发展趋势，一是谈判范围分散化，职责向基层转移；二是谈判的内容不断扩大。西方国家传统上盛行产业或全国一级的集体谈判，这种谈判的社会影响力大，谈判双方都容易从中找到有利于自己的一面，但这种谈判所形成的主要决策经常远离实际生产部门，最终可能损害双方的利益。因此，集体谈判便向公司、工厂一级，甚至车间一级发展，全国性的集体合同由地方性合同补充，地方的工厂和工会就某工厂中特定的工作条件进行谈判。在谈判内容上，过去许多国家集体谈判的内容只限于工资和劳动条件，现在谈判的范围扩大了，如工会权利、员工代表权利、参与管理形式、假日和养老金等方面，都可以列入谈判范围，甚至人事、公司投资及搬迁等过去被认为是资方管理特权的问题也被列入谈判范围。

（二）工人委员会制

在欧洲国家，工人委员会制是一种采用较为广泛的形式。从组织上看，基本上分为两种形式：一种是由企业管理者代表和员工代表按人数对等原则组成，类似劳资联席会议；另一种是由工厂全体员工选出的员工代表组成，不论是否为工会会员都可以当选员工代表。在一些欧洲国家，工人委员会被认为是员工影响企业决策的“双轨体系”的一部分。工会参与到集体谈判和政治性的企业外活动之中，而工人委员会则在工作场所上被赋予更大的权利。1972 年，德国通过法律对工人委员会的权利作出规定，包括在人力资源事务上信息被完全告知的权利，抗议计划中的解雇的权利以及在如雇佣、调动、分类和工资结构等问题上提出建议和表示同意的权利等。在很多情况下，工人委员会是其他员工民主参与形式的基础和平台。然而在有些国家，工人委员会并没有实现最初建立时的预期效果，往往变成空谈的场所。

（三）员工董事、监事制

董事会或监事会中设立员工代表制度是在公司最高管理机构中员工参与制度的体

现。多数欧洲国家有在董事会层次设立员工代表的法律要求。20世纪早期,欧共体通过一个草案,要求各成员国在雇员超过1 000人的组织内建立员工董事,作为员工参与的一种模式。在实践中,这种体制可分为一级委员会制(董事会)或两级委员会制(监事会和管委会)两种形式。在德国、荷兰、奥地利,公司一级均设有监事会和管委会两级员工代表。在其他国家,有的只在公司董事会一级实行员工代表制,还有的只在底层的部门董事会中设有员工董事,员工董事的职责是作为部门管理者的顾问。在各种体制中,员工代表少则一人,多则占到1/3,只有德国按劳资双方人数对等原则组成监事会。员工董事或监事一般由全体员工选举产生,地方工会有的可派代表参加董事会,员工代表有权参加董事会或监事会的各种会议,与管理方代表、股东代表共同行使对企业经营管理、销售、技术、劳动、财务等方面的决策权、监督权和部分人事任免权。

员工董事、监事制的意义在于,员工董事在员工和雇主之间建立了一个结合体,员工董事通过提供他们的观点和经验提高了决策会议的质量和决策的质量,员工的利益要求也能够更多地在企业决策中得以体现,确保员工对董事会的决策有更高的认同,并且通过让员工了解管理方的问题和解决方式来减少劳资冲突,创造一种劳资相互信任的氛围,促进劳资合作。

(四)员工自治小组

员工自治小组是车间和班组一级工作现场员工直接参与经营管理的形式,它是由班组成员自行安排小组计划,决定完成生产任务的方式,并且从事技术改革和质量改进等项工作。与其他形式不同,这种参与更直接,员工也被授予更大的责任和权力对工作任务本身做出决策。这种参与形式的出现,主要原因是企业生产进一步社会化,并导致生产分工更加细密,要求员工之间有更多的合作并在完成任务上担负更多的责任。

员工自治小组最具代表性的形式就是质量圈管理,它最初起源于美国,20世纪50年代传到日本,被日本企业发扬光大,成为日本提高产品质量、降低生产成本的重要方式之一。员工自治小组可以在企业生产中的许多领域找到自己的用武之地。这种小组从一定意义上充当了管理者的角色,为员工提供了影响管理者决策和锻炼领导能力的机会,同时,员工在工作现场进行参与也会对管理人员造成一定的压力,促使他们不断提高管理工作的能力,从而在整体上提高企业管理水平。

二、美国的员工持股计划

员工持股计划(Employment Stock Ownership Plans, ESOPs)最早起源于19世纪的美国,是一种由员工持有本企业股权或股票的股份制形式,也是一种员工民主参与的重要形式。所谓员工持股计划,是指在股份制和股份合作制企业中,在职员工按照一定的法定程序,通过有偿认购和无偿配送等方式拥有公司部分股份,从而法定地取得了解本企业经营状况和参与企业管理权利的一种产权组织形式。这是近年来发展较快、值得特别注意的一种参与形式,自20世纪80年代以来,员工持股计划成为欧美国家普遍实行的一种员工民主参与方式。

(一)美国员工持股计划的起源与发展

19世纪末20世纪初,美国就出现了员工持股计划的雏形。1882年,美国一家工厂率先采用了员工持股制度。1893年,伊利诺伊中央铁路公司也开始实施员工持股制度。进入20世纪后,匹兹堡煤炭公司、美国钢铁公司等都先后引入了该项制度。从这些现象可以看出,现代的员工持股计划最早是从美国起源的。①

到20世纪20年代之后,员工持股计划在美国开始普及。当时美国经济处于繁荣期,科学的企业管理制度也得到了确立。同时,美国社会的贫富差距日益加大,社会不安定因素增多,这些都影响到美国经济的进一步发展。于是,美国一些公司便尝试利用股份制、员工参与利润分配、提高工作条件和劳动保险等各种方法来缓和紧张的劳动关系。企业经营的高收益性使雇主希望雇佣稳定的劳动者,劳动者也希望提高生活水平,劳资双方意愿具有的共通性,为员工持股计划的普及提供了基础。此外,产业民主思想的兴起,对协调劳动关系和筹集闲散资金的员工持股计划的普及起到了积极的促进作用。

1929年的世界经济危机触发了美国股市的崩溃,许多企业持股员工因此失去了所持股票的价值,遭到巨大的财产损失。员工持股计划也因此受到强烈的冲击,很多企业因此失去了对员工持股计划的兴趣。1950年之后,西方市场经济国家逐渐出现了企业所有权和经营权分离的新趋向,这在一定意义上导致了物质资本所有权弱化,迅速崛起的经理层权力得到了巨大发展,并开始追求自身利益最大化。于是一些公司开始对高管、经理和一些白领员工实行股票奖励计划,这些股票由公司或其部门信托管理,收益归高层管理人员、业务经理和相关的白领雇员。股份奖励计划的目的主要是稳定企业管理人员,鼓励他们关心股东及公司的长期利益。政府也对这类计划在税收上给予支持。所以,这种股票奖励计划或类似的个人储蓄计划受到了公司投资者和员工双方的欢迎,被人们称为"金色的握手"②。

在这种背景下,被称为"员工持股计划之父"的美国投资银行家路易斯·凯尔索(Louis O. Kelso)于1958年对美国员工持股计划进行了系统的理论阐述。他的理论为

① 周超.职工参与制度法律问题研究[M].北京:中国社会科学出版社,2006:170.

② 王斌.企业职工持股制度国际比较[M].北京:经济管理出版社,2000:23.

员工持股计划在美国的推广和普及产生了重要的推动作用。为了使他的理论能在实践中得到检验和验证,他曾于1958年通过自己创办的银行贷款给濒临倒闭的《西海岸报》报社员工,以股票红利作抵押,经过8年多的运作,他成功地将该公司72%的股权转移到员工手中,由此诞生了美国第一家员工持股公司。之后,凯尔索的员工持股计划理论得到美国参议院财经委员会主席的支持,凯尔索又以自己投资的银行为母体,于1961年组建了"员工持股计划发展中心",专门支持员工持股计划的发展。

(二)员工持股计划的现状

由于美国从20世纪50年代到70年代人口老龄化的趋势逐渐趋于严重,为减轻政府在维持退休劳动者养老保障方面的压力,政府以立法的形式对员工持股计划进行了规范。正是因为员工持股计划能够为退休员工解决养老保障问题,并减轻国家负担,所以,政府对实施该计划的企业给予了各类税收优惠政策,以进一步推动员工持股计划及养老金计划的落实。1974年以后,美国不仅在国会层面上修改了许多联邦法律规范,而且半数以上的州都制定了促进员工持股计划的地方性法律。这些立法极大地刺激了员工持股计划在美国企业中的普及与发展。

根据统计,到20世纪80年代,美国加入员工持股计划的员工已拥有了公司资产(市场价格)的4%以上,参加的员工人数达到了1 080多万人。采用员工持股计划的企业,与20世纪70年代相比增加了20倍之多,其中员工持股公司资产4%以上的企业约有10 000多家,这些企业中大概10%都是上市公司。美国员工持股计划在20世纪90年代中期得到了更进一步的发展,实行的企业数量有12 000~150 000家,参与的员工人数则达到了1 200万人,约占美国劳工总数的12%;持股员工共拥有资产1 200亿美元,大约占实施该计划企业总资本的20%~30%。从1996年的7 000家上市公司实施员工持股计划的情况来看,其中大约有1 500家发行了15%的普通员工股,约占美国所有股票总值的3%~4%。再从公司类型来看,实施员工持股计划的企业主要是一些员工人数在100~1 000人之间的中小企业,它们主要从事制造业和金融业。

(三)员工持股计划的内容与类型

一般而言,世界各国普遍将员工持股计划作为国家社会保障制度的一种类型来看待。根据美国1974年《退休职工收入保障法案》(Employment Retirement Income Security Act of 1974)的规定,美国的员工持股计划具有员工福利养老金的属性。从美国员工持股计划的内容看,该制度主要包括企业对员工的股票奖励计划和现金购买计划等,其最初的做法是企业向本企业员工持股计划捐赠一定数额的普通股,或企业向员工持股计划捐赠一定数额的现金。在某种意义上,美国的员工持股计划既可被理解为一种员工福利计划,同时也是一种企业捐赠计划。

美国的员工持股计划主要可分为四种类型：已用信贷杠杆型员工持股计划(Leveraged ESOPs)、可用信贷杠杆型员工持股计划(Leveragable ESOPs)、非信贷杠杆型员工持股计划(Nonleveragable ESOPs)、纳税抵免型员工持股计划(Tax Credit ESOPs)。

已用和可用信贷杠杆型员工持股计划主要是利用信贷杠杆来实现的，它是美国最典型的员工持股形式。它的具体做法是：首先设立一个员工持股计划信托基金组织，然后由公司担保，该信托基金组织以实行员工持股计划为名向银行贷款，购买公司股东的部分股票，所购股票由信托基金掌管，保留在信托基金开设的"悬置账户"之中。每年从公司利润中，按照预定比例提取一部分交给员工持股计划信托基金组织，该组织将资金用于归还银行贷款，并相应地冲减"悬置账户"中的股份。同时，相应增加每个员工账户上的股份。伴随着还贷，按事先确定的比例(一般是工资总额的10%~25%)将股票逐步转入员工账户。贷款全部还请后，股票即全部归员工所有。还贷年限一般为5~10年。

已用和可用信贷杠杆型员工持股计划的要点是：银行贷款给公司，再由公司借款给员工持股信托基金组织，或由公司担保，由银行直接贷款给员工持股信托基金组织；信托基金组织用借款从公司或现有股票持有者手中购买股票；公司每年向信托基金组织提供一定数量免税的捐赠份额；信托基金组织以每年从公司取得的利润和其他资金归还公司或银行贷款；当员工退休或离开公司时，按一定条件可取得股票或现金等。

非信贷杠杆型员工持股计划，是不利用银行贷款的一种股票奖励计划。它是由公司每年向员工无偿提供一定数额的股票，或员工自己出钱购买股票以实现对公司股份的持有。具体做法是：公司直接将股票交给员工持股计划委员会，委员会为每个员工建立相应的账户。该计划要每年从公司利润中按其掌握的股票分得红利，再用红利归还雇主或公司以股票形式的赊账，赊账偿清后，股票即属员工所有。当企业经营出现困难时，为帮助企业脱困，也有劳资双方达成降薪协议，再以减少的薪水购买企业股票的情形。

纳税抵免型员工持股计划主要是指公司按照参与员工持股计划的全体员工薪水的一定比例，使用税后利润为员工购买本企业股票。该计划也能享受国家税收上的附加投资减免。

除了上述四种主要类型外，美国还有其他一些特殊的员工持股方式，如允许本企业员工拥有广泛认股权的制度、股票购买计划以及股票奖励计划等。这些方式同上述四种类型相结合，构成了美国员工持股计划的基本格局。

三、德国的共决制

自20世纪50年代以来,欧洲各国开始广泛建立起员工董事制、监事制的民主参与形式。但由于各国经济发展程度、历史传统、社会政治背景不一,所以各自制度的内容与员工民主参与的程度和方式也并不完全一致。在欧洲各国之中,能够真正达到"对等共决"的只有德国。所以,共决制是德国员工民主参与的最大特色,而德国也是"共决制"民主参与形式的最典型的代表。"共决"的含义是指企业的最高管理层、资方代表与员工代表对企业重大经营管理问题进行讨论磋商、共同决定。

(一)德国共决制的起源与发展

德国企业实行共决制并非偶然,它与德国工人运动的发展是密不可分的。19世纪中后期,德国曾是世界工人运动的中心,对世界工人运动发展起到过领导性作用。但德国工人运动一直深受改良主义的影响,改良主义两个最有影响的代表人物伯恩斯坦和考茨基都是德国人。改良主义放弃无产阶级专政,主张议会民主,同时也提出了经济民主和工人参与管理的主张。这种思想一直影响着德国工人运动,可以说这是共决制最初的思想来源。

德国工人参与民主管理的最早形式是工厂委员会制。1891年,德国政府颁布了《劳动保护法》,第一次正式确认在企业中建立工厂委员会。第一次世界大战前后,这一法律的适用范围扩大到所雇佣的工人人数超过50人的工业企业,以求缓和劳资冲突和保障战时经济所需。但那时的工厂委员会权力很小,仅在劳动条件、休假、工资和企业福利设施等方面有参加协商和提出意见的权利,还谈不上共决。但此后,在一些企业出现了类似现在意义上的共决制的萌芽,比如,1922年通过的对《工厂委员会法》的补充法案规定,工厂委员会可派1~2名代表参加股份制公司的监事会。

第二次世界大战之后,现代意义上的企业共决制开始产生。战后初期,德国许多企业主因为与法西斯政权有牵连而逃跑或被关押,所以企业处于无人负责的状态。工人为了生活便自发组织起来恢复生产,反对占领国拆走工厂设备。当局为了发展经济,也需要工会与员工的配合,并对他们的要求实行让步政策。在这种特殊的历史背景下,德国出现了劳资共决制。

劳资共决制的发展大体上经历了三个阶段。

第一阶段,1951年联邦议院通过了《职工在矿业和钢铁工业企业的监事会和经济委员会中共决法》,即"煤钢共决法"。规定在1 000名职工以上的煤矿和钢铁工业股份公司中,监事会由劳资双方代表对等组成,并另设一名双方都能接受的"中立"代表。监事会主席由资方出任,劳方代表担任副主席。在表决时出现意见相左,两方成平局的情况下,由中立代表作最后裁决。同时还规定,在公司管理委员会内任命一名由工会提名的员工经理。

第二阶段,1970 年联邦政府成立了"共同决定问题专家委员会",提出了独立的提案报告。经反复协调联合政府内各党意见,联邦政府于 1974 年 2 月正式提出法案,其主要内容是:第一,新法适用于员工人数在 2 000 名以上的企业;"煤钢共决法"与新法并存。第二,监事会构成人数根据员工多少分为 12、16、20 名三档。第三,员工代表包括由工会推荐的工会代表,均由员工代表选举产生。第四,监事会主席由监事会 2/3 以上多数成员决定产生。第五,当监事会表决投票完全相同时,由监事会主席作最终决定。第六,董事会成员的选举,如在监事会连续三次表决亦不能决定时,由股东大会决定。董事会设一名负责人事、劳务的专职劳动董事。

第三阶段,1976 年 3 月联邦议院正式批准了联邦政府的提案,通过了新的"共同决定法"。该法扩大了共决范围,规定在煤炭、钢铁企业以外的拥有 2 000 名员工以上的其他股份公司里也实行劳资对等共决。这样,几乎所有的股份公司都实行了"共决制",这标志着共决制作为一个完整的员工民主参与制度的最终形成。

(二)共决制的基本做法

根据 1976 年"共同决定法"规定,可适用该法的所有企业,均须设置监事会,但监事会构成因企业雇佣人数的不同存在一定的差异。雇员人数在 1 万人以下的企业,其监事会成员为 12 名;雇佣人数在 1 万 ~2 万人之间的企业,其监事会成员为 16 名;雇佣人数在 2 万人以上的企业,监事会成员为 20 名。其中劳资双方各占一半名额。监事会的职权主要有:任命和罢免经理委员会成员;监督企业的营业活动和生产;参与企业的重要决定,如投资、接受和提供贷款的限额、利润的分配和使用、雇佣和解雇高级员工等。

企业也可通过公司章程等方式,将监事会人数从 12 名改为 16 名,甚至是 20 名,也可以从 16 名改为 20 名。当员工监事人数为 6 名或 8 名时,其中 4 名或 6 名员工监事必须是企业的员工代表,其余 2 名代表由企业工会组织代表出任。当员工董事为 10 名时,名额分配比例为 7:3。工会监事代表之外的员工监事要按隶属或从业于该企业的员工、一般职员及基层管理人员的人数比例分配员工监事名额,但每个集团至少得有 1 名监事。员工监事的被选举资格或条件是在本企业工作 1 年以上、年满 18 周岁,并不得拥有其他公职。

关于员工监事的选举,选举方法原则上有两种:雇佣人数未超过 8 000 人的企业,一般实施直选;超过 8 000 人的企业,则实施间接选举。直接选举是由拥有选举权的员工先按 1/20 的比例提名,再由半数以上员工实施秘密投票。如果拥有选举权的 1/20

的员工提议,有超过半数以上的员工做出决议,即便采取与上述原则不同的选举方法,也是合法的。举行间接选举时,首先需按每个企业部门的员工及员工的人数比例分别推举选举权人,一般按每60名推举1名的比例进行确定,部分人数较少时,至少需保证推选出1名选举权人。由这些选举权人组成选举权人委员会。当选举权人委员会的人数超过30人时,则将其减半并赋予每位选举权人两票投票权;当人数超过90人时,将其人数削减到1/3并赋予每位选举权人3票投票权;超过150人时,将其人数削减为1/4并赋予每人4票投票权。

员工监事任期届满之前,各自所属团体或选举权人委员会有3/4以上的人请求解任的,可予解任。工会组织的监事代表,亦可根据该工会的请求予以解任。无论直接还是间接选举产生的员工监事,只要其所属集团的选举权人3/4以上多数秘密投票决定解任的,可随时予以解任。

（三）德国共决制的影响

德国实行的“共决制”被看成是西方员工民主参与管理的里程碑,它的成功经验也影响到了西欧其他国家。在20世纪五六十年代,欧洲各国都遭遇到了工人罢工等棘手的劳工问题,所以他们纷纷效仿德国,开始下放管理权力,吸收员工参与管理。法国、挪威、奥地利、卢森堡等国先后颁布法律,规定员工代表要在董事会中享有1/3的席位。这种做法最后还影响到欧洲共同体订立的“欧洲公司法”,该法建议共同体成员国在所有的公司制企业中,组建有1/3员工代表参加的董事会。因此,德国的共决制的影响已经突破了德国范围,成为整个欧洲和世界其他各国效仿的民主参与形式。

员工董事、监事制度在北欧受到了高度重视。挪威于1972年正式确立了员工董事和监事制度。同年5月,挪威修改《公司法》,其中涉及员工董事、监事制度的内容就包括:修改后的《公司法》适用于矿山企业及制造业的股份公司;雇佣员工50~200名的企业,董事会应有员工董事;雇佣员工200名以上的企业要设立企业委员会,其法定委员人数为12名以上,其中员工代表应占委员会人数的1/3。由企业委员会任命董事会董事,董事会1/3须由员工代表组成。关于员工代表的选举,具有选举权的资格是须在该企业连续工作3个月以上的成年人;被选举人必须是连续在该企业工作1年以上的成年人。

瑞典也于1972年12月制定了《员工参与董事会法》(1988年修改),该法规定:雇佣员工超过25人的有限责任公司和其他经济组织,员工有权选举2名员工董事进入董事会;雇佣超员工过100人的股份公司,董事会须有2名员工董事。依据该法,当可以代表该企业半数以上员工的工会组织决定参与企业管理时才引入员工董事制度。在2名员工代表中至少有1名是该企业员工。员工董事不得参与罢工及通过集体谈判达成的其他事宜，这是瑞典员工董事制度的最大特点。卢森堡于 1974 年也制定了《私营企业劳资共同经营法》，该法规定员工人数在 150 人以上的私营企业须设置劳资双方同额代表组成的“共同经营委员会”，其中员工代表的资格是欧盟成员国任何国家的公民均可当选。

欧盟从欧共体时代开始，为推进整个欧洲的经济整合，各国政府分别采取了一系列相关措施，这有利于包括员工董事、监事制度在内的员工参与制度在整个欧洲的发展与普及。欧洲区域经济整合的重要标志之一，就是尝试制定欧盟统一的公司法的努力。从 1966 年起，欧共体就已着手准备制定此法，但因各国公司法之间实际存在的差异而面临很多困难。德国力主将新旧“共同决定法”等制度纳入欧盟统一的公司法中，这也是导致该法在立法技术上难产的原因之一。1971 年，欧盟的“经营者联盟”正式明确表示反对将德国劳资共同决定权纳入到统一的公司法中。但后来因各成员国分别不断地普及各自的员工董事、监事制度，“经营者联盟”也逐渐改变了原有态度和立场，最终于 1974 年同意将德国的劳资共同决定体制纳入到统一的公司法中。欧盟的这些变化和发展趋势，进一步在欧洲各国促成了使员工董事、监事制度得以存续和发展的更广泛的社会环境和基础，同时也对欧洲一体化的迅速发展起到了一定的作用。

从欧洲各国的具体情况来看，欧洲各国大都分别拥有各具特色的员工董事、监事制度，其内容和程度虽不完全相同，但彼此间也有不少共同因素。德国共同决定体制在 20 世纪 50 年代刚刚形成时，曾被认为是德意志民族特有的“共同体”思想理念的具体表现，当时并未得到欧洲各国的足够重视。但进入 20 世纪 70 年代后，该制度在德国实践中不断完善，也由于整个欧洲的员工参与制度取得了长足的进步，于是，德国模式开始逐步受到欧洲各国的关注与效仿。

四、法国的员工利益参与制度

法国受空想社会主义思潮以及发达的工人运动史的影响，形成了由股份合作制下的劳动股、员工参与持股以及员工利益参与制度三种形式构成的员工参与制度。

（一）劳动股与股份合作制企业

20 世纪初，法国人创设了股份合作制企业这一新型的企业形式。这是一种集“合作社原理”和“股份公司原理”于一体的劳资共同劳动的独特企业组织，其核心内容由“劳动股”和“劳动合作商事公司”构成。

所谓劳动股是指股份合作制企业所承认的那些在企业劳动满 1 年以上，年龄在 21 周岁以上的男女成年员工得以参与企业管理及利润分配的权利。对劳动者而言，虽然劳动股并不构成企业资本，而是作为员工未来的劳动报酬无偿提供给员工的无面额记名股份,但它同时还是一种"成员股"。劳动股与"资本股"不同,尽管其中包含有利益分配请求权,但在剩余财产分配请求权上却低于资本股。在企业利益分配时,企业是在第一次支付了资本股股份或红利后,才允许劳动股同资本股一起按股份份额分享剩余的利益。

此类股份合作制企业不仅允许劳动股的持有者在股东大会上行使其"公益权",而且还承认劳动者股东代表享有进入董事会的权利。劳动股固然可被理解为是一种既享有"公益权"又享有"自益权"的企业利益持有份额,但它却并不属于劳动者个人所有,而属于劳动者组织起来的劳动合作商事公司。

所谓劳动合作商事公司,是在股份合作制企业中负责集体管理劳动股的劳动者代表组织。它理应承担的重要任务是向员工分配劳动股的股息;还有确保劳动者能够参加企业股东大会及选举董事会的员工代表等。

所谓"股份合作制企业"是由两种完全不同性质的股份(劳动股和资本股)构成的股份制公司。这种股份公司的形态与本质和一般股份公司完全不同,如今依然没有太多的人愿意尝试设立此类公司。究其原因,除雇主和经营者往往对员工监督心怀恐惧和优虑外,还有劳动股与资本股的组合技术过于复杂,企业管理和运营中均衡双方利益颇为困难等。

(二)法国员工持股制度

20 世纪 50 年代,法国出现了利用员工持股方式促使劳动者拥有企业所有权的构想,并在一些企业中进行了具体实践。目前,法国的员工持股制度除前述劳动股之外,还有所谓"员工优惠购买企业股份制度"和 1980 年的《员工持股法》。

1. 员工优惠购买企业股份制度

为促使员工持股制度在企业经济活动中充分发挥应有的作用,政府通过优惠条件鼓励企业员工成为企业股东。为了在企业内部营造劳动与资本共同生产的合作关系,也为确保员工广泛地参与企业经营和企业利益,法国于 1970 年 12 月制定了"认购或购买股份的期权制度";又于 1973 年 12 月制定了"购买股份员工分配制度"。这些都是促使员工优惠购买企业股份的制度,为掌握该制度在全国实施的状况,法律还规定企业负有向政府报告实施状况的义务。该制度后经多次补充和完善,一直沿用至今。

股份制企业可通过认股和购买股份两种方式使员工持有本企业股份。其条件主要有:企业股份须在证券交易所公开标价,或允许企业股份在"非正式交易市场"开价;无论认股还是购股,企业均须在最近 3 个会计年度内至少发放过两次股息;即使法定资本尚未完全付清,企业仍可向员工发行股份;拟增资本与本年度和前两年已向员工发股增加的资本之和,不得超过企业资本的 20%;企业可向参股企业(占 10% 以上股权)或控股企业(占50%以上股权)以及“被参股企业”(10%以上股权)或“被控股企业”(50%以上股权)发行“员工股”。当企业股票在非正式市场交易时,董事会或管委会应将员工股发行事宜预先通知股票交易委员会。如果发行员工股的企业,其集团公司总部设在法国或欧盟内,员工也可购买集团公司的股票。

该制度的最大特色是凡在企业工作满6个月以上至3年以内的员工,可通过企业的“共同投资基金”参与企业利润分配或积累以及企业储蓄计划,统一认购企业股份。为确保员工持股制度得到落实,“员工股”采取记名方式,5年内禁止自由转让。“员工股东”与其他普通股东一样,享有同等管理企业的权利。如果其股份是由共同投资基金统一认购的,则其“股东权”由基金管理人统一行使。此外,拥有一定资格的员工个人或投资基金的管理者还有查阅企业账簿的权利;员工在劳动合同期间,可成为监事会成员,但人数不得超过监事会人数的1/3。

2.1980年《员工持股法》

1980年,法国政府制定并通过了《员工持股法》及其实施细则。该法的立法目的在于:第一,员工持股制度可置换劳资对立关系,亦即缓和或消解劳资矛盾。第二,员工持股制度可提高企业凝聚力和改善劳动气氛,亦即提高企业效率。第三,员工持股制度可促进劳资沟通。第四,员工持股制度可进一步推进员工利益参与,使员工成为企业真正的成员,最终将促使员工成为企业的“主人”。

《员工持股法》适用于公司总部设在法国本土的股份公司或股份合资公司、上市公司及准上市公司。这些公司中有资格参与员工持股制度的是拥有法国国籍或欧共体成员国国籍、连续工作2年以上的员工。对那些不拥有法国国籍或非欧共体成员国国民的员工则要连续工作5年以上。这些员工依据《员工持股法》取得员工股的最高限制不得超过最少取得者的3倍;每人分配所取得的股份数及其基准加额之和不得超过5 000法郎;被分配所得的员工股在3~5年内不得自由转让。

对那些未达到上述条件的公司,通过公司股东大会的特别决议也可采用该制度。具体内容是:在该法生效实施4个月之内,公司就要通过股东大会的特别决议;以公司资本3%的比例向员工发行新股,其发行价总额由国家和企业股东分别承担65%和35%。

尽管《员工持股法》受到了来自各方的批评,甚至有人认为该法侵害了公司股东的股东权,或者认为违反了员工参与的基本理念。但是,从该法的具体规定来看,它大大推动了法国员工利益参与的程度,成为法国员工利益参与制度中的一个重要立法。

(三)员工利益参与制度

员工利益参与制度的出现,为现代企业经营管理科学的发展提供了全新的内容。

传统的企业管理仅是关注如何更有效地发挥员工的劳动积极性，以便提高生产率，而员工利益参与制度打破了原有的人力资源管理模式，促使劳动者通过利益参与自觉地将自己的利益与企业利益相结合。

员工参与企业利润分配是员工利益参与的重要方面，通常的做法是企业在税前拿出部分收益让员工分享。利润是概括企业成果的一个抽象概念，它是指从总收入中扣除所有生产性开支的剩余，它由生产过程产生的剩余价值转换而来。但即使劳动者拼命工作，企业也有可能因经营失败或由于物价及利息变更等原因而无法获利。由于不确定性因素的存在，常使劳动者不会对利润分配制度及其激励性效果有太多的期待。

法国的员工利益参与制度，是由《义务性利益参与法》以及与之相关的 11 部法律法规共同组成的一个颇为细密的员工利益参与法律体系。该法律体系主要涉及《劳动法》、《税法》、《商事公司法》等各方面内容，结构非常复杂。从法国员工利益参与的基本内容来看，其实施的方式主要有以下几种：

第一，交付员工企业股份的方式，也就是所谓员工持股制度。这种方式有两种：一是员工通过参与企业资本加入特别准备金，企业则将本公司股份无偿交付员工；二是交付事先通过证券交易所购买的本公司股份，然后再无偿交付给员工。

第二，付与员工企业债券的方式，其中包括可转换债券。这种参与方式又有以下两种方法：即直接向员工交付公司债券和开设信托账号。通过前者成为公司债权人的员工，拥有一般债权人相同的权利，但员工所持债券在 5 年之内不得流通。后者则是企业内一种员工存款制度，企业根据员工参与协议将员工利益参与的金额存入每个员工的信托账户中，信托银行按照员工参与协议支付给员工约定的利息。

第三，市场投资方式，企业将股份委托给信托投资公司去运营，或交付给银行、法定经纪人、各种公益基金、保险公司等企业外金融机构作为投资项目。在这种情况下，员工既非所属企业的投资者，也不是债权人，而成为其他企业的出资者或债权者，这与前两种情形处在完全不同的法律规范之下。

法国义务性员工利益参与制度的政策性和技术性都很强。在参与协议的缔结方式、利益参与的实施方式等方面，均体现出对劳动者自由意志的尊重；同时在《义务性利益参与法》的大量强制性规范中，依然保留了不少使劳资可自由交涉的余地。此种旨在确保以自由为基调的员工利益参与制度的本质属性，反映了立法者的苦心，对此应当给予高度评价。义务性利益参与制度在规模上颇为宏大，立意堪为深远，但从实际实施看却也有薄弱之处，结果是不仅在促使员工财产增加方面，而且在提高企业投资能力方面，都很难说完全实现了立法者的初衷。就员工利益参与制度的普及率以及员工参与程度而言，义务性员工利益参与制度，都很难称得上是一个非常成功的制度创新范例。

第三节 中国职工民主参与

一、中国职工民主参与的起源与发展

根据中国经济发展的历史与企业制度史，我国职工民主参与管理制度的发展大体上经历了三个不同的历史阶段。

(一)近代民族资本主义兴起到1949年

我国职工民主参与管理初创阶段始于土地革命战争时期，主要表现为中国共产党领导工会运动争取工人经济条件的改善，提高劳动者的经济待遇。如1922年由刘少奇与李立三领导的江西安源煤矿工人大罢工取得胜利，为工人赢得“增加工资”、“改良待遇”、“打破包身工制度”、“组织团体”等权利。1922年8月，在中国共产党公布的《劳动立法原则》中，就提出了劳动者参加劳动管理的要求。这是中国共产党第一次用文件的形式确立起劳动者参加劳动管理的原则。这一原则实际上成为当时共产党发动工人阶级进行罢工斗争的重要纲领之一，它对于启发工人阶级的思想觉悟，树立民主和阶级意识，推动工人运动大发展，都起到了积极作用。但受条件限制，党的这一主张在当时主要是体现在宣传和动员层面，并没有多少实践意义。到了中国共产党在自己的根据地建立了自己的公营企业后，才有了把理论用于实践的场所和机会。

1933年1月，苏维埃政府颁布了《中华苏维埃共和国劳动法》，该法规定工会有权代表职工与各企业各机关的管理部以及各种私人雇主签订合同，职工在国有企业参与企业管理。同年4月，苏维埃政府还颁发了《苏维埃国有工厂管理条例》，进一步确定了职工民主参与的制度。当时职工民主参与的主要形式是“三人团”制度。“三人团”由厂长、党支部代表和工会代表组成，协调厂长处理厂内的日常问题。“三人团”实际构成了工厂的领导核心。职工的民主参与活动主要是通过工会来实现的，但这种参与主要是提提意见，对工厂的决策与管理并不产生实质性的影响。

解放战争时期，中国共产党在华北等地区的公营企业中，逐渐建立起以工厂管理委员会和职工代表会议为主要形式的职工民主参与制度。1946年5月，中共中央发出《关于工矿企业政策的指示》，强调企业应实行民主管理，工人应参加企业管理。1948年1月，根据个别解放区试行“工厂管理委员会”的经验，中共中央进一步要求各解放区的公营企业均建立工厂管理委员会和职工代表大会制度。工厂管理委员会由厂长、副厂长、总工程师以及其他生产负责人和等于以上数量的工人职员代表组成，具有讨论与决定一切有关生产与管理重大问题的权利。委员会主席由厂长担任，职工代表大会对工厂的行政工作拥有检查、批评和建议权。

(二)1949 年到 20 世纪 70 年代末

20 世纪 50 年代，新中国成立前的工厂管理委员会和职工代表会议制度在建国后得到了延续与发展。除了公营企业中确立了以工厂管理委员会和职工代表会议为主要形式的职工民主管理制度，私营企业也采取了劳资协商会形式。但在以后的发展历程中，职工民主管理制度遇到许多曲折，在“文化大革命”时期更是遭到严重破坏。

1950 年，我国国营企业大都建立了工厂管理委员会与工厂职工代表会议制度。同年 2 月，当时的政务院财经委员会发布《关于国营、公营工厂建立工厂管理委员会的指示》，其中指出，目前在全国绝大部分地区，解放战争已告结束，国家的中心任务是恢复与发展生产。要完成这一伟大任务，在国营、公营工厂中，必须把原来官僚统治时代遗留下来的各种不合理制度进行有计划、有步骤的改革。改革的中心环节，就是建立工厂管理委员会，实行工厂管理民主化，使工人亲身感到自己是企业的主人，从而改变其劳动态度，发挥其生产的主动性和创造性。

1953 年，在完成社会主义改造之后，我国正式引入了前苏联的企业管理体制，即“一长制”。当时，职工通过职工代表会议拥有参加企业管理的广泛权利，但此种职工代表会议基本上属于建议和咨询性质，对企业没有约束力。20 世纪 50 年代末至 60 年代初，在社会主义建设实践中逐渐形成了独具自身特点的企业民主管理体制：“两参一改三结合”，即“干部参加劳动，工人参加管理；改革不合理的规制制度；党的领导、工人群众和技术人员相结合”。

“文革”期间，全国各行业均在工厂、车间和班组等不同层面组成了为数众多的工人领导小组。小组成员基本上由一线工人组成，他们不要额外报酬，每天至少多工作一小时以上来履行职责，诸如参加会议和走访工人家庭等。小组关注的事务非常宽泛，从意识形态和政治工作到生产、技术改革以及安全和福利等。所以，“文革”期间的职工民主参与制度，虽然在意识形态的作用下得到了推进和普及，但此种职工参与的意识形态过于浓厚。由于企业基本上放弃了效益和利润原则，并且职工普遍缺乏科学管理的能力基础，另外，由于长期以来对企业科技人员的贬低等各种因素的影响，致使国营企业大面积出现效益下滑、企业办社会以及缺乏市场竞争力等一系列严重缺陷。在这种背景下，职工民主参与制度在实践中也很难发挥积极的作用。

(三)改革开放以来至今

1978 年，中国共产党召开了十一届三中全会，会议决定把全党工作的重点转移到社会主义现代化建设上来，并提出对经济管理体制和经营管理方法进行改革，这标志着我国进入了改革开放的历史新时期。1978～1993年,中国企业的职工民主管理得到快速发展,在法制建设、组织规模等方面都呈现出前所未有的局面。1993年以后,因顺应改革新形势,职工民主管理的形式、职权、内容等方面又进行了一些调整。同时,在政府及工会组织的推动下,非公企业的职工民主管理也进入到一个新阶段。

根据十一届三中全会的指导思想,1979年4月中共中央工作会议提出扩大企业自主权、严格经济核算、认真执行按劳分配原则、以放权让利为目标的企业改革思路。从5月开始,在首都钢铁公司等八家企业进行扩大企业经营自主权试点,其中涉及职工参与的主要内容有:企业在人事安排、职工奖惩等方面拥有一定的权力;实施党委领导下的厂长负责制,建立职工代表大会制度等。此后几年,职工代表大会逐渐成为职工民主参与企业管理的重要渠道。职工代表大会由企业职工选举产生的职工代表组成,参与企业部分决策,并对企业经营管理负有监督职责。职工代表大会的职能包括:检查厂长的生产计划和预算;讨论和决定将企业资金用作福利和奖金;决定有关管理结构、报酬体系的改革;对经营管理进行评价,并对上级机关提出有关奖励、提升、批评和撤换的建议;选举经理和管理人员等。

1981年7月,中共中央、国务院转发了《国营工业企业职工代表大会暂行条例》,这是新中国成立以来,第一部有关职工代表大会制度建设的全国性法规。中共中央在转发通知里指出,职工当家做主、民主管理企业是社会主义企业同资本主义企业的根本区别之一。职工代表大会正是提高职工群众主人翁责任感,发挥当家做主的积极性,办好社会主义企业的基本组织形式,每个企业必须按照《条例》的规定,有准备地、切实地把职工代表大会制度建立起来。此后一年多的时间内,在党组织和工会组织的推动下,职工代表大会制度建设得到大面积的发展。1984年底,全国建立了职工代表大会的企业、事业单位已有20.7万个,占应建职工代表大会制度的78%,形成了建国以后职工代表大会建设的第一个高潮。

1986年和1988年,为适应经济体制改革的新形势,相继出台了《全民所有制工业企业职工代表大会条例》、《全民所有制工业企业厂长工作条例》和《全民所有制工业企业法》。这三部法律法规以法律形式,正式确认了职工可通过职工代表大会和其他民主形式对国有企业实施民主管理的原则,标志着中国式的职工参与制度终于走上了法制化的轨道。尽管它们是企业中党、政、工须同时遵守的规则,但在一部分内容上尚存在彼此不协调之处。

由于市场经济发展仍然不充分,20世纪90年代初期很多企业的职工代表大会制、董事会和监事会制度,在不同程度上都存在着形式化的问题。1992年《全民所有制工业企业转换经营机制条例》颁布后,这一现象变得更加明显。《条例》的核心问题之一表现为企业人事权的界定上。根据法规对全民所有制性质的规定,职工是企业的主人,职工代表大会有权决定企业负责人人选。但根据国家所有的产权结构,企业为国家所有,代表国家的政府理所当然有权决定企业负责人的选用。所以,企业管理机制问题,即企业最高权力机构是政府主管部门、职工代表大会还是厂长、经理为首的管理委员会,在实践中一直比较混乱。

在此背景之下,1993年12月,第八届全国人民代表大会常务委员会通过了《中华人民共和国公司法》。对中国职工参与的发展而言,该法堪称一个新的里程碑。它为职工参与提供了更加明确的法律依据,使上述混乱得到了一定程度的缓解。《公司法》基本上继承了《职工代表大会条例》和《全民所有制工业企业法》中关于职工参与的相关规定。《公司法》对企业管理运营机关作出了新的法律规范,用所谓"新三会"(股东大会、董事会和监事会)替代"老三会"(党委会、职工代表大会及工会)。但《公司法》对"新三会"与职工代表大会的关系并未给出明确的法律界定,只提出设立职工代表大会的原则性规定,未具体规定职工代表大会的权限内容。这就容易形成"新三会"和"老三会"之间的矛盾,甚至导致法律间的冲突。

《公司法》以来的立法主要是围绕大力推进以股份制改革为核心的现代企业制度的建立而展开的。伴随着市场经济体制的初步确立,我国社会出现了价值观念多元化、社会生活民主化、企业形态多样化、国家经济日益国际化等趋势,同时,企业面临的市场竞争压力日益增大,所有这些都对中国的职工民主参与制度提出了许多新的问题和挑战。我国以职工代表大会为核心的职工民主参与制度开始面临新的危机,主要表现为职工民主参与制度的理论和实践严重脱节,须以新的制度创新加以应对。特别是随着非公有制企业迅速发展,非公有制企业职工民主参与管理问题也变得非常突出。

二、职工代表大会制度

职工代表大会是职工民主参与管理的基本形式,它和其他民主参与形式一起构成了我国基层组织中的职工民主参与管理体系。与其他民主参与形式不同,职工代表大会制度在性质、任务、职权以及组织机构和工作制度等方面,具有独特的优势。

(一)职工代表大会的性质

职工代表大会是职工行使民主管理权力的机构。1988年我国颁布的《中华人民共和国全民所有制工业企业法》第五十一条规定:"职工代表大会是企业实行民主管理的基本形式,是职工行使民主管理权力的机构,依照法律规定行使职权。"对职工代表大会的性质我们可以从以下几方面加以理解。

1. 职工代表大会是一种“代表制”性质的组织

职工代表大会的“代表制”体现在：它不是实现直接民主的地方和组织，是用民主选举的方式组成实现权力的代表机关，是由代表机关行使民主权利的组织。它的内容主要包括选举的原则和方式、代表的责任和监督、代表机关的组织活动和权限以及同其他机关之间的关系等。代表制本质上体现了少数人在行使权力方面的特殊作用。虽然组织中的每一位成员都有其相应的权力，但由于受成本、效率、素质等诸多因素的影响，并不能做到人人都可直接行使，只能用选举的方式选出自己的代表集中行使。

2. 职工代表大会是行使权力的机构

职工代表大会是行使权力的机构，它依法开展活动，运用协商、咨询、共同参与等方式作出决定，其他组织和机构有服从和执行的义务，职工代表大会的要求通过其他部门的执行得以实现，可以造就出新的相对来说更符合职工利益要求的利益关系格局。

3. 职工代表大会行使的权利是民主管理的权利

职工代表大会行使的权利是特定的民主管理权利，而非宽泛意义上的行政权力。按照1986年制定的《全民所有制工业企业职工代表大会条例》规定，职工代表大会的权利是指审议企业重大决策，监督行政领导，维护职工合法权益等方面的权利。因此，职工代表大会的权利有其确定范围，这种权利与职工在国家政治关系中的地位是相一致的，同厂长或经理负责制并不矛盾。

我国坚持国有企业的民主管理原则，实行职工代表大会制度，一定意义上是对国有企业社会主义属性和职工主人翁地位的确认和保障。从企业管理的一般属性来看，坚持民主与集中的统一既是社会化大生产的客观要求，也是有效组织社会协作劳动过程的必要条件。国有企业实行的职工当家做主、依靠职工群众办企业的多年实践证明，要真正实现职工民主参与企业管理，有效动员职工的劳动积极性，就必须有健全的组织形式和工作制度。职工代表大会制度正是经多年实践不断完善的职工参与企业管理的基本制度，也是我国社会主义政治制度及生产资料公有制性质所决定的。

（二）职工代表大会的权限

职工代表大会的权限主要是审议重大决策，监督行政领导，维护职工的合法权益等。这是由职工代表大会的性质所决定的。

1. 审议重大决策

职工代表大会审议重大决策是指讨论审查和通过有关企事业单位的生产经营和管理方面带有全局性的重大问题，讨论决定涉及职工切身利益的重大事项。其中包括审议企事业单位长远和近期的经营管理方针与目标，以及重要的实施方案与措施。职工代表大会审议重大决策，一方面体现了职工代表大会代表全体职工行使权利；另一方面也体现了职工代表大会通过审议过程参与决策，集中职工的智慧，保证决策的科学性和可行性，同时使决策能够更好地体现职工群众的利益要求。

2. 监督行政领导

职工代表大会的这项权利是指通过一系列的制度安排和民主活动，检查各级行政领导人的工作，并予以督促。监督的主要内容是监察行政领导是否正确贯彻执行党和国家的方针政策，是否正确处理国家、企业、职工三者的利益关系，是否正确行使职权，是否认真实施职工代表大会的审议与决议，在廉政建设方面能否做到遵纪守法和廉洁奉公。职工代表大会对行政领导的监督是一种组织监督，也就是代表处于被管理地位的劳动者进行监督。职工代表大会的监督主要是一种自下而上的群众监督，这种监督具有全面性、普遍性和直接性，因而对于促进行政领导廉政建设、防范行政领导以权谋私、保证国有资产的保值与增值都具有重大意义。

3. 维护职工的合法权益

职工代表大会的这项权利是指通过开展各项活动，维护职工根据国家法律规定应当行使的权利和享有的利益。维护职工的合法权益，是职工有组织地保护自己的合法权益免受侵犯的法律行为。它包括维护职工在劳动、学习、工资、福利以及社会保障等各方面的权益。职工的合法权益也包括职工的精神利益和文化利益。职工作为国家公民以及劳动关系主体一方，应具有的地位和尊严需要进行维护。职工的精神利益和文化利益是一种更高的利益需求，在工作实践中更应受到重视。

职工代表大会上述三项权利是互相联系、互相补充、交织在一起的，任何一项权利都包含另几项权利的内容，它们集合在一起才构成职工代表大会权利的总体。审议重大决策，是民主管理的最具体内容；监督行政领导，则是民主管理的本质要求；维护职工的合法权益，是民主管理的最终目的。审议重大决策包含了监督和维护的内容，审议的过程是监督的过程，也是维护的过程，离开了监督和维护，就不能保障决策的科学性，其结果是不仅损害企事业单位的利益，也会影响职工群众的切身利益。同样，监督行政领导主要是通过审议其决策以及在决策的执行过程中，考察领导者的行为是否符合政府相关政策，是否能够尊重和落实职工群众的合法利益。这些活动本身既维护了企事业单位生产经营和管理的正常秩序，也保护了职工群众的切身利益和长远利益。

(三)职工代表大会的组织制度

职工代表大会的组织制度，是职工代表大会开展活动，履行民主管理职能，完成其任务的组织设置与工作制度的总称。它主要包括职工代表大会的组织机构、工作机构、组织原则、工作方式和活动制度。

1. 职工代表大会的组织机构

职工代表大会的组织机构包括大会主席团、代表团(组)和根据工作需要而设立的经常性或临时性的专门小组。职工代表大会主席团是职工代表大会会议期间的组织领导机构,并主持会议。其成员应包括工人、技术人员、管理人员和企业的领导干部。其中工人、技术人员、管理人员应超过半数。主席团成员必须是本届职工代表大会的正式代表,其人数可根据职工代表人数多少决定。主席团不实行常任制。职工代表大会开展的活动是统一组织起来的职工代表的活动,在企业组织中,职工代表按照分厂、车间、科室组成代表团(组),推选团(组)长。被推选出来的职工代表按所在生产和工作单位组成的代表团(组)开展活动。代表团团(组)长一般应由分厂、车间或科室工会主席担任。职工代表大会的专门工作小组是根据职工代表大会工作需要而设置的执行专门任务的临时性或经常性机构。专门工作小组成员一般在职工代表中提名,根据职工代表人数及要解决问题的难易度确立小组的人数,每个小组 3 ~5 人不等,也可以聘请少数有特殊专长的非职工代表参加,但须经过职工代表大会通过。专门小组对职工代表大会负责,承办职工代表大会交付的各项工作。

2. 职工代表大会的组织原则

民主集中制是职工代表大会的组织原则,也是职工代表大会的基本制度,它是职工代表大会协调行动、集中意志、充分发挥作用的重要保证。职工代表大会实行民主集中制反映了职工、职工代表、职工代表大会之间的个人服从组织、部分服从整体、少数服从多数的关系。民主集中制是把高度民主与高度集中结合起来的组织原则。它要求职工代表大会既要充分发挥每个职工的智慧,又要有统一的意志、统一的组织纪律性。

3. 职工代表大会的工作制度

为保证职工代表大会各项具体工作有序和有效开展,企事业单位应制定相应的职工代表大会实施办法,确定职工代表大会会议期间及闭会期间开展工作的制度。就目前职工代表大会的实践情况看,职工代表大会的工作制度应包括:职工代表大会的会议制度、职工代表大会专门小组工作制度、职工代表大会团(组)长和专门小组负责人联席会议制度、职工代表活动制度以及民主管理考评制度。其中,职工代表大会的会议制度的工作应包括决定职工代表大会的届期、每年召开会议的次数、会议议题议程、决议形成与修改等事项。职工代表大会专门小组工作制度是保证每个专门小组围绕职工代表大会相关职权的政策落实而设立的制度,它是承上启下的枢纽机构。职工代表大会团(组)长和专门小组负责人联席会议由单位的工会委员会召集,联席会议可以根据会议内容邀请党政负责人或其他有关人员参加。所讨论确定的问题,需向下一次职工代表大会报告,并予以确认。职工代表活动制度包括对职工代表参加职工代表大会会前、会中及会后活动的要求,规定日常活动时间、活动内容及组织领导等内容。民主管理考评制度是企事业单位为了促进贯彻和执行职工代表大会实施细则,以及职工代表大会决议的落实,保障职工民主管理权力的责任管理制度。

三、厂务公开制度

厂务公开制度是指企业管理方向本企业职工公开企业的重大决策、企业生产经营管理的重大事项、涉及职工切身利益和企业廉政建设的事项,接受职工监督的民主管理制度。厂务公开制度是20世纪90年代中期建立起来的职工民主参与制度,到1999年2月,中共中央纪律检查委员会、国务院经济贸易委员会和中华全国总工会联合发出《关于推行厂务公开制度的通知》,要求在国有企业、国家和集体控股企业建立厂务公开制度。实行厂务公开制度的目的是给予职工知情权,职工的知情权是职工民主参与和民主管理的前提条件。2002年6月,中共中央办公厅、国务院办公厅联合下发了《关于在国有企业、集体企业及其控股企业深入实行厂务公开制度的通知》,具体规定了厂务公开的指导原则、总体要求、活动内容和组织领导。该通知是国有企业实行厂务公开制度的主要政策依据。

(一)厂务公开的指导原则和总体要求

实行厂务公开的指导原则是:必须坚持以邓小平理论为指导,按照"三个代表"的要求,认真贯彻党的十五大和十五届四中、五中、六中全会精神,坚定不移地贯彻落实党的全心全意依靠工人阶级的指导方针;必须遵循国家法律、法规和党的方针政策,实事求是,注重实效,有利于改革发展稳定和保护商业秘密;必须坚持党委统一领导,党政共同负责,有关方面齐抓共管,动员职工广泛参与;必须与企业党的建设、领导班子建设、职工队伍建设结合起来,与建立现代企业制度结合起来。

实行厂务公开的总体要求是:国有企业、集体企业及其控股企业都要实行厂务公开;在厂务公开工作中,要切实做好企业领导人员和职工的思想工作;在厂务公开工作中,必须坚决防止和克服形式主义,保证公开的真实性,务求工作实效。

(二)厂务公开的内容及实现形式

厂务公开的内容包括四个方面:

一是企业重大决策问题,主要包括企业中长期发展规划、投资和生产经营重大决策方案,企业改革、改制方案,兼并、破产方案,重大技术改造方案,职工裁员、分流、安置方案等重大事项。

二是企业生产经营管理方面的重要问题,主要包括年度生产经营目标及完成情况,财务预决算,企业担保,大额资金使用,工程建设项目的招投标,大宗物资采购供应,产品销售和盈亏情况,承包租赁合同执行情况,企业内部经济责任制落实情况,重要规章制度的制定等。

三是涉及职工切身利益方面的问题,主要包括劳动法律法规的执行情况,集体合同、劳动合同的签订与履行,职工提薪晋级、工资奖金分配、奖罚与福利,职工养老、医疗、工伤、失业、生育等社会保障基金缴纳情况,安全生产和劳动保护措施,职工培训计划等。

四是与企业领导班子建设和党风廉政建设密切相关的问题,主要包括民主评议企业领导人员情况,企业中层领导人员、重要岗位人员的选聘和任用情况,干部廉洁自律规定执行情况,企业业务招待费用使用情况,企业领导人员工资、奖金、兼职、补贴、住房、用车、通信工具使用情况,以及出国出境费用支出情况等。

实行厂务公开,需要借助一定的形式。厂务公开的主要载体是职工代表大会。因此,厂务公开是与职工代表大会制度紧密联系在一起的,两者相辅相成、互为依托,厂务公开要想取得成效,就必须按照有关规定认真落实职工代表大会的各项职权。厂务公开是一项经常性的工作,因此,除了职工代表大会外,还需要借助其他形式落实这项工作。比如厂情发布会、厂务公开栏、党政工联席会议、中层干部会议、工厂内部传播媒体等公开形式。另外,还有一些比如意见箱、接待日、职工座谈会、联络员制度等形式,厂务公开可以通过各种形式开展。

(三)厂务公开的组织领导

企业行政是实行厂务公开的主体,其组织体制由三个环节组成:一是成立厂务公开领导小组,由党委、行政、纪委和工会负责人组成,负责制定厂务公开的实施意见,审定重大公开事项,指导协调有关部门研究解决实施中的问题,做好监督考核工作,建立责任制和责任追究制度。二是设立工作机构,企业工会是厂务公开领导小组的工作机构,由工会负责日常工作。企业厂务公开领导小组办公室一般设在企业工会。三是成立厂务公开监督小组,该小组由纪检、工会有关人员和职工代表组成,负责监督检查厂务公开内容是否真实和全面,公开是否及时,程序是否符合规定,职工反映的意见是否得到落实,并组织职工对厂务公开工作进行评议和监督。

厂务公开领导小组、工作机构、监督小组是厂务公开制度不可缺少的环节,它们在厂务公开的领导、运行和监督方面发挥着各自不同的功能。为了互相配合,做好厂务公开工作,企业有必要制定厂务公开的领导、日常运行、监督检查等相关制度,权力和责任落实到三个环节中的每位成员,形成制约和激励机制,使厂务公开、民主管理和民主监督按程序、按制度进行,使之不受个别人的干扰,不以个别领导人的意志为转移。

四、职工董事、监事制度

职工董事、监事制度也称为董事会、监事会中的职工代表制，是指公司制企业依照法律规定，选举一定数量的职工代表进入董事会、监事会，担任董事、监事，参加企业重大决策的制度。职工董事、监事是相对于产权所有者的代表而言的，他们是由职工选举产生而不是由出资人委派产生。在西欧国家，这一制度已经实行了数十年之久。我国职工董事、监事制度在20世纪90年代才开始，正处于起步和建设阶段。

（一）实施职工董事、监事的制度依据

我国的职工董事、监事制度始于《公司法》，这部法律也是这一制度的主要法律依据。关于职工董事，《公司法》规定，国有独资公司和两个以上的国有企业或者其他两个以上的国有投资主体投资的有限责任公司，依照宪法和有关法律的规定，通过职工代表大会和其他形式，实行民主管理。并且，以上公司的董事会成员中应当有公司职工代表，职工代表由公司职工民主选举产生。关于职工监事，《公司法》规定，监事会由股东代表和适当比例的公司职工代表组成，具体比例由公司章程规定，监事会中的职工代表由公司职工民主选举产生。

1999年党的十五届四中全会审议通过了《关于国有企业改革和发展若干重大问题的决定》，重申国有独资企业、国有控股公司中的董事会和监事会都要有职工代表参加。作出这种规定的原因，一方面是为了企业能更好地适应建立现代企业制度的需要，进一步拓宽民主参与的渠道；另一方面也是借鉴了西方工业发达国家的惯例性做法。此后，中华全国总工会十三届二次执委会也确定了把建立职工董事、监事制度列为各级工会组织的一项重点工作。

实行职工董事、监事制度，由职工代表直接参与公司高层管理、决策和民主监督，体现了职工作为企业劳动关系主体一方应享有的权利，是完善企业法人治理结构过程中职工民主参与制度的重大发展。和其他民主参与形式相比，职工董事、监事制度有层次高和参与管理直接等特点，具有其他民主参与管理形式不可替代的作用。它与职工代表大会制度、集体协商与集体合同制度以及其他民主管理制度，共同构成了我国市场经济体制下的职工民主参与管理体系。

职工董事、监事的身份是职工代表，他们由企业全体职工或职工代表民主选举、更换。在建立职工代表大会（职代会）的公司制企业，由职代会负责选举和更换。职工董事、监事经由职工民主选举产生后，无须股东大会认可，直接进入董事会和监事会。一般而言，企业工会主席、副主席作为职工董事、监事的首推候选人。工会作为职工利益的代表者和维护者，其领导人通过一定的民主程序进入董事会、监事会，能够准确地、集

中地反映职工群众的意见、建议和要求,更好地履行其维护职责。

（二）职工董事和监事的条件与比例

职工民主选举职工董事和监事,也应按照《公司法》要求,重点选拔那些具有代表性、具有参政议政能力的职工代表。因此,职工董事、监事候选人应具备以下条件:有高度的责任心,有较强的政治素质和政策水平;了解、熟悉企业生产经营管理和业务技术等有关情况,有较强的参与决策、实施监督的能力;密切联系群众,能够代表和维护职工的合法权益,为职工群众信赖和拥护,敢于并善于表达职工意愿;坚持原则,廉洁自律,为人正派,办事公道,讲究诚信。

职工董事和监事的比例,《公司法》中没有明确规定,但要求在公司章程中予以确定。从实践情况来看,一些实行这一制度的公司制企业,职工董事和监事在董事会和监事会中大体占到1/3的比例。

（三）职工董事、监事的产生与罢免

关于职工董事、监事的产生,在《公司法》、《国有企业监事会暂行条例》和《工会法》等法律法规中均有相应的明确规定。董事会中的职工代表由公司职工民主选举产生;监事会由股东代表和适当比例的公司职工代表组成,具体比例由公司章程规定。监事会中的职工代表,由公司职工民主选举产生。国有企业监事会分专职监事和兼职监事,企业职工代表担任的监事为兼职;监事会中的企业职工代表由企业的职工代表大会民主选举产生,报监事会管理机构批准。公司董事会、监事会中职工代表的产生,依据公司法有关规定执行。

至于职工董事的罢免,虽然《公司法》等相关法律并无直接明确的规定,但《公司法》却明确要求董事在任职届满前,股东会不得无故解除其职务。根据职工董事、监事由职工民主选举产生这一事实,可推断罢免职工董事、监事也应由企业职工以民主方式决定。

职工董事、监事制度是在现代企业制度条件下,职工民主参与管理的一种新形式。虽然我国职工董事、监事制度的适用范围还仅限于公有制企业、国有独资公司、两个以上国有企业或两个以上国有投资主体设立的有限责任公司、以国有资产为主体并由国家控股的有限责任公司及股份有限公司,但作为正在形成之中的职工管理参与制度,它将在我国市场经济体制中得到不断的完善和发展。

【关键术语】

员工民主参与　　员工持股计划　　共决制　　职工代表大会制度

【本章小结】

员工民主参与是员工参与企业经营管理决策，并对企业经营管理决策产生影响的一项劳动关系制度，对实现和谐劳动关系、促进企业和员工共同发展具有重要意义。为了使员工参与在企业发挥真正作用，在了解员工民主参与的含义、特征之后，参照员工参与的具体形式，即直接参与、间接参与、分享制等，确定企业要采用的形式，并对通过一些指标衡量员工参与程度，提出反馈意见。

国内外的员工民主参与制度及具体形式存在较大差异。西方市场经济发达国家的员工参与情况较为成熟，例如美国的员工持股计划、德国的共决制、法国的员工利益参与制度。我国的员工参与制度先后经历了三个不同的历史阶段，形成了职工代表大会、厂务公开制度以及职工董事、监事制度等方式。在理解、掌握上述内容之后，企业可以依据自身条件，选择合适的员工方式，制定相关制度，促进企业和员工共同发展。

【复习思考题】

1. 员工民主参与的概念是什么？包括哪些具体的形式？
2. 阐述美国的员工持股计划。
3. 阐述德国的“共决制”。
4. 详细阐述中国的职代会制度。

【参考文献】

[1] 常凯. 劳动关系学[M]. 北京：中国劳动社会保障出版社，2005.

[2] 陈向聪. 职工参与概念探析[J]. 福建政法管理干部学院学报，2002(1).

[3] 冯同庆. 中国经验：转型社会的企业治理与职工民主参与[M]. 北京：社会科学文献出版社，2005.

[4] 郭庆松. 企业劳动关系管理[M]. 天津：南开大学出版社，2001.

[5] 郭站红. 职工参与公司治理法律制度研究[M]. 北京：中国社会科学出版社，2009.

[6] 李琪. 产业关系概论[M]. 北京：中国劳动社会保障出版社，2008.

[7] 刘元文. 相容与相悖——当代中国的职工民主参与研究[M]. 北京：中国劳动社会保障出版社，2004.

[8] 刘元文. 职工民主管理——理论与实践[M]. 北京：中国劳动社会保障出版社，2007.

[9] 王全兴. 职工参与制度探微[J]. 中国劳动科学，1995(7).

[10] 谢玉华,何包钢.西方工业民主和员工参与研究述评[J].经济社会体制比较,2007(2).

[11] 徐小洪.试论“工人参与管理”制度的评估体系[J].北京市总工会职工大学学报,2003(1).

[12] 杨体仁,李丽林.市场经济国家劳动关系——理论·制度·政策[M].中国劳动社会保障出版社,2000:372-373.

[13] 詹婧.企业民主参与动力研究/基于劳资双赢的经济学视角[M].北京:首都经济贸易大学出版社,2010.

[14] 周超.职工参与制度法律问题研究[M].北京:中国社会科学出版社,2006.

[15] 朱晓阳,陈佩华.职工代表人会:职工利益的制度化表达渠道?[J].开放时代,2003(2).

[16] Cooke W N. Product Quality Improvement through EmPloyee Participation [J]. Industrial & Labor Relations Review, 1992, 46:119.

[17] Cooke W N. Employee Participationprograms, Group-based Incentives, and Company Performance: A Union-nounion Comparison [J]. Industrial & LaborRelations Review, 1994,47:594.

[18] Freeman R B, Medoff J L. What Do Unions Do? [M]. NY: BasieBooks, 1984.

[19] Murphy K. Determinants of Contract Duration in Collective Bargaining Agreements[J]. Industrial and Labor Relations Review, 1992, 45:352-365.

第八章

集体谈判与集体合同

集体谈判和集体合同是劳动关系管理的重要组成部分。通过本章的学习，读者首先要了解集体谈判的概念、历史、结构和内容；其次要理解集体谈判的相关理论和谈判过程，同时要熟悉集体合同的内容；最后掌握我国目前的集体协商制度，运用相关的理论对其进行分析。

【引导案例】

全国总工会：全面扎实推进工资集体协商①

全国总工会明确要求，各级工会要进一步加大推进工资集体协商工作力度，力争到2012年基本在各类已建工会的企业实行集体合同制度，全面扎实推进工资集体协商。对未建立工会的小企业，通过签订区域性、行业性集体合同，努力提高覆盖比例。

各级工会要充分认识当前加大力度全面扎实推动企业建立工资集体协商机制的重要性、紧迫性，将其作为建立工资正常增长机制和支付保障机制、实现职工收入正常增长和预防、化解劳动关系矛盾和冲突的重要制度保障，在扩大工资集体合同覆盖面的同时，切实增强工资集体协商的针对性和实效性。

据了解，近年来全国各级工会积极争取党政支持，加强源头参与，依托协调劳动关系三方平台，内外联动，推动工资集体协商工作快速发展。截至2009年底，全国共签订集体合同124.70万份，覆盖企业211.21万个，覆盖职工16 196.42万人。其中，签订工

① 资料来源："全国总工会：全面扎实推进工资集体协商"，新浪网，2010－11－25，20:05下载，相关文字作了适当删减和处理。

资专项集体合同51.2万份,覆盖企业90.2万个,覆盖职工6 177.6万人。

全国总工会有关负责人表示,近年来,全总把推动开展工资集体协商工作作为维护权益、改善民生、促进发展、确保稳定、构建和谐的攻坚之举、落实之举,把推动工资集体协商作为贯彻实施《劳动合同法》、调整劳动关系、深化企业分配制度改革的重要手段。2008年以来,全总先后就工会参加工资集体协商、建立集体协商指导员队伍、开展集体协商要约行动、开展行业性工资集体协商下发指导意见。2010年,全总又联合人力资源和社会保障部、中国企业联合会等下发了《全面实施集体合同制度"彩虹计划"》。

为了解决劳动者最为关心的工资问题,减少因工资问题产生的劳动争议,我国正大力推进工资集体协商机制,努力提高集体合同的覆盖比例。工资集体协商是集体协商机制的重要组成部分,集体协商机制是构筑理想劳动关系的基础,在建立和推动和谐社会的过程中发挥着不可替代的作用。在国际上,通常把集体协商称为集体谈判。本章将论述集体谈判的概念、结构、内容和进程,总结集体谈判的发展历史以及相关的理论,介绍集体合同的相关内容,最后简要描述我国的集体协商制度。

第一节 集体谈判概述

一、集体谈判的含义

集体谈判的术语是由比阿特丽斯 · 韦布(Beatrice Webb)首先提出,由韦伯夫妇宣传普及,用于描述雇主或雇主协会与雇员代表或工会协商雇佣条款和条件的过程。1902年,韦伯夫妇在《产业民主》一书中对"集体谈判"作出了明确定义:"雇主不是面对雇佣劳动者个体并与之订立劳动合同,而是面对集体的意志、决定,订立统一的合同,合同订立的原则是在当时条件下的雇佣劳动者的集体抉择。"随后,1981年,国际劳工组织颁布的《关于集体谈判的公约》(154号)对集体谈判进行了总括性的解释和界定。根据该公约,集体谈判是适用于一名雇主或多名雇主、一个或多个雇主组织为一方,同一个或数个工人组织为一方,就以下目的所进行的所有谈判:①确定就业条件;②调整雇主与工人之间的关系;③调整雇主组织与工人组织之间的关系。

各国学者针对集体谈判的不同方面对集体谈判进行了定义。一种定义是强调集体谈判是制定制度的过程。例如,美国加州巴克莱大学的乔治 · 施特劳斯(George Strauss)在《工商管理大百科全书》中撰写集体谈判的条款时指出:集体谈判指通过工人

(常常组成工会)与雇主进行谈判以决定条款和条件的一种制定制度的过程①。还有一种定义强调,集体谈判是协商谈判体系。如吉尔·帕尔墨(Gill Palmer)认为,集体谈判是"专门的雇主—工会谈判委员会共同决定有关雇佣问题的制度化的协商谈判体系"。另外还存在特别强调雇主与雇员组织之间关系的定义。如美国劳工领袖萨缪尔·高泊尔斯(Samuel Gompers)指出:集体谈判说明工资不应该由管理方控制,也不仅仅是管理方的职责。雇员有权利组织起来,派出代表与雇主协商工资和工作条件。集体谈判是为了就雇佣条款进行协商,雇主与代表雇员的组织之间的一种持续的关系(Continuous Relationship)②。

在我国,集体谈判的概念大多借用国外的定义,再对表述进行适当调整。比如,著名的劳动经济学家赵履宽教授将集体谈判定义为"管理方与雇员群体通过谈判和签订协议,确定工作条件诸内容的过程"③。实际上,该定义也强调了集体谈判是制定制度的过程。

综上所述,集体谈判是通过一种特定的谈判结构进行谈判,制定制度的过程,即通过雇员的代表与雇主或其代表就工作条件和劳资关系等问题进行协商,确定具体的劳资关系规范的过程。从广义上讲,它也是一种协商谈判体系,是一种解决劳资问题的方法。集体谈判的前提是结社自由和协商自主。"集体谈判"区别于劳动者个人与雇主之间的"个别谈判",其目的是签订集体协议,规范双方的权利义务关系,解决工作场所中共同关注的问题。有效的集体谈判需要两个基本条件:第一,在规范员工关系方面,雇员要清楚自己并非独立的个体,而是属于有着相同目标和利益的团体的成员,并且通过加入这种团体(通常是工会)形成集体的力量,进而与管理层进行谈判以维护自己的利益。第二,管理层必须接受这个雇员团体,并认可该团体所代表的员工利益。

二、集体谈判的发展历史

集体谈判起源于18世纪下半叶的英国。产业革命导致西方资本主义国家经济的迅速发展和生产力的不断进步,劳工队伍不断发展壮大,但是劳动者的生活条件却远远落后于社会经济的发展水平。一些熟练劳动者建立起自己的组织,逐步形成可以与资方平等协商的力量,工会作为雇员代表与雇主或其代表进行集体谈判的雏形初现。西方市场经济国家的集体谈判的发展历史大致可以分为四个阶段:

---

① 麦克尔·普尔,马尔科姆·沃纳.人力资源管理手册[M].沈阳:辽宁教育出版社,1999:443.

② Michael R Carrell, Christina Heavrin. Labor relation and collective bargaining : cases ,practive and law [M]. New Jersey: Prentice-Hall , A Simon & Chuster Company, 1998:4.

③ 张建武.劳动经济学理论与政策研究[M].北京:中央编译出版社,2001:216.

第一阶段:集体谈判的萌芽阶段。从18世纪末到19世纪下半叶,西方市场经济国家的产业冲突和工会组织的出现使得集体谈判成为现实。一些掌握技能的熟练劳动者自发组织起来,利用罢工或消极怠工等手段迫使雇主不得不到谈判桌上与雇员进行谈判。但当时的集体谈判没有得到法律的保护,雇员随时可能被雇主抛弃。

第二阶段:集体谈判开始被法律认可阶段。从19世纪下半叶到20世纪初,政府在一定的法律范围内开始容许劳动者组织工会并签订集体合同。西方国家废除了禁止劳动者结社的法律,工会开始在法律许可的条件下代表雇员与雇主进行"谈判—罢工—再谈判",劳资双方开始接受通过协商等较温和的方式进行谈判以解决矛盾的做法。集体谈判制度得到了国家法律的认可和保护,使得集体谈判日益成为制度化的解决产业冲突的手段。

第三阶段:集体谈判向制度化过渡阶段。从20世纪初到第二次世界大战,劳资关系表现出向制度化、法制化过渡的趋势,劳动者结社、集体谈判和集体合同制度在劳动立法中进一步获得确认。西方国家进一步完善劳动立法,加强劳动行政管理工作,健全相关机构,扩大劳动监察的范围,全面干预劳动关系。集体谈判和集体协商制度在各国日益普及,由劳资双方通过有组织地协商解决工资和其他劳动条款的方式进一步被劳资双方所接受。政府职责转变为为劳资双方进行谈判创造条件,提供调解、仲裁等服务。在劳动立法中,政府从单方面只邀请雇主代表转变到同时邀请雇员代表参加劳动立法。

第四阶段:集体谈判的制度化地位被确认阶段。从二战后至今,在西方国家,劳动者结社、集体谈判和集体合同制度在劳动立法中被广泛确认。西方国家普遍注意运用各种措施缓和劳资关系,并形成了一整套规范化、制度化的法律体系和调解机制。集体谈判成为处理日常劳资问题的主要手段,在战后西欧等西方发达国家中,集体谈判已经成为雇佣关系中决定规则的主要手段。集体谈判的范围日益扩大,方式上日趋多样灵活,种类上也日趋完善,各种层次的谈判互为补充,并且成为一项经常性的制度。

在集体谈判制度的历史发展过程中,集体谈判权与劳动团结权、集体争议权一起被学者成为"劳动三权",三者相互配套,不可或缺,共同发挥作用。其中,集体谈判权是"劳动三权"的核心,而劳动团结权是集体谈判的前提和基础,没有劳动团结权就无法行使集体谈判权,因为进行集体谈判的前提是劳动者必须团结起来组成工会。同时,集体争议权是实现集体谈判权的辅助性权利和保障,当集体谈判陷入僵局时,工会可以行使集体争议权向资方施压,促使其重新回到谈判桌前。罢工权是集体争议权最重要的形式,是工会在集体谈判中威胁资方的手段和解决争议的最终武器。从集体谈判的历史发展角度来看,劳动者团结起来形成的工会及其所领导的罢工,极大地推动了集体谈判制度的发展，使资方和政府逐渐认可并接受其作为解决劳资争议的主要手段，使之成为一项经常性的制度。

三、集体谈判的结构

集体谈判的结构是指集体谈判的双方分别代表什么层次、类别、范围的雇主和雇员签订集体合同或受到该合同的影响。集体谈判结构具有多样性，体现在四个方面：第一，集体谈判可以在劳动关系体系中的不同层次展开，可以在全国或行业层次上，也可以在地区或行政区层次上，还可以在企业层次上。第二，集体谈判单位所覆盖的雇员群体是经常变化的。在某一个企业或行业中，同一个集体合同可能覆盖所有的雇员，而在另一企业或行业中，不同类型的雇员则可能有他们自己独立的集体合同。第三，集体谈判的形式可以不同，可能采取书面协议这种非常正规的方法，也可以采取完全依靠双方所达成的无书面文字的默契这样一种非正式的方法。第四，集体谈判的范围也是多种多样的，可以限制在较重要的实质性条款，例如，工资、工时等，也可以扩展到更大的范围，例如，程序性问题以及企业管理上的问题。

在市场经济国家，集体谈判的结构通常分为“正式”和“非正式”两种结构。正式的谈判结构指谈判单位即雇主和雇员是该集体合同认定的法定对象，而非正式的谈判结构指雇主和雇员仅是通过标准谈判过程或其他程序，受到该集体合同的影响。

（一）正式谈判结构

谈判结构通常包括两个维度：①谈判单位中所代表的雇员及工会利益的范围，是以狭义的职业为基础，还是以行业为单位从而包括多个职业；②谈判单位中所代表雇主利益的范围，是多个雇主进行谈判（集中谈判），还是单个雇主但多个工厂进行谈判，或者是单个雇主且单个工厂进行谈判（分散谈判）。表 8 - 1 说明了谈判结构的分类。纵轴表示雇员的利益范围，横轴表示雇主利益谈判单位的范围和集中程度。

表 8 - 1 展示了目前最常见的六种正式的集体谈判结构。大多数西欧和北欧国家，包括德国、法国、意大利、荷兰、瑞典、挪威和芬兰等，大多实行独立于企业之外的行业范围的多雇主谈判制度（集中谈判）。由雇主协会代表本行业的单个雇主进行集体谈判，签订集体协议。单一企业或者公司级别的谈判制度（分散谈判）在美国、日本和英国相当普遍。此外，在很多情况下，集中谈判所达成的总体协议，只覆盖一些广泛性的问题，例如，工资率和福利。而一些企业或者工厂特定的问题，如职业安全与健康条件、资历条款、生产标准、轮班制度以及加班规定等，通常由分散化的集体谈判机构决定。集体谈判的结构随着时代的发展不断发生变化，目前集体谈判结构日益分散化，企业级别的谈判正在成为一种趋势。

表 8－1　谈判结构的类型和例子

		雇主利益涉及范围		
		多雇主 （多雇主—多机构）	拥有多个工厂的单个雇主 （单雇主—多机构）	单个雇主拥有单个工厂 （单雇主—单工会）
雇员利益涉及范围	职业为基础的谈判 （单工会）	建筑业 跨省运输 港口工作 医院	航空 教师 警察 消防员 铁路	制造厂 种植园 医院
	行业为基础的谈判 （多工会）	地下采煤 基础炼钢 医院	汽车制造 钢铁 农场设备 政府部门 纺织	制造厂

（二）非正式谈判结构

非正式谈判结构主要包括协调性谈判（Coordinated Bargaining）和模版谈判（Pattern Bargaining）。

1. 协调性谈判

协调性谈判是指由不同的组织经过集体谈判而签订集体合同，这些合同在基本内容和基本条件上几乎相同，至多有细微的差异。这主要是行业相互之间进行影响的谈判方式。在 20 世纪 50 至 70 年代非常普遍，这一时期不同行业主要协议的达成通常要经过几个月的谈判，率先达成的协议对之后的协议制定起到“标准示范”的作用。

2. 模版谈判

模版谈判是指采取非正式的手段，将一个正式谈判结构所确定的雇佣待遇和雇佣条件推广到另一个谈判结构中去。20 世纪 50 至 70 年代，它首先作为工会的谈判战术和策略得到广泛应用。工会首先选择一个经济效益好、盈利能力强、在既定条件下能够作出最大让步的雇主及时进行谈判，以达成对工会最有利的协议。然后，再将这一协议作为随后谈判的一个最低条件，迫使其他雇主接受。因为不满足这一条件将会导致雇员的强烈不满，可能延长罢工时间，所以雇主一般除了答应甚至提高这一标准之外，别无选择。但是，随着 20 多年经济条件的变化，这种过去由工会采取的策略战术逐渐被雇主采用。雇主为了赢得较多的让步，首先挑选那些力量薄弱的工会进行谈判并签订协议，以此作为随后与其他工会谈判的基础。

集体谈判结构受到多方面因素的影响，主要包括：①工会和雇主组织内部结构的紧密程度。一般而言，谈判主体组织紧密程度较高，相应的谈判层次也较高，常见于北欧国家；谈判组织紧密程度较低，谈判层次也较低，常见于美国、日本等。②企业间竞争的激烈程度。企业间竞争程度高，则谈判层次低，美国、日本较常见；企业间竞争程度较低，则谈判层次较高，西欧、北欧国家较常见。③企业在市场中的地位。一般来说，垄断性企业强调行业级别的谈判，非垄断性企业则强调地区或企业级别的谈判，中小企业一般强调在企业级别开展谈判。④企业的组织结构特点也影响谈判结构，如集中性的组织结构喜欢与单一工会进行谈判；而分散化的企业组织结构，则往往采取与多个工会进行谈判的形式。

四、集体谈判的内容

集体谈判的内容一般可以分为三大块——实质性规则、程序性规则和工作安排。

（一）实质性规则

实质性规则是指那些对劳资双方利益直接产生冲突的问题。其主要包括工资、福利计划、工作量、就业保护以及对技术改进的限制等，它与工会的经济功能密切相关。关于这些就业待遇和劳动条件的谈判，常常被看成是工会参与集体谈判的主要目的。实质性规则最重要的内容是如何确定工资率以及工作时间。此外还有对按成果付酬计划下最低收入水平的规定；对不能为雇员提供工作时的保障性收入水平的规定；对在特殊工作条件下工作，如轮班或在非正常条件下工作时的津贴的规定。一般来说，这些条件每年都要根据社会物价水平的变化，在同行业工资水平以及本组织或行业的生产率和盈利能力进行对比的基础上重新议定。

工资和工时问题一直是集体谈判最重要的内容。在当今社会，工资和工时问题远比过去复杂得多，仅就工资而言，雇员除了得到数额固定的基本工资以外，还享有其他方面的收入，如奖金、津贴、补贴以及延长劳动时间的加班工资，超额计件工资等。在近一个世纪的发展过程中，雇员每周劳动的平均工时逐渐缩短，同时带薪休假时间延长。

（二）程序性规则

程序性规则是有关谈判双方如何达成协议的规定，其中最值得关注的是申诉程序，一旦谈判达成协议，双方就要通过这一程序解决冲突。其他的程序性规则还包括解雇提前通知、安排加班的程序，以及晋升、调动程序等。另外，与平等就业、歧视、健康和安全相关的问题也在此范围之内。如果实质性规则可以看成是集体谈判在经济方面所取得的结果的话，那么程序性规则应当被看成是在管理权和决策权的运用方面进行谈判所产生的结果。

劳资双方存在着一种冲突，表现在资方希望对劳动力进行控制，而雇员则在寻求某种保护以免受专断的管理决策和管理行为的损害。程序性规则通过界定各类事项应当如何处理以及资方、雇员和工会各自的预期角色，为组织中劳资双方之间的关系提供了某种确定性，从而为解决劳资双方的冲突提供了一种规范性的框架。由于程序性规则所关注的是关于决策、雇员参与以及雇员代表参与组织事务的规范问题，所以可以认为它比实质性规则更为重要，这些问题涉及的是分享权利而不是金钱。

（三）工作安排

工作安排是指人们在工作场所形成一些有关工作内容及完成方式的非正式规则和惯例。这些安排反映了不同类别的工作内容所包含的职责范围。例如，在生产车间对机器设备的保养和维修，一般属于机械工的职责范围，而不属于操作工的职责和义务。尽管这些工作安排已或多或少被雇员和管理者接受，但在管理权力不断膨胀的影响下，管理方可以堂而皇之地违反那些没有写入集体合同的规则。为了防止管理方采取这些行动，工会试图通过集体谈判将涉及"工作安排"的条款列入集体协议。这些工作安排的内容非常广泛，一般包括对工作定额、工作进度以及工作内容的限制等。

第二节　集体谈判过程

一、有关集体谈判过程的理论

根据沃尔顿和麦可西(Walton & Mckersie)提出的集体谈判的行为理论模型，集体谈判过程中存在着四个子流程，分别是：分配式谈判、整合式谈判、组织内部谈判与端正态度。

（一）分配式谈判

分配式谈判将谈判视为一种利益分配，结果是一方受益，另外一方相应地承担损失，是一种零和谈判。在分配式谈判中，雇员一方获取的是管理方所放弃的。比如，雇员获得20%的加薪，则企业承担相应数额的支出。这种理论强调的重点是通过讨价还价对资源进行分割，双方从特定的立场出发提供对立的信息，未来的行为取向也立足于自己的立场，很难相互协商达成折中。

（二）整合式谈判

整合式谈判也称双赢式谈判，指劳资双方针对共同面临的问题，通过协商一起解决问题的谈判类型。此类谈判多发生在劳资双方能够无条件地、宽容地认可对方的需要或双方同时获得利益,往往适用于雇主提供了较高的灵活性或工会希望更多的工作安全保障的情形。

(三)组织内部谈判

由于目标和偏好的不同,组织内部成员之间也可能存在分歧,这时就会出现组织内部谈判。参与谈判的代表存在向自己内部成员"推销"谈判结果的问题,同时谈判代表也受到自己所代表的团体的影响。当某个谈判方或双方在谈判桌上的人员没有足够的决定权时,就会出现内部冲突,即谈判代表没有足够的权力,无法作出谈判结果而不能在自己的组织中承诺。谈判一方缺乏足够的决策权会大大提高谈判陷入僵局的可能性。因此,组织内部谈判的结果将影响到整个集体谈判和谈判结果。

(四)端正态度

谈判活动产生的合作、信任、对立、敌意等氛围,会对双方的行为产生影响,也影响着谈判的方向。合作态度会使得双方易于将对方的利益认为是合理的,更加容易达成有利于双方的协议;而冲突态度会促使双方相互诋毁,不承认对方利益的合理性,甚至认为对方妨碍了自己的利益,难以形成共赢的协议。

该理论还提出了谈判区(Contract Zone)的概念。谈判各方都有自己的谈判底线,如果双方的谈判底线重合,则存在正谈判区,双方可能在该正谈判区内达成一致;如果谈判底线不重合,则存在负谈判区,双方就无法达成一致。

二、集体谈判的过程

一个完整的集体谈判通常包括四个阶段:准备阶段、提出议题、磋商阶段和达成协议,在某些情况下还存在第五个阶段即争议解决阶段。

(一)准备阶段

集体谈判是个长期而艰苦的过程,不论对劳方还是资方而言,都需要很长的时间为集体谈判作准备。准备阶段是谈判成功的关键,它使得谈判人员对其任务形成清晰的理解,增强他们完成任务的自信心。同时,准备充分有助于在谈判中获得优势地位,进而影响集体谈判的结果。

为了搞好谈判,双方在准备阶段的工作主要包括:安排参加谈判的人员、收集相关材料以及回顾以往的劳动合同。对于资方来说,通常会安排人力资源总监、财务部门以及法律部门人员参加谈判。如果条件许可,还会聘请一些劳资关系领域的专家参加谈判。资方收集的信息包括内部员工基本数据、人工成本数据以及本行业、本地区同类数据,这些数据是决定谈判底线和谈判目标的基础。此外,资方还要考察以往签订的合同,分析合同内容、条款和到期日等信息,用以估量集体谈判结果。劳方的准备工作也是一样。通常工会会从成员中选择有谈判经验的人员或工会骨干参加谈判,也可以向上级工会发出请求,由其派遣人员参加谈判。谈判代表确定后,与工会会员进行接触,征集会员的意见,收集行业的薪酬数据、本企业的一些运营数据,列出一个初步的谈判事项。工会通过考察以往与资方签订的合同,分析资方过去的谈判行为,估计在谈判中资方可能让步的空间。

(二)提出议题

在这一阶段,双方都会对自己想说的问题进行阐述,并向对方提出初步的要求。这一阶段通常被称为“聋子的对话”或“挑战与违抗”,即在对话中,谈判人员多是忽略其他人提出的问题,集中全力提出和强化自己的问题。其实对于双方而言,这一阶段的真正目的是揭示自己立场的大致轮廓,收集尽可能多的关于对方的信息以明确对方谈判限度。这一阶段双方提出的要求涉及范围比较广,内容一般也让对方难以接受。提出这种“不现实”的要求是为以后的谈判开辟一个让步的空间,权衡对手的情况逐渐作出让步。要注意的是,在提出议题阶段,双方的姿态很关键。此阶段的气氛是敌意的还是平和的,将对此后双方的谈判风格定下基调。

(三)磋商阶段

磋商是谈判中时间最长,也是问题与争议最多的阶段。此阶段中,双方都开始认真地考虑谈判问题,并且也都愿意作出一定的让步来换取另一方相应的回应。但问题是双方都过高地估计了对方所能作出的让步,同时又低估了对方希望自己作出的让步,这样很容易使谈判陷入困境。

在这一阶段,双方都会进行大量的说服工作,试图使对方重新调整期望值,愿意作出让步,从而为自己获得有利条件奠定基础。为了达成协议,双方会从一些争议较少的问题入手,最终在一些比较关键的问题上作出适当让步。谈判底线并不是固定的,当认识到无法获得最初期望的条件时,谈判方会不断地对自己的底线进行修改。频繁的休会是这一阶段的特征,因为谈判人员都想安排时间考虑对方提出的论点、提议,或让对方考虑争议、提议,重新考虑其立场。

(四)达成协议

劳资双方代表在拟定初步协议后,一般都需将协议内容反馈给他们各自所代表的群体,确定该协议是否为多数人所接受。谈判代表听取、汇总各自群体的意见后,反复协商、修改,之后形成最终的协议,进入正式批准阶段。所谓正式批准,是指工会成员通过投票来确定合同条款是否被最终认可,这是一个特别重要的程序。在进行投票之前,工会谈判代表小组应首先向工会成员解释协议的内容。如果投票通过,那么协议就成为正式的合同。当谈判的双方对合同的内容和条件都达成共识,并在正式的书面协议上签字后,一次集体谈判宣告结束。但是,如果双方始终不能达成一致,就会出现谈判僵局,进而进入争议解决阶段。

（五）争议解决阶段

解决争议的阶段中,工会可能会组织会员罢工,对资方施加压力;资方也可能采取闭厂等形式对工会的要求作出强硬回应。不论是罢工还是闭厂都会造成巨大的经济损失,甚至影响到社会的稳定,这时就需要第三方介入,对双方的争议进行调解和斡旋。第三方通常为政府相应的职能部门。国际上常用的争议解决措施包括调解、调停、仲裁以及审判。争议解决的目标是使劳资双方达成共识,停止罢工或闭厂等行为。

三、谈判技巧

适当运用谈判技巧有助于改变对方的期望值使其调整谈判底线,也有助于更加准确地判断对方让步的空间。因此,合理地运用谈判技巧,对于争取谈判主动权,达成有利于己方的协议,有着积极的作用。谈判技巧包括:有效倾听、善施压力、调整议题和攻击要塞。

（一）有效倾听

在谈判中,学会有效倾听十分重要。倾听不但可以挖掘事实的真相,而且可以探索对方的动机和谈判底线,掌握了这些信息就能相应地调整自己的策略,进而在谈判中争得主动权。一般需注意以下三个方面:第一,倾听的专注性。人们听话及思考问题的速度比讲话要快四倍,所以,要把听放在首位,并认真思考,做到“听话听声,锣鼓听音”,即认真分析对方话语中所暗示的用意与观点。第二,话语的隐蔽性。要特别注意对方的晦涩语言和模棱两可的语言,将这些记录下来,质询对方,观察其伴随的动作,也许是他故意用难懂的语言,转移你的视线与思路。第三,同步性。倾听的同时还要思考对方的语言,准备询问对方,考虑自己出击的角度与力度,以及语言的表述明暗程度。

（二）善施压力

时间压力对谈判结果有着重要的影响,因为,在有时间压力的情况下,人们会变得比较有弹性,会对之前的坚持作出让步。而且,一般而言,80%的谈判都会在最后20%的时间里完成,也就是说,谈判越到后期越要谨防自己作出前面80%的时间内没有作出的让步。

谈判进行中有三种方法可以向对手施加压力:第一种,详细准确地说明自己的立场或条件,使对方没有另行选择的余地。第二种,明确后果。说明如果预期的结果没有实现,将会出现罢工或闭厂等严重后果,让对方认识到问题的严重性。第三种,提出最后时限。提出罢工或闭厂的最后时限,要求对方及早同意自己的意见。此外,在谈判过程中，一方拥有的选择越多越占优势，也越有条件给对方施压。因此，在采取施压策略前，必须明确自身在谈判中所处的位置，盲目地施压不仅不会收到积极的效果，还很可能会使谈判陷入僵局。

（三）调整议题

集体谈判的内容往往牵涉多个方面，在实际谈判的过程中要注意议题的优先顺序。比如，在一场包含工资、工时、休息休假、保险福利以及工作场所安全等五项议题的集体谈判中，要按照双方共识程度的高低对其进行排序，从双方共识程度最高的项目谈起，以减少谈判的阻力。比如，工会和资方都认为有必要改善工作场所的安全，他们在这项议题上就很容易达成协议。达成一项协议对谈判双方都是一种激励，有利于他们在之后的谈判中采取更加合作的态度，进而在双方有着重大分歧的议题（如，工资）上达成一致。并且谈判存在一定的刚性，不到万不得已，双方一般不愿意推翻之前已达成的协议，因此这种从易到难的议题安排对整个集体谈判的结果有积极影响。

（四）攻击要塞

集体谈判的参与者通常不止一人，在这种“以多对多”的谈判中，最适合采用的方式就是“攻击要塞”。在谈判的过程中，对方可能有一名经验丰富的谈判高手，你无论怎么努力也无法说服他。在这种情况下，就应该转移目标，直接询问对方成员中看上去最软弱、最无经验或最易讨好的成员，通过制造对方内部冲突，达到分裂对方的目的，最终动摇对方谈判高手的立场。使用“攻击要塞”战术时，关键在于“有变化地反复说明”，即在坚持自己一方立场的同时，要注意措辞的变化。

第三节　集体合同

一、集体合同概述

集体合同（Collective Agreement）又称集体协议、团体协约、劳资合约、集体约定、联合工作合同等，是工会代表员工与雇主或雇主团体之间签订的，关于劳动条件、劳动标准及劳动关系问题的书面协议。原劳动部颁布的《集体合同规定》将集体合同定义为：“集体合同是用人单位与本单位职工根据法律、法规、规章的规定，就劳动报酬、工作时间、休息休假、劳动安全卫生、职业培训、保险福利等事项，通过集体协商签订的书面协议。”

集体谈判与集体合同有着密切的联系，二者是同一件事的两个部分。集体谈判是签订集体合同的前提和过程，没有集体谈判也就不会有集体合同的签订；集体合同是集体谈判的一种结果,签订集体合同是进行集体谈判所要实现的目的,二者是不可分离的。

集体合同是一种特殊的合同,表现在三个方面:第一,合同主体的特定性。集体合同的主体只限于劳资关系双方,并且,雇主一方可以是单个雇主也可以是或多个雇主组成的组织,但雇员一方则必须是团体。第二,合同内容的特殊性。集体合同的内容是关于劳动关系中特定的权利义务,必须符合相关劳动标准的规定,即集体合同所规定的劳动标准不得低于劳动基准法的劳动标准。如果低于这一标准,即使双方达成一致,该条款也无效。第三,特殊的双务合同。关于合同的违约责任双方稍有不同,如果雇主或雇主团体一方违背了合同义务,要负法律责任;但若工会一方违背了合同义务,则是采用一种有条件的免责。

签订集体合同是为了确保劳动关系双方在规定的时间内保持某种和睦稳定的状态。集体合同一经签订,员工的工资、福利、就业期限和条件就得到了保证,即使雇主方面遇到困难,也不能改变。而雇主方则可以通过集体合同的有关规定使劳动力成本具有较强的稳定性和可预测性,从而达成一种和谐的劳动关系。这对于提高劳动生产率和企业经济效益,促进经济发展和社会繁荣稳定都具有积极的意义。

二、集体合同的格式、种类、内容和效力

(一)集体合同的格式

集体合同一般采用条文式格式,主要包括以下几个部分:①名称。集体合同应该在卷首标明该合同的名称和使用日期。②序言。序言是集体合同正文前的一段叙述文字,写明签订本集体合同的目的、意义等。实践中,某些集体合同省略了序言部分,把正文第一章作为总则,也是可以的。③正文。正文就是集体合同的基本条款,规定了当事人双方的权利和义务。④过渡性条款或附则。过渡性条款一般包括:集体合同的变更、解除条件及办法;集体合同的监督;集体合同的有效期限;集体合同正本、副本的份数及其法律效力;集体合同呈报核准登记、备案单位;集体合同双方当事人签名盖章;集体合同签订的时间和地点;其他有关事项。

(二)集体合同的种类

集体合同的种类是根据各种集体合同的适用范围和特征进行划分的。目前各国的集体合同大体可以分为以下几种:按合同的主体范围的大小可分为企业集体合同、产业集体合同和职业集体合同;按合同适用地域范围的大小可分为总括性集体合同和地方性集体合同;按合同的内容可分为一揽子集体合同和专项集体合同;按合同的期限可分为不定期集体合同和定期集体合同。

（三）集体合同的内容

集体合同是集体谈判的结果，是谈判双方达成的一份书面协议，其内容反映了集体谈判的成果。集体合同的内容主要包括：①劳动条件和劳动标准的规定。具体内容有：工资、福利、奖金、工时、休息休假、社会保险、劳动安全与卫生以及职业培训等。②调整、确定工会与雇主或雇主团体之间权利义务的规定。例如，在合同的有效期内，工会不得带领员工罢工，雇主不得关闭工厂。另外，还涉及一些企业经营管理方面的内容，如工会活动的保障、工会干部的待遇、管理方关于工会事务的权利等。③集体合同本身应具备的条款，例如，集体合同的变更、解除和终止等。

（四）集体合同的效力

集体合同的效力是指其法律效力，即集体合同适用于何时、何地及何人，对什么人具有约束力。集体合同的效力主要体现在以下四个方面：第一，时间效力，是指集体合同何时生效、何时终止，即集体合同的有效存续期限。从世界范围来看，分定期、不定期和以完成一定工作为期限三种。定期集体合同在合同期限内生效，期满即行终止。不定期集体合同的生效时间和终止时间由当事人自行决定。第二，空间效力，包括地域效力和产业效力。集体合同有全国、地方、产业和企业集体合同几个级别，相应地分别在全国、地方、产业系统或企业范围内发生效力。集体合同的产业效力是指集体合同对从事集体合同所规定的同一产业的雇员、雇主或雇主组织有适用效力。第三，人员效力，是指集体合同对哪些人适用并有约束力。国际劳工组织 1951 年第 91 号建议书《集体协议建议书》规定：集体协议一经签订，对签字各方以及协议所代表的人员即有约束效力；集体协议的条文，除协议中另有规定的，应适用于协议所覆盖的企业所雇佣的各种层次的员工。这一规定已为各国立法和实践所接受。第四，集体合同自身的特殊效力。首先是补充性效力，即集体合同所规定的劳动条件，在其使用范围内，不论劳动合同当事人的意思如何，均可直接作为劳动合同的内容；其次是代替性效力，即凡与集体合同规定的劳动条件相违背的劳动合同均属无效，无效的部分，以集体合同的规定替代。

三、集体合同的订立、履行、变更、解除和终止

（一）集体合同的订立和履行

集体合同的订立要遵循相应的原则，这些原则体现了集体合同的本质，贯穿于集体谈判的整个过程。从世界各国的规定来看，签订集体合同一般应遵循合法原则、平等互利互惠原则、权利义务对等原则和协商一致原则。

集体合同的订立要先后经过准备、谈判、签订、报送、公布等步骤。①准备阶段。订立集体合同的准备阶段实际上也是集体谈判的准备阶段，包括安排参加谈判的人员、收

集相关材料以及回顾以往的劳动合同。②谈判阶段。双方各自提出自己的草案,对劳动标准和劳动条件等问题进行多轮谈判,直至最终达成协议。③签订阶段。谈判双方在经过充分协商讨论达成一致意见之后即可由双方法定代表人正式签字。④报送阶段。有些国家的法律规定,集体合同订立后,需将合同文本送交有关政府主管部门,经审查登记后方能生效。比如,我国《劳动合同法》第五十四条就规定:集体合同订立后,应当报送劳动行政部门;劳动行政部门自收到集体合同文本之日起十五日内未提出异议的,集体合同即行生效。⑤公布阶段。集体合同登记生效后,双方应及时以适当形式向各自所代表的群体的全体成员公布,公布方式包括在企业内部的报纸、刊物上报道,或在车间、科室等显著位置张贴等。

集体合同的履行是指集体合同双方当事人对集体合同规定的义务主张,按照合同的约定,在适合的时间和地点,用适当的方法承担。在集体合同的履行过程中,双方应坚持三个原则:实际履行原则、全面履行原则以及协作履行原则。

(二)集体合同的变更和解除

集体合同的变更是指在集体合同的有效期内,由于订立合同时所依据的情况发生变化,经双方当事人协商同意,并履行了法定的审查手续后,对合同作部分修改、补充和废除的行为。集体合同的解除是指在集体合同生效以后,由于订立合同时所依据的情况发生了变化,致使集体合同难以履行,当事人依照法律规定终止合同法律效力的行为。集体合同变更和解除的区别在于,变更的对象是集体合同的部分内容,目的是为了使集体合同更好地履行,而解除则是对整个集体合同法律效力的终止。

集体合同的变更和解除需要具备以下三个条件:第一,前提条件。在集体合同的有效期限内,双方当事人存在着合同的关系,所谓"变更"是对原订合同的变更,所谓"解除"是对原订合同的解除。第二,客观条件。只有在签订集体合同的环境条件发生变化,致使原合同难以履行时,合同的一方当事人才可以要求变更和解除合同。第三,主观条件。集体合同的变更必须经签约双方一致同意。此外,集体合同的变更和解除还须履行法定的审查手续。

(三)集体合同的终止

集体合同的终止是指由于一定的法律事实的出现而使当事人之间的权利义务关系消灭。致使集体合同终止的原因包括:①期满而终止,即集体合同规定的权利得到实现,约定的义务完全履行,合同的目的已经实现,合同的有效期满,合同关系随之终止;②协商一致解除而终止,双方当事人经过合意解除集体合同,集体合同随之终止;③依法解除而终止,依法解除是指权利人放弃权利,义务人所承担的义务相应解除,比如,企业因经营不善而遭遇撤销、解散、破产或停产,或者遇到不可抗力而遭受巨大损失,使得集体合同无法履行，这种情况下集体合同的终止即成为必然。

第四节 中国的集体协商制度

一、集体协商与集体谈判

在中国现行法规文件中，集体谈判通常被表述为“集体协商”、“平等协商”。“协商”与“谈判”在字面上的区别是很明显的。国际劳工组织集体谈判专家温德姆勒教授对此作过深入的研究。他认为，集体协商与集体谈判的不同之处在于，它不是一个决策的过程，而是一个咨询的过程，它强调劳工关系中的合作关系而不是敌对的关系；谈判的结果取决于双方是否能够达成一致，而在协商中，决策的最终力量总是在管理者手中。他的分析切中要害。“协商”不是一个决策的过程，不以达成协议为目的，它是一种合作参与机制，更多地表现为一种咨询和磋商，最终由管理方作出决定，协商的内容也比谈判更广泛。相比之下，“谈判”则是建立在对劳动关系双方利益既有一致性又有差别性的认识基础之上，强调双方法律地位的对等，并以签订集体合同为目的，它实际上是一种劳动关系运行中的冲突机制，谈判双方都具有向对方施压的手段，谈判的内容通常是工资、工时等劳动条件。

关于集体谈判和集体协商，我国目前的法律法规中存在概念使用混乱的现象。根据《集体合同规定》的解释，集体协商是企业工会或职工代表与相应的企业代表，为签订集体合同进行商谈的行为。从这一解释可以看出，我国目前的“集体协商”其实是意指国外市场经济国家普遍推行的集体谈判。有关部门之所以统一采用“集体协商”这个概念，主要是考虑到我国社会的性质及公有制企业的产权现状。有一些学者对此提出不同意见，指出无论是从学术规范还是国际惯例上讲，集体谈判在国际上早已是通用的专门术语，没有必要在用词中体现中国特色，建议把目前的“集体协商”正名为“集体谈判”。

二、中国集体协商制度的历史发展

我国集体协商制度的发展大致可以分为两个阶段：国民经济恢复时期的集体协商制度和市场经济时期的集体协商制度。

（一）国民经济恢复时期的集体协商制度

新中国政府关于集体协商、集体合同的有关规定最早可追溯到 1949 年 9 月 29 日颁布的《中国人民政治协商会议共同纲领》，其中第三十二条就职工参与集体协商、签订集体合同进行了规定[①]，为我国的集体协商制度提出了纲领性的指导意见，奠定了我国集体协商制度的基础。1949年11月，全国总工会颁布了《关于私营工商企业劳资双方订立集体合同的暂行办法》，从集体合同的内容、订立程序、效力和期限以及集体合同的终止等几个方面对集体合同制度作了初步的规定。之后，各地人民政府和工会据此纷纷制定具体的实施措施。1950年4月发布的《劳动部关于在私营企业中设立劳资协商会议的指示》规定要在私营企业中建立劳资协商会议，并对劳资代表的资格和产生、劳资协商会议的内容和程序、劳资协商会议争议的处理作了详细的规定。1950年6月通过的《中华人民共和国工会法》则通过立法的形式对集体协商、集体合同进行了详细的规定[②]。

在国民经济恢复时期，中央政府相当重视集体协商制度的建设，各种法律法规、政策、规范性文件层出不穷，许多规定至今仍有很强的实用性和指导意义。但是随着"文化大革命"的到来，集体协商制度与其他很多经济、政治制度一样停止了发展的进程。

(二)市场经济时期的集体协商制度

改革开放以来，随着社会主义市场经济的建立，非公有制经济迅速发展，企业劳资矛盾凸显，劳资纠纷陡增，工会及政府有关部门重新认识到集体协商制度的重要性。1983年，中国工会第十次全国代表大会通过的《中国工会章程》第二十六条规定：工会基层委员会承担企业、事业单位职工代表大会工作机构的职责，代表本单位职工签订集体合同或专项协议。之后，1986年实行的《全民所有制工业企业职工代表大会条例》以及1988年实行的《全国总工会关于贯彻执行〈企业法〉的通知》都有关于通过集体协商签订集体合同的规定。1994年颁布的《劳动法》通过立法的形式对企业实行集体协商、签订集体合同制度作出了明确的规定。1994年由原劳动部颁布并于2003年修订的《集体合同规定》是目前我国对集体协商、集体合同制度规定最为详细的文件，在总则的基础上规定了集体协商内容，集体协商代表，集体协商程序，集体合同的订立、变更、解除和终止，集体合同审查，集体协商争议的协调处理以及附则。此后，国家制定了一系列有关集体协商的法规和规章。1997年原劳动部发

① 《中国人民政治协商会议共同纲领》第三十二条：在国家经营的企业中，目前时期应实行工人参加生产管理的制度，即建立在厂长领导之下的工厂管理委员会。私人经营的企业，为实现劳资两利的原则，应由工会代表工人职员与资方订立集体合同。公私企业目前一般应实行八小时至十小时工作制，特殊情况得斟酌办理。人民政府应按照各地各业情况规定最低工资。逐步实行劳动保险制度。保护青年女工的特殊利益。实行工矿检查制度，以改进工矿的安全和卫生设备。

② 《工会法》第五条和第六条规定：在国营及合作社经营的企业中，工会有代表受雇工人、职员群众参加生产管理及与行政方面缔结集体合同之权。在私营企业中，工会有代表受雇工人职员群众与资方进行交涉、谈判、参加劳资协商会议并与资方缔结集体合同之权。

布了《外商投资企业工资集体协商的几点意见》,1998 年全国总工会下发了《工会参加工资集体协商试行办法》,2000 年劳动和社会保障部发布了《工资集体协商试行办法》。2001 年 10 月修订的《工会法》对基层工会组织开展集体谈判的权利及受到的保护也作了广泛而明确的规定。2008 年实施的《中华人民共和国劳动合同法》在第五章第一节对集体合同作了专门的规定。

市场经济发展、经济对外开放、国有企业重组、企业多种所有制结构并存以及自由劳动力市场出现,是迫使建立集体协商机制的主要原因。与此同时,政府也越来越重视集体协商和集体合同制度的发展,认为集体协商机制有助于劳资双方共同解决市场经济建设过程中出现的劳资矛盾,有助于劳动关系走向和谐。

三、中国目前的集体协商制度

(一)集体协商代表的产生

集体协商代表是按照法定程序产生有权代表本方利益进行集体协商的人员。集体协商双方的代表人数应当对等,每方至少三人,并各确定一名首席代表。职工一方的协商代表由本单位工会选派。未建立工会的,由本单位职工民主推荐,并经本单位半数以上职工同意。职工一方的首席代表由本单位工会主席担任。工会主席可以书面委托其他协商代表代理首席代表。工会主席空缺的,首席代表由工会主要负责人担任。未建立工会的,职工一方的首席代表从协商代表中民主推举产生。用人单位一方的协商代表,由用人单位法定代表人指派,首席代表由单位法定代表人担任或由其书面委托其他管理人员担任。协商代表履行职责的期限由被代表方确定。此外,集体协商双方首席代表可以书面委托本单位以外的专业人员作为本方协商代表。委托人数不得超过本方代表的 1/3。但是非本单位人员不得代理首席代表。

(二)集体协商的内容

集体协商双方可以就下列多项或某项内容进行协商,签订集体合同或专项集体合同:劳动报酬;工作时间;休息休假;劳动安全与卫生;补充保险和福利;女职工和未成年特殊保护;职业技能培训;劳动合同管理;奖惩;裁员;集体合同期限;变更、解除集体合同的程序;履行集体合同发生争议时的协商处理办法;违反集体合同的责任;双方认为应当协商的其他内容。

(三)集体协商的程序

我国法律规定,集体协商任何一方均可就签订集体合同或专项集体合同以及相关事宜,以书面形式向对方提出进行集体协商的要求。一方提出进行集体协商要求的,另一方应当在收到集体协商要求之日起 20 日内以书面形式给以回应,无正当理由不得拒绝进行集体协商。

协商代表在协商前应当作充分的准备工作,主要包括:首先,熟悉与集体协商内容有关的法律、法规、规章和制度;了解与集体协商内容有关的情况和资料,收集用人单位和职工对协商意向所持的意见;接着,拟定集体协商议题,可由提出协商一方起草,也可由双方指派代表共同起草;最后,确定集体协商的时间、地点等事项;并共同确定一名非协商代表担任集体协商记录员,记录员应保持中立、公正,并为集体协商双方保密。

集体协商会议由双方的首席代表轮流主持,并按下列程序进行:第一步,宣布议程和会议纪律;第二步,一方首席代表提出协商的具体内容和要求,另一方首席代表就对方的要求作出回应;第三步,协商双方就商谈事项发表各自意见,开展充分讨论;第四,双方首席代表归纳意见。达成一致的,应当形成集体合同草案或专项集体合同草案,由双方首席代表签字。集体合同草案在经职工大会或职工代表大会审议通过后,由企业法定代表人代表企业,企业工会主席代表职工在协议上签字。集体合同签订后,应当自双方首席代表签字之日起十日内,由用人单位一方将文本一式三份报送劳动保障行政部门审查。劳动保障行政部门自收到文本之日起 15 日内未提出异议的,集体合同即行生效。

(四)集体协商争议的协调处理

集体协商过程中发生争议,双方当事人不能协商解决的,当事人一方或双方可以书面向劳动保障行政部门提出协调处理申请;未提出申请的,劳动保障行政部门认为必要时也可以进行协调处理。劳动保障行政部门应当组织同级工会和企业组织等三方面的人员,共同协调处理集体协商争议。协调处理集体协商争议,应当自受理协调处理申请之日起 30 日内结束协调处理工作。期满未结束的,可以适当延长协调期限,但延长期限不得超过 15 日。集体协商争议协调处理的程序包括:受理协调处理申请;调查了解争议的情况;研究制定协调处理争议的方案;对争议进行协调处理;制作《协调处理协议书》。

四、中国集体协商制度存在的问题

尽管我国的法律法规对集体协商制度作了明确的规定,政府也采取了强有力的措施来推行集体协商制,但是目前集体协商制度仍面临着许多问题与困难。

第一,工会的代表性和独立性不足,影响集体协商的有效运行。集体谈判有效运作的前提是劳资双方彼此独立,谈判主体具有独立性和代表性。工会是劳动者权益的代表者,处于与管理方相对立的位置。但是在我国目前的集体协商实践中,企业工会兼具工会职能和管理职能,工会委员会中高层管理人员与较高比例,使得集体协商过程中存在“角色混淆”、“定位不明”的状况,工会的代表性不足。此外,我国工会的经费主要由企业发放,在经济上受企业控制,也影响了工会的独立性。这些都导致我国工会在集体协商中无法充分发挥作用。

第二,企业参与集体协商的积极性不高,企业代表的形成机制有待完善。我国民营企业和其他类型企业的集体协商工作相对薄弱。一些民营企业的管理者认为,在市场经济竞争中,小企业缺乏实力和竞争力,发展变数大,朝不保夕,搞集体协商不但增加企业成本,而且使企业不好管理。国有企业或工会影响较大的企业虽然在形式上进行了大量的集体协商并形成了集体合同等成果,但是实际效果并不乐观。一些工会委员甚至代表企业与工会进行谈判,人力资源部门人员又作为工会委员代表工会与企业谈判,而最终签订的集体合同在内容上大多模仿普通的劳动合同。无论从协商主体的代表性、协商过程的程序和协商的结果来看,形式化倾向比较明显。

此外,我国企业代表的形成机制有待完善。中国企业联合会是政府承认的雇主组织,但其在代表性和会员数量方面较弱。另一方面,企业管理者倾向于把中国企业联合会看作是与政府沟通的渠道,而不是集体协商中的企业代表。与工会具有的明确的全国、地区、基层等各级组织体系所不同,中国企业联合会在许多区县一级并没有相应的分支机构,因而在开展区域性、行业性集体协商的过程中,企业代表缺位问题突出。

第三,集体协商的环节缺位,集体协商机制尚未充分发挥作用。集体协商制度的关键在于协商的过程,集体合同只是谈判的最终结果。集体协商要经过反复多次的讨价还价,协商的过程实际也是双方求同存异、逐步达成共识、解决矛盾和分歧的过程。衡量集体协商成功与否的关键,要看能否通过集体协商化解劳资纠纷,和谐劳动关系。但是在我国目前的实践中,“重签约、轻协商”的现象普遍存在,有的甚至把集体合同当做一项“政治任务”,片面追求合同的数量,集体协商流于形式,集体合同仅仅停留在纸面上,没有发挥相应的作用。

【关键术语】

集体谈判　集体协商　谈判结构　谈判理论　谈判技巧　分配式谈判　整合式谈判　组织内部谈判　谈判技巧　集体合同　集体协商制度

【本章小结】

集体谈判是通过一种特定的谈判结构进行谈判制定制度的过程,即通过雇员的代表与雇主或其代表就工作条件和劳资关系等问题进行协商,确定具体的劳资关系规范的过程。它起源于18世纪下半叶的英国,先后经历了萌芽、得到法律认可、向制度化过渡以及最终确立制度化地位四个阶段。集体谈判的结构包括正式的谈判结构和非正式的谈判结构。集体谈判的内容包括实质性规则、程序性规则和工作安排三大块。

沃尔顿和麦可西(Walton & Mckersie)的集体谈判行为理论模型将集体谈判过程分为四个子流程:分配式谈判、整合式谈判、组织内部谈判与端正态度。该理论还提出了谈判区的概念。一个完整的集体谈判通常包括四个阶段:准备阶段、提出议题、磋商阶段和达成协议,在某些情况下还存在第五个阶段即争议解决阶段。在集体谈判的进程中适当运用有效倾听、善用压力、调整议题以及攻击要塞等技巧,对谈判有一定的推动作用。

集体合同是工会代表员工与雇主或雇主团体之间签订的,关于劳动条件、劳动标准及劳动关系问题的书面协议,是集体谈判的结果之一。根据各国情况的不同,集体合同在格式、种类、内容和效力上存在着一些差异。集体合同的订立、履行、解除、变更和终止都要符合相关法律规定,并遵守一定的程序。

中国现行的法规文件,通常把集体谈判表述为集体协商。集体协商制度在中国经过了国民经济恢复时期和市场经济时期的发展,取得了一定的进步,但仍然存在一些问题,表现为:工会的代表性和独立性不足;企业参与集体协商的积极性不高;企业代表的形成机制有待完善以及集体协商的环节缺位。

【复习思考题】

1. 试述集体谈判的概念、结构和内容。
2. 集体谈判的过程包括几个环节?谈谈每个环节之间的联系。
3. 试述谈判技巧的重要性,谈判技巧有哪些?
4. 简要论述集体合同的含义。
5. 集体谈判与集体协商有什么不同?
6. 结合中国的实际情况,分析中国集体协商制度中存在的问题,并提出你的建议。

【参考文献】

[1]程延园. 市场经济条件下劳动关系调整机制:集体谈判制度研究[D]. 北京:中国人民大学出版社,2003.

[2]程延园. 劳动关系[M]. 2 版. 北京:中国人民大学出版社,2007.

[3]常凯. 劳权论——当代中国劳动关系的法律调整研究[M]. 北京:中国劳动社会保障出版社,2004.

[4]强磊,关彬枫. 集体谈判集体合同的理论与实用全书[M]. 北京,中国物价出版社,1995.

[5]杨体仁,李丽林.市场经济国家劳动关系——理论·制度·政策[M].北京:中国劳动社会保障出版社,2000.

[6]赵小仕.转轨期中国劳动关系调节机制研究[M].北京:经济科学出版社,2009.

[7]Harry C Katz, Thomas A Kochan. An Introduction To Collective Bargaining And Industrial Relation[M]. The McGraw-Hill Companies,1992.

[8] Michael Salamen. Industrial Relations: Theory and Practice[M]. 3rd edition. London:Prentice Hall, 1998.

[9]Michael R Carrell, Christina Heavrin. Labor Relation and Collective Bargaining:Cases, Practive and Law[M]. New Jersey: Prentice-Hall,A Simon & Chuster Company, 1998.

第九章

劳资双赢的薪酬管理

薪酬管理是人力资源管理的重要内容。如何建立劳资双赢的薪酬制度是企业劳动关系管理的重点。通过本章节的学习,读者要掌握薪酬体系的构成,理解薪酬管理的意义,了解薪酬相关的理论,掌握薪酬设计的最佳模式,完善企业的薪酬体系。通过对薪酬制度的有效管理,实现员工个人发展与企业业绩同步提升的良性循环。

【引导案例】

公司大了,工资高了,为什么效率低了?①

F公司是一家生产电信产品的公司。在创业初期,依靠一批志同道合的朋友,大家不怕苦不怕累,从早到晚拼命干,公司发展迅速。几年之后,员工由原来的十几人发展到几百人,业务收入由原来的每月十来万发展到每月上千万。老总想,公司发展了,应该考虑提高员工的待遇,一方面是对老员工为公司辛勤工作的回报,另一方面是吸引高素质人才加盟公司的需要。为此,F公司重新制定了报酬制度,大幅度提高了员工的工资,并且对办公环境进行了重新装修。

高薪的效果立竿见影,F公司很快就聚集了一大批有才华有能力的人。所有的员工都很满意,大家的热情高,工作十分卖力,公司的精神面貌也焕然一新。但这种好势头持续不到两个月,大家进入了懒洋洋、慢吞吞的状态。老总百思不得其解。

---

① 资料来源:"公司大了,工资高了,为什么效率低了?",17HR人力资源网,2010-12-8,13:17下载,相关文字作了适当删减处理。

F公司出现的这种情况是一个普遍现象，很多企业从创业初期到发展成熟，都经历了这样一个过程。原因有三：第一，企业大了，老板或忙于企业发展的大事，或忙于社会上各种应酬，与原来创业的老员工在一起的时间少了，感情必然疏远，心理距离必然拉大，感情激励的作用自然就会逐渐消失；第二，在创业初期每个老板可能对公司员工，尤其是一些核心骨干有过许多承诺，但当企业真的做大之后，老板若没有兑现这些诺言(或许忘了)，老员工便会产生失望情绪，接下来的自然是消极怠工，或是集体跳槽；第三，当企业成长到一定规模之后，必须走向制度化的管理，而制度给人的感觉总是冷冰冰的，原来的那种相依为命一起创业的融洽感消失殆尽，称兄道弟不行了，一切都要按级别来，按公司规定来，容不得感情。

公司大了，其管理方式应该改变，激励方式也应该改变。遗憾的是，我们很多企业把钱作为唯一的激励手段。双因素理论告诉我们，满足各种需要所引起的激励深度和效果是不一样的。物质需求的满足是必要的，没有它会导致不满，但是即使获得满足，它的作用往往是很有限的、不能持久的。要调动人的积极性，不仅要注意物质利益和工作条件等外部因素，更重要的是要注意工作的安排，量才录用，注意对人进行精神鼓励，给予表扬和认可，注意给人以成长、发展、晋升的机会。还有一点是必须指出的，就是F公司把工资提上去了，工作环境和条件也改善了，但没有把员工的工资奖金同工作目标相联系，同业绩挂钩，也就是说，每个员工在没有压力的情况下就能稳稳当当拿到高工资。既然如此，大家为什么要卖力干活呢?!

一个设计完善的薪酬制度不仅能够提高个人效率，也能够通过与企业的战略、组织结构及文化和运行机制相结合促进企业效率的提高。但是，人们常识性地认为，薪酬制度是一个“零和游戏”，即一方赢得的越多，另一方失去的越多，建立一个既有利于企业，又有利于员工的双赢的薪酬制度是不可能的。事实并非如此，建立一种既能激励员工取得突出成绩、提升员工满意度，同时又能提高企业效率和业绩的薪酬制度是完全可能的，劳资双方都可以成为赢家。“如何建立一个双赢的薪酬制度”是企业劳动关系管理的重点，劳动关系管理就是要通过建立薪酬制度的双赢模式，对企业薪酬制度进行有效管理，从而实现员工个人发展和企业业绩同步提升的良性循环。

第一节　薪酬制度及薪酬管理

薪酬制度是企业劳动关系管理制度中的一个重要分支。设计合理的薪酬结构、明确的薪酬支付标准可以向员工传达企业重视什么、什么对企业来讲是有价值的。运转良好的薪酬制度要与企业战略、组织机构、文化等特质相联系，具有外部竞争性、内部公平性、高性价比等特点，真正起到激励员工的作用，为企业发展提供支撑。

一、薪酬制度的基本概念和分类

薪酬不等同于工资和报酬。工资（Wage）是员工在企业中从事劳动而获得的货币形式的回报。与工资所指的单纯货币回报相比，报酬（Rewards）的范围更广一些。报酬包括货币性报酬和非货币报酬，前者的内容显而易见，一般指员工的工资、津贴、奖金等货币回报；后者指员工获得的满足感、成就感等。明确薪酬及薪酬体系的构成、薪酬的功能，是设计薪酬制度的关键，也是其发挥激励作用的保障。

（一）薪酬体系构成

薪酬（Salary）的基本含义是补偿、赔偿，是建立在雇佣关系基础上，员工从雇主那里获得的各种有形的经济收入和无形的服务。薪酬既是企业重要的成本支出，也是吸引和留住优秀人才的有效手段之一，更是员工维持生存、实现发展的物质保证。

本章节所涉及的薪酬是全面薪酬（Total Rewards）的概念。“全面薪酬”，或称自助式薪酬、弹性薪酬，是根据企业的经营战略、组织架构、文化特征制定的全方位薪酬战略，旨在通过满足员工对物质和精神两方面的追求来激励员工工作积极性，最大限度地发挥薪酬对于企业战略的支持作用。美国薪酬协会认为，全面薪酬包括三方面的内容：工资、福利、工作体验。工资和福利是员工获得的有形的、无形的货币收入和服务；工作体验通常是无形的，包括员工感知的被认可、企业管理人员的赏识、工作与生活平衡、良好的工作环境，等等。

薪酬体系的构成包括基本薪酬、可变薪酬和间接薪酬（福利和服务）三大部分，也可划分为直接经济报酬（Direct Financial Payments）和间接经济报酬（Indirect Payments）。

1. 基本薪酬

基本薪酬也称固定工资（Fixed Pay），是企业根据员工所担任的岗位或者员工所具备的完成工作的技能、能力以及员工完成的工作而向员工支付的稳定性经济报酬。它为员工提供了基本的生活保障，也是可变薪酬确定的一个主要依据。这里将基本薪酬分为计时工资和业绩工资两类，区别于有的学者划分的计时工资和计件工资，业绩工资包括计件工资和其他与绩效挂钩的工资。计时工资是以工作时间为基础，依据员工担任的岗位或员工所具备的能力或取得的业绩进行核算，管理方法简便、管理成本较低，但是这种核算方式具有的可预测性和易懂性使得其激励效果并不突出。业绩工资是将工资与个人、团队或企业层面的业绩衡量指标相挂钩的薪酬制度。决定业绩工资水平的关键变量包括:业绩主体（个人、团队、企业）;业绩衡量标准(行为或结果);业绩实现的时间(短期或长期)。例如,以员工个人业绩为支付依据的个人—产出薪酬制度,是将员工获得的薪酬与有形的、可量化的业绩指标(如生产产品件数、节省的生产时间等)相挂钩;以团队的业绩水平为支付依据的团队—产出薪酬制度,将团队产出、利润、销售量或附加价值的水平等与薪酬水平挂钩。

2. 可变薪酬

可变薪酬(Variable Pay),又称浮动薪酬,是员工在创造了超过正常劳动定额以外的劳动成果之后,企业以物质的形式给予补偿,可以视为一种补充性薪酬,通常表现为奖金。设立奖金的目的是通过在绩效和薪酬之间建立的联系鼓励员工取得更高的绩效。这里所指的绩效既可以是员工个人的绩效,也可以是团队甚至整个企业的绩效。可变薪酬对于员工具有很强的激励性,有助于企业强化员工个人、团队乃至整个企业的优秀绩效,对企业绩效目标的达成起着积极的作用。

3. 间接薪酬

间接薪酬就是员工福利与服务。一般情况下,间接薪酬的费用由企业承担绝大部分,员工承担较少部分。企业通过间接薪酬为员工提供将来生活和不测事件的保障,同时该项制度运用得当还可以达到合理避税的目的。

福利是企业为了留住和激励员工向其发放的非货币形式的报酬,支付基础是员工与企业之间的雇佣关系。福利的形式包括保险、实物、股票期权、培训、带薪休假等。津贴是企业补偿员工在特殊条件下的劳动消耗及生活费额外支出的工资补充形式。常见的形式包括矿山井下津贴、高温津贴、野外作业津贴、林区津贴、山区津贴、驻岛津贴、艰苦气象台站津贴、保健津贴、医疗卫生津贴等,此外,生活费补贴、价格补贴也属于津贴。福利与津贴的最大区别表现在福利是非货币形式的报酬,津贴是以货币形式固定发放的。

（二）薪酬制度的功能

薪酬是企业的一项成本支出,也是员工收入的主要来源,薪酬制度对企业、员工都有重要的意义。薪酬制度对企业的作用表现在控制经营成本、改善经营绩效、支持企业变革等方面。薪酬制度对员工的功能表现在保障、激励以及社会信号方面。此外,薪酬制度对于国民经济的正常运行及社会的稳定也具有独特的作用。

1. 薪酬制度对企业的作用

一是控制经营成本。薪酬成本是人工成本的主要部分,是不容忽视的成本支出。通常情况下,薪酬成本的可控程度相当高,因此有效地控制薪酬成本是企业有效经营的一个衡量标准。

二是改善经营绩效。薪酬制度能够影响企业招聘到的员工的数量和质量，也会影响现有员工受到激励的程度，继而影响企业的生产能力和生产效率。因此，设计优良的薪酬制度能够通过引导和改变员工的工作态度及行为，达到改善企业经营绩效的目的。

三是支持企业变革。作为一种强有力的激励工具和沟通手段，薪酬制度能起到沟通、强化新的价值观和行为的作用。同时，为新绩效目标的达成支付报酬，有利于提高员工对变革的接受程度和认可程度。

2. 薪酬制度对员工的功能

一是经济保障功能。薪酬是员工的主要收入来源，对员工个人及其家庭的生活起到的保障作用是无法替代的，不仅满足了吃、穿、用、住、行等基本生存需要，也满足了娱乐、教育、自我开发等高层次的需求。

二是激励功能。员工的薪酬水平与其对企业的贡献度结合起来，通过满足员工对薪酬的需求来产生激励作用，被满足的程度越高，则激励作用就越大。

三是信号功能。薪酬制度具有传递员工拥有的企业、社会地位和取得成就的信号功能。人们可以根据员工获得的薪酬水平来判断其在企业内部的地位和层次，进而判断其受教育程度、生活状况等特征。也就是说，薪酬为对员工的个人价值和成功进行识别的一种信号。

二、薪酬管理的意义

薪酬管理是企业根据员工对企业的价值来公平、平等地确定并实施其应当获得的报酬总额、报酬结构和报酬形式的过程。这个过程具有持续性，随着企业战略的转移，应该更新薪酬计划，拟订薪酬预算，就薪酬管理问题与员工进行沟通，对薪酬系统的有效性作出评价，不断予以完善。

（一）薪酬管理的误区

对多数企业来说，薪酬管理都是一个比较棘手的问题。当前，企业经营对薪酬管理提出了更高的要求，要实现合法性、公平性、有效性三大目标。另一方面，薪酬管理受到的限制因素较多：法律法规、国家政策、行业竞争程度、外部人才市场发展状况、企业经济承受能力、战略目标，等等。目标与现实的不一致将使得企业薪酬管理出现或大或小的误区，导致管理的无效性。

1. 薪酬支付标准不确定

有的企业将岗位、技能甚至绩效同时作为支付薪酬的依据，很难看出企业是鼓励员工提高技能还是激励员工提高业绩，激励效果不佳。此外，与支付标准相关的制度安排不健全也是薪酬激励效果差的原因之一。例如,对技术类人员实行以技能为基准的薪酬支付标准,企业必须制定出明确的技能等级及相应的评定方案,不能单纯地依赖国家的职称评定系统而不结合企业实际情况进行调整,导致技能评定缺乏合理性,据此支付薪酬很难得到员工的认可。

2. 未能正确认识薪酬制度的激励作用

高水平薪酬固然具有激励作用,但是有的企业认为只要工资高,一切都好办,便走进了薪酬激励效果的误区。根据双因素理论,薪酬属于一种保健因素而非激励因素,也就是说,较高的薪酬水平能保证员工不会产生不满意感,但并不能使员工产生满意感。当员工对薪酬水平抱怨时,并不一定是薪酬本身出了问题,很有可能是企业管理的其他环节存在不合理的地方,企业忽略了这一点,加薪不一定能收到减少抱怨的效果。

3. 绩效加薪和奖金选择不当

绩效加薪和发放奖金都会对员工产生激励作用,只是作用机理稍有不同。绩效加薪是根据员工的业绩提高其下一年度的基本薪酬水平;奖金是针对员工取得的成绩予以一次性经济奖励,对员工的基本薪酬部分不产生影响。绩效加薪往往带有刚性,每次提高一个很小的幅度,经过长时间的积累也会形成相当可观的人工成本。而且,这种日积月累式的加薪也会逐渐被员工视为理所当然的权利,激励性大大降低。因此,企业可以在绩效优异时支付较高水平的奖金,在绩效不佳时适当控制奖金的发放,以控制成本。

(二)薪酬管理是企业善待员工的重要体现

一些企业认为,对企业有利与对员工有利之间存在着不可调和的矛盾,然而,如果企业能够"善待员工",这种利益冲突的可能性就大大降低。"善待"包括合理的薪酬制度、有趣的工作、有规划的职业生涯,等等。有效的薪酬管理是"善待员工"的一种重要体现,包括被员工认可的薪酬政策、有吸引力的薪酬水平、合理的薪酬结构、畅通的薪酬沟通渠道,等等。这些管理方式在企业和员工发展之间构成一种"良性循环"(图9-1):企业通过尊重和奖励员工,促使员工致力于实现良好的工作表现,从而推动企业取得更高水平的业绩。

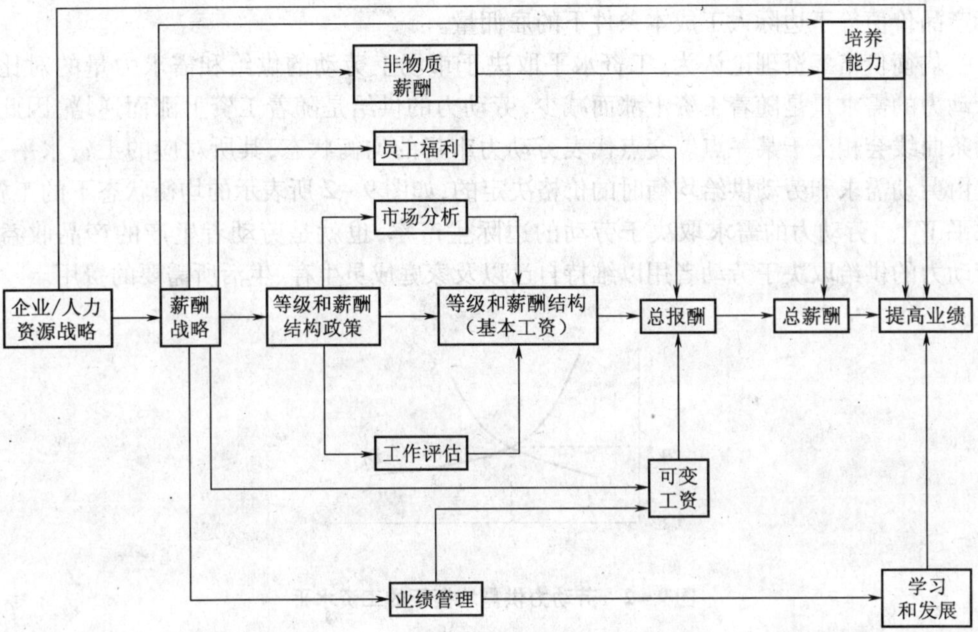

图 9－1　薪酬影响企业业绩的作用机制

第二节　薪酬相关的理论分析

对于员工而言，一个设计完善的薪酬制度可以改变他们的工作态度和行为，有助于增强员工的满意度，以及他们加强学习和提高技能的意愿，最终提升个人效率。

一、工资理论

（一）边际生产率理论和均衡工资理论

边际生产率理论是美国经济学家克拉克在《财富的分配》中提出的，这个理论被公认为是对长期工资水平所作的最令人满意的解释。该理论认为，在完全竞争市场上，在生产技术、资本等其他生产要素投入保持不变的情况下，随着企业不断地增加员工，劳动的投入不断加大，劳动与其他生产要素相结合，生产率逐渐提高；随着劳动的进一步投入，劳动和生产资料结合带来的生产率将逐渐开始降低，这就是边际生产率递减规律。

要素的边际生产率决定生产要素的价格，劳动的价格即是工资。也就是说，工资是由投入最后一个单位的劳动所产生的边际产量决定的。企业雇佣员工的人数是劳动边际产品价值等于边际人工成本条件下的雇佣量。

均衡价格工资理论认为,工资水平取决于市场上劳动的供给和需求力量的对比。劳动力的需求量是随着工资上涨而减少,劳动力的供给是随着工资上涨而递增,因此,两条曲线会相交于某一点。交点代表劳动力市场的均衡状态,其所对应的工资水平就是由劳动需求和劳动供给均衡时的价格决定的,如图 9 - 2 所表示的均衡状态下的工资水平 W^*。劳动力的需求取决于劳动的边际生产率,也就是劳动者生产的产品收益。劳动力的供给取决于劳动者用以维持自己以及家庭成员生存、生活所需要的费用。

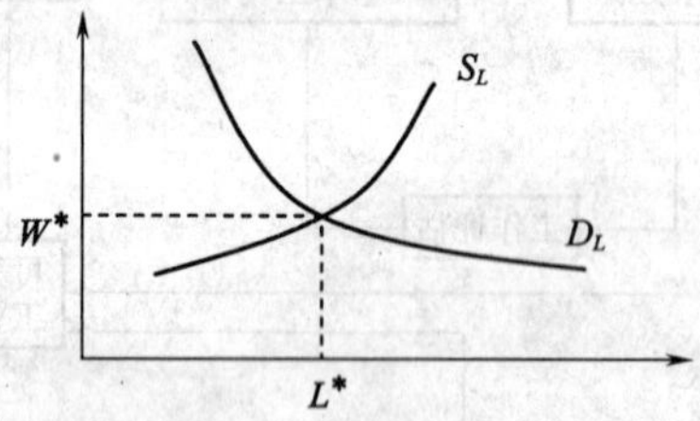

图 9 - 2　劳动力供需均衡下的工资水平

(二)人力资本理论

人力资本理论主要应用于员工所拥有的知识、技能、体力等人力资本的提高方面。提高人力资本的途径有学校正规教育、在职培训、卫生保健、劳动力流动等。其中,学校正规教育是主要途径,在职培训是第二种最为重要的人力资本投资方式。而对企业的直接收益而言,在职培训是最为重要的方式。

影响人力资本投资的因素包括获益时间、机会成本、投资回报率、个人偏好等。劳动者进行投资之后的获益时间越长,则获益越多,越值得投资;较高的投资回报率使得投资更为值得;人力资本投资意味着将损失工作带来的收入即投资的机会成本,该成本越低,劳动者投资的积极性越高,劳动者的个人偏好对投资的影响也是这个原理,只是此时的机会成本是一种无形的心理成本。

人力资本投资模型是投资收益与投资成本之间进行的比较。一般情况下,当预期收益的现值等于投资支出现值时,人力资本投资是值得的,人们也愿意进行投资。从工资角度而言,员工对人力资本进行投资之后的未来工资现值不小于现在的投资成本,员工才愿意进行投资。

(三)效率工资理论

效率工资是企业支付给员工高于市场出清工资的工资。效率工资理论有两个基本前提,一是企业内部存在信息不对称,表现在员工与监督者之间,这将导致员工的偷懒行为;二是员工对工作的努力程度是随着工资增长而提高的。其核心思想是认为员工的生产力与其获得的报酬水平呈正向关系,是为了解释非自愿失业现象而发展出来的相关模型的统称。主要涉及效率工资的基本模型、偷懒模型、反淘汰模型等。

基本模型是直接假设员工的生产力与其获得的报酬正相关,即存在员工努力函数,用以解释在非自愿失业环境下,雇主仍然不降低工资,增加雇佣量是经济理性的行为。偷懒模型是从员工的努力程度出发,认为由于存在信息不对称,雇主无法得知员工的真正努力程度,借用支付高工资并配合惩罚偷懒行为的负面措施,诱导员工努力工作。

(四)分享工资理论

分享工资理论是美国经济学家马丁·魏茨曼在20世纪70年代提出的一个新的工资决定理论。该理论是针对资本主义经济运行中的停滞膨胀而提出的,对于解决通货膨胀、扩大就业、激励工人、提高产量以及促进劳资和谐关系等方面都有积极的作用。

该理论将雇员的报酬制度划分为工资制度和分享制度两种模式,与此相适应,资本主义经济就分为工资经济与分享经济。魏茨曼指出,工资制度是雇主支付给雇员的报酬,是与某种外在的核算单位(如货币或生活费用指数)相联系的,这种核算单位的价值与厂商经营活动无关,与雇主所能做的一切都无关。相比之下,分享制度中,工人的工资与某种能够恰当反映雇主经营状况的指数(如厂商收入或利润)相联系,并且自动地按照这些指数的变动进行相应调整。这些都是工资制度所不具备的特点。工人的工资与企业经营效益相挂钩,工人与企业的利益攸关,共同承担经营的风险;这样可以鼓励工人努力工作,提高生产率,也有利于促进劳资之间的和谐关系。

分享工资理论在企业中的应用包括单纯形式和混合形式两种。单纯的分享工资,是指员工的工资完全取决于企业的经营业绩,即员工的工资构成中没有固定部分,只有浮动部分;混合制分享工资是工资构成中既有固定部分,也有浮动部分,固定工资为员工提供基本的生活保障,浮动部分为分享基金等形式,企业可以依据想要达到的激励效果确定分享基金的比例。实际运作中,混合制的分享工资更为常见。工资中的分享部分通常采取管理部门在年终宣布红利的形式反映出来,另一种不常见的形式是员工拥有获得企业利润的一定比例的权利。

(五)期权激励理论

期权激励(Stock Option Incentive)是一种以企业的高级管理人员、技术骨干等核心员工为激励对象,以股票期权为主要内容的长期激励方式。股票期权(Stock Option)又称为“经营者期权”、“认股期权”,是企业所有者授予激励对象在未来一定时限内,以预先确定的价格和行权条件购买一定数量的本企业股份的权利。激励对象获得的收益是行权日的市场价与预先约定的价格之间的差额。

期权激励是克服委托—代理模型中道德风险和逆向选择的一种有效方式。在信息不对称的情况下,这种激励制度将企业经营者的未来报酬与企业的长期业绩和市场价值联系起来,从而实现经营者的报酬和股东利益的趋同效用。企业经营越好,业绩增长带动股价上涨,市场价高出行权价越多,激励对象获得的收益越大,反之则越小,这便是激励机制的作用原理。股票期权是面向未来的收益,而这种收益带有不确定性,享有股票期权的经营者获得收益具有不确定性和不可预测性,当然这也蕴含着高收益的可能性,这是激励对象所承担的企业经营风险。

企业实行期权激励可以采取跨时间年限的办法进行考核和奖励,这也是发达国家积极推行的一种期权激励方式。基本做法是将经营者的年薪分为两部分,一部分是根据当年经营绩效给付的基本工资,另一部分是经营期满或卸任后根据企业综合经营绩效(主要是利润)逐年给付的风险性酬金。用公式表示即:$W = \sum C_n + \sum F(X_{n+t})$,其中$W$是经营者在一定时期内(任期与跨时期限之和)的年薪总额;C是各年的基本工资;n是经营者的任期;$F(X)$是经营者卸任后企业综合经营绩效;t是跨时期限。这种分割方式可以促使企业经营者将目光投向长期经营,减少短期投机行为。

二、激励理论

(一)期望理论

期望理论认为,激励力量取决于员工付出的努力对追求业绩目标的可能性(期望值,Expectancy),业绩得到管理者的认可(方法,Instrumentality),以及员工认为的薪酬价值(效价,Valence)。激励效力可以被表示为一个期望值、方法和效价乘积的函数(图9-3)。激励效力$=E \times I \times V$。如果以上函数公式中的任何一个成分为零,追求某种行为的整体效力也为零。比如说,如果员工缺乏必要的技能,或者目标设置得过高,那么员工付出再多的努力也不能产生更好的业绩;如果管理层使用的业绩评估工具有效性很低,或者员工不信任管理层,那么员工的业绩并不能得到合理的认可;如果企业所采取的其他激励方式与薪酬相互冲突,那么薪酬制度就无法得到员工的重视,薪酬作为激励手段将失去效果。简而言之,期望理论为评估可变工资的有效性提供了基础。

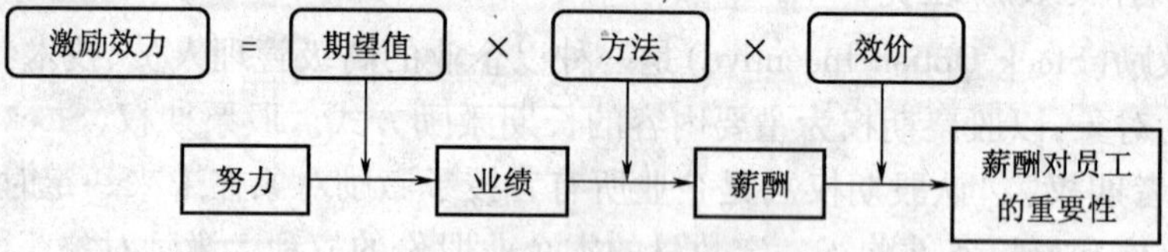

图9-3 期望理论对员工业绩的激励过程

（二）目标设定理论

目标理论建立在两个前提之上：①业绩导向之下，员工对自己所要做的工作知道得越多、越清楚，那么他们对目标设定的认同感越强；②管理层对上述员工所需要知道的内容的反馈越准确、越频繁，激励效果越好。目标理论认为，员工更佳的业绩表现来自于具体的、有挑战性的但是可接受的目标，他们接受这些目标并对目标有强大的承诺，对于取得目标他们有高度的自我效能，此状态下的员工被最大限度地激励。

目标设定理论为绩效管理过程提供了理论基础。在目标设定理论指导下，管理层和员工可以从目标、反馈等方面入手，提高员工的绩效：建立清晰、具体的目标比仅仅告诫员工"好好工作"之类模糊的不准确的业绩要求具有更大的激励效果；与那些很容易就可实现的目标相比，那些实现有困难但是通过努力依旧可以达到的目标更具激励作用；目标要被员工认可、接受，一个有效的方法就是让员工参与到目标的设定、衡量和解释的过程中；员工创造更高的业绩目标的前提是员工一定要具备相应的知识、技能、能力、材料和设备，并且管理者要相信员工能够完成目标，员工的自我效能发挥作用；此外，管理者对员工的工作业绩进行及时的反馈对员工取得业绩会产生明显的促进作用。

（三）公平理论

亚当斯（Adams）在1965年提出的公平理论认为，员工在评估他们从工作中获得的产出（如工资、晋升、认可和工作满意度等）和工作投入之间的关系基础上，将这个产出/投入比与企业内从事相同工作的同事（比较的对象）的产出/投入比进行比较，如果员工认为比较的结果是不公平的，员工的不满便会出现。因不平等引起的不满意促使员工尝试通过提高产出来恢复公平（如要求增加工资或晋升），或者减少投入（工作不如以前努力，降低产量或质量），或者改变比较对象，或者退出工作。相反地，如果员工认为被公平地对待，即会产生激励效果。这里所指的"公平"是员工自己的感觉，即"感觉公平"或"感觉不公平"。通过公平理论，只要员工感觉被公平对待，薪酬制度就是平等的。

本质上，公平理论关注分配公平的激励效应，之后这个理论被扩大到具有三个维度的公平理论：分配公平、程序公平和互动公平。分配公平是指薪酬结果的公平性，是指员工对薪酬水平、薪酬结构、增长幅度是否公平的评价；程序公平是指员工对薪酬体系的制定过程、薪酬管理的程序和方法是否公平的评价；互动公平是指关于薪酬制度沟通的公平性和薪酬管理信息的公平性，主要包括员工获得薪酬制度相关信息的及时性、全面性、决策信息完整性等。一般而言，结果公平与程序公平同等重要。如果分配结果是公平的则其分配的程序也被认为是公平的；如果分配结果的公平性受到置疑，分配程序的公平性将决定员工对分配结果的接受程度,也就是说,如果分配结果的不公是由分配程序导致,那么员工难以接受分配结果,通常以消极怠工甚至离职等负面行为应对,如果分配结果的不公不是由程序导致,那么员工也会接受这一结果。

第三节　薪酬制度设计的最佳模式

传统的薪酬制度将薪酬和资历相挂钩,在企业内员工因为拥有长期的成员资格而获得相应的薪酬。因此,传统的薪酬制度是建立在企业结构稳定、员工等级分类等基础之上的。很显然,传统薪酬制度对员工参与企业战略执行的激励性差,不利于企业建立良性循环。薪酬制度的最佳模式应是以建立企业和员工的良性互动为目标,最终实现企业和员工的共同发展。

薪酬设计最佳模式包括三大模块:"头"、"躯干"、"脚"(图 9－4),涉及八大问题。"头"就是设计薪酬体系遵循以企业战略为首的原则,以组织战略来统领薪酬设计的各个具体环节。薪酬体系的"躯干"就是在战略的指导下,进行薪酬体系的主体设计,包括基本工资、奖金、福利三个层面,基本工资层面需要确定支付工资的依据、保证薪酬外部竞争性及内部公平性的措施、确定固定薪酬与浮动薪酬之间的比例。奖金层面需要确定支付依据、标准、方式;福利层面需要制定合法、经济的福利体系并构建使其发挥激

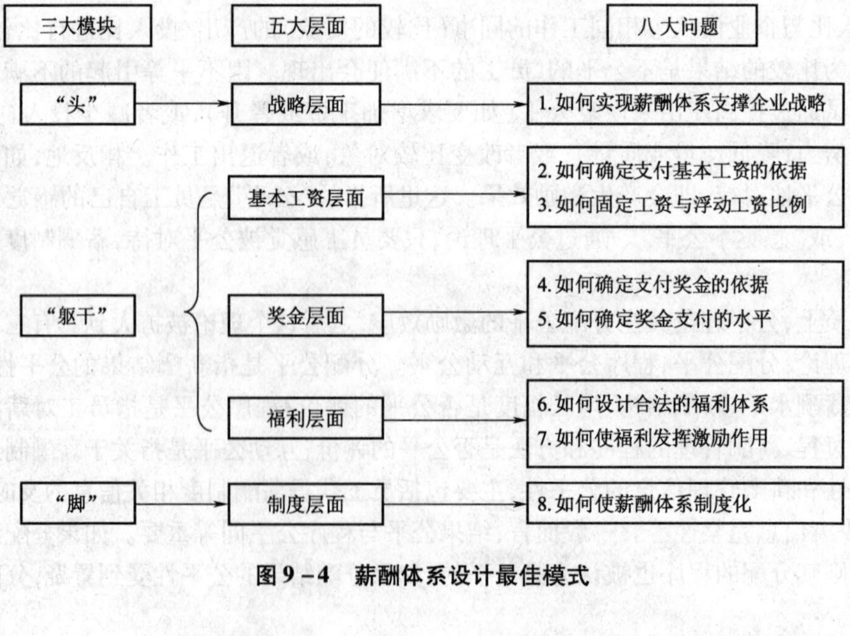

图 9－4　薪酬体系设计最佳模式

励作用的配套制度。薪酬主体设计的具体步骤包括开展薪酬调查、确定薪酬策略、实施岗位评价、确定薪酬类别、制定薪酬结构。最后一个大模块是制度层面的工作，即薪酬体系设计的"脚"，将薪酬体系制度化以保证其实施，将激励作用落到实处。

一、基本原则

薪酬是企业一项较大的成本支出，也是员工收入的主要来源，这要求企业设计薪酬体系时必须遵循一定的原则，才能保证成本支出的有效性，发挥激励作用。这些原则包括战略导向、外部竞争性、内部公平性、经济性和激励作用等。

（一）战略导向原则

战略导向原则强调企业设计薪酬时必须从企业战略的角度出发。薪酬战略是企业在一定情况下能够选择的薪酬体系，包括薪酬支付标准、支付结构、薪酬制度管理等，这些内容对企业绩效、员工工作效率有很大的影响。薪酬支付标准是决定薪酬高低的依据。确定支付标准从战略出发，分析哪些因素是实现战略的关键所在，然后通过一定的价值标准、权重，赋予价值分配，体现对此因素的激励。一般情况下，岗位、技能、资历、绩效等因素都是可选的因素，企业可以将其中的一种或几种合并作为薪酬支付标准。薪酬支付结构体现薪酬的各个构成部分及其比重，最主要的是固定薪酬和变动薪酬、经济薪酬和非经济薪酬两两之间的比重；薪酬制度管理反映制定和调整薪酬制度的行为方式和决策标准，包括授权程度、员工参与方式、薪酬等级状况、薪酬支付方式以及薪酬制度的调整频率。

（二）外部竞争性原则

外部竞争性原则强调企业在设计薪酬时考虑所处行业的市场平均薪酬水平、竞争对手的薪酬水平，结合企业想要在市场中确立的地位，综合决定薪酬水平的竞争力，既保证薪酬支出的合理性，又保证企业能够充分地吸引和留住企业发展所需的人才。

（三）内部公平性原则

内部公平性原则可以说是公平理论在薪酬设计中的应用。其主要包括两个方面：一是横向公平，薪酬标准、尺度对所有员工都是一致的，保证员工投入而获得的回报和其他付出相同努力的员工得到的回报一致；二是纵向公平，薪酬体系体现一定的历史延续性，员工过去的投入—产出比与现在、将来的要保持一致，并在此基础上随着企业发展而提高。员工的投入—产出比具有公平性也可以理解为薪酬体现员工的价值。正确处理员工的价值创造和价值分配之间的关系，才能使得员工积极性保持在较高水平，激发员工为企业发展作贡献的同时，帮助员工实现自我发展。

（四）经济性原则

经济性原则强调企业设计薪酬体系时在战略指导的基础上考虑自身的支付能力，也就是薪酬总额的合理性。短期中，企业的各项收入扣除各项非人工成本后的余额要不低于薪酬总额；长期来看，企业支付薪酬总额、其他补偿性支出和非人工成本后，要有盈余才能支撑企业追加和扩大投资，获得可持续发展。企业可持续发展的经济保证也是员工自身发展的基础。

（五）激励作用原则

发挥激励性是薪酬体系的重要目标之一，因此企业设计薪酬时须充分考虑薪酬激励效果。企业为员工设定的目标具有可实现性、达成目标要获得既定的回报；员工的投入—产出比具有横向的稳定性和一致性，纵向的进步性；这样员工才能体会到自己努力就能获得相应的回报，才会产生更大的动力。薪酬的激励效果最终体现为企业竞争力上升和员工自我实现两个方面。

二、开展薪酬调查

设计薪酬体系而开展的薪酬调查（Salary Survey）是解决薪酬外部竞争性的有效途径，也是必经途径。做好薪酬调查，实事求是地反映整个行业、竞争对手的薪酬水平，在知己知彼的前提下，企业才能有的放矢，设计好本企业的薪酬体系。

薪酬调查的内容一般包括三个方面：首先是“知己”调查，也就是企业薪酬现状摸底调查，短期营业目标对薪酬体系的要求、员工对薪酬体系的满意度及改进方向的建议等；其次是“知彼”调查，主要收集本行业、本地区的总体薪酬增长比例，行业薪酬水平；竞争企业的企业规模、组织结构、经营状况、岗位设置、员工状况（素质构成、流动率、工作时间等）、薪酬政策、薪酬水平、保险福利、长期激励策略等。最后，在知己知彼的情况下分析影响本企业薪酬体系的宏观、中观、微观因素，例如，国家的宏观经济、通货膨胀率；行业特点和行业竞争、人才供应状况；企业的发展阶段、赢利能力和支付能力、人员的素质要求、人才稀缺度、招聘难度等。

薪酬调查的方式包括商业调查、专业调查和政府调查。商业调查是由咨询服务性、营利性机构针对客户需求开展的调查，企业需要付费使用其中的信息或者独自出资由该机构完成专门的薪酬调查；专业调查是由薪酬及管理的专业机构（如美国管理协会、美国薪酬协会）提供本行业的薪酬信息；政府调查是国家及地方政府的统计部门针对本国、本地区开展的薪酬调查，如美国劳工局每年都会进行三次关于地区工资、行业工资、职业工资的调查；我国国家和地方的统计部门也会定期发布工资的相关数据，如周边地区经济发展及劳动力价格情况评估；本年度工资增长基准线、工资增长预警线等。

三、确定薪酬策略

依据企业战略等原则确定的薪酬策略包括薪酬水平策略和结构策略两个方面，这是制定具体薪酬体系的关键步骤。

薪酬水平策略主要是确定企业相对于行业、地区、竞争对手的薪酬水平，进行薪酬水平定位。具体策略有：处于薪酬水平领导地位的市场领先型策略、跟随行业总体薪酬行情的市场跟随型策略、成本优先的成本导向型策略和混合型策略。这四种策略的适用情形不同，各具特点（如表 9－1 所示），企业依据自身情况来选择。

表 9－1　四种薪酬策略的特点及适用企业对比

	市场领先型	市场跟随型	成本导向型	混合型
策略特点	薪酬水平在行业处于领先地位，高于竞争对手的薪酬水平；能够稳定员工、吸引优秀人才	薪酬水平与行业平均水平保持一致，与竞争对手的薪酬水平基本持平	节约企业生产、经营和管理的成本，薪酬水平较低	不同部门、不同岗位、不同人才采用不同的、有针对性的薪酬策略
适用企业或发展阶段	薪酬的支付能力比较强；企业处于高速成长期	薪酬支付能力一般；企业发展步入成熟期	企业战略实行成本领先型；企业处于成熟期或衰退期	企业发展步入成熟期

薪酬结构是指总体薪酬所包含的各部分及所占比例，最主要的是固定薪酬（主要指基本工资）和浮动薪酬（主要指奖金和绩效薪酬）各自占据的比例。根据这两种薪酬组成部分的比例不同，薪酬可以分为高弹性薪酬模式、调和型薪酬模式和高稳定性薪酬模式。这三种模式中固定薪酬的比例逐渐增高，浮动薪酬比例逐渐降低，具体的特点见表 9－2。

表 9－2　三种薪酬结构的特点对比

	高弹性薪酬模式	调和型薪酬模式	高稳定薪酬模式
主要构成	绩效薪酬	绩效薪酬和基本薪酬	基本薪酬
固定一浮动薪酬比例	固定薪酬比例很低，浮动薪酬比例很高	固定薪酬比例和浮动薪酬比例相当	固定薪酬比例很高，浮动薪酬比例很低

续表

	高弹性薪酬模式	调和型薪酬模式	高稳定薪酬模式
员工努力与薪酬水平的关系	员工获得的薪酬完全依赖于工作绩效的好坏	两者比例不断调和可以演变为以激励为主的模型或以稳定为主的模型	员工几乎不用努力就能获得全额的薪酬
激励性/稳定性	激励性很强	既有激励性又有稳定性	稳定性很强

具体设计薪酬体系时,企业还可以选择混合型的薪酬结构策略。这种策略的特点是针对不同岗位性质、不同员工的做事风格及性格特点选择不同的薪酬结构策略,比如,严格要求自己、积极要求上进、而且喜欢接受挑战的员工可以采用高弹性的薪酬模型,对于老老实实做事、追求工作和生活稳定的员工可以采用高稳定型的薪酬模型。

四、实施岗位评价

岗位评价是根据工作分析的结果按照事先确定的标准,对岗位的性质、工作强度、责任、复杂性及所需的任职资格等一系列因素的差异程度进行综合评估的活动。岗位评价主要目的是构建岗位相对价值体系,这是薪酬设计的基础和平台。在此基础上,参照岗位的外部市场薪酬数据等信息设定薪酬水平,因此岗位评价为保证薪酬体系"内部公平性"的重要途径。岗位评价不同于工作分析。工作分析是收集所有工作资料的过程,最终产物是工作说明书,这是岗位评价的标准和依据;工作分析反映企业对各个岗位和各项工作的期望和要求,但并不能揭示各项工作之间的相互关系、相对价值,岗位评价则是对各项工作进行分析和比较并准确评估各项工作对企业的相对价值。

岗位评价有明确评价目的、确定评价方法、制定评价方案、实施评价方案四个环节,每个环节所包含的具体内容有所差异,如图 9-5 所示。

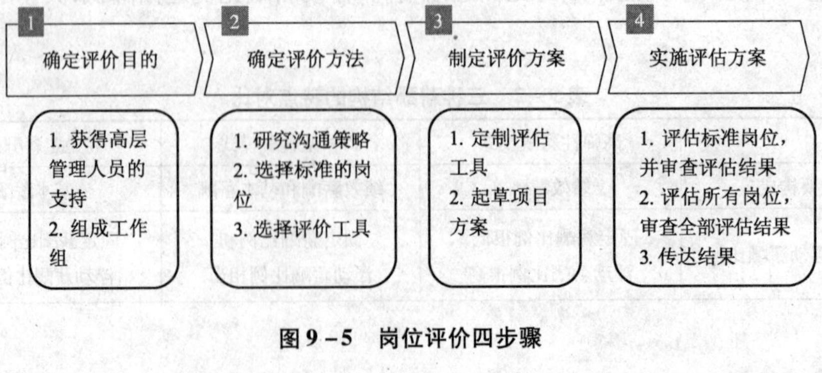

图 9-5 岗位评价四步骤

常用的岗位评估方法有分类法、排列法、点数法、评分法和要素比较法等。其中分类法、排列法属于定性评估方法类；点数法、评分法和要素比较法属于定量评估方法类。除此以外，海氏（Hay Group）三要素评估法和美世（Mercer）国际职位评估法（IPE）也是应用较为广泛的岗位评估方法。这里简要介绍排列法、点数法，重点介绍海氏评估法。

五、设计具体薪酬结构

设计薪酬结构之前，企业要根据短期经营目标、长期发展战略和实际情况，对不同类型的人员采取不同的薪酬类别，例如，企业高层管理者可以采用与年度经营业绩相关的年薪制，管理类人员和技术类人员可以采用以岗位、技能为基础的薪酬制，营销类人员以绩效为基础的薪酬制，等等。我们应依据不同的薪酬类别设计相应的薪酬结构。

薪酬体系设计的前几个步骤决定了薪酬结构的特点，而薪酬结构是实现合理控制成本、有效激励员工目的的关键环节，需要格外注意。薪酬结构包括薪等（Pay Grade）、等间重叠（Range Overlap）和等中位值（Midpoint）等几个概念。薪等是具有相同或相近价值的岗位的组合，是薪级的最高工资与最低工资之间的差额。等间重叠是相邻薪等之间的交叉部分。等中位值是根据薪酬调查的结果和企业的薪酬策略确定的。

以下列举出管理序列、技术序列和销售序列的薪酬结构供参考。

管理序列薪酬结构的整体框架：

年总收入＝（月固定工资＋月绩效工资＋年度延迟支付工资）×12＋
（企业业绩分享＋工龄工资＋各类补贴或补助）

技术序列薪酬结构的整体框架：

年总收入＝（月固定工资＋计件工资＋年度延迟支付工资）×12＋（工龄工资＋各类补贴或补助）

销售序列薪酬结构的整体框架：

年总收入＝（月固定工资＋佣金＋销售奖金＋年度延迟支付工资）×12＋
（工龄工资＋各类补贴或补助）

其中，年工资延迟支付的比重一般为10%～20%，可以用年底双薪等科目发放。该项目区别于月绩效工资，属于较长周期的检查和激励员工工作的方式。设立原因在于由于某些工资在短期内无法见到实效，需要较长的一段时间才能反映出结果，因此预留部分基本收入作为对该部分工作的考核。另外，年工资延迟支付还可以作为降低员工流动率，缓解企业日常现金流压力的手段。

六、薪酬设计专题举例

（一）奖金比绩效加薪更具激励性

虽然绩效加薪和奖金都能起到一定的激励效果，但相比之下，奖金的激励效果更胜一筹。由于绩效加薪将影响员工未来的基本薪酬水平，加薪的幅度受到企业人工成本的限制，导致加薪水平非常有限，也就缺乏激励的灵活性。一次性奖励受到成本的限制程度更低，灵活性强，能够及时激励员工的出色表现。实行奖金计划的重点和难点在于如何建立一个有效的奖金体系，保证员工的付出得到及时、恰当的回报，起到留住员工、激励员工的作用。

企业设计奖金计划时，首先要与企业的战略目标相适应，其次确定奖励的对象，明确是针对个人绩效、团队绩效还是整个企业的绩效；确定支付奖金的标准以及奖金如何分配等。企业在设计奖金计划时应该着重注意以下方面：第一，如果企业强调个人业绩，那么针对个人的奖金计划是推动个人绩效最有效的途径，个人奖金计划能够在业绩和薪酬之间建立起清晰的联系，这种联系将能产生很强的激励性；如果企业内部团队工作的模式较为普遍，员工的工作彼此有较强的依赖性，那么企业的奖金计划就要针对团队绩效予以奖励。在设计团队奖金计划时，注意建立团队成员的个人业绩与团队整体业绩之间的联系，并在奖金计划中体现这种联系。第二，奖金计划要明确业绩衡量的标准、方式等内容，以及员工个人绩效、团队绩效影响企业业绩的途径，并将这些告知个人或团队，以明确其努力的方向，这样做有利于奖金计划的实现，保证激励效果。

（二）基于技能提高而非业绩表现的薪酬增长机制

针对个人业绩的考核是企业绩效考核中较为薄弱的环节。员工为了获得考核高分，可能会提供虚假信息；员工的直接领导接受考核方面的培训有限，对考核的理解存在偏差，甚至不自觉地将“关系”这个特质带入考核中，这些都会导致考核结果不能真实反映业绩水平。因而，基于业绩提高的薪酬增长机制有时仍然趋向平均化。而且，这种增长模式需要对员工业绩的等级进行划分，划分的标准很关键。

相比之下，基于员工技能提高的薪酬增长方式能够避免平均主义的影响。当员工与提供业绩相关的技能水平得到提高，企业应为之提高薪酬水平。如果员工提高的技能是企业的核心技能，那么加薪的幅度可以高于市场平均水平，外部竞争性较高的薪酬水平能够激励员工留在企业并努力工作；反之，员工提高的技能不是企业的关键技能，企业可以支付低于市场水平的薪酬，或者与市场水平持平，这样的信号告诉员工企业看重关键技能的提高，可以降低员工为了获得加薪而提高那些轻而易举便可改进的技能的行为。坚持这样的加薪原则，就能从本质上保证员工与企业的共同成长和共同发展，从薪酬制度上保证员工与企业“双赢机制”得以构建并顺利运行。

【关键术语】

薪酬　薪酬管理　双赢机制　期望理论　公平理论

【本章小结】

企业中存在一个可以使企业和员工共赢的薪酬体系。有效的薪酬管理制度体现了企业“善待”员工,能够实现企业和员工的双赢。薪酬不等同于工资和报酬,趋向于“全面薪酬”的概念,一般包括基本薪酬、可变薪酬和间接薪酬。

企业设计双赢的薪酬管理体系可以依据经济学中经典的工资理论和管理学中的激励理论。工资理论包括:边际生产率理论、均衡价格工资理论、人力资本理论、效率工资理论、分享工资理论和期权激励理论。激励理论包括期望理论、目标设定理论和公平理论。

以企业战略为导向,与企业组织结构、企业文化相适应,取得外部公平性、内部公平性平衡点而制定的薪酬体系能够起到提高企业效率的作用。具体设计薪酬体系时,参照薪酬设计最佳模式,包括三大模块:“头”、“躯干”、“脚”,即以战略为导向,遵循外部竞争性、内部公平性、经济性和激励性原则,逐步开展薪酬调查、确定薪酬策略、实施岗位评价、设计薪酬结构等步骤,最后在设计奖金时,注重一次性奖励和基于技能提高的奖励将会使得薪酬体系更好地发挥作用。实现企业战略目标的同时,员工取得发展,形成双方共赢的局面。

【复习思考题】

1. 试述薪酬体系的基本构成。

2. 如何设计劳资双赢的最佳薪酬模式。

【参考文献】

[1] 伯杰等. 薪酬手册[M]. 北京:清华大学出版社,2006.

[2] 米尔科维奇,纽曼. 薪酬管理[M]. 9 版. 北京:中国人民大学出版社,2008.

[3] 马尔托齐奥. 战略薪酬[M]. 北京:社会科学文献出版社,2002.

第十章 劳动合同的解除

劳动合同的解除是劳动合同管理的重要环节,也是企业劳动关系管理的重要内容。做好劳动合同解除的管理工作,对企业来说意义重大,不仅有利于维护自身的合法权益,保持企业的人力资源活力,而且有助于企业顺利摆脱经营困境,同时还能够有效避免诉讼的拖累。在进行这项工作以前,企业首先要了解劳动合同解除的内涵、意义和基本类型,同时,要深刻理解劳动合同解除的三大基本原则,即合法原则、合情原则和合理原则。在具体操作中,企业要重点掌握两个方面的知识:一是劳动合同解除的法定条件是什么?二是劳动合同解除的基本程序如何?要通过本章的学习,学会合法有效地解除劳动合同,提升企业劳动关系管理的绩效,促进企业的健康发展。

【引导案例】

劳动合同解除与否法律说了算[①]

王某系北京某地产公司(以下简称“地产公司”)员工,自 2005 年 2 月 28 日起与地产公司建立劳动关系,任销售部管理人员,双方签订了期限从 2008 年 1 月 1 日至 12 月 31 日的劳动合同,月工资包括基本工资、岗位工资和佣金。2008 年 8 月 1 日,王某被确诊为肺结核(无传染性),医师开具的治疗期为 9 个月。2008 年 12 月 31 日,合同到期,但双方均未提出终止合同,王某继续在公司上班,双方形成事实劳动关系。2009 年1 月

① 资料来源:中国人力资源开发网,http://www.chinahrd.net/law/info/69199,2010-10-7 下载,相关文字作了适当删减和处理。

31 日,公司以双方合同已在2008 年12 月31 日终止为由,不让王某继续到公司上班,并在2 月17 日向王某发出《关于终止劳动合同的通知》,提出原劳动合同期满后不再续签劳动合同,终止与王某的劳动关系。地产公司仅支付王某2008 年12 月31 日前的工资,及一个月工资标准的经济补偿金。王某则认为,公司支付的经济补偿金数额过低,经与公司协商不成,王某向北京某区劳动争议仲裁委员会提起了仲裁申请。

仲裁经审理查明:申诉人(王某)2005 年2 月28 日进入被申诉人公司任销售部管理人员,双方签订了期限为2008 年1 月1 日至12 月31 日的劳动合同,月工资包括基本工资、岗位工资和佣金,佣金按销售额的比例计算,工资结算至2008 年12 月31 日,申诉人2008 年的月平均工资为8 458 元。申诉人在职期间从未休过病假,2008 年8 月1 日起,申诉人在医院治疗,由于所患疾病不具有传染性,因此继续在公司上班。被申诉人在2008 年12 月31 日前未出具过终止劳动合同的书面通知,劳动合同到期后申诉人仍正常上班,双方形成了事实劳动关系。双方在2009 年2 月17 日签订了《关于与王某终止劳动合同的处理意见》,被申诉人依据该《意见》向申诉人支付了8 458 元的终止合同补偿金、2007 年佣金8 769 元、终止合同通知期工资4 620 元、医疗期及医药补助5 个月工资23 100 元。申诉人所在部门其他7 名员工均领取了年终奖金4 620 元。被申诉人未提供申诉人在职期间的工资支付表及考勤记录。被申诉人否认申诉人2009 年1 月和2 月存在销售额,申诉人也不知道其2009 年1 月的销售额,且未提供其存在销售额的相关证据。另查明,被申诉人每月28 日支付申诉人上月全月工资和岗位工资。

仲裁委经审理认为:被申诉人未提供申诉人在职期间的工资支付表,因此采信申诉人关于工资标准的主张。申诉人也不知道其2009 年1 月的销售额,且未提供其存在销售额的相关证据;又申诉人2 月份未出勤,因此本委采信被申诉人关于申诉人该期间不存在销售额的主张,故申诉人不享受2009 年1 月和2 月的佣金待遇,该期间工资依照4 620元固定工资标准支付。

被申诉人未就其已于劳动合同到期前一个月通知申诉人终止劳动合同的主张提供证据,又未提供申诉人2009 年1 月、2 月的考勤记录,因此,仲裁委采信申诉人关于工作至2009 年1 月31 日,此后因被申诉人以劳动合同终止为由不让其上班的主张。由于被申诉人未于劳动合同到期之日与申诉人终止劳动合同,并办理相关手续,且双方继续存在劳动关系,因此认定2008 年12 月31 日后,双方形成事实劳动关系。被申诉人2009 年2 月17 日与申诉人终止劳动合同实为解除劳动合同行为。由于申诉人不要求恢复双方劳动关系,且提出支付解除劳动关系经济补偿金的要求,视为双方协商一致,由被申诉人提出解除劳动关系。因此认定被申诉人应当依据《劳动合同法》第四十六、四十七、九十七条及《违反和解除劳动合同的经济补偿办法》第五条的规定,向申诉人支付经济补偿金。被申诉人此前已支付的终止劳动合同经济补偿金 8 458 元和终止合同通知金 4 620 元,应在解除劳动关系经济补偿金总额中予以扣减。

被申诉人未提供申诉人不享受年终奖金及核算的相关规定,也未对其部门其他 7 名员工已领取年终奖 4 620 元的主张提出异议,据此,本委对申诉人符合年终奖享受条件及其部门人员领取数额的主张予以采信,对申诉人提出要求支付年终奖金 4 620 元的主张予以支持。同时,被申诉人未及时支付年终奖的行为构成拖欠,应加付该工资 25% 的经济补偿金。

2009 年 9 月 7 日,仲裁委作出如下裁决:

一、北京某地产公司于本裁决生效之日起 5 日内,支付王某 2009 年 1 月 1 日至2 月 17 日期间工资 7 168.97 元及 25% 经济补偿金 1 792.24 元;

二、北京某地产公司于本裁决生效之日起 5 日内,支付王某解除劳动合同经济补偿金差额 23 543.77 元;

三、北京某地产公司于本裁决生效之日起 5 日内,支付王某 2008 年年终奖 4 620 元及 25% 经济补偿金 1 155 元;

四、驳回王某其他仲裁请求。

本案双方均未提起诉讼。

第一节　劳动合同解除概述

劳动合同解除是劳动合同管理的重要环节,是劳动合同从订立到履行过程中可以预见的中间环节,也是企业劳动关系管理的重要内容。企业要想真正做好解除劳动合同的相关工作,必须首先对劳动合同解除的概念内涵、现实意义、基本类型和基本原则有所了解。

一、劳动合同解除的定义

劳动合同的解除,是指生效的劳动合同在尚未全部履行以前,由于某种原因导致一方或双方当事人提前消灭劳动关系的法律行为,是劳动合同的非自然终止。劳动合同的解除具有以下几个特征:

第一,被解除的劳动合同是有效的劳动合同。无效的劳动合同虽然从形式上看双方之间有了合同,但由于合同本身无效,对当事人就不会产生相应的法律约束力,因而不存在解除的问题。因无效的劳动合同发生纠纷,致使合同无效负有责任的当事人只承担相应的民事法律责任。

第二,解除劳动合同的行为必须是在被解除的劳动合同依法订立生效之后、尚未全部履行之前进行。解除劳动合同的目的是要使合同的约束力消失。劳动合同虽然已经订立,但在没有生效以前,合同所约定的权利义务对当事人不会产生约束力,当事人可以通过不让合同正式生效的方式来解决。如果劳动合同全部履行,其所规定的权利义务关系已经全部实现,那劳动合同的约束力就不存在了,因而也无需再解除了。

第三,企业与员工均有权依法提出解除劳动合同的请求。导致劳动合同解除的原因较多,既可以是出于企业或者员工某一方的过错,也可能是基于劳资双方的合意,还可能是由于企业的经济原因,所以,劳动合同的解除权不是员工或者企业某一方的特权。

第四,企业和员工双方协商解除劳动合同,可以不受劳动合同中约定的终止条件的限制。如果当事人双方在劳动合同中约定,当一定情形出现时,劳动合同所确定的权利义务关系即告消亡,即便约定情形尚未出现,但只要符合法定条件时,当事人仍然可以依法解除劳动合同。

二、劳动合同解除的意义

劳动合同是一种继续性的合同,在整个劳动关系存续期间对双方当事人都有约束力。现实社会生活中,由于各种因素的影响,劳动合同的履行并不是一帆风顺的。在一定情况下,劳动合同的继续履行,可能给当事人甚至是一定范围内的经济发展带来极为不利的影响。如果不给双方设定相应的解除权,显然有失公平,也有违设立劳动合同制度的初衷。对企业而言,做好劳动合同解除工作意义重大,具体来说有以下几点:

第一,有利于维护企业的合法权益。劳动合同是双务合同,当事人双方既有权利又有义务。当事人一方履行法定义务的目的就是为了实现自己的权利。如果在劳动关系存续期间,员工不严格履行劳动合同所规定的义务,情节非常严重,给企业造成了巨大损失,就应当赋予企业及时解除劳动合同的权利。

第二,有利于保持企业的人力资源活力。由于企业劳动合同解除权的存在,在激烈的人才市场竞争环境下,会使得员工的危机感增强。为了保证自己不被提前解雇,一方面,员工必定会严格遵守法律和企业相关的规章制度,另一方面,员工也必定会不断地提高自己的知识水平以避免被淘汰。

第三,有利于帮助企业顺利摆脱经营困境。在企业生产经营遇到严重困难时,如果仍然保持原有的人员规模,势必会加重企业的负担,加剧企业的危机。企业适时运用劳动合同的解除权,可以减员增效,节省成本,确保企业成功摆脱困境。

第四,有利于减少劳动争议,促进企业劳动关系的和谐。因为劳动合同解除的具体条件非常复杂,而且解除劳动合同不仅直接关系到劳动关系的存续与否,还涉及经济补偿金和其他一系列问题,所以劳动合同的解除极易引发纠纷。正确处理这一问题,可以避免大量仲裁和诉讼给企业带来的拖累。

三、劳动合同解除的类型

劳动合同解除的情形比较复杂,按照不同的分类标准,可以将劳动合同解除划分为不同的类型。从不同角度对劳动合同的解除进行分类也有利于我们全面正确地认识它,防止因考虑角度的片面而在执行过程中出现疏漏。

按照解除方式不同,劳动合同解除可以分为协商解除和单方解除。协商解除是指双方通过协商一致来解除劳动合同。而单方解除,是指当事人一方基于一定事由而解除劳动合同。根据单方解除的主体的不同又可以细分为劳动者单方解除和用人单位单方解除。

按照解除依据不同,劳动合同解除可以分为法定解除和约定解除。法定解除是指出现国家法律、法规或合同规定的可以解除劳动合同的情况时,不需双方当事人一致同意,合同效力可以自然或单方提前终止。约定解除是指合同双方当事人因某种原因,在完全自愿的情况下互相协商,在彼此达成一致的基础上提前终止劳动合同。

按照行使单方解除权是否需要预告,劳动合同解除可以分为单方预告解除和单方即时解除。预告解除是指劳动合同的解除必须事先履行通知对方当事人的法定程序,且符合法律法规关于预告期的规定。即时解除是指无须事先通知对方当事人,当时就可单方解除劳动合同。

按照导致合同解除的原因中是否含有对方当事人过错,劳动合同解除可以分为有过错解除和无过错解除。有过错解除是指由于对方当事人的过错行为而导致劳动合同解除。无过错解除,即在对方当事人无过错行为或者其过错行为轻微的情况下单方解除劳动合同。

四、劳动合同解除的原则

从企业管理的角度来看,劳动合同解除既要考虑整个过程不能违背相关的法律法规,又要考虑人力资源的可持续利用问题,还要考虑因解除劳动合同而带来的成本和收益,因此,劳动合同的解除,必须坚持以下三个原则。

(一)合法原则

合法原则主要是指企业在劳动合同解除过程中要遵守相关的法律法规,既包括以规定当事人权利义务为内容的实体性规范,也包括以规定如何保障当事人权利义务实现的程序性规范。前者如《劳动合同法》中绝大部分条款，后者如《劳动争议调解仲裁法》。企业违法解除劳动合同，极易引发劳资纠纷，给企业造成损失。

违法解除劳动关系　企业赔偿①

2006年1月，桂林某食品公司聘请侯某为该公司在泸州市纳溪区的超市产品推销员，该公司按月支付其工资，但该公司一直不与侯某签订书面劳动合同。2008年10月18日，该食品公司发函通知侯某，要求侯某于当月30日前到泸州市江阳区某超市做推销员，若在当月30日不去报到，就解除与侯某的劳动关系。侯某认为公司擅自变更其工作地点，违反法律规定，因此没有去报到，为此，该食品公司解除了与侯某的劳动关系。

侯某于2009年向泸州市纳溪区劳动争议仲裁委员会申请仲裁，提出公司未与其签劳动合同应支付双倍工资并支付违法解除劳动合同赔偿金。泸州市纳溪区劳动争议仲裁委员会裁决后，认定该公司违约，应支付相应赔偿金。随后，侯某申请广西荔浦县人民法院强制执行，广西荔浦县人民法院审查后认为，仲裁裁决中相关证据存在问题，裁定不予执行。

2010年2月，侯某向泸州市纳溪区人民法院提起民事诉讼，将公司告上法庭，要求公司支付其未签劳动合同双倍工资并支付其违法解除劳动合同赔偿金。

法院审理认为，在《劳动合同法》于2008年1月1日实施后，桂林某食品公司仍然不与职工侯某签订劳动合同，侵害了侯某合法权益，应从2008年2月起支付侯某双倍工资。桂林某食品公司在没有与侯某协商一致的情况下，变更侯某工作地点，而且没有提前30日通知侯某解除其劳动关系，属于违法解除劳动关系，应按照经济补偿金标准双倍支付侯某赔偿金。

6月17日，泸州市纳溪区人民法院对该案作出一审宣判，判决桂林某食品公司支付侯某双倍工资4 819元，并支付违法解除劳动合同赔偿金3 564元。

（二）合情原则

合情原则主要是指企业在解除劳动合同的过程中，要坚持以人为本。企业对劳动关系的建立、变更、延续和终止要进行动态的人性化管理，其目的是确保企业用工过程的平滑性和可预见性，化解劳动争议，避免劳动冲突，实现劳动关系的健康和谐②。

① 资料来源："违法解除劳动关系 企业赔偿"，中国人力资源开发网，2010－10－20，14:10下载，相关文字作了适当删减和处理。

② 唐鑛．企业社会责任视角下的战略劳动关系管理[C]// 全球化背景下的劳动关系和劳动争议治理论文集．北京：中国人民大学出版社，2010．

劳动合同的解除虽然从法律上来说效力只限于特定的劳动者，但作为企业方的一种管理行为，其影响可能波及全体员工。现实中，一些企业为了眼前的利益，随意辞退那些身体欠佳、年龄偏大、技能偏低的员工，解除了和这些员工的劳动关系，表面上有利于提高人力资源的整体质量，但却容易带来以下几方面的负面影响：一是令在职员工丧失对企业的忠诚感；二是会动摇军心，影响现有人力资源的稳定；三是会影响团队的凝聚力和合作精神，导致工作氛围恶化；最终影响人力资源的产出和企业绩效。

关注解雇过程中的心理问题①

小心自己的名声

解雇员工的时候态度温和极其重要。爱达荷电力公司的首席信息官(CIO)卡尼强调，他与从事不同职业的同一批人工作过。他说，如果解雇时不顾对方的尊严，任何一名雇员都可能在背后议论雇主的过去，从而暗中破坏其目前的工作。

卡尼指出，解雇员工时毫不留情留下的恶名不仅会疏远现有的雇员，还会把未来的求职者吓跑。关键在于一开始要处理好。“我所做的一切都可能会影响我的名声”卡尼说，“但如果善待员工、怜悯而不失尊严地对待他们，你就没必要担心自己的名声。”

得失攸关的不仅仅是经理的名声。律师告诫：如果解雇方法不当，高层主管还会有招惹官司的危险。律师帕梅拉·吉安诺托说，大多数提起诉讼指称解雇不公正的委托人都会竭力“进行报复”或“出气发牢骚”。雇主在给出解雇原因时一定要特别小心，尤其是雇员恰好属于妇女、少数族裔、同性恋者及40岁以上的成年人这些受保障人士。

关注留下来的员工

雇员把办公桌清理完毕并不说明解雇就此结束。虽然一些优秀的公司注意到了尽量让被解雇的员工比较愉快地离开，但经理们常常忽略自己的感受及仍留在公司的雇员的感受。解雇会给工作小组内每个成员的感情造成损害。统计数字表明，解雇员工对解雇者来说特别难——1998年对美国45家医院进行的这项著名的调查表明，经理在开除员工后的一周内心脏病发作的危险增加了一倍。

那么如何不失尊严地解雇员工、同时关注你自己的健康与留下来的雇员的需求呢？“五点钟俱乐部”是总部设在纽约市的一家就业咨询服务公司，首席营运官理查德·拜耳的回答就是两个字：交流。拜耳估计与自己讨论解雇的IT企业领导人超过500人，并且发现那些不怕麻烦地鼓励雇员与其他经理相互讨论和交流的人往往比不这么做的

① 资料来源：“企业如何‘完美’解雇员工”，企业管理在线网，2010－10－20，16:30下载，相关文字作了适当删减和处理。

人处理得更好。

其他经理也有不同的方法。SEI 的人力资源主管鲍斯韦尔会安排与被解雇的员工进行离职面谈,以便更清楚地了解他们如何看待解雇过程。虽然有些人认为离职面谈毫无必要,但鲍斯韦尔说这种会议具有一些重要用途。首先,它能帮助人力资源代表认清人事体制的运作情况。鲍斯韦尔说,也许更为重要的是,通过倾听这些雇员谈论被解雇的感受,自己成了一名更出色的上司。他说:“我们从离职面谈搜集到的信息使解雇过程更有尊严。如果你与人打交道,不管你怎样达到目的,这种改进绝不是件坏事。”

当然,直接体验被解雇的机会总是存在,虽然这对大多数首席信息官(CIO)来说是最不希望看到的结局。被解雇往往会迫使一个人重新考虑职业选择以及人生计划。这未必是坏事。

（三）合理原则

合理原则主要是指企业在解除劳动合同过程中要考虑成本收益,作为一种管理行为,解除劳动合同是一种经济行为。不当解除会增加企业的人力资源成本,导致企业利润流失与引发经营风险。企业作为一个经济性组织,更大程度上是为了追求利润最大化,所以,解除劳动合同要保证收益大于成本。

员工离职　成本巨大①

因员工离职给企业带来的直接经济损失至少包括以下五项:离职员工的替换成本;新入职员工的培训成本;新老员工业绩差异的成本;符合法定情形时须承担的提前通知期及工龄经济补偿成本;离职管理成本。

举例来说,替换一名离职员工,可能耗费公司以下成本:公司向外发布工作岗位空缺信息的费用,如在报纸、网络媒体上刊登招聘广告的费用等;录用新员工前的行政管理时间成本,通常包括接收申请信和候选人简历、筛选候选人、电话预约面试时间、背景调查等;入职面试和能力测评的成本,这包括面试官的时间成本及各种能力素质测评的费用等;另外,还包括内部会议成本、支付候选人的差旅和搬迁费用等多项成本,这些费用对于公司来说更是不可小视。

根据美国劳工部的估计,替换一名普通跳槽员工的成本约占员工全年工资收入的1/3。另据美国管理协会(AMA)的报告,对技能紧缺的岗位,替换一名跳槽员工的成本

---

① 资料来源:“员工离职 成本巨大”,中国人力资源开发网,2010－10－22,15:30 下载,相关文字作了适当删减和处理。

相当于其全年工资收入的1.5倍。另据《华尔街日报》报道,默克制药曾发现该公司员工离职的成本相当于员工年收入的1.5至2.5倍。

而新员工入职后,会发生新员工适应新工作所需的接受公司培训的成本,包括内部导师(或有经验的老员工)辅导新员工的时间成本等。

在离职员工成本的各要素中最容易被忽视的是离职员工和替换者之间的业绩差异值。如果企业招到更优秀的替换员工,企业的人员流动成本将可以大大减少。反之,如所招聘到的替换人员不如老员工,则会加大流动成本。

在员工主动离职及被动离职的一些情形下,公司还需向员工支付工龄的经济补偿金。而公司"炒员工鱿鱼"时,又需寻找相关法律依据与制度依据、调查事实、搜集证据、履行相应法定程序等,这个过程会耗费管理人员大量时间、精力及公司资源。

除了上述可量化的直接经济损失外,因员工离职给企业带来的间接损失及管理上的风险,要远远高于其直接经济损失。比如,一些重要的中高层岗位的人员离职,可能会造成企业的技术、经验和稀缺资源的流失,商业机密的泄露,增加潜在竞争对手等风险。

这其间的风险问题还包括:离职会导致动摇军心、引发团队凝聚力下降、工作氛围恶化,严重的有可能导致投诉、罢工、上访以及无休止的劳动争议和仲裁诉讼等。

第二节 劳动合同解除的条件

劳动合同所规定的是双方当事人的权利义务。从劳动者的角度来看,劳动合同稳定与否关乎劳动者的基本生存状况甚至整个社会劳动关系的稳定;从用人单位的角度来看,劳动合同稳定与否关乎企业人力资源的可持续利用甚至整个社会的经济发展,因此,劳动合同的解除,必须满足一定的条件。以用人单位的解雇权为例,各国劳动立法都对雇主或者用人单位解除劳动合同的条件作出了专门的规定,有的国家还制定了专门的《解雇保护法》来限制雇主的解雇行为,保护劳动者的劳动权利①。

我国《劳动法》和《劳动合同法》都对劳动合同的解除条件作了专门规定。根据法律条文的顺序分别有协商解除、劳动者单方解除和用人单位单方解除。

一、协商解除

劳动合同虽然与一般的经济性合同不同,但是本质上仍具有合同的基本属性,即劳

① 黎建飞.劳动与社会保障法教程[M].北京:中国人民大学出版社,2007.

动合同也是当事人意思表示一致的产物。因此,虽然立法要保护劳动合同的适度稳定,但在双方当事人协商一致的情况下,也应当允许解除合同。《劳动合同法》第三十六条明确规定:“用人单位与劳动者协商一致,可以解除劳动合同。”

企业在适用此条规定时,需要注意协议解除劳动合同必须同时满足意思真实、表达一致、合法等要件。所谓意思真实是指解除合同的行为必须是基于用人单位和劳动者双方真实的意思表示,不存在欺诈、胁迫或乘人之危等情形;所谓表达一致是指解除合同必须得到双方当事人的一致认可;所谓合法是指解除合同的目的要合法,不得损害第三方的利益。

不过劳动合同的解除与一般经济性合同的解除不一样。一般的经济性合同解除以后效力可以溯及既往,所以合同解除以后会导致返还原物或者恢复原状。但由于劳动具有不可返还性,因此劳动合同的解除,只对尚未履行的内容发生效力,未履行的部分不再履行,也不再对当事人发生法律保护的约束力。而对劳动合同中已经履行的内容,不存在解除的问题①。如果是用人单位向劳动者提出解除合同,并经过协商一致最后解除了劳动合同的,应当按照规定,给予劳动者一定的经济补偿。

二、劳动者单方解除

劳动法的一个重要的立法原则就是倾斜保护劳动者。在《劳动合同法》中,将原《劳动法》中关于劳动者单方解除劳动合同的相关条款提前至用人单位单方解除条款之前,并增加了部分条款。具体而言,按照新的法律法规,劳动者单方解除合同须满足以下几个条件。

(一)提前通知用人单位

《劳动合同法》第三十七条规定:“劳动者提前三十日以书面形式通知用人单位,可以解除劳动合同。劳动者在试用期内提前三日通知用人单位,可以解除劳动合同。”法律虽然赋予劳动者较为自由的辞职权,但是为了避免给用人单位造成不必要的损失,规定了劳动者预先告知义务,以利于用人单位寻找替代者或者做好劳动者离职前的相应准备。

这种单独赋予劳动者一方履行提前30日预告通知程序即可无条件单方解除劳动合同的权利所体现的立法意义在于:①保障在劳动关系中处于弱势地位的劳动者,使劳动者享有充分自由选择职业的权利。②有利于劳动者根据自身的能力、特长、兴趣爱好来选择最适合自己的职业,充分发挥劳动者自身潜能,从而有利于实现劳动力资源的合

① 谢良敏.劳动合同全程指南[M].北京:法律出版社,2007:47.

理配置。③规定了预告通知程序,从程序上限制劳动者单方合同解除权的滥用,维护劳动合同的法律效力[①]。

但如果设定的预告期太长也会影响劳动者的自由流动。需要特别注意的是,在正式录用之后,劳动者必须提前30天通知用人单位,且必须以书面形式,这种预告方为有效。而在试用期,劳动者提前三天即可,对形式则没有严格要求。

(二)随时通知用人单位解除

《劳动法》第三十条规定在三种情形下,劳动者可以随时通知用人单位解除劳动合同。《劳动合同法》继承了《劳动法》的规定,进一步规定在下述六种情况下,劳动者可以解除劳动合同。

1. 用人单位未按照劳动合同约定提供劳动保护或者劳动条件的

法律只能在一定程度上保证社会范围内的基本分配公平,却无法对企业或者个体层面的分配公平问题予以有效调控[②]。因此,劳动法律法规所设定的劳动基准,只是一般性的规定,而劳动合同中约定的劳动保护或者劳动条件,是针对具体的劳动关系当事人的,是用人单位向劳动者作出的法律承诺,具有法定义务的性质。如果劳动合同中对劳动保护或劳动条件有具体约定,用人单位应当按照约定来提供,如果劳动合同中没有具体约定,也应按照不低于劳动基准的条件来提供。

2. 用人单位未及时足额支付劳动报酬的

"未及时足额支付"包括两层含义:一是未及时支付,即延期支付,比如,用人单位超出规定或约定的劳动报酬支付时间支付报酬的;二是未足额支付,包括少付和不付劳动报酬。在具体适用这条规定时,不要求同时满足未及时支付和未足额支付两个条件,而是只要用人单位出现延期支付、少付或不付其中一种情况时,劳动者即可随时通知用人单位解除劳动合同。

3. 用人单位未依法为劳动者缴纳社会保险费的

在具体的劳动合同关系中,用人单位是否为劳动者缴纳社会保险,缴纳何种社会保险费,要视情况而定。根据有关社会保险的法律法规的规定,为劳动者缴纳社会保险费的义务,以为劳动者办理社会保险为前提;而履行为劳动者办理社会保险的义务,以劳动者被依法纳入社会保险覆盖范围为前提。如果劳动者已被依法纳入社会保险覆盖范围,而用人单位未给劳动者办理社会保险,劳动者有权通知用人单位即时解除劳动

---

① 左祥琦.学好用好《劳动合同法》[M].北京:北京大学出版社,2007:130-131.

② 熊新发.端正认识是切实保障"劳权"的前提[N].中国劳动保障报,2010-9-15.

合同①。

4. 用人单位的规章制度违反法律、法规的规定，损害劳动者权益的

用人单位的规章制度是劳动合同中双方权利义务关系的补充和细化，其内容和制定的程序必须严格遵守法律法规，并不得违背集体合同的规定。但如果劳动者要以此条规定为依据解除劳动合同，必须同时满足另外一个要件，即上述违反法律法规规定的规章制度导致不特定的劳动者的权益存在受损的威胁或者已经实际损害了劳动者个人的权益。

5. 以欺诈、胁迫的手段或者乘人之危，使对方在违背真实意思的情况下订立或者变更劳动合同的

所谓欺诈是指用人单位故意提供虚假情况或隐瞒真实情况，诱使劳动者作出错误选择的行为。所谓胁迫是指用人单位以给劳动者本人或亲友的身体、生命、健康、自由、名誉、财产等造成损害为要挟，使劳动者产生恐惧做出违背其真实意思选择的行为。乘人之危是指用人单位乘劳动者处于困难之际，为谋取不正当利益，迫使对方作出不真实的意思表示，严重损害对方利益的行为。

允许劳动者解除在被欺诈、胁迫或者用人单位乘人之危的情况下订立的劳动合同，实际上是贯彻订立劳动合同的基本原则之一——自愿原则的体现。不过，在适用此条解除劳动合同时，也必须满足劳动者因为被欺诈、胁迫或者乘人之危使得自己订立劳动合同的行为客观上不是出于真实意思。

6. 法律、行政法规规定劳动者可以解除劳动合同的其他情形

这是立法中常见的所谓“兜底”条款。由于客观现实的复杂性和变动性，立法上不可能作出详尽规定，但为了保持立法的稳定性，同时又为了避免立法的滞后性，在此需要作出概括式的规定。

（三）无需通知用人单位即可解除

上述随时通知用人单位解除的情形主要限于用人单位有轻微过错，而在一些较为恶劣的情形下，用人单位存在严重过错时，为了更好地保护劳动者的权益，《劳动合同法》对《劳动法》的相关规定作了修正，允许劳动者无须通知用人单位即可解除劳动合同。《劳动合同法》第三十八条第二款规定：“用人单位以暴力、威胁或者非法限制人身自由的手段强迫劳动者劳动的，或者用人单位违章指挥、强令冒险作业危及劳动者人身安全的，劳动者可以立即解除劳动合同，不需事先告知用人单位。”

① 王全兴. 劳动法[M]. 3 版. 北京：法律出版社，2009：175.

三、用人单位单方解除

尽管《劳动法》强调倾斜保护劳动者，但这种倾斜保护必须以公平为前提，所以劳动合同的解除权不是劳动者一方的特有权利，用人单位也拥有单方解除权。按照现行法律规定，用人单位的单方解除可以分为三种情况：一是即时辞退；二是预告辞退；三是经济性裁员。

（一）即时辞退

即时辞退是指用人单位无需提前通知劳动者就可以随时解除劳动合同。这主要限于劳动者不合格或者有过错的情形。具体来说，符合下述条件之一，用人单位即可行使单方解除权。

1. 在试用期间被证明不符合录用条件的

试用期是劳动合同双方当事人约定的相互考察的期限。在此期间内，用人单位可以进一步考察被录用劳动者的各方面情况，了解其业务水平或者工作能力是否与其所担负的工作或职务相称。如果能证明劳动者不符合录用条件，用人单位有权随时单方解除劳动合同。需要注意的是，用人单位在适用此条规定解除劳动合同时，必须能证明劳动者完全或者部分不符合录用条件。如果不能证明，或者劳动者即便不能胜任工作但已经符合了录用条件，用人单位均不能行使单方解除权。

2. 严重违反用人单位的规章制度的

作为用人单位的工作人员，劳动者也有义务遵守用人单位的规章制度。但用人单位要适用此条规定解除劳动合同，必须同时满足两个条件：一是用人单位已经制定了规章制度，且这些规章制度是合法有效的；二是劳动者不是一般性的违反，而是严重违反用人单位的规章制度。

就第一个条件而言，作为辞退依据的规章制度要有效，必须满足“主体适格”、“内容合法”和“程序民主”和“公示公开”等几个要件。所谓主体适格，是指规章制度必须是用人单位层级的，而非用人单位的职能部门或者下级单位层级的；所谓内容合法，是指规章制度的内容不能与法律法规相悖；所谓程序民主，是指规章制度的制定程序要符合民主管理的要求，《劳动合同法》第四条第二款对此有明确的规定①；所谓公示公开，是指用人单位应当将直接涉及劳动者切身利益的规章制度和重大事项决定公示，或者

① 《劳动合同法》第四条第二款：用人单位在制定、修改或者决定有关劳动报酬、工作时间、休息休假、劳动安全卫生、保险福利、职工培训、劳动纪律以及劳动定额管理等直接涉及劳动者切身利益的规章制度或者重大事项时，应当经职工代表大会或者全体职工讨论，提出方案和意见，与工会或者职工代表平等协商确定。

告知劳动者。

就第二个条件而言，判断劳动者违反规章制度的情节是否达到“严重”的程度，可根据用人单位依法制定的规章制度中的相关规定，并且应当以劳动者在本劳动合同存续期间和法定追究期限内的未经处罚的和法定可重复处罚的违章违纪事实为限，而不能将超出此时间范围或法定不可重复处罚的违章违纪事实累计在内①。

3. 严重失职、营私舞弊，给用人单位造成重大损害的

严重失职、营私舞弊是指劳动者在履行劳动合同期间，没有按照岗位职责的要求严格履行对用人单位的劳动义务、忠实义务和保密义务等，使用人单位有形财产、无形财产遭受重大损害，但不够刑罚处罚的程度。在适用该条规定时，需注意劳动者必须同时有严重失职、营私舞弊行为，且给用人单位造成了重大损害两个要件，一般失职或者虽然有严重失职、营私舞弊行为但未造成重大损害的，用人单位均不得解除劳动合同。

何谓“重大损害”②

钟先生于2001年3月份入职深圳某公司品检部，担任产品检验员职务，公司与钟先生签订了劳动合同，合同中约定工资为3 000元/月。2005年10月，公司以钟先生工作严重失职（本应抽检50件产品只抽检30件产品）导致公司重大损害为由解除与钟先生的劳动合同。

钟先生辩称，虽然少抽检了部分产品，但产品在使用过程中并没有质量问题，公司以工作严重失误为由将他辞退显然是想辞退后不支付经济补偿金而找的理由，如果公司坚持要辞退，必须支付经济补偿金。

公司认为，他们辞退钟先生是因为钟先生工作的严重失误导致了公司重大损失，现在只将钟先生辞退而没有要求钟先生赔偿损失已经是仁至义尽了，对于钟先生要求给予他经济补偿，该公司坚决不同意，只同意支付当月工资。双方经多次协商未果，钟先生申请劳动仲裁。

仲裁庭认为，公司以钟先生严重失职导致公司重大损失为由提出解除劳动合同，但未能提出相关证据证明公司存在重大损失。因此，公司单方面解除与钟先生的劳动合同的理由不成立，应当支付解除劳动合同的经济补偿金。

如何认定“重大损害”呢？法律并无具体规定，司法实践中也无统一标准可供参

① 王全兴. 劳动法[M]. 3版. 北京：法律出版社，2009：176.

② 资料来源：“何谓‘重大损害’”，法律门网，2010-10-22，17:40下载，相关文字作了适当删减和处理。

考。《劳动部关于〈中华人民共和国劳动法〉若干条文的说明》(劳办发〔1994〕289 号)第二十五条第三款规定,"重大损害"由企业内部规章来规定。因为企业类型各有不同,对重大损害的界定也千差万别,故不便于对重大损害作统一的解释。若由此发生劳动争议,可以通过劳动争议仲裁委员会对其规章规定的重大损害进行认定。

4. 劳动者同时与其他用人单位建立劳动关系,对完成本单位的工作任务造成严重影响,或者经用人单位提出,拒不改正的

劳动者参与劳动关系应该是"一对一"的,即一个劳动者应该参与到一个劳动关系当中。一般来说,双重劳动关系不利于劳动过程的顺利实现,尤其是对于全日制劳动者。所以,法律对于双重劳动关系作出了限制性规定。在适用此条规定时,只要劳动者出现下述两种情形之一时,用人单位都可以随时解除劳动合同:一是劳动者同时与其他用人单位建立劳动关系,对完成本单位的工作任务造成严重影响;二是劳动者同时与其他用人单位建立劳动关系,经用人单位提出,拒不改正。

5. 因《劳动合同法》第二十六条第一款第一项规定的情形致使劳动合同无效的

即劳动者以欺诈、胁迫的手段或者乘人之危,使用人单位在违背真实意思的情况下订立或者变更劳动合同的,用人单位可以随时解除劳动合同。

6. 被依法追究刑事责任的

《劳动法》第二十五条和《劳动合同法》第三十九条都对此作了规定。但"被依法追究刑事责任"的认定,《关于〈劳动法〉若干条文的说明》(劳办发〔1994〕289 号)第二十五条第四款和《劳动部关于贯彻执行〈劳动法〉若干意见》(劳部发〔1996〕第 309 号)第二十九条都作了说明,具体是指:被人民检察院免于起诉的、被人民法院判处刑罚的、被人民法院依据《刑法》第三十二条(1997 年修订后为第三十七条)免于刑事处分的。需要注意的是"免于起诉"、"不予起诉"的区别,免于起诉是检察机关对虽构成犯罪,但依法不需要判处刑罚或者可以免除刑罚的被告人作出的免予追究刑事责任的决定;而不予起诉是指人民检察院对公安机关侦查终结移送起诉的案件,经审查认为犯罪嫌疑人不构成犯罪或者依法不应追究其刑事责任,从而决定不向人民法院起诉的一种决定。所以,不予起诉不属于《劳动合同法》第三十九条第六款规定的劳动者被依法追究刑事责任的情形。

(二)预告辞退

预告辞退是在特定情形下,用人单位要行使单方解除权必须以法定的方式向劳动者履行预先通知义务。《劳动法》中规定,用人单位提前 30 日以书面形式通知劳动者本人。《劳动合同法》继受了这一规定,但考虑到法律设定预告期的目的在于给被辞退

的劳动者一段求职的准备时间,而且在用人单位履行通知义务到正式解除劳动合同之间有一定期限,劳动者由于明知要被辞退,可能会降低生产率,甚至可能会报复用人单位,所以,《劳动合同法》允许用人单位以"额外支付劳动者一个月的工资"(实践中将多支付的一个月工资称为"代通金"),来免除预告义务。

根据《劳动合同法》第四十条的规定,预告辞退必须满足下列条件之一:

1. 劳动者患病或者非因工负伤,在规定的医疗期满后不能从事原工作,也不能从事由用人单位另行安排的工作的

关于医疗期,《企业职工患病或非因工负伤医疗期的规定》(劳部发〔1994〕479号)第三条中明确规定,企业职工因患病或非因工负伤,需要停止工作接受医疗时,根据本人实际参加工作年限和在本单位工作年限,给予3个月到24个月的医疗期:①实际工作年限十年以下的,在本单位工作年限五年以下的为3个月;五年以上的为6个月。②实际工作年限十年以上的,在本单位工作年限五年以下的为6个月,五年以上十年以下的为9个月;十年以上十五年以下为12个月;十五年以上二十年以下的为18个月;二十年以上的为24个月。另外,《关于贯彻〈企业职工患病或非因工负伤医疗期的规定〉的通知》(劳部发〔1995〕236号)进一步规定,对某些患特殊疾病(如癌症、精神病、瘫痪等)的职工,在24个月内尚不能痊愈的,经企业和当地劳动部门批准,可以适当延长医疗期。

关于医疗期的计算,《企业职工患病或非因工负伤医疗期的规定》的通知(劳部发〔1994〕479号)第四条规定,医疗期3个月的,按6个月内累计病休时间计算;6个月的,按12个月内累计病休时间计算;9个月的,按15个月内累计病休时间计算;12个月的,按18个月内累计病休时间计算;18个月的,按24个月内累计病休时间计算;24个月的,按30个月内累计病休时间计算。可见,医疗期应从病休第一天开始,累计计算。比如,享受3个月医疗期的职工,如果从2008年1月1日起第一次病休,那么该职工的医疗期应在1月1日至5月31日之间确定,在此期间累计病休3个月即视为医疗期满。其他期限医疗期的计算依此类推。

但用人单位在适用此条规定时,需要特别注意:劳动者患病或者非因工负伤,在规定的医疗期满后不能从事原工作只是其中一个要件,只有用人单位为劳动者另外安排了工作,劳动者仍然不能胜任的,用人单位方可据此解除劳动合同。

2. 劳动者不能胜任工作,经过培训或者调整工作岗位,仍不能胜任工作的

劳动者具备从事相应岗位工作所需要的能力是劳动者被雇佣的最基本也最必要的条件。一种情况是劳动者从入职开始就不能胜任工作。这种情况下,如果是在试用期内,用人单位可以依据劳动者不符合录用条件随时解除劳动合同,如果用人单位没有即

时辞退劳动者,试用期过后,用人单位再想直接解除劳动合同显然不符合常理。另一种情况是,劳动者一开始能胜任工作,但后来由于技术革新或知识老化不再胜任了。这种情况下,如果赋予用人单位单方解除劳动合同的权利,显然不利于保护劳动者利益和稳定劳动关系。所以,当劳动者不能胜任工作时,用人单位应当先对劳动者进行培训或者调整其工作岗位,如果仍然不能胜任方可解除劳动合同。

3. 劳动合同订立时所依据的客观情况发生重大变化,致使劳动合同无法履行,经用人单位与劳动者协商,未能就变更劳动合同内容达成协议的

劳动合同具有持续性,但订立合同时可能无法对将来的情况作出准确而充分的判断,因此,为了确保劳动合同能够履行并且不失公平性,双方当事人必须根据变化后的客观情况重新调整合同的内容。这是情事变更原则的体现。但情事变更并不必然导致劳动合同解除,首先应该由双方当事人协商变更合同,根据诚实信用原则平等协商重新确立双方的权利义务,从而实现合同的公平性。只有在协商变更无法达成一致的情形下,才能由用人单位单方解除合同①。

(三)经济性裁员

经济性裁员是指用人单位或雇主由于经营困难不得不削减工作岗位而解除劳动合同的行为②。在激烈的市场竞争条件下,企业为了优化人力资源结构、节省人力成本、改善经营绩效、提升企业竞争力,需要拥有一定的裁员自主权。但一方面,任何权利的行使都是有界限的,法律赋予企业裁员自主权,就是为了保证企业正常的生产经营,如果企业出于维持正常的生产经营以外的目的随意裁减劳动者的话,不仅侵犯了劳动者的正当劳动权益,而且把本应该由企业自己承担的责任转嫁给了政府,甚至可能破坏正常的经济社会秩序。另一方面,企业作为一种自利性的经济组织,存在滥用裁员自主权的可能,而且,现实生活中企业随意裁员的情况也非常严重。所以,为了在企业经营自主权与劳动者权益之间进行有效平衡,法律必须有所作为。对裁员进行限制,是人力资源管理法制化的内在要求,也是各国劳动立法的通例③。

按照现行法律法规,有下列情形之一,需要裁减人员 20 人以上或者裁减不足 20 人但占企业职工总数 10% 以上的,用人单位提前 30 日向工会或者全体职工说明情况,听取工会或者职工的意见后,裁减人员方案经向劳动行政部门报告,可以裁减人员。

① 林嘉,范围.用人单位员工管理指南[M].北京:北京大学出版社,2009:254.

② 关怀,林嘉.劳动法[M].北京:中国人民大学出版社,2006:164.

③ 曹大友,熊新发.企业裁员的法律限制分析[J].商业时代,2007(30):70.

1. 依照《企业破产法》规定进行重整的

《企业破产法》第二条规定："企业法人不能清偿到期债务,并且资产不足以清偿全部债务或者明显缺乏清偿能力的,依照本法规定清理债务。""企业法人有前款规定情形,或者有明显丧失清偿能力可能的,可以依照本法规定进行重整。"在重整期间,为了帮助企业摆脱困境,实现减员增效,可以裁员。

2. 生产经营发生严重困难的

所谓严重困难,一般是指企业出现了严重亏损、遭受了严重的经济损失、企业严重开工不足或者出现了严重的产品积压之类的问题,并且达到了当地政府规定的困难企业的标准①。

3. 企业转产、重大技术革新或者经营方式调整,经变更劳动合同后,仍需裁减人员的

企业转产、重大技术革新或者经营方式调整时,会对人力资源产生新的需求,而原有的劳动者可能无法满足经营发展的要求,进而可能会出现大量的冗员。此时,如果完全禁止企业裁员,显然对企业不利,可能会使企业的发展受阻甚至难以维持,最终会损害到企业以及更多劳动者的利益。但用人单位也不能因为出现了企业转产、重大技术革新或者经营方式调整就直接裁员,而是应当首先与劳动者协商变更合同,如果变更劳动合同仍无法解决问题,用人单位方可裁员。

4. 其他因劳动合同订立时所依据的客观经济情况发生重大变化,致使劳动合同无法履行的

比如,一个规模不大的小型企业因为新上了一个重大项目招聘了一大批员工,但签订劳动合同以后,该项目却因为特殊原因被取消,此时,企业的用工需求也随之消失了,原劳动合同必然无法履行。为了保证该企业的正常经营,应当允许其裁员。

但在具体裁员对象的选择上,《劳动合同法》第四十一条第二款规定:"裁减人员时,应当优先留用下列人员:(一)与本单位订立较长期限的固定期限劳动合同的;(二)与本单位订立无固定期限劳动合同的;(三)家庭无其他就业人员,有需要扶养的老人或者未成年人的。"第三款同时规定,用人单位实施经济性裁员时,"在六个月内重新招用人员的,应当通知被裁减的人员,并在同等条件下优先招用被裁减的人员。"

(四)预告辞退和经济性裁员的限制

劳动合同的解除对用人单位而言只是经济问题,但对劳动者而言则可能是生存问题,所以,立法对预告辞退和经济性裁员的条件作了禁止性规定。《劳动合同法》第四

① 曹大友,熊新发.企业裁员的法律限制分析[J].商业时代,2007(30):70.

十二条规定，劳动者有下列情形之一的，用人单位不得解除劳动合同。

1. 从事接触职业病危害作业的劳动者未进行离岗前职业健康检查，或者疑似职业病病人在诊断或者医学观察期间的

如果劳动者在未进行离岗前职业健康检查，或者疑似职业病病人在诊断或者医学观察期间就被解除劳动合同的话，一旦离岗以后或者观察期满后又发现确实已经患有职业病，显然无法享受职业病的相关待遇，对劳动者极为不公平。

2. 在本单位患职业病或者因工负伤并被确认丧失或者部分丧失劳动能力的

职业病或者工伤都是劳动过程中可归责于企业方的职业危害或其他危害所致。此类职工要么无法再就业，要么再就业十分困难。如果允许企业将这部分完全或部分丧失劳动能力的员工辞退的话，必将导致他们的生活发生困难，所以，法律规定企业对这些劳动者负有生活保障和劳动权利保障的义务①。

3. 患病或者非因工负伤，在规定的医疗期内的

患病或非因工负伤的劳动者，虽然其患病和负伤不是基于用人单位的过失，也无法归责于用人单位，但这类劳动者正遭受疾病和伤残的拖累，如果此时允许用人单位随意解除劳动合同，势必让他们的生存状况更加恶劣。考虑到劳资双方的经济实力，劳动者之前为企业的付出，以及劳动者在康复以后可能继续留在原单位甚至原岗位工作，法律要求用人单位给予患病或非因工负伤的劳动者一定的缓冲期。这个期间即为法律所规定的医疗期。

4. 女职工在孕期、产期、哺乳期的

以此作为禁止性条件，旨在保护妇女和儿童的特殊权益。关于这“三期”，法律也有明确的规定。“孕期”即指怀孕期间。“产期”即法律规定的产假期。女职工产假为90天，其中产前休假15天。难产的，增加产假15天。多胞胎生育的，每多生育一个婴儿，增加产假15天。晚育的增加30天。女职工妊娠不满4个月流产的应当根据医务部门的意见给予15天至30天产假，妊娠满4个月以上流产的给予42天产假。“哺乳期”指婴儿出生之日起至满周岁止②。

5. 在本单位连续工作满15年，且距法定退休年龄不足五年的

劳动者在同一用人单位连续工作满15年，对该单位的发展已经作出了相当大的贡献。而且，距离法定退休年龄已不足五年，此时被推向就业市场，劳动者也难以重新就业。用人单位保留这些员工不仅可以稳定劳动关系，也有利于增强劳动者对本单位的

① 曹大友，熊新发. 企业裁员的法律限制分析[J]. 商业时代，2007(30)：70.

② 曹大友，熊新发. 企业裁员的法律限制分析[J]. 商业时代，2007(30)：70.

忠诚感。

6. 法律、行政法规规定的其他情形

用人单位在实施预告辞退和经济性裁员时，还应符合其他法律法规的要求。比如，《集体合同规定》第二十八条规定："职工一方协商代表在其履行协商代表职责期间劳动合同期满的，劳动合同期限自动延长至完成履行协商代表职责之时。"

第三节 劳动合同解除的程序

劳动合同的解除不仅要在法定的情形下进行，还应当按照法律法规所规定的程序进行。不过，劳动合同的解除不仅仅是一个法律问题，还是涉及员工心理、管理效率、成本等方面的问题。基于劳动合同解除的合法、合情、合理三大原则，根据协商解除、劳动者单方解除、用人单位单方解除以及经济性裁员等不同解除类型的特点，劳动合同解除也对应了相应的解除程序。

一、协商解除的程序

协商解除的程序重在协商。在解除劳动合同的过程中，应该由企业的人力资源管理部门来负责，并由具体的用人部门和财务部门来协助，后勤及其他相关事务部门配合办理。具体而言，协商解除主要包括以下几个程序。

（一）提出意向

企业和员工均有权提出解除劳动合同。如果是企业一方先提出的，企业最好通过书面的形式告知员工解约的意向，并告知员工解约的具体理由。如果是员工一方先提出的，企业应当了解员工解约的具体原因。

（二）双方协商

在协商以前，企业应当进行协商前的相关准备，比如，收集相关信息，了解劳动合同解除的原因，了解员工在职期间的工作表现，了解劳动合同解除以后的后续事宜；确定协商的时间、地点，然后正式与员工进行协商；双方在自愿、平等协商的基础上达成一致意见后，企业应当与员工签订《解除劳动关系协议书》。

（三）办理交接

具体用人的部门安排员工依照相关规定办理工作交接。交接内容包括两个方面：一是要将工作任务移交；二是要将相关工作证件、账号注销，相关的办公用品、与工作相关的其他物品移交。在交接过程中，具体用人的部门要填写《员工离职移交手续清单》，并要求离职的员工和相关的部门主管人员在上面签字。

(四)财务结算

在员工办理完毕工作交接后,财务部门应当按规定结算并支付员工工资。如是企业自己先提出解除合同的,还应当结算并支付该员工的经济补偿金。离职员工应缴未缴的其他费用应该在结算时扣除。但实践中比较重要和复杂的问题是什么情形下应该支付经济补偿金以及经济补偿金如何计算。

经济补偿金的相关知识

(一)劳动者解除劳动合同,用人单位应当支付经济补偿金的9种情形

1. 用人单位未按照劳动合同约定提供劳动保护或者劳动条件,劳动者解除劳动合同的。

2. 用人单位未及时足额支付劳动报酬,劳动者解除劳动合同的。

3. 用人单位低于当地最低工资标准支付劳动者工资,劳动者解除劳动合同的。

4. 用人单位未依法为劳动者缴纳社会保险费,劳动者解除劳动合同的。

5. 用人单位的规章制度违反法律、法规的规定,损害劳动者权益,劳动者解除劳动合同的。

6. 用人单位以欺诈、胁迫的手段或者乘人之危,使劳动者在违背真实意思的情况下订立或者变更劳动合同,劳动者解除劳动合同的。

7. 用人单位以暴力、威胁或者非法限制人身自由的手段强迫劳动,劳动者解除劳动合同的。

8. 用人单位违章指挥、强令冒险作业危及劳动者人身安全,劳动者解除劳动合同的。

9. 法律、行政法规规定的其他情形。

(二)用人单位解除或者终止劳动合同,应当向劳动者支付经济补偿金的12种情形:

1. 用人单位提出协商解除劳动合同,并与劳动者协商一致而解除劳动合同的。

2. 劳动者患病或者非因工负伤,在规定的医疗期满后不能从事原工作,也不能从事由用人单位另行安排的工作,用人单位提前30日通知解除劳动合同的。

3. 劳动者不能胜任工作,经过培训或者调整工作岗位,仍不能胜任工作,用人单位提前30日通知解除劳动合同的。

4. 劳动合同订立时所依据的客观情况发生重大变化,致使劳动合同无法履行,经用人单位与劳动者协商,未能就变更劳动合同内容达成协议,用人单位提前30日通知解除劳动合同的。

5. 用人单位依照企业破产法规定进行重整,依法裁减人员的。

6. 用人单位生产经营发生严重困难,依法裁减人员的。

7. 企业转产、重大技术革新或者经营方式调整,经变更劳动合同后,仍需裁减人员,用人单位依法定程序裁减人员的。

8. 其他因劳动合同订立时所依据的客观经济情况发生重大变化,致使劳动合同无法履行,用人单位依法定程序裁减人员的。

9. 劳动合同期满,劳动者同意续订劳动合同而用人单位不同意续订劳动合同,由用人单位终止固定期限劳动合同的。

10. 因用人单位被依法宣告破产而终止劳动合同的。

11. 因用人单位被吊销营业执照、责令关闭、撤销或者用人单位决定提前解散而终止劳动合同的。

12. 法律、行政法规规定的其他情形。

注意:如果用人单位要和这个劳动者继续签订合同,而劳动者由于自己的原因不愿意继续签订劳动合同,这种情况一般不给予经济赔偿。例如,单位维持和提高现有雇佣条件,但劳动者不同意。

(三)经济补偿金的标准和补偿时间

补偿标准:

1. 经济补偿按劳动者在本单位工作的年限,以每满一年支付一个月工资的标准向劳动者支付。六个月以上不满一年的,按一年计算;不满六个月的,向劳动者支付半个月工资的经济补偿。

2. 劳动者月工资高于用人单位所在直辖市、设区的市级人民政府公布的本地区上年度职工月平均工资3倍的,向其支付经济补偿的标准按职工月平均工资3倍的数额支付,向其支付经济补偿的年限最高不超过12年。(注:若劳动者收入没有高于3倍,则补偿年限不受最高12年的限制)

3. 以上所称月工资,是指劳动者在劳动合同解除或者终止前12个月的平均工资。

补偿时间:

解除或者终止劳动合同,用人单位依法应向劳动者支付经济补偿的,应当在劳动者按照约定与用人单位办结工作交接时支付。

分段计算:

《劳动合同法》施行之日存续的劳动合同在该法施行后解除或者终止,依照该法第四十六条规定应当支付经济补偿的,经济补偿年限自该法施行之日起计算;该法施行前按照当时有关规定,用人单位应当向劳动者支付经济补偿的,按照当时有关规定执行。

(五)完善手续

劳动合同正式解除以后,企业的人力资源管理部门应当出具《解除劳动合同证明书》,并在15日内为该员工办理档案、户口、党团组织关系的转移,以及养老、医疗、失业、工伤等保险和公积金的转移手续。

(六)备案

对《解除劳动关系协议书》、《员工离职移交手续清单》以及与解除劳动合同相关的其他材料的原件、复印件及原电子档案进行备案。由于《劳动争议调解仲裁法》规定的劳动争议仲裁的时效为一年,且中间可能存在时效中止的情形,所以相关的文书应至少保存二年备查。一旦因为解除劳动合同发生争议,上述材料可以作为有力的证据。

二、劳动者单方解除劳动合同的程序

劳动者单方解除劳动合同,又称辞职。辞职的程序与协商解除劳动合同的程序基本相似,但又有所不同。辞职管理应该由企业的人力资源管理部门来负责,并由具体的用人部门和财务部门来协助,后勤及其他相关事务部门配合办理。具体程序如下:

(一)受理申请

在接到员工的辞职申请以后,具体用人的部门应当首先了解劳动者辞职的原因,并填报《员工辞职审批表》,连同辞职书一并转报人力资源部,根据法律规定不需事先告知的除外。

(二)情况核查

人力资源部在收到辞职材料以后,要及时核查员工的辞职意愿和辞职原因,并调查该员工的基本资料、在企业的工作情况、参加的培训以及其他有用的信息,为离职面谈和后续工作作准备。

(三)离职面谈

如果情况属实,一般来说,普通员工或者较低层级的管理者应由所在部门的负责人组织离职面谈,中层管理者或者部门负责人的离职面谈应由人力资源部负责。特殊情况下的离职面谈可以由人力资源部组织。通过面谈,了解员工离职的真正原因,针对发现的问题提出改善建议,以防类似事情再度发生。

(四)批准辞职

如果员工确定要辞职,在提出处理意见后报送总经理或者分管人事的副总经理签字。辞职获得批准以后,人力资源部应当将《辞职审批表》送达当事人,并通知其在规定的时间内办理离职手续。

（五）办理交接

在员工预告辞职的情形下，具体用人的部门应当安排员工依照相关规定办理工作交接。交接的内容包括两个方面：一是要将工作任务移交；二是要将相关工作证件、账号注销，相关的办公用品、与工作相关的其他物品移交。在交接过程中，具体用人的部门要填写《员工离职移交手续清单》，并要求离职的员工和相关的部门或个人在上面签字。在员工即时辞职的情形下，企业也应当尽可能地安排员工办理工作交接，减少因员工离职造成的损失。

（六）财务结算

在员工办理完毕工作交接后，财务部门应当按规定结算并支付给员工工资。除员工提前30日以书面形式通知企业解除劳动合同，或者是在试用期内提前三日通知企业解除劳动合同两种情形外，企业还应当结算并支付该员工的经济补偿。对离职员工应缴未缴的其他费用企业应该在结算时一并扣除。

（七）完善手续

劳动合同正式解除以后，企业的人力资源管理部门应当出具《解除劳动合同证明书》，并在15日内为劳动者办理档案、户口、党团组织关系的转移，以及养老、医疗、失业、工伤等保险和公积金的转移手续。

（八）备案

用人单位应对员工的辞职信、《员工辞职审批表》、《员工离职移交手续清单》以及与解除劳动合同相关的其他材料的原件、复印件及原电子档案进行备案。相关的文书应至少保存二年备查。

三、用人单位单方解除劳动合同的程序

用人单位单方解除劳动合同，又称解雇或者辞退。按照现行法律规定，辞退包括预告辞退、即时辞退和经济性裁员三种情形。其中，预告辞退和即时辞退两种情形都是由于劳动者有过错或者虽然没有过错但不能胜任工作导致的，所以解除劳动合同的程序基本一致，而经济性裁员由于牵涉的面比较大，办理的程序则有所不同。下面分一般辞退和经济性裁员两种类型分别加以介绍。

（一）一般性辞退

一般性辞退管理应该由企业的人力资源管理部门来负责，并由具体的用人部门和财务部门协助，后勤及其他相关事务部门配合办理。程序与协商解除基本相似，具体程序如下：

1. 申请辞退

出现即时辞退或者预告辞退的情形时,具体用人的部门应当协同人力资源管理部门提出辞退申请,填写《辞退审批表》,并附上辞退的理由及相关证明材料。

2. 批准辞退

总经理或者分管的副总经理根据上报的材料,决定是否批准辞退,并签署《员工辞退审批表》。

3. 发出通知

企业在决定辞退员工时,应当按照法律的要求履行相应的预告义务,并按照法定的形式向员工发出《辞退通知书》。在符合即时辞退的情形下,企业无须履行预告义务,而在符合预告辞退的情形下,企业当提前30天发出通知或者以多支付一个月工资的方式免除预告义务。

4. 告知工会

具体用人的部门或人力资源部门应将解除劳动合同的决定和理由一并通知工会。由工会提出意见,在研究工会的意见后作出处理,并将处理结果书面通知工会。

5. 办理交接

在即时辞退和预告辞退的情形下,具体用人的部门应当尽可能地安排员工依照相关规定办理工作交接。交接的内容包括两个方面:一是要将工作任务移交;二是要将相关工作证件、账号注销,相关的办公用品、与工作相关的其他物品移交。在交接过程中,具体用人的部门要制作《员工离职移交手续清单》,并要求离职的员工和相关的部门或个人在上面签字。

6. 财务结算

在员工办理完毕工作交接后,财务部门应当按规定结算并支付员工工资。如果符合即时辞退的情形,由于员工存在过错,按照法律规定无须支付经济补偿金。如果是预告辞退的情形,企业应当结算并支付该员工经济补偿。离职员工应缴未缴的其他费用应该在结算时扣除。

7. 完善手续

劳动合同正式解除以后,企业的人力资源管理部门应当出具《解除劳动合同证明书》,并在15日内为劳动者办理档案、户口、党团组织关系的转移,以及养老、医疗、失业、工伤等保险和公积金的转移手续。

8. 备案

对《员工辞退审批表》、《辞退通知书》、《员工离职移交手续清单》以及与解除劳动合同相关的其他材料的原件、复印件及原电子档案进行备案。相关的文书应至少保存二年备查。

(二)经济性裁员

经济性裁员由于涉及的人数比较多,可能造成的影响比较大,为了避免暗箱操作和随意裁员的出现,各国立法都对经济性裁员的程序作了非常严格的限制。裁员管理应由企业的高层出面,由人力资源部门来具体负责,用人部门和财务部门协助,后勤及其他相关事务部门配合办理。其中,特别需要注意的是应当与工会保持良好沟通。按照现行法律法规的规定,经济性裁员应当履行下列程序:

1. 说明情况

提前30日向工会或者全体职工说明情况,并提供有关生产经营状况的资料。

2. 拟订裁员方案

制订裁减人员的初步方案,内容包括:被裁减人员名单、裁减时间及实施步骤,符合法律、法规规定和集体合同约定的被裁减人员的经济补偿办法。

3. 征求意见

将拟订的裁员方案向全体职工和工会公布,征求他们的意见,并对方案进行修改和完善。

4. 上报方案

向当地劳动行政部门报告裁员的方案以及工会或者全体员工的意见,听取劳动行政部门的意见。

5. 确定方案

综合员工、工会、劳动行政部门等各方面的意见后,确定最终的裁员方案。

6. 办理交接

裁员方案通过以后,企业应当统一安排员工依照相关规定办理工作交接。交接的内容包括两个方面:一是要将工作任务移交;二是要将相关工作证件、账号注销,相关的办公用品、与工作相关的其他物品移交。在交接过程中,具体用人的部门要制作《员工离职移交手续清单》,并要求离职的员工和相关的部门或个人在上面签字。

7. 财务结算

在员工办理完毕工作交接后,财务部门应当按规定结算并支付员工工资。企业还应当结算并支付每位员工的经济补偿金。离职员工应缴未缴的其他费用应该在结算时扣除。

8. 完善手续

劳动合同正式解除以后,企业的人力资源管理部门应当出具《解除劳动合同证明书》,并在15日内为劳动者办理档案、户口、党团组织关系的转移,以及养老、医疗、失业、工伤等保险和公积金的转移手续。

9. 备案

用人单位应对裁员的初步方案，各方面对裁员方案意见的文字材料，裁员的正式方案，全体被裁员工的《员工辞退审批表》、《辞退通知书》、《员工离职移交手续清单》以及与解除劳动合同相关的其他材料的原件、复印件及原电子档案进行备案。相关的文书应至少保存二年备查。

【关键术语】

劳动合同解除　　解除条件　　解除程序

【本章小结】

劳动合同的解除是指生效的劳动合同在尚未全部履行以前，由于某种原因导致一方或双方当事人提前消灭劳动关系的法律行为，是劳动合同的非自然终止。它是劳动合同管理的重要环节，也是企业劳动关系管理的重要内容。做好劳动合同解除的管理工作，不仅有利于维护企业自身的合法权益，保持人力资源活力，而且有助于企业顺利摆脱经营困境，同时还能够有效避免引发诉讼。

企业应正确把握劳动合同解除的概念内涵、现实意义和基本类型等，解除劳动合同应当遵循三大基本原则，即合法原则、合情原则和合理原则。其中，合法原则要求企业依据劳动法律法规针对协商解除、劳动者单方解除、用人单位单方解除三类解除合同情形的规定进行操作。在此基础上，三种解除劳动合同的情形在具体程序上稍有差别，企业需要认真履行。这里需要企业注意的是，用人单位单方面解除劳动合同的情形中包括一般性裁员和经济性裁员这两种特殊情形，企业在处理相关事宜时应加留意，避免违法真正实现合法、合情、合理解除劳动合同，增加企业劳动关系管理的有效性。

【复习思考题】

1. 什么是劳动合同解除，有哪些特征？

2. 劳动者在什么情况下可以单方面解除劳动合同？

3. 预告辞职和即时辞职有何不同？

4. 用人单位在什么情况下可以主动与劳动者解除劳动合同？

5. 企业在什么情况下可以不用支付解除劳动合同的经济补偿金？

6. 劳动合同的期限跨越了 2008 年 1 月 1 日的，经济补偿金如何计算？

7. 试述解雇管理的流程。

8. 试述经济性裁员的法定条件和程序。

【参考文献】

[1] 爱德华·拉齐尔. 人事管理经济学[M]. 北京:生活·读书·新知三联书店,北京大学出版社,2000.

[2] 曹大友. 企业裁员管理[M]. 北京:中国财政经济出版社,2009.

[3] 关怀,林嘉. 劳动法[M]. 北京:中国人民大学出版社,2006.

[4] 黎建飞. 劳动与社会保障法教程[M]. 北京:中国人民大学出版社,2007.

[5] 林嘉,范围. 用人单位员工管理指南[M]. 北京:北京大学出版社,2009.

[6] 王全兴. 劳动法[M]. 3 版. 北京:法律出版社,2009.

[7] 谢良敏. 劳动合同全程指南[M]. 北京:法律出版社,2007.

[8] 熊新发. 端正认识是切实保障"劳权"的前提[N]. 中国劳动保障报,2010-9-15.

[9] 左祥琦. 学好用好《劳动合同法》[M]. 北京:北京大学出版社,2007.

第十一章

劳动争议处理

及时有效地解决劳动争议对构建和谐劳动关系有积极的作用。通过本章的学习，读者要理解劳动争议的概念、特点；掌握劳动争议产生的原因，以确保劳动争议处理措施更有针对性；理解劳动争议预防机制的内容及具体操作；掌握我国现行的劳动争议处理体制；了解发达国家劳动争议处理机制的特点；掌握《劳动争议调解仲裁法》的新突破。

【引导案例】

春秋航空的员工持股争议①

刚刚宣布要开通国内民营航空首条国际航线、被业内视为民营航空发展楷模的春秋航空，眼下被罢飞疑问所缠绕。

“听说近日少数飞行员在闹情绪，认为今年(2010年)公司效益不错，想在公司五周年纪念之际7月28日飞茨城这天开始，以请假的方式给公司施加点压力，让公司多发些钱……”在西祠胡同一个专门由春秋航空飞行员所开辟的讨论版，如此引用了据称是春秋航空董事长王正华在讲话稿中的内容。

有消息称，大约30名春秋航空机长自7月31日起以要求改善待遇为由，与公司交涉，并导致总共拥有21架A320飞机的春秋航空不得不停飞其中至少3架。但8月2日春秋航空发言人张武安否认了上述消息。他表示，暑期高温天气，为预防台风等原

① 资料来源：“春秋航空的员工持股争议”，中人网，2010年9月26日14:29下载，相关文字作了适当删减和处理。

因,防止世博期间过多延误,故调配运力,压缩了少数航班。他强调,春秋飞行员"罢工"之说是捕风捉影。

罢飞还是航班调整?

相关数据显示,在7月31日与8月1日两日,春秋航空共取消了自上海虹桥和浦东机场始发的14个航班。然而,上述由春秋航空飞行员所开辟的讨论版上有消息称,由于部分飞行员"罢飞",目前春秋航空还在执飞的飞机为18架,即有3架处于停放状态。根据春秋航空的排班强度(平均每天执飞6个航班),约需12名飞行员轮班方能保障一架飞机正常执飞,以此推算,春秋或有约30名飞行员参与了"罢飞"。

事实上,"同样飞A320飞机,春秋航空的机长月薪普遍在6万左右,南航的大概在4万左右。"南航的知情人士如是透露说。然而,一些声称参与了"罢飞"的春秋航空机长指责,尽管春秋航空在成立之初拿出了比国有航空公司行业水平高30%的薪酬,但此后公司就没有进行过任何加薪,而且春秋航空执飞的时刻普遍不佳,导致飞行员作息不规则。根据春秋的时刻表,不少航班均在凌晨5点左右或深夜12点至凌晨1点期间起降。

持股计划之问

至于备受关注的员工持股计划,根据春秋航空在2009年对媒体的说法,王正华5年来将公司80%的股权陆续分给了近500名干部员工。

不过根据上述疑似王正华发言稿的表述,王正华是将70%的公司股份分给了公司员工。但自称春秋航空飞行员的人称,持股计划仅落实到包括春秋集团副总裁李德山、春秋航空有限公司运行副总魏天力、春秋航空有限公司总飞行师沈威、春秋航空有限公司飞行部政委朱端明、春秋航空有限公司飞行部副经理王刚以及飞行部三个中队的中队长等中高管理层。

还有匿名消息人士表示,所谓70%的员工持股,系由原春秋旅游的10多名老股东持有62%,春秋旅游和航空板块共计100多名的新股东合共持有余下的8%。张武安对此回应称,公司有给骨干飞行员的持股计划,但由于公司非上市公司,若无董事会授权,不能进一步介绍持股计划。

近几年,我国的劳动争议案件逐年上升。1995年劳动争议案件只有3万多件,2006年则达到31万多件,2007年达到35万件。2008年1月1日《劳动合同法》实施后劳动争议案件数量更是出现井喷,当年激增到69万多件①,法院受理案件数量也再创

① "劳动争议案数量仍居高不下",腾讯新闻,2010-1-19.

新高。最高人民法院的数据显示，全国法院2008年一审劳动争议案件收案29.55万件，较2007年增长95.3%；2009年收案31.86万件，同比增长7.82%；2010年1月至8月新收案20.74万件[①]。劳动争议案件中集体争议案件的数量增长尤为明显。2001年到2008年，集体劳动争议（10个人以上）以年均11%的比例递增。2010年上半年各级劳动争议仲裁机构共受理集体劳动争议案286件，其中重大集体劳动争议（50人以上）案件占44%。目前集体劳动争议主要集中在劳动报酬、经济补偿金和社会保险三方面，涉及的劳动者大多是农民工等弱势群体[②]。

在劳动争议案件数量不断上升的背景下，界定劳动争议的概念、含义、范围，明确我国劳动争议处理机制有利于提高劳动争议处理效率，维护劳动者与用人单位双方的合法权益。除了国家设立的劳动争议处理机制，用人单位如果想要最大限度地降低劳动争议发生率，可以在其内部设立劳动争议预防机制，逐步建立起"争议前预防、争议中调解、争议后和解"的系统，此系统的建立和完善还可以有效地降低通过司法程序解决劳动争议的开支。在建立预防系统的过程中，用人单位要不断参考国家出台的有关劳动争议处理的法律法规，尤其是2008年5月1日实施的《劳动争议调解仲裁法》。

第一节　劳动争议概述

计划经济时期，人事关系和劳动关系并存于我国的用工制度中。与之相对应的是人事争议和劳动争议，这两种争议之间虽存在细微的差别，但是在争议处理程序等方面有合并的趋势。例如，2009年1月1日施行的《劳动人事争议仲裁办案规则》就将人事争议与劳动争议统称为"争议"[③]，并指明了劳动争议与人事争议采取相同的处理程序、规则。本章也采纳此原则，以劳动争议为主要内容，以人事争议为辅，介绍劳动争议的概念、分类以及产生原因，为提高劳动争议处理效率做基础。

一、劳动争议的概念和特点

理论界和法律界通常分别站在不同的角度界定劳动人事争议。理论界主要是从广

---

① "劳动争议法院收案猛增，最高法院详解主要原因"，新华网，2010-9-14.

② "集体劳动争议状况及对企业人力劳动关系影响研讨会"文集，时间：2010年9月18日，地点：中国人民大学，主办方：中国人民大学劳动关系研究所、首都经济贸易大学劳动经济学院、中国人力资源开发研究会劳动关系分会。

③ 《劳动人事争议仲裁办案规则》第一条：为公正及时处理劳动、人事争议（以下简称争议），规范仲裁办案程序，根据《中华人民共和国劳动争议调解仲裁法》（以下简称调解仲裁法）以及《中华人民共和国公务员法》（以下简称公务员法）、《中国人民解放军文职人员条例》和有关法律法规、国务院有关规定，制定本规则。

义和狭义两个方面理解劳动争议的概念;而法律法规对劳动争议的界定有两种方式,一种是直接描述劳动争议的涵义,一种则是列举属于劳动争议范围的实践,这两种方式可以简称为"概念式"和"列举式"。这些界定都有助于厘清劳动争议的内涵和外延。

(一)劳动争议

劳动争议(Labor Dispute)又称为劳动纠纷,有的国家还将其称为劳资争议、劳资纠纷。理论学者侧重于对劳动争议进行学理上的探讨,有两种观点具有代表性:第一种观点认为,劳动争议是劳动关系双方当事人之间发生的争议,具体而言就是双方当事人因劳动权利和义务而引发的纠纷;第二种观点认为,劳动争议有广义和狭义之分,广义劳动争议是指劳动关系当事人或团体之间关于劳动权利和义务的争议,狭义劳动争议仅指劳动关系双方当事人之间关于劳动权利和义务的争议[①]。关于广义和狭义的劳动争议还有学者是这样定义的:广义的劳动争议就是指所有与劳动关系有关的争议,而狭义的劳动争议就是指那些与劳动关系直接对应的争议。这些观点的共同之处是,认为劳动争议是劳动关系当事人因劳动权利义务发生分歧而引起的争议,其中劳动者一方可以是单个的劳动者,也可以是劳动者组成的团体。

理论界对劳动争议的探讨不足以有效地引导实践中的劳动争议处理,政府颁布的一系列条例、解释等对劳动争议的含义及范围的界定可以对这些不足加以弥补。列举法是法律法规对劳动争议界定的主要方式,有两种具体的列举方式,一种是直接列举属于劳动争议范围的纠纷,此范围就代表了法院可以受理的劳动争议范畴,另一种则是列举不属于劳动争议的范围。例如,国务院 1993 年颁布的《企业劳动争议处理条例》的第二条列举了劳动争议的范围;最高人民法院《关于审理劳动争议案件适用法律若干问题的解释》(法释〔2001〕14 号)第一条从人民法院受理劳动争议的角度界定了其范围:①劳动者与用人单位在履行劳动合同过程中发生的纠纷;②劳动者与用人单位之间没有订立书面劳动合同,但已形成劳动关系后发生的纠纷;③劳动者退休后,与尚未参加社会保险统筹的原用人单位因追索养老金、医疗费、工伤保险待遇和其他社会保险费而发生的纠纷。2008 年 5 月 1 日实施的《劳动争议调解仲裁法》第二条列举了六类可适用于该法的劳动争议情形,划定了劳动争议的范围:①因确认劳动关系发生的争议;②因订立、履行、变更、解除和终止劳动合同发生的争议;③因除名、辞退和辞职、离职发生的争议;④因工作时间、休息休假、社会保险、福利、培训以及劳动保护发生的争议;⑤因劳动报酬、工伤医疗费、经济补偿或者赔偿金等发生的争议;⑥法律、法规规定的其他劳动争议。第二种通过列举不属于劳动争议的情形来界定劳动争议的法律法规,如

① 王全兴.劳动法学[M].北京:中国法制出版社,2001:509.

《最高人民法院关于审理劳动争议案件适用法律若干问题的解释(二)》(法释〔2006〕6号)第七条规定了不属于劳动争议范围的情形:①劳动者请求社会保险经办机构发放社会保险金的纠纷;②劳动者与用人单位因住房制度改革产生的公有住房转让纠纷;③劳动者对劳动能力鉴定委员会的伤残等级鉴定结论或者对职业病诊断鉴定委员会的职业病诊断鉴定结论的异议纠纷;④家庭或者个人与家政服务人员之间的纠纷;⑤个体工匠与帮工、学徒之间的纠纷;⑥农村承包经营户与受雇人之间的纠纷。

(二)劳动争议的特点

无论是广义上的劳动争议还是狭义上的劳动争议,都与劳动关系有着密切的联系。劳动关系是劳动力所有者(劳动者)与劳动力使用者(用人单位)之间,为实现劳动过程而发生的一方有偿提供劳动力,另一方用于同其他生产资料相结合的社会关系。劳动关系中,劳动力与生产资料相结合,在用人单位的指导、管理下劳动,遵守用人单位的规章制度,体现劳动关系的从属性、人身依附性的特点。

劳动关系的特点在一定程度上决定了劳动争议具有主体固定、内容广泛、社会影响大等特点。

第一,劳动争议双方主体固定,即一方是劳动者,或者劳动者团体,另一方是用人单位或用人单位团体。双方主体之间的关系存在双重性,首先,劳动者与用人单位确定劳动关系,签订劳动合同时,双方地位平等,本着自愿协商的原则进行。然而劳动关系建立之后,劳动者成为用人单位的一员,双方的关系具有从属性,也就是管理与被管理的关系,劳动者在用人单位的指挥下劳动,遵守相关规章制度,因此,劳动争议双方主体又具有不平等的关系。

第二,劳动争议的内容非常广泛。根据学者对劳动争议的定义,劳动争议是劳动关系当事人因劳动权利义务发生分歧而引起的争议,其中劳动权利和义务涵盖的内容非常广泛,相应地,劳动争议的内容也相当广泛。这一特点在劳动争议相关的法律法规中也有所体现。上文提到的法律法规通过列举的方式划定劳动争议的范围,涉及劳动合同签订、履行、变更、解除和终止环节的争议;除名、辞退和辞职、离职发生的争议;工作时间、休息休假、社会保险、福利、培训以及劳动保护发生的争议;劳动报酬、工伤医疗费、经济补偿或者赔偿金等发生的争议,等等。法律法规还用兜底条款来拓宽劳动争议的范围,即"法律、法规规定的其他劳动争议"。

第三,劳动争议具有较强的影响力。从单个劳动争议案件来看,其涉及的内容是与劳动者和用人单位各自切身利益相关的,劳动争议解决不好,劳动者的工作热情将会大大降低,不利于用人单位发展,也会影响劳动关系的和谐度。单个劳动争议案件还具有一定的传染性,会引发多个类似的争议,此时如果不能很好地解决争议,可能会导致罢工、游行等过激行为，不仅影响用人单位的发展，对社会稳定的影响也不容忽视。

正是由于劳动争议所具有的这些特点，用人单位必须重视劳动争议处理，以减少其带来的负面影响，促进用人单位发展。在具体处理过程中，用人单位应当根据不同种类的劳动争议采取不同的措施，达到事半功倍的效果。

（三）人事争议

人事争议是与人事关系相对应的。人事关系是我国在特殊的经济背景下产生的，是我国独有的概念。人事关系的产生可以追溯到计划经济时期。这个时期企事业单位中的用工制度，一方面表现为高度集中的用人体制，另一方面表现为劳动者区分干部与工人身份。这种身份的划分体现在管理体制上，即干部与单位之间的关系是人事关系，工人与单位之间的关系是劳动关系。在实践中形成人事关系由人事部门管理，劳动关系由劳动部门管理的管辖范围。随着经济体制的改革，企业全面推行的劳动合同制度使企业内部的干部、工人身份界限被打破，政府职能的转变催生了公务员制度，原来笼统的干部人事制度已经分化。这个背景下的事业单位人事制度改革使事业单位的劳动关系性质发生了根本性的变化。改革过程中，事业单位采取了三方面的分流：其一，比照公务员序列管理。将一些法律授权服务社会公益事业兼有执法职能的事业单位比照公务员序列管理。人事关系的性质在法律上归属于行政法律关系，劳动者的权益由相应的公法性质的“人事法规”调整。其二，直接划入劳动法调整。这主要使一些科研机构在改制时同时明确为“企业化管理的事业单位”，受劳动法调整，原人事关系转变为劳动法律关系。其三，以科、教、文、卫系统为代表的事业单位实行聘用制。但是，这类人员的劳动关系适用哪个部门法调整，至今还没有明确的规定，无“法”适用。

由人事关系的定义可以看出，人事争议即是人事关系中双方因权利、义务发生分歧而产生的争议。与劳动争议一样，国家法律法规通过概念式和列举式方式分别对人事争议进行了界定。《最高人民法院关于人民法院审理事业单位人事争议案件若干问题的规定》（法释〔2003〕13 号）中第三条采用了概念式来界定人事争议的含义：“本规定所称人事争议是指事业单位与其工作人员之间因辞职、辞退及履行聘用合同所发生的争议。”原人事部 1997 年发布的《人事争议处理暂行规定》（人发〔1997〕71 号）第二条通过列举式界定了该规定所指的人事争议的含义和范围：①国家行政机关与工作人员之间因录用、调动、履行聘任合同发生的争议；②事业单位与工作人员之间因辞职、辞退以及履行聘任合同或聘用合同发生的争议；③企业单位与管理人员和专业技术人员之间因履行聘任合同或聘用合同发生的争议；④依照法律、法规、规章规定可以仲裁的人才流动争议和其他人事争议。

二、劳动争议的分类

为了更好地处理劳动争议,多数国家将劳动争议处理程序建立在对劳动争议进行分类的基础上,针对不同类型劳动争议所具有的特点设计具体的处理程序。例如,英国ACAS(the Advisory, Conciliation and Arbitration Service,咨询、调解及仲裁服务委员会)在履行其调解的职能时,就按照个人争议和集体争议采用不同的调解程序;在履行仲裁职责时,委员会坚持仲裁只适用集体争议,个人权利争议并不适用于仲裁的原则。再如,20世纪90年代的日本,经济增长速度放缓、企业缩减成本等原因导致日本的个别劳动争议数量急剧上升,但是集体劳动争议处理机制不能完全适用于处理个别劳动争议,日本开始逐步建立个别劳动争议处理机制,并颁布《促进个别劳动争议解决法》(2001年10月)和《劳动审判法》(2004年4月),这一系列的制度安排对处理个别劳动争议发挥了非常重要的作用。各国的实践证明了对劳动争议进行分类,针对不同类别的劳动争议采取不同的处理机制,不仅能够提高解决劳动争议的效率,也能降低司法成本,节约司法资源,而且企业还可以根据不同类型劳动争议的特点,建立预防机制,以减少争议的发生。

各国的法律和实践一般都是按照两种标准来划分劳动争议:第一种是按照劳动争议的主体不同划分为个人劳动争议与集体劳动争议;第二种是按照劳动争议内容的性质的不同划分为权利争议与义务争议。例如,瑞典劳动争议体制下劳动争议的类型包括团体争议(集体争议)、个体争议、利益争议和权利争议①。

(一)个人劳动争议与集体劳动争议

劳动争议是劳动者或其团体与用人单位之间因劳动权利义务发生分歧而引起的争议。由此,单个劳动者与用人单位一方产生的争议是个人争议,也称为个别劳动争议;劳动者团体与用人单位一方因签订和履行集体合同而发生的争议是集体争议,也称为团体争议。

理论界和法律界对这两种劳动争议进行了详细的界定。例如,著名学者史尚宽先生认为,个别劳动争议主要由劳动契约关系所导致各个雇用人与受雇人间之争议及权利义务生效及消灭的问题,故亦有权利争议之称。也就是说,劳动争议一般表现为权利争议。法律规定了集体争议中劳动者团体的最低规模,例如,《企业劳动争议处理条例》第五条规定,发生劳动争议的职工一方在3人以上,并有共同的理由的,才能称为集

① 侯玲玲.中国和瑞典劳动争议处理机制的比较研究[J].西南民族大学学报:人文社科版,2006年3月总第175期,217页.

体劳动争议。

在协商解决劳动争议的过程中这两种争议依靠的力量悬殊较大,个人劳动争议主要依靠劳动者个人与用人单位交涉解决,集体劳动争议一般是依靠工会,由工会出面与用人单位交涉来解决,显然后者的依靠力量更为强大。很多国家都针对个人和集体劳动争议采取不同的处理机制,例如,英国 ACAS 的调解程序中,个人劳动争议和集体争议的侧重点不同。当单个劳动者与用人单位发生争议时,首先由 ACAS 出面在单位内部通过协商程序解决,未能解决的再进行法庭审理,但在庭审之前由 ACAS 分配调解员,帮助双方当事人在自愿的基础之上解决争议,尽量避免开庭审理;ACAS 对集体争议的调解不要求双方事先达成调解协议,只要双方有调解意愿即可进行①,如果集体争议双方未能通过调解解决争议,双方可以选择 ACAS 的仲裁来解决,但是这种仲裁并不适用于个人劳动争议的解决。再如,瑞典受理个人争议和集体争议诉讼的法院存在差异,个人劳动争议诉讼程序中普通法院作为初审法院,对初审法院判决不服的,可以向劳动法院提起诉讼,劳动法院的判决是终审判决;发生集体争议时,工会作为与用人单位交涉的一方可以直接向劳动法院提起诉讼,因此集体争议诉讼中劳动法院是一审法院,也是终审法院。

(二)权利争议与义务争议

现行的法律法规、劳动合同、集体合同已经就劳动关系双方的权利、义务作出了明确的规定,劳动者一方与用人单位一方就履行这些权利义务发生的争议即是权利争议。与此相反,双方就未在法律法规、劳动合同、集体合同中明确规定的权利义务发生的争议则为利益争议。具体而言,利益争议就是在集体谈判中就这些权利义务是否要添加到集体合同、劳动合同中去,或者是已经明确的权利义务是否需要变更而发生的争议。

权利争议和利益争议在争议内容、发生时间、处理方式等方面存在较大区别。首先,争议的内容截然相反。权利争议的内容是法律法规、劳动合同、集体合同等已经明确的劳动关系双方的权利义务,而利益争议的内容则是未被明确的,是新出现的双方的权利义务。其次,发生争议的时间有先后。争议内容的不同决定了争议发生的时间不同。权利争议是因已确定的权利义务而发生的争议,因此争议多发生在劳动关系存续期间,劳动合同、集体合同的具体履行过程中。另外,劳动关系终止之时,劳动合同、集体合同期满终止之后产生的争议也属于权利争议,因为这期间劳动者与用人单位仍然肩负一定的义务,即履行后合同义务②,这是基于双方原劳动关系产生的,《劳动合同

---

① 王天玉.借鉴与整合:从英国 ACAS 看我国劳动争议调解制度改革[J].中国劳动关系学院学报,2008,22(1):79.

② 劳动合同的履行也是一个前后相续、辩证统一的完整过程,由准备、执行、善后三个阶段构成。当事人在劳动合同解除或终止之后,也负有善后阶段所承担的义务,即“后合同义务”。

法》第五十条也作出了相应规定①。相比之下，利益争议多发生在劳动合同、集体合同订立之前，或者变更之时。最后，处理争议的过程以及司法介入程度均有所不同。权利争议一般通过协商、调解、仲裁、诉讼程序解决，但是有的国家权利争议处理程序与此不同，例如在瑞典，权利争议可通过司法程序解决，也可以通过仲裁解决，但是很少有人将权利争议提交仲裁解决。利益争议是由于确定权利义务而发生的，基于订立合同自由的原则，解决利益争议的方式主要是协商、调解、仲裁等非司法介入的方式。

除了这两种分类方法之外，劳动争议还可以按照其他标准进行划分，例如，按照劳动争议是否有涉外因素将其划分为国内争议和涉外争议。而且，各个国家和地区具体的分类存在一定差异。例如，新加坡的立法按照争议的具体内容，将劳动争议划分为工资福利争议、工伤争议、保险争议等；日本、韩国以及中国台湾的立法按照争议的领域将其划分为公益事业争议和非公益事业争议。这些分类标准、方式之间并不排斥，例如，按照普遍的分类方法，权利争议可以是个人劳动争议，也可以是集体劳动争议，而利益争议只能是集体劳动争议。实践中确实存在多种分类方法并存的现象，例如，中国台湾的"劳资争议处理法"就把劳动争议分成了权利争议与利益争议、个人争议与集体争议，公益事业争议与非公益事业争议，并据此采取了不同的争议处理方式②。

三、劳动争议产生原因

劳动争议是多种原因共同作用造成的，包括社会经济运行环境、经济体制改革、用人单位管理效率、集体合同和劳动合同运行状态、工会协调力度以及法律法规的健全程度，等等。

第一，社会经济总体运行环境是产生劳动争议的客观原因之一。随着我国市场经济体制不断完善，与之相适应的现代企业制度不断推进，以往传统、单一型的劳动关系被打破。用人单位的用人制度变得灵活多样，使得劳动关系也趋于多样化、复杂化，若

① 《劳动合同法》第五十条：用人单位应当在解除或者终止劳动合同时出具解除或者终止劳动合同的证明，并在十五日内为劳动者办理档案和社会保险关系转移手续。劳动者应当按照双方约定，办理工作交接。用人单位依照本法有关规定应当向劳动者支付经济补偿的，在办结工作交接时支付。用人单位对已经解除或者终止的劳动合同的文本，至少保存二年备查。

劳动者和用人单位各自的后合同义务不同，劳动者的后合同义务主要包括：办理工作交接；依约实行竞业限制；保守用人单位的商业秘密；返还、归还因工作需要而使用、占用用人单位财产、资料，等等。用人单位的后合同义务主要包括：出具解除或者终止劳动合同的证明；在十五日内为劳动者办理档案和社会保险关系转移手续；应当支付经济补偿金的须在办结工作交接手续时支付；保存劳动合同文本二年以上；对劳动者的个人信息尤其是与工作相关的信息进行保密，等等。

② 谢青.劳动争议的界定及其分类处理[J].政治与法律，2008(10)：133.

不能正确处理双方的权利义务关系，势必会造成争议。另一方面，我国劳动力市场长期存在严重的供过于求现象，劳动者就业压力大，处于弱势地位，使得其合法利益受到损害，导致劳动争议案件不断攀升。

市场经济建设过程中的企事业单位改制在一定程度上也导致了劳动争议。一方面是国有企业改制过程中比较多的下岗、内退、买断工龄现象导致劳动争议。这部分争议的内容主要集中在下岗生活费水平、社会保险费缴纳情况等方面，还有事业单位改制过程中，既不属于公务员编制又不属于合同制用工的劳动者与用人单位之间发生的争议，这部分争议由于处于法律法规的空白地带，处理起来难度很大。

第二，劳动关系双方不同的利益追求是产生争议的根本原因。市场经济条件下，用人单位之间的竞争日益激烈，作为独立的经济体，其追求利润最大化的目标日渐清晰；另一方面，劳动者与用人单位之间的“铁饭碗”关系被打破，劳动者追求个人利益最大化的诉求更加强烈，双方的利益产生分歧，导致争议不断发生。

在追求利润最大化过程中，有的用人单位只注重眼前的经济利益，忽略内部管理，致使管理极不规范。例如，延长试用期的时间，超过法律要求的最长六个月，压低试用期的工资水平，不足正常工资的 80%，等等，这些做法貌似降低了用工成本，但违反法律规定势必增加违法成本，不仅损害了劳动者的合法权益，对用人单位的长期发展也极其不利。再如，有的用人单位利用内部的规章制度，损害劳动者的合法利益。这些行为都会导致劳动者与用人单位之间发生劳动争议。

而劳动者若片面追求个人利益最大化，采取消极甚至违法行为获得利益，也会导致劳动争议的产生。例如，有的劳动者为了得到就业机会，在求职过程中向用人单位提供虚假信息；在劳动生产过程中不认真对待工作，不严格履行责任，甚至给用人造成经济损失，等等。当然，也有一部分劳动者是通过合法程序维护自身的利益而引发劳动争议。第一种情况是要受到法律制裁的，是应该被制止的行为；第二种情况体现了劳动者的法律意识、维权意识的增强，寻求法律手段来维护自己的权益，这是社会所应提倡和鼓励的行为。

第三，劳动合同和集体合同履行不规范是产生争议的直接原因。①劳动合同未能及时签订，劳动者和用人单位双方在生产劳动中的权利、义务不能在最初得到明确，生产过程中双方的权益就很难得到保证。②用人单位没有完全按照法律法规所规定的合同内容来制定劳动合同中的条款，使得双方利益受损，但是由于用人单位处于强势地位，利益受损一方多为劳动者。③双方在履行劳动合同过程中，未能严格遵守其中的条款，对双方造成损失。④解除和终止劳动合同不规范造成了劳动争议，这部分争议所占比例较大。主要原因集中在解除和终止的理由不合法、经济补偿金、经济赔偿金的约束不合法方面。⑤集体合同的订立程序不合法、工会未能严格履行其为劳动者争取合法利益的义务、集体合同的标准不合乎法律要求等，都会造成劳动争议。

第四，协调监管制度缺位是产生争议的原因之一。政府和社会对劳动合同、集体合同的履行情况进行监督的制度不健全，不能很好地监督劳动关系双方合法权益的受保护程度。其中一个重要表现即是工会未能严格履行其职责，工会的调解、监督职责到位与否间接影响劳动争议的发生率的高低。

梳理劳动争议产生的原因，有利于用人单位和劳动者双方共同努力清除隐患，从源头上避免劳动争议的发生，也有利于国家、社会以及其他相关部门，针对产生劳动争议的原因，制定更为有效的处理机制，提高争议处理效率。

第二节 劳动争议处理机制

劳动争议处理机制是指劳动争议发生之后，解决争议的方式和程序，包括依据哪些法律法规来解决、由哪些机构或部门来处理、采取哪些具体的手段或途径来处理等在内的一系列制度安排。劳动争议处理机制基本上可以分为单轨制和双轨制两种模式。单轨制是指协商、调解、仲裁、审判依次进行，或者忽略前两个程序，直接进入仲裁和审判程序，但是要依次进行这两个程序。双轨制是指仲裁和审判分别进行，都可以作为最终的解决途径，即“裁审分离，各自终局”，经过仲裁处理的劳动争议不在法院受理范围，同样，经过法院审判的劳动争议也不在劳动仲裁机构管辖之内。

许多国家都结合本国国情制定了劳动争议处理机制。例如，英国建立了调解、仲裁、审判的处理机制，并通过法律明确了每个程序的实施机构；瑞典采取“裁审分离，各自终局”的双轨制模式的劳动争议处理程序；德国的劳动争议处理程序包括协商、仲裁、诉讼，其中诉讼是主要方式。建国初期的劳动争议处理程序基本是双方协商、调解、仲裁和法院审判，经过多年的发展，我国现行劳动争议体制可以概括为“协商、调解、一裁、两审”。

一、劳动争议处理机制的发展历程

劳动争议处理机制的发展历程主要反映在劳动争议立法历程之上。我国劳动争议立法可以追溯到上世纪20年代[①]，之后逐步经历了新中国成立初期的雏形、1954年的全面废止、1987年重新恢复并逐步完善等阶段。

① 早在1924年，北洋政府即颁布了《劳工仲裁条例》和《解决雇主雇工争执仲裁会条例》，随后，国民政府在1928年颁布了《劳资争议处理办法》，实施两年之后，又对其进行了修订。

新中国成立初期的法律建设形成了我国劳动争议处理机制的雏形。1949年11月，中华全国总工会制定了《关于劳动争议解决程序的暂行规定》，在第三条①明确了劳动争议的范围、第六条②规定了我国当时的劳动争议处理基本程序。1950年6月，原劳动部制定《劳动仲裁争议委员会组织及工作规则》。同年11月，国务院批转发布《劳动争议解决程序的规定》，该规定明确了我国劳动争议处理程序由协商、调解、仲裁、审判构成。之后，私有经济成功改造使得我国的劳动争议处理机制全面废止。1954年5月，《关于劳动争议解决程序的规定》被废止，同时相关的劳动争议处理机构也相继被撤销。党的十一届三中全会之后，我国的经济体制和劳动制度不断完善，逐步建立了较为完善的劳动争议处理机制，一直沿用至今。以1987年7月国家颁布的《国营企业劳动争议处理暂行规定》为标志，被中断了近30年的劳动争议处理制度得到恢复，逐步恢复并确立了协商、调解、仲裁和审判的处理机制。

随着改革开放不断深化，市场经济逐步完善，我国劳动关系发生了巨大的变化，原有的法律法规不能完全适用于当时的经济形势。1993年，国务院和有关部门先后颁布了《企业劳动争议处理条例》、《劳动争议仲裁委员会办案规则》、《劳动争议仲裁委员会组织及工作规则》、《企业劳动争议调解委员会组织及工作规则》等行政规章，大大拓宽了劳动争议的受案范围，逐步完善了劳动争议的处理程序。1994年7月实施的《劳动法》正式确立了"一调、一裁、两审"的劳动争议处理机制。为了辅助该机制的运行，相关部门下发了《关于进一步完善劳动争议处理工作的通知》、《关于进一步完善劳动争议仲裁三方机制的通知》、《最高人民法院关于审理劳动争议案件适用法律若干问题的解释》、《最高人民法院关于审理劳动争议案件适用法律若干问题的解释(二)》。2008年5月1日实施的《劳动争议调解仲裁法》是我国第一部专门的劳动争议处理的程序性法律，在争议处理制度设计上有较大的突破。

---

① 《关于劳动争议解决程序的暂行规定》第三条：本规定所指劳动争议之范围如下：甲、关于职工劳动条件事项（如工资、工时、生活待遇等）。乙、关于职工之任用、解雇及奖罚事项。丙、关于劳动保险事项。丁、关于企业内部工作规则事项。戊、关于集体合同、劳动契约及其他一切涉及劳动争议事项。

② 《关于劳动争议解决程序的暂行规定》第六条：劳动争议解决之第一步骤为双方协商，第二步骤为劳动局之调解，第三步骤为劳动局组织的仲裁委员会之仲裁。甲、公营企业与合作社经营的企业内之劳动争议如不能在本企业内协商解决，由各该企业之上级工会与上级企业主管机关协商解决之。再不能解决时，得提请与该上级工会及上级企业主管机关相当之人民政府劳动局调解或仲裁之。乙、私营企业内之劳资争议，首先由该企业之工会组织与业主双方自行协商解决之。如不能解决时，得由该行业之工会组织及同业公会派出代表参加协商解决之。如协商仍不能成立，可申请劳动局调解或仲裁解决之。

二、劳动争议处理原则

根据劳动争议处理机制相关法律法规的规定，平等、公正、合法、及时是协商、调解、仲裁和诉讼程序共同要遵循的原则。协商和调解过程还要依据当事人双方自由的原则，仲裁和诉讼还要依据强制性原则和司法最终解决的原则。

（一）自由原则

劳动争议双方当事人自由选择是否协商、调解，不具有强制性，无论是用人单位内部的调解部门还是政府的调解委员会都不能强制要求劳动者或者用人单位接受调解协议。

（二）公正平等原则

劳动争议处理过程中，无论是哪一级的处理机构都必须保证劳动争议双方当事人处于平等的法律地位，享有平等合法的权利和履行相应的义务，当事人任何一方都不能享有超越法律规定的特权。设立在用人单位内部的调解机构尤其要注意此原则，不能因其设立在单位内部而对用人单位有所偏倚，具体操作过程、处理结果要保证公平公正。

（三）合法原则

这一原则不仅要求劳动争议处理实体合法，还要求处理程序合法。各级调解、仲裁、审判机构在具体处理劳动争议时，要严格依据国家法律法规的相关规定行事。

（四）及时原则

及时原则在一定程度上可以理解为效率原则。劳动争议处理机构要力求在法律规定的时限或者合理的期限内受理、办理、处理劳动争议。这样不仅节约成本，而且对保护双方当事人合法权益有重要意义。

（五）司法最终解决原则

在这一原则之前，劳动争议处理还要遵循仲裁前置的强制性原则，即争议双方或者一方对调解结果不满意可以申请劳动仲裁，不服仲裁结果可以诉诸法院寻求司法判决。司法判决则是解决劳动争议的最终途径，双方必须接受法院判决。

三、企业劳动争议预防机制

劳动争议多是由于执行与劳动者切身利益相关的事项出现分歧而引发的。当发生劳动争议时，无论是个人劳动争议还是集体劳动争议，都会威胁到劳动者与用人单位之间的信任度。发生劳动争议，短期内或多或少会降低生产率、延误生产进度，长期势必会影响企业的发展。从减少劳动争议、降低其对用人单位的负面影响的目的来看，用人单位在内部建立劳动争议预防机制十分必要。另一方面,从用工制度来看,近几年国家加大了劳动立法的力度,先后颁布《劳动合同法》、《就业促进法》、《劳动争议调解仲裁法》以及相关的实施条例、政策法规,进一步规范了企事业单位的用工制度。在此意义上用人单位建立劳动争议预防机制,依照法律进行内部管理,可以降低其法律风险,建立和谐劳动关系,促进其健康发展。劳动争议预防机制包括争议之前的预防系统、争议之中的调解措施以及争议发生之后的和解制度。用人单位可以从这三个方面入手,构建预防机制。

(一)争议之前预防

如果用人单位想要尽可能全面地预防劳动争议的发生,可以从控制劳动争议产生的原因入手建立劳动争议预防机制。这样保证了预防机制有针对性,真正起到预防劳动争议发生的作用。首先,用人单位可以从劳动合同及集体合同管理、规章制度合法制定方面入手建立预防机制;其次,工会作为用人单位内部劳动者利益的维护方,也应该在劳动争议预防机制中发挥其职责,共同减少劳动争议的发生。

1.规范劳动合同、集体合同管理

规范劳动合同、集体合同管理,能够减少因合同问题产生的劳动争议,具体体现在合同订立、履行、变更、解除和终止等阶段。

(1)订立劳动合同主体、时间、内容合法化,订立劳动合同时,签订合同的主体,尤其是用人单位的主体资格,签订时间以及合同内容都要满足法律法规的要求。首先,主体资格合法。与劳动者一方签订合同的用人单位要取得营业执照,具有用工自主权,能够独立承担民事责任,例如,无用工权的子公司需由母公司代其与劳动者签订劳动合同。其次,签订时间合法。法律法规规定的签订劳动合同的三个时间段更加灵活、方便劳动合同的签订,三个时间段分别是:建立劳动关系之前、建立劳动关系之时,建立劳动关系后。这三个时间段签订的劳动合同的生效时间稍有区别。用人单位与劳动者在建立劳动关系之前订立书面劳动合同,就劳动生产的相关事宜进行明确,合同生效的时间可以是劳动关系建立的时间,也可以经由双方确认生效时间。劳动关系建立之时订立劳动合同那么劳动合同生效的时间与劳动关系建立时间保持一致。订立劳动合同在建立劳动关系之后的情形用人单位须格外注意,法律规定了在建立劳动关系起一个月内订立劳动合同,否则用人单位将受到法律的制裁。最后,合同内容合法。法律规定了劳动合同的必备条款和约定条款,需双方在订立合同时加以注意。一般法定必备条款是法律要求各种劳动合同都必须具备的条款。《劳动合同法》第十七条规定,劳动合同应当具备以下条款:① 用人单位的名称、住所和法定代表人或者主要负责人;② 劳动者的姓名、住址和居民身份证或者其他有效身份证件号码;③ 劳动合同期限;④ 工作内容和工作地点;⑤ 工作时间和休息休假;⑥ 劳动报酬;⑦ 社会保险;⑧ 劳动保护、劳动条件和职业危害防护;⑨ 法律、法规规定应当纳入劳动合同的其他事项。劳动合同的约定必备条款,是劳动关系当事人或其代表约定劳动合同必须具备的条款,通常包括试用期、培训、保守秘密、补充保险、福利待遇条款等。

案例:王某于1998年2月应聘到清华物业管理中心工作,2007年12月31日王某合同到期,中心不再与其续签,劳动合同终止。王某随后向劳动争议仲裁委员会申请仲裁,要求中心支付其7年间的加班费20余万元。经仲裁调解协商,中心支付王某加班费25 700元。此案争议焦点:值班费和加班费标准问题。王某在职期间,中心在征得王某同意后,安排王某晚上在单位值班。值班期间可以正常休息和睡眠,单位提供住宿条件,遇有突发事件要进行处理,单位按20元/晚的标准支付其值班费。但合同到期终止后,王某却对值班一事提出异议,要求按照加班标准支付其值班费20余万元。经仲裁调解协商,单位支付其部分加班费25 700元。

分析:聘用劳动者时,对于有可能引起争议的问题,企业应该与劳动者签订书面协议。尤其是对于目前尚无明确规定的值班费问题,不能仅与员工达成口头协议,而应以书面协议的形式,约定值班的性质、工作时间、工作内容、工作报酬等①。

(2)双方认真积极履行劳动合同。劳动合同明确了劳动者和用人单位双方的权利、义务,因此为了保护双方的合法权益,双方应本着积极、严格的原则履行劳动合同法的内容。劳动者应当按时、按量完成用人单位交予的生产任务,遵守用人单位的规章制度;用人单位应当按时、足额支付劳动者的劳动报酬;应当严格执行劳动定额标准,不得强迫或者变相强迫劳动者加班,用人单位安排加班的,应当按照国家有关规定向劳动者支付加班费。

(3)变更、解除和终止劳动合同合法化。法律规定了劳动者和用人单位变更、解除和终止劳动合同的事项,双方应当遵守。首先,合法变更合同。用人单位与劳动者协商一致可以变更劳动合同的相关内容,但要采取书面形式,变更后的劳动合同文本由用人单位和劳动者各执一份。其次,合法解除合同。劳动者与用人单位双方可以协商解除劳动合同。法律还规定了一方解除劳动合同的情形:《劳动合同法》第三十七条规定,劳动者提前30日以书面形式通知用人单位,可以解除劳动合同。劳动者在试用期内提前3日通知用人单位,可以解除劳动合同;第三十八条规定了劳动者解除劳动合同的具体情形;第三十九条规定劳动者有一定过失的情况下用人单位可以解除劳动合同;第四

① 张霞,赵影,周鑫宇.科学合法用工,避免劳动争议——以清华大学物业管理中心为例[J].经济师,2010(4):101.

十条规定出现特定情形之一的,用人单位提前30日以书面形式通知劳动者本人或者额外支付劳动者一个月工资后,可以解除劳动合同;用人单位满足经济性裁员的条件的,也可以通过经济性裁员解除劳动合同;第四十二条规定了用人单位不能解除劳动合同的情形。最后,合法终止合同。劳动合同的终止要满足《劳动合同法》第四十四条和第四十五条的规定。此外,解除和终止劳动合同时,用人单位和劳动者都应该依据法律的规定支付补偿金、赔偿金。

案例:2007年7月18日某银行下属的某储蓄所发生了柜员王某非法吸收公众存款案件。王某自2005年2月3日至2007年7月13日期间,利用信用卡存款回单非法吸收公众存款56笔,金额159.2万元,作案时间长达2年之久。该储蓄所主任李某早在2005年8月初就发现王某非法吸收存款的异常情况,却未按照规定及时向上级报告。银行认为,李某对案件的发生负有直接管理责任和瞒案不报重大责任,根据"员工违规处理规定"的有关内容,决定给予李某行政撤职处分,并解除劳动合同。

李某对银行解除劳动合同不服,向县劳动仲裁委员会申请劳动仲裁:一是申请裁决撤销《关于给予李某行政开除处分的决议》;二是申请裁决撤销《关于解除李某劳动合同的答复》;三是给予经济补偿金62 158元。2008年10月6日,县劳动仲裁委员会做出《仲裁裁决书》,驳回了李某仲裁申请。李某不服,再次向县人民法院提起民事诉讼,仍然要求撤销《关于给予李某行政开除处分的决议》,撤销《关于解除李某劳动合同的答复》,给予经济补偿金6万元。法院判决银行胜诉,驳回原告诉讼申请。

分析:银行解除与李某的劳动合同的主要理由是:李某作为储蓄所主任,对王某案件的发生负有直接管理责任和瞒案不报重大责任。按照《劳动法》、《劳动合同法》有关规定,由于劳动者的过错行为,用人单位解除劳动合同的,可以不支付经济补偿金。该案银行获得全面胜诉具有一定的事实基础和法律依据。

(4)集体合同管理规范化。根据我国法律法规规定,集体合同由劳动者一方与用人单位通过平等协商订立。区域性、行业性集体合同由工会与用人单位代表平等协商订立。一般来说,平等协商和签订集体合同的程序包括提出协商要求、协商前准备、召开协商会议、形成集体合同草案、职代会审议、签字、报送、审查和公布等。具体程序和要求也可以参照自2004年5月1日起施行的《集体合同规定》。

2. 依法制定规章制度

引发劳动争议的原因中,劳动报酬、工伤医疗费、经济补偿或者赔偿金、除名、辞退和辞职、离职、工作时间、休息休假、社会保险、福利、培训、劳动保护等都是关乎劳动者切身利益的事项,在规章制度中加以明确、细化不仅能够保障双方的合法权益,也有利于用人单位内部管理,但是前提是规章制度是合法制定的。《劳动合同法》第四条更加明确了用人单位制定规章制度的合法要件。主要体现在制定主体合法、规章制度内容合法、制定程序合法,用人单位制定的规章制度必须同时满足这三方面的要求才具有法律约束力,才能真正起到规范内部管理的作用。

3. 工会认真履行职责

《劳动法》第七条规定:工会代表和维护劳动者的合法权益;《工会法》第二条规定:中华全国总工会及其各工会组织,代表职工的利益,依法维护职工的合法权益。因此,实践中,工会应该切实履行责任,维护劳动者的权益。具体操作中,《工会法》第二章规定了工会具体的权利和义务。用人单位有违反国家有关劳动(工作)时间的规定;违反保护女职工特殊权益的法律、法规;辞退、处分职工等侵犯劳动者合法权益的行为时,工会有权要求用人单位进行调整、改进。

然而,目前我国用人单位内部的工会还未能完全履行法律赋予的义务,也未能完全脱离用人单位的领导,使得其不能像发达国家的工会一样真正发挥维护劳动者权益的作用。这需要国家、社会、用人单位、工会工作人员等多方共同努力,建立真正意义上代表劳动者利益的工会组织。

(二)争议调解

劳动争议发生后,首先寻求协商、调解解决争议是各国普遍采取的方式。我国近几年更加注重了协商、调解在劳动争议处理机制中的应用。例如,2008年实施的《劳动争议调解仲裁法》再一次明确了劳动争议处理注重应用协商、调解的方式。首先,着重调解是继合法、公正、及时原则之后解决争议需坚持的又一原则。其次,该法第五条规定:发生劳动争议,当事人不愿协商、协商不成或者达成和解协议后不履行的,可以向调解组织申请调解;不愿调解、调解不成或者达成调解协议后不履行的,再进入仲裁、审判的司法程序。第十条规定的三个层次的调解组织中即包括企业劳动争议调解委员会,显示了调解、协商在劳动争议中的被重视程度,本着此项原则,及时解决劳动争议,首先用人单位应该积极地在内部建立和完善协商、调解机制。

从各国建立的企业内部调解委员会性质来看,大多是独立于劳动者和用人单位的第三方,这保证其公平、公正地作出调解。首先,调解委员会的工作人员要由双方代表共同组成,这一点也是《劳动争议调解仲裁法》第十条所强调的:企业劳动争议调解委员会由职工代表和企业代表组成。职工代表由工会成员担任或者由全体职工推举产生,企业代表由企业负责人指定。企业劳动争议调解委员会主任由工会成员或者双方推举的人员担任。如此构成的调解委员会所做出的调解结果也更容易被劳动者和用人单位双方接受。

（三）争议之后和解

和解是劳动争议处理程序所要实现的目标，也是处理程序所秉承的核心思想。《劳动争议调解仲裁法》第四条规定，发生劳动争议之后，劳动者可以选择三种方式之一进行协商，即与用人单位协商、请工会与用人单位协商、与第三方共同与用人单位协商，达成和解协议。当当事人不愿协商、协商不成或者达成和解协议后不履行的，可以向调解组织申请调解。因此，达成和解的结果是法律精神所在。不仅如此，发生劳动争议之后，劳动者与用人单位在内部进行和解，以最快的速度解决争议，更有利于保护双方的合法权益。

当事人双方达成和解要求发生劳动争议之后，劳动者和用人单位应本着解决问题、促进和谐的原则，找到导致争议发生的原因，针对问题的特点采取积极的态度，尽快寻求合适的协商方式，必要时双方都作出一定的让步，达成和解意见。为了便于履行，最好将和解意见整理成书面文件。既然和解协议是由当事人双方自愿协商解决制定的，那么在后期履行和解协议时，双方就应该自觉遵守协议规定的内容，才能使得和解起到真正的作用。

四、我国劳动争议处理机制

我国现行的劳动争议处理机制是“一调一裁两审”，并且实行“仲裁前置”的原则，即仲裁程序在审判程序之前。《劳动争议调解仲裁法》还将协商引入争议处理程序中，但并非法定程序，也就是说该法律确立了四种劳动争议处理方式：协商、调解、仲裁和诉讼。按照司法是否介入可以将这三个程序划分为司法方式和非司法方式。司法处理方式是劳动争议当事人向法院提起诉讼，由司法机关来处理争议；相对应的，非司法处理方式是没有司法的介入，由非司法性质的第三方通过协商、调解、仲裁来解决争议。这些处理方式分别由不同的机构承担相应的责任，包括劳动争议调解委员会、劳动争议仲裁委员会和人民法院。

（一）协商

协商是将劳动争议解决在萌芽状态，通过协商解决劳动争议更加及时、节约成本。《劳动争议调解仲裁法》和《劳动法》分别在第五条和第七十七条规定，劳动争议当事人可以依法申请调解、仲裁、提起诉讼，也可以协商解决。协商是在调解、仲裁、审判程序之前的可选程序。协商有两种方式，一种是用人单位与劳动者双方亲自进行协商，另一种是当事人一方或者双方选择第三方代表其进行协商，一般是工会作为劳动者一方的代表与用人单位进行协商。

国外协商解决劳动争议的机制发展相对完善，对有效解决争议发挥了重要作用。例如，英国的大多数企业都建立了协商机制，员工与企业发生劳动争议时，员工可以直接与企业代表就争议内容进行协商,也可以选择由工会代表其与企业协商解决争议。另外,带有半官方性质但是独立于英国政府的 ACAS 有一项重要的职责即是通过协商解决劳动争议。与国外相比,我国的协商制度略显落后,实际运用频率并不高,当然这也是由多种原因造成的。首先,程序法中未作规定。法律一般只将协商作为一种可选程序,没有将其作为独立的程序进行设计,既没有在立法中规定强制使用也没有在实践中加以提倡。其次,运作机制不健全。我国目前的协商机制主要是依靠用人单位内部成立的调解委员会和工会,但是在实际操作中,由于建立在用人单位内部,不公平的因素难以避免,进而这些组织未能发挥真正的协商作用。再次,劳动者诉求不高。我国劳动力市场严重供过于求,在一定程度上导致劳动者为了保住"饭碗"选择"忍气吞声",放弃协商的权利。这一方面是由我国的经济形势造成的,另一方面也反映出劳动者的法律意识还停留在较低的水平,维权意识有待提高。最后,协议的效力不明确。当事人双方通过协商就劳动争议处理结果达成和解协议,然而法律法规并未对协议的效力进行约束,这将大大降低当事人对协议的信任度,也就降低了协商的使用频率。基于这些因素,协商只成为一种形式,失去了其应有的作用和意义。

(二)调解

劳动争议调解机制是劳动争议调解机构或组织依据相关的法律法规,在双方当事人自愿、平等公正的原则下,通过与当事人进行沟通,使得双方互谅互让,自愿达成和解协议以解决劳动争议的处理方式。劳动争议调解机制作为解决劳动争议的"第一道防线"操作简捷、及时,可预防矛盾进一步激化,降低当事人走诉讼程序的可能性。从负责调解的机构等级上看,狭义上的劳动争议调解是由用人单位内部设置的调解委员会进行调解,将劳动争议在用人单位内部解决;广义上的劳动争议调解是指由劳动争议委员会、劳动争议仲裁委员会以及法院等机构参与到调解中,解决争议的方式。

调解在劳动争议处理机制中扮演着极其重要的角色,得到许多国家的重视。例如,新加坡尤其偏爱这种非司法形式的争议解决机制,1997 年新加坡成立了调解中心,这是第一个全国性的调解机构;同年 10 月通过了社区调解中心法令(Community Mediation Centre Act)。实践操作中,新加坡具体规定了两种调解方式:法院调解和个人调解,上述的调解中心主要是针对个人调解进行的。截至 2004 年 8 月 1 日,调解中心已经受理了超过 1 000 起纠纷案件,其中超过 75% 的纠纷通过调解得以解决①。在英国,个人争议发生后,任何一方当事人都可以向 ACAS 提出调解请求;集体争议发生后,ACAS 可以选择主动进行调解。早在 1947 年美国就成立了联邦调解调停局,它雇用了

① 黄宇星.新加坡劳动争议调解制度研究[J].金卡工程·经济与法,2009(9):147.

大量的调解员,这些调解员在其所处区域建立了良好的信誉,使得调解效率维持在较高的水平上。调解员协助双方谈判的近5 000种劳动争议情形中的80%是在调解员的协助下解决的①。德国的劳动争议调解机制具有强制性,即初审法院审理劳动争议案件时,调解是必经程序。日本法律规定了政府解决个人劳动争议的三种方式,信息咨询、相关的政府机构(如劳动局)提供建议和指导、组成劳动争议调解委员会通过调解来解决争议,调解委员会由律师、大学教授、劳动关系专家组成。

调解机制在我国劳动争议处理机制中同样发挥着重要作用。1987年国家颁布《国营企业劳动争议处理暂行规定》恢复了废除多年的劳动争议处理机制,该规定强调用人单位内部要设立劳动争议调解委员会。随后1993年颁布的《劳动争议处理条例》和1994年颁布的《劳动法》都肯定了劳动争议调解机制在解决劳动争议过程中的重要作用。2008年5月1日实施的《劳动争议调解仲裁法》作为第一部专门规范劳动争议调解和仲裁的法律,对调解作了进一步的规定。

为了提高劳动争议调解的效率,法律法规对调解的组织机构、操作方式、程序和效力作了较为详细的规定,对劳动争议调解实践具有重要的指导意义。《劳动争议调解仲裁法》将调解单独作为第二章来进行详细的规定。第一,调解组织及调解员制度。第十条规定了当事人发出调解申请的对象,包括三个层次的机构:企业劳动争议调解委员会;基层人民调解组织;乡镇、街道设立的具有劳动争议调解职能的组织。调解组织中要配备一定数量的调解员,调解员不仅要具有一定的文化知识水平,还要熟知相关的法律知识,对政策有清晰的了解。从人格特征上来看,调解员应当公正、有亲和力、热衷于调解工作,这些特点有助于提高调解员调解的效率。第二,申请调解形式不限。当事人申请调解可以选择书面形式也可以选择口头形式。当调解机构接到当事人的口头申请时,应当做好现场记录,尤其是申请人的基本信息、争议事项、原由以及时间都要详细记录。第三,调解完成有时限。为了提高调解的效率,第十四条规定了劳动争议调解组织收到调解申请之日起15日内未达成调解协议的,当事人可以依法申请仲裁。第四,和解协议具有法律效力。经过调解双方达成协议,并且要制作调解协议书,法律规定调解协议书由双方当事人签名或者盖章,经调解员签名并加盖调解组织印章后生效,对双方当事人具有约束力,当事人应当履行。对于因支付拖欠劳动报酬、工伤医疗费、经济补偿或者赔偿金事项达成调解协议,用人单位在协议约定期限内不履行的,劳动者可以持调解协议书依法向法院申请支付令。法院应当依法发出支付令。法律强制性保证了协议的有效执行,有利于提高调解在劳动争议处理方式中的应用程度。

---

① 费长山.我国劳动争议处理模式辨析及完善[J].上海师范大学学报:哲学社会科学版,2009,38(1):39.

(三)仲裁

劳动争议仲裁是根据法律规定或者劳动争议当事人自愿向法律授权的专门机构提出申请,该机构以第三方的身份介入劳动争议解决过程中,根据法律法规的规定,就劳动争议的事实与责任作出判断和裁决的法律活动。裁决结果对双方当事人都具有法律效力。根据是否由当事人申请可以将劳动争议仲裁分为自愿仲裁和强制性仲裁。我国现行的仲裁制度是强制性仲裁,表现为法律规定的“仲裁前置”原则,即仲裁程序在审判程序之前。另外,劳动争议协商和调解机制使用率弱化,这使得很多劳动争议案件跨过调解程序,当事人直接申请仲裁解决,这些因素导致劳动争议仲裁成为我国解决劳动争议最主要的途径。但是,随着案件不断增多,复杂性增强,实践中劳动争议仲裁表现出不少问题,如仲裁工作中当事人申请时效偏短、审理期限较长等。针对这些问题,《劳动争议调解仲裁法》作出了一些新的规定,进一步完善了劳动争议仲裁制度。

仲裁已经成为我国最主要的争议解决方式,要提高仲裁的效率,可以从仲裁机构、仲裁时效以及仲裁中的举证责任等方面入手。

1. 劳动争议仲裁委员会

劳动争议仲裁委员会由劳动行政部门代表、工会代表和用人单位代表三方组成,这体现了仲裁机构的非官方性质。我国仲裁委员会处理劳动争议时,实行仲裁员、仲裁庭制度。简单的争议案件可以通过仲裁员制度进行仲裁解决,复杂的争议则由三名仲裁员组成仲裁庭,进行处理。仲裁员可以由相关方面的专家、律师、工会工作者以及劳动行政部门的工作人员以全职或者兼职的形式担任。

2. 劳动争议仲裁时效

劳动争议仲裁时效,是指劳动争议当事人向劳动争议仲裁委员会申请仲裁以保护其合法权益的法定期限。如果超过此期限,当事人便丧失了依劳动争议仲裁程序保护其合法权益的权利。可见,劳动争议仲裁申请时效是权利人行使请求权,获取劳动争议仲裁委员会保护其合法权益的法定时间界限。设立劳动争议仲裁申请时效,一是促使劳动争议当事人及时请求劳动争议仲裁委员会保护自己的合法权益;二是保证劳动争议仲裁委员会及时正确地处理劳动争议。

3. 举证责任

举证责任,是指当事人必须对自己的主张举出主要的事实根据以证明其主张,否则将承担败诉后果。当事人承担举证责任,实际上是承担诉讼上的风险。劳动争议当事人在劳动过程中地位并非严格平等,使得劳动者举证存在一定的困难。

在劳动合同履行过程中,用人单位处于管理和支配的强势地位,劳动者处于被管理支配的弱势地位,双方处于实质上的不平等地位。特别是在劳动争议处理过程中,用人单位掌握着和管理有关的一些劳动者的书面资料，如用人单位制定的规章制度、职工档案材料、考勤记录、工资发放清单、缴纳社会保险记录、福利待遇发放记录、劳动安全设施材料等，劳动者根本无法提供这些证据和材料。因此，《最高人民法院关于审理劳动争议案件适用法律若干问题的解释》（法释〔2001〕14 号）第十三条规定，因用人单位作出的开除、除名、辞退、解除劳动合同、减少劳动报酬、计算劳动者工作年限等决定而发生的劳动争议，用人单位负举证责任。原劳动和社会保障部发布的《关于确立劳动关系有关事项的通知》（劳社部发〔2005〕12 号）中规定，工资支付凭证、社保记录、招工招聘登记表、报名表、考勤记录由用人单位负举证责任。

（四）诉讼

劳动争议诉讼是争议当事人就争议事项向法院起诉，法院依据相关的法律法规对争议进行审理，作出判决的司法解决方式。劳动争议诉讼机构是法院，部分国家还对法院进行了细分，如英国和德国成立了专门处理劳动争议案件的劳动法院，但是我国并未作此划分，只是对法院的受案范围进行了规定。

《最高人民法院关于审理劳动争议案件适用法律若干问题的解释》规定了法院受理劳动争议案件的范围：第一，劳动争议仲裁委员会以当事人申请仲裁的事项不属于劳动争议为由，作出不予受理的书面裁决、决定或者通知，当事人不服，依法向人民法院起诉的，人民法院应当分别情况予以处理：①属于劳动争议案件的，应当受理；②虽不属于劳动争议案件，但属于人民法院主管的其他案件，应当依法受理。第二，劳动争议仲裁委员会根据《劳动法》第八十二条的规定，以当事人的仲裁申请超过 60 日期限为由，作出不予受理的书面裁决、决定或者通知，当事人不服，依法向人民法院起诉的，人民法院应当受理；对确已超过仲裁申请期限，又无不可抗力或者其他正当理由的，依法驳回其诉讼请求。第三，劳动争议仲裁委员会以申请仲裁的主体不适格为由，作出不予受理的书面裁决、决定或者通知，当事人不服，依法向人民法院起诉的，经审查，确属主体不合格的，裁定不予受理或者驳回起诉。第四，劳动争议仲裁委员会为纠正原仲裁裁决错误重新作出裁决，当事人不服，依法向人民法院起诉的，人民法院应当受理。该解释还规定了劳动争议诉讼的程序：劳动争议案件由用人单位所在地或者劳动合同履行地的基层人民法院管辖；劳动合同履行地不明确的，由用人单位所在地的基层人民法院管辖。

五、外国劳动争议处理机制及借鉴意义

纵观各国的劳动争议处理机制，主要都是由协商、调解、仲裁、诉讼程序构成。这些方式在各个国家的受重视程度是与各国的历史文化、经济发展、司法体系的特点等相联系的。有的国家选择设立专门的司法机构以调解和仲裁为主要的解决方式，如英国、德

国等;有的国家以普通民事诉讼作为解决劳动争议的主导方式,如日本;有的国家则以调解和仲裁为主导建立劳动争议处理机制,如美国。各国的劳动争议处理机制经过多年的发展日趋完善,对解决本国劳动争议、降低争议发生率有着十分重要的意义,对改进我国劳动争议处理机制也有借鉴意义。

(一)英国

英国早在1896年就颁布了劳动争议调解法,经过上百年的发展,已经形成一个比较完善的劳动争议处理体系,主要方式包括当事人协商解决、咨询、调解、仲裁、司法审判。与这些程序对应的处理机构也发展得较为健全。首先,企业在其部内建立了有效的劳动争议内部处理机制,当雇员与雇主之间发生劳动争议时,雇员或者代表雇员的工会出面与雇主进行协商,通过内部协商处理机制解决争议。英国的ACAS在劳动争议处理组织中扮演着重要角色,提供咨询、调解、仲裁服务是ACAS的职责。

ACAS是政府在1974年依据议会颁布的《就业保护法》出资成立的,是一个专门负责处理劳动争议的社会机构,它受制于英国劳工部。ACAS秉承雇员、雇主、工会等各方精诚合作的精神,通过积极的协调,保证劳动关系双方的合法权益,建立并保持良好的劳动关系,以促进经济的发展。在这一理念指导下,其工作人员由专家、工会、雇主协会三方组成。ACAS的最高机构是指导委员会,同样受到这一理念的指导,12名组成成员分别由来自雇员一方(雇员或者工会)、雇主一方、学术界和法律界的专家组成,这些人员都是由劳动部来任命。ACAS除了有一个中心总部外,在全英国7个地区设立分部,在多个城市有办事处,形成了一个覆盖全英国的提供咨询、调解、仲裁服务的网络。这些因素都使得其在解决劳动争议中发挥着举足轻重的作用。

ACAS主要履行协商、调解、仲裁的职责,诉讼解决劳动争议的职责由英国专门法庭来承担,该法庭是司法部下设的专门机构。法院的法官由专业法官与工会和雇主分别委派的法官组成,体现了多方共同解决争议的理念。发生劳动争议时,雇主内部协商委员会以及ACAS都不能通过协商或者调解、仲裁解决的,当事人可以上诉到产业法庭。英国专门解决劳动争议的法庭由20个产业法庭组成,上一级法庭是就业法庭。因此,当事人对产业法庭的判决不服时,可以上诉至就业法庭。如果当事人是针对现行法律有质疑而产生的劳动争议则应该继续上诉至普通法院,普通法院实行二审终局。

(二)德国

经过多年的发展,德国的劳动争议处理体制已经相对完善,能够有效解决劳动争议。德国的劳动争议处理程序包括协商、仲裁、诉讼。值得注意的是,在德国的劳动争议处理机制中,调解并非一个独立的程序,而是出现在初审的过程中,所以调解未单独出现在上述程序中。雇员和雇主发生劳动争议后,双方可以选择在单位内部进行协商解决;如果当事人不愿意通过协商解决或者协商不成,可以向基层劳动法院提起诉讼,法院受理之后,必须先进行调解,调解由职业法官主持,当调解不成功时,再开庭审理。初审分别针对个人劳动争议和集体劳动争议采取不同的程序,审理个人劳动争议采取裁判程序,审理集体争议则采取决议程序。

承担上述处理程序的机构较为健全,职责清晰,对妥善解决劳动争议起到至关重要的作用。这些机构包括企业内部委员会、劳动争议仲裁机构和劳动法院。协商机构主要是企业委员会,它是独立于企业行政和工会之外的机构,由工会会员、企业代表组成,负责通过协商在企业内部解决劳动争议。劳动争议仲裁机构设立在劳动法院内,接受法院的管理。仲裁之前由法院制定一个仲裁处理小组具体操作。德国的劳动法院是区别于社会法院而言的,前者审理劳动争议案件,后者则审理社会保障纠纷案件。劳动法院有三个级别,从低到高分别是基层劳动法院、州劳动法院和联邦劳动法院。三个层次的法院受理的争议案件稍有不同。当事人对初涉结果不服可以上诉至高一级的劳动法院,即州劳动法院,这一级的审理主要关注对事实的认定和法律适用方面,审理中也可以进行调解。当事人不服审判的话,可以在获得该州劳动法院的上诉许可之后向联邦劳动法院上诉,但是这一级的审理内容较窄,只就法律使用问题进行审理。劳动法院参与审理争议案件的法官由职业法官和名誉法官组成,这里需要解释一下名誉法官的来源和意义。名誉法官是由最高劳动行政部门从劳动者与用人单位双方提供的推荐名单中任命的,分别代表双方各自的利益,名誉法官的制度有利于增加雇员与雇主对法院的信任度,这样判决结果更容易被双方接受。三个级别的劳动法院在审理劳动争议案件中法官的组成不同。基层劳动法院在进行初审时,一名职业法官和名誉法官主持审理;州劳动法院审理争议案件时,由一名职业法官和两名名誉法官主持;联邦劳动法院审理争议案件则由三名职业法官和两名名誉法官主持。

德国的劳动争议诉讼费比较低,而且在案件审理之初未经过调解的案件不能收取诉讼费,而如果争议案件是经由调解解决的,那么就不能向当事人收取任何费用。这些规定大大降低了雇员的维权成本,有利于其维护个人合法权益。

(三)日本

在日本,劳动关系被划分为个别劳动关系和集体劳动关系,劳动法律、劳动争议解决机制都关注于调整集体劳动关系。因此,集体劳动争议解决机制较个别劳动争议解决机制建立更早也更加完善。集体劳动争议解决机制中的法律依据包括日本先后颁布的《工会法》、《劳动关系调整法》、《公共企业劳动关系法》和《地方公营企业劳动关系调整法》;具体程序包括斡旋、调停、仲裁和紧急调整的方式。这些对减少集体劳动争议发挥了积极的作用。

随着日本经济发展停滞，企业采取缩减雇佣规模、降低薪酬福利标准等降低人工成本的做法，导致个别劳动争议数量大增。个别劳动争议处理机制开始受到各界的关注，并且慢慢走向完善。首先，日本政府先后于2001年和2004年颁布《促进个别劳动争议解决法》和《劳动审判法》来建立个别劳动争议处理法律体系。其次，在机构设置上，形成了包括政府部门、公共机构、民间机构和法院在内的争议处理机构体系。最后，处理程序上，建立了包括协商、调解、仲裁、审判四种方式在内的个人劳动争议处理程序。

在日本，发生劳动争议后，当事人首先在企业内部进行协商。这个过程中，法律规定政府部门和公共机构有义务提供一定的援助。协商不成的，进入调解或仲裁程序，可以接受当事人仲裁申请的机构包括政府部门、公共机构、相关的民间机构。调解和仲裁并不是强制程序，因此，未能通过调解或仲裁解决的劳动争议，或者当事人不经过调解或仲裁，可以上诉至法院。法院在处理个别劳动争议时，依旧以调解解决为第一程序，调解不成再进行审判。

（四）美国

美国的劳动争议处理制度包括协商、仲裁、行政裁决、诉讼四种方式。美国有两个层次的协商机构，一是企业内部成立的协商机构；另一个是美国根据1947年颁布的《劳资关系法》成立的联邦调解调停局（FMCS）。发生劳动争议后，当事人一般先通过企业内部的协商机制进行解决，具体的方式包括向主管申诉、工会参与协助、同时成立审查委员会协商等。未能通过协商解决的劳动争议，则要通过仲裁来解决。

在美国，仲裁是一个带有司法色彩的程序。仲裁之初，当事人双方可以共同挑选仲裁员进行仲裁，当事人可以向美国仲裁协会和FMCS申请委派仲裁员。这种双方共同确认仲裁员的做法有利于仲裁结果被双方认可，解决争议。美国的争议处理程序中，有一个程序是与调解平行的，即行政裁决，这是由美国国家劳动委员会来执行的。这个机构成立于1935年，独立于联邦机构，其职责是规范劳动关系。它是由具有准司法功能的五人委员会和行政机关两部分组成，五人委员会作为一个准司法实体，裁决提交到委员会的案件。该机构的委员都是经由总统提名、参议员审批上任的，任期五年。具体的争议案件审理是由该机构的行政法官负责。当事人对行政裁决不服的，可以向普通法院上诉。这是因为美国没有设立专门处理劳动关系案件的劳动法庭。由于法院效率比较低，一般的劳动关系纠纷都会在国家劳动委员会处理。

（五）国外劳动争议处理机制对我国的借鉴意义

上述四个国家的劳动争议处理机制各具特色，对我国完善劳动争议处理机制的各个程序都具有很好的借鉴作用。首先，个别劳动争议与集体劳动争议分开处理。在日本，集体劳动争议处理机制与个别劳动争议处理机制相分离。我国可以借鉴日本的做法,分别设立个人劳动争议处理机制和集体劳动争议处理机制,以提高处理的效率,适应集体劳动争议数量逐年剧增的形势。其次,调解阶段可以参照英国 ACAS 机构的做法。我国劳动者的法律意识相对薄弱,可以借鉴英国 ACAS 这样的机构为有咨询需求的劳动者提供专业的法律帮助;英国将 ACAS 独立于企业之外设立,也有利于保持 ACAS 的第三方立场,更有助于客观地解决劳动争议,这一点在劳动争议调解环节尤为重要。再次,调解阶段可以借鉴美国的做法,即设立一个与调解地位平等的行政裁决机构。对于某些无法通过调解解决的劳动争议,可以通过行政裁决来解决,在一定程度上也可以提高劳动争议处理的效率,对裁决结果不服的,可以再走诉讼程序解决劳动争议。最后,诉讼阶段可以参照德国的法庭分类、分层处理的机制。德国将法院分为劳动法院和社会法院,劳动争议诉讼属于劳动法院的管辖范围之内,这样可以提供更为专业化的法律诉讼服务。我国的劳动争议案件不断上升,法院受理的案件也随之增长,这对法院审理的效率有更高的要求。为满足这些需求我国可以借鉴德国的做法,单独划分出一些法院专门受理劳动争议的案件,以此来提高法院处理劳动争议案件的效率。

第三节　《劳动争议调解仲裁法》的新突破

我国劳动争议处理机制是伴随着争议立法而逐步建立起来的,劳动争议处理机制发展历史即是我国劳动争议立法的历程。劳动争议立法体制不断完善,对降低劳动争议案件起到积极的推动作用。为了进一步完善劳动争议处理机制,公正及时解决劳动争议,保护当事人合法权益,促进劳动关系和谐稳定,我国于 2008 年 5 月 1 日颁布了《中华人民共和国劳动争议调解仲裁法》,该法在解决劳动争议的多个方面都有所突破。

一、注重调解程序

《劳动争议调解仲裁法》强调调解程序体现在名称、立法宗旨之上。该法将调解、仲裁列入名称中,直接指明了该法的调解范围,不同于我国过去颁布的有关劳动争议处理机制的法律,如《劳动争议解决程序的规定》(1950 年)、《企业劳动争议处理条例》(1993 年)等,从法律法规的名称上即可判断其都是对劳动争议处理机制的程序进行约束。其次,这部法律的立法宗旨提出了调解的原则:解决劳动争议,应当根据事实,遵循合法、公正、及时、着重调解的原则,依法保护当事人的合法权益(第三条)。以调解原则为基础,约束劳动争议处理机制的各个环节。在具体的操作中,《劳动争议调解仲裁法》提高了调解协议的作用,即因支付拖欠劳动报酬、工伤医疗费、经济补偿或者赔偿金事项达成调解协议,用人单位在协议约定期限内不履行的,劳动者可以持调解协议书依法向法院申请支付令。这一规定不仅凸显了劳动争议调解的地位,对提高调解在劳动争议处理的使用频率有促进作用,而且也是当事人,尤其是劳动者一方追回工资报酬等待遇的一条快速途径。

二、延长仲裁时效

按照现行规定,劳动争议当事人应当自争议发生之日起60日内向劳动争议仲裁委员会提出书面申请。在实践中,一些劳动者因为超过时效丧失了获得法律救济的机会。为了更好地保护劳动争议当事人特别是劳动者的合法权益,《劳动争议调解仲裁法》将申请仲裁的时效期间延长为1年,再次明确了仲裁时效期间从当事人知道或者应当知道其权利被侵害之日起计算。其次缩短了劳动争议仲裁审理时限。按照现行规定,仲裁裁决一般应在收到仲裁申请的60日内作出,如案情复杂确需延期的,经法定程序批准可适当延期,但延期不得超过30日。为了进一步提高仲裁效率,法律缩短了仲裁审理时限,规定应当自受理仲裁案件之日起45日内结束,案情复杂需要延期的,经劳动争议仲裁委员会主任批准,可适当延期,但延期不得超过15日。

三、加重用人单位的举证责任

《劳动争议调解仲裁法》对仲裁的新规定还包括了更加合理地分配举证责任。第六条规定,发生劳动争议,当事人对自己提出的主张,有责任提供证据。与争议事项有关的证据属于用人单位掌握管理的,用人单位应当提供;用人单位不提供的,应当承担不利后果。法律做出类似的规定主要是结合劳动关系中用人单位与劳动者之间地位悬殊而定的。劳动关系的从属性决定了与劳动相关的资料大多由用人单位一方保管,这无疑增加了劳动争议处理过程中劳动者举证的难度。处于保护当事人合法权益、提高劳动争议处理效率的考虑,法律明确了用人单位的举证责任。

四、部分地实行一裁终局

《劳动争议调解仲裁法》明确了部分案件实行仲裁终局。为防止一些用人单位恶意诉讼以拖延仲裁审理时间,加大劳动者维权成本,法律规定对部分劳动争议案件实行有条件的"一裁终局"。适用"一裁终局"的劳动争议案件一般是争议涉及的金额较小的案件,例如追索劳动报酬、工伤医疗费、经济补偿或者赔偿金,不超过当地月最低工资标准12个月金额的争议;因执行国家的劳动标准在工作时间、休息休假、社会保险等方面发生的争议(第四十七条)。发生这类争议时,劳动者在法定期限内不向法院提起诉讼,或者用人单位向法院提起撤销仲裁裁决申请被驳回的情况下,仲裁裁决为终局裁决,裁决书自做出之日起发生法律效力。

对部分案件实行“一裁终局”,不但可以有效地遏制用人单位恶意诉讼来拖延承担法律义务,还可以避免仲裁程序与诉讼程序的重复,能够更好地保护当事人特别是劳动者的合法利益。

五、降低维权成本

劳动争议过程中,各种眉目的收费合计在一起形成了较高的维权成本,劳动者不堪负重。单就仲裁而言,《劳动争议调解仲裁法》颁布之前,仲裁费一般由案件受理费或称立案费和案件处理费构成。受理费由申诉人在仲裁委员会决定立案时预付。处理费所包括的项目更为详细,一般包含差旅费、勘验费、鉴定费、证人误工误餐费、文书表册印制费等。处理费由双方当事人在收到案件受理通知书和申诉书副本后五日内预付。面对这些费用,有的劳动者会选择放弃维权,尤其是对于涉及的金额较低争议来讲,劳动者更是选择“忍气吞声”,长期下去不利于和谐劳动关系的构建。为降低劳动者维权成本,减轻经济负担,《劳动争议调解仲裁法》作出了一些探索。首先,直接在第五十三条规定:劳动争议仲裁不收费,劳动争议仲裁委员会的经费由财政予以保障。如此直截了当的规定,卸下了维权劳动者肩上的包袱,减少因高昂的费用而放弃维权的权利的可能。其次对于部分劳动争议案件实行“一裁终局”制度,减少处理程序,相应也就降低了解决劳动争议的成本。

【关键术语】

劳动争议　　预防机制　　调解机制　　仲裁机制　　劳动争议调解仲裁法

【本章小结】

劳动者与用人单位之间发生劳动争议,对双方都造成负面影响,更不利于构建和谐劳动关系。劳动争议不能得到及时有效的解决还有可能引发罢工、游行等过激行为,势必给社会带来不利影响。因此,正确对待劳动争议,是劳动者、用人单位、社会各界需要关注的问题。

劳动争议是由于用人单位与劳动者双方关于劳动权利和义务的争议。随着事业单位的改革,与人事关系相对应的人事争议处理程序与劳动争议处理程序有归一的趋势。国家和用人单位在制定劳动争议处理机制和制度时,要遵循平等、公正、合法、及时的原则,还要依据劳动争议的分类分别设计,将更具针对性。劳动争议一般分为个人劳动争议和集体劳动争议,权利争议与义务争议。

从国家层面上看,我国劳动争议处理机制经过多年的发展,现已建立起“一调、一裁、两审”的劳动争议处理机制。在劳动争议案件日益增多的背景下,国家出台了《劳动争议调解仲裁法》,以专门法律的形式约束相关内容。此外,适当借鉴市场经济国家劳动争议处理机制有利于完善我国的劳动争议处理机制。从企业层面上看,逐步建立起内部预防机制,包括争议之前预防、争议之中调解、争议之后和解,也有利于从源头上降低劳动争议发生率。总之,降低劳动争议发生率,及时有效处理劳动争议,需要多方共同努力,构建和谐劳动关系,实现劳动者和用人单位共同发展。

【复习思考题】

1. 试分析劳动者和用人单位在预防劳动争议发生的过程中各自可采取的措施。

2. 结合本章有关内容,辨析我国与英国、德国等发达国家劳动争议处理机制的差异。

3. 试着从劳动争议的特点入手,对《劳动争议调解仲裁法》进行辨析。

【参考文献】

[1] 王全兴,侯玲玲.我国劳动争议处理体制模式的选择[J].中国劳动,2002(8).

[2] 张网成.我国劳动争议现状及发展趋势[J].中国劳动关系学院学报,2008,22(3).

[3] 洪冬英.《劳动争议调解仲裁法》评析[J].学海,2008(6).

后 记

2008 年我成功申请到国家社科基金项目“劳动合同法背景下雇主用工需求研究”（项目编号:08BJY044），我的研究领域也就全方位地转向企业的用工模式和用工行为。2010 年上半年我开始在中国人民大学劳动人事学院为研究生和本科生进行企业劳动关系管理的相关课程教学。在具体的教学实践中，我们深感找到一本对老师和同学都“好用”的教科书难度很大。因此，我们在规划和编写本书的时候也是诚惶诚恐，很希望能够在书中实现劳动关系管理理论和现实的对接，希望大家能觉得这本书“好用”。

关于劳动关系管理，我们认为可以从宏观和微观两个方面去研究，从理论和实践两个方面来把握。

劳动关系管理在宏观层面上强调经济全球化与新技术革命对劳动力市场与劳动关系的影响，劳工标准与经济绩效的关系，劳资冲突与合作对资本市场、产品市场的交互作用。具体到我国，我们认为我国的宏观劳动关系现况具有以下两个特点。

第一，目前我国劳动关系可以概括为“两个层次、三类群体”，具体说来，“两个层次”是指我国各类大型企业与中小型企业这两个层次，其中，各类大型企业劳动关系管理比较规范，用工条件和劳动者权益一般都高于劳动市场法律法规的标准；中小型企业的劳动关系管理一般不大规范，劳动关系运行不太正常，劳动关系缺乏动态稳定性。“三类群体”分别指各类大型企业的全日制劳动合同制员工，中小型企业的各类员工和各大型企业的劳务派遣工、业务外包工、非全日制工等灵活就业人员，其中，第一类群体大约 4 000 万人；第二类群体大约 1.4 亿人，占城镇全部各类企业员工总数的 52%；第三类群体大约 9 500 万人。虽然我国经济结构和就业结构已经发生了很大变化，但我们的劳动关系管理和政策制定往往仍关注于上述第一层次中的第一类群体，而对第二层次以及第二类群体和第三类群体关注不够，以至于我们制定的劳动市场法律法规以及劳动用工标准都难以充分反映整个社会的真实需求，这也是当前我国劳动关系管理中出现政策法规执行走样以及法不责众的一个重要原因。

第二，目前我国劳动关系格局出现了三个新变化：一是我国外向的、低端的、微利的中小企业劳动关系问题集中显现；二是我国的劳动关系调整出现经常化的趋势，企业劳动关系紧随经济起伏出现波动化的变化；三是我国劳资矛盾冲突性增强的同时，劳资双方意识到利益共融性的存在且日益重要。

劳动关系管理在微观层面上强调劳动力市场的微观运行基础，强调员工和企业的共同发展，特别是企业劳动关系管理的合法性以及企业劳动关系管理对组织绩效的影响。企业劳动关系管理的具体实践就是对劳动关系的建立、维持、变更、延续和终止的动态管理，目的是确保企业劳动关系的确定性和可预见性，实现劳动关系的和谐平稳，化解劳动争议，避免劳动冲突的发生。企业合情、合理、合法用工既是企业节约人工成本，改善组织绩效，提升雇主品牌的最优选择，也是企业开发组织人力资源，促进员工全面发展的最优选择。

正是基于以上认识，我们在组织本书的编写团队时非常注意团队成员的学术背景和工作经历。比如，我们的团队成员既包括来自中国人民大学、中国劳动关系学院和西南政法大学的青年博士，也包括来自中国工商银行、中国联通和原子高科等单位人力资源部门的青年博士。同时，部分团队成员也参与了我主持的"劳动合同法背景下雇主用工需求研究"项目。在本书中，我们的具体分工如下：段钢、史珍珍负责第二、第十一章；闻效益、林镓茵、史珍珍负责第三章；崔钰雪负责第四章；黄尧、孙兆阳负责第五章；夏青云负责第六章；吴清军负责第七章；李潇、谭浩负责第八章；黄伟、史珍珍负责第九章；熊新发负责第十章；我设计全书的框架结构并负责第一章；史珍珍和我对全书进行统稿。

《企业劳动关系管理》既是国家社科基金项目"劳动合同法背景下雇主用工需求研究"的阶段性研究成果，也是我们这个团队教学实践的结果，因此，我们非常希望得到大家的批评和指正。

唐　镛

2011－05－16

图书在版编目(CIP)数据

企业劳动关系管理/唐鑛主编. —北京:首都经济贸易大学出版社,2011.6
(高等院校经济与管理核心课经典系列教材)
ISBN 978-7-5638-1556-2

Ⅰ.①企…　Ⅱ.①唐…　Ⅲ.①企业—劳动关系—管理—研究　Ⅳ.①F272.92

中国版本图书馆 CIP 数据核字(2011)第100410号

企业劳动关系管理
唐　鑛　主编　史珍珍　副主编

出版发行　首都经济贸易大学出版社
地　　址　北京市朝阳区红庙(邮编 100026)
电　　话　(010)65976483　65065761　65071505(传真)
网　　址　http://www.sjmcb.com
E-mail　publish@cueb.edu.cn
经　　销　全国新华书店
照　　排　首都经济贸易大学出版社激光照排服务部
印　　刷　北京地泰德印刷有限责任公司
开　　本　787毫米×980毫米　1/16
字　　数　316千字
印　　张　18
版　　次　2011年6月第1版第1次印刷
印　　数　1~4 000
书　　号　ISBN 978-7-5638-1556-2/F·1093
定　　价　29.00元
